O SACRAMENTO-ASSEMBLEIA

Dados Internacionais de Catalogação na Publicação (CIP)
(Câmara Brasileira do Livro, SP, Brasil)

Cola, Gustavo Correa
  O sacramento-assembleia : teologia mistagógica da comunidade celebrante / Gustavo Correa Cola; sob a coordenação de Waldecir Gonzaga. – Petrópolis : Editora Vozes ; Rio de Janeiro : Editora PUC, 2020. – (Série Teologia PUC-Rio)

  Bibliografia.
  ISBN 978-65-5713-039-1 (Vozes)
  ISBN 978-65-888310-1-4 (PUC-Rio)

  1. Doutrina cristã – Ensino bíblico 2. Igreja Católica 3. Liturgia – Igreja Católica 4. Sacramento – Igreja Católica 5. Teologia I. Título II. Série.

20-47620   CDD-230.046

Índices para catálogo sistemático:
1. Teologia : Doutrina cristã 230.046

Aline Graziele Benitez – Bibliotecária – CRB-1/3129

Gustavo Correa Cola

O SACRAMENTO-ASSEMBLEIA
Teologia mistagógica da comunidade celebrante

SÉRIE **TEOLOGIA PUC-RIO**

© 2020, Editora Vozes Ltda.
Rua Frei Luís, 100
25689-900 Petrópolis, RJ
www.vozes.com.br
Brasil

Todos os direitos reservados. Nenhuma parte desta obra poderá ser reproduzida ou transmitida por qualquer forma e/ou quaisquer meios (eletrônico ou mecânico, incluindo fotocópia e gravação) ou arquivada em qualquer sistema ou banco de dados sem permissão escrita da editora.

CONSELHO EDITORIAL

Diretor
Gilberto Gonçalves Garcia

Editores
Aline dos Santos Carneiro
Edrian Josué Pasini
Marilac Loraine Oleniki
Welder Lancieri Marchini

Conselheiros
Francisco Morás
Ludovico Garmus
Teobaldo Heidemann
Volney J. Berkenbrock

Secretário executivo
João Batista Kreuch

©**Editora PUC-Rio**
Rua Marquês de S. Vicente, 225
Casa da Editora PUC-Rio
Gávea – Rio de Janeiro – RJ
CEP 22451-900
T 55 21 3527-1760/1838
edpucrio@puc-rio.br
www.puc-rio.br/editorapucrio

Reitor
Pe. Josafá Carlos de Siqueira SJ

Vice-Reitor
Pe. Anderson Antonio Pedroso SJ

Vice-Reitor para Assuntos Acadêmicos
Prof. José Ricardo Bergmann

Vice-Reitor para Assuntos Administrativos
Prof. Ricardo Tanscheit

Vice-Reitor para Assuntos Comunitários
Prof. Augusto Luiz Duarte Lopes Sampaio

Vice-Reitor para Assuntos de Desenvolvimento
Prof. Sergio Bruni

Decanos
Prof. Júlio Cesar Valladão Diniz (CTCH)
Prof. Luiz Roberto A. Cunha (CCS)
Prof. Luiz Alencar Reis da Silva Mello (CTC)
Prof. Hilton Augusto Koch (CCBS)

Conselho Gestor da Editora PUC-Rio
Augusto Sampaio, Danilo Marcondes, Felipe Gomberg, Hilton Augusto Koch, José Ricardo Bergmann, Júlio Cesar Valladão Diniz, Luiz Alencar Reis da Silva Mello, Luiz Roberto Cunha e Sergio Bruni.

Coordenação da série: Waldecir Gonzaga
Editoração: Programa de pós-graduação em Teologia (PUC-Rio)
Diagramação: Raquel Nascimento
Revisão gráfica: Fernando Sergio O. da Rocha
Capa: WM design

ISBN 978-65-5713-039-1 (Vozes)
ISBN 978-65-888310-1-4 (PUC-Rio)

Editado conforme o novo acordo ortográfico.

Este livro foi composto e impresso pela Editora Vozes Ltda.

Sumário

Prefácio | Prof.-Dr. Luiz Fernando R. Santana, 7

Introdução, 13

Capítulo 1 | O processo de assimilação da identidade comunitário-celebrativa da experiência salvífica cristã: aproximação histórica e teológica, 19

1.1. Gênese e consolidação da assembleia cristã segundo o testemunho das Escrituras, 19

    1.1.1. A assembleia do Sinai, 22

    1.1.2. A assembleia-sinal do Novo Testamento, 35

1.2. A *ratio celebrans* dos Santos Padres: fé e teologia na assembleia e para a assembleia, 52

1.3. Da diluição do conceito de assembleia na cristandade à sua recuperação com o Movimento Litúrgico, 68

1.4. Em busca de um novo paradigma assembleal na reforma litúrgica do Concílio Vaticano II, 85

Capítulo 2 | Elementos estruturantes para uma teologia da assembleia em chave histórico-salvífica e sacramental, 103

2.1. A reunião-celebração como eixo viabilizador de uma inserção dialogal no *Mysterium Salutis*: "forma" da aliança, 103

2.2. Comunhão vivida e celebrada: reflexos trinitários que plasmam a assembleia cristã, 120

2.3. O mistério da Igreja na assembleia litúrgica: epifania da comunhão salvífica, 137

2.4. Sinal provisório e incompleto, realidade plena e definitiva, 156

Capítulo 3 | Perspectivas teológico-pastorais para uma renovada expressão e experiência do sinal-assembleia:ensaio de mistagogia assembleal, 174

3.1. A palavra de Deus e a tessitura do sinal-assembleia: aspectos teológico-espirituais, 174

3.2. Participação e ministerialidade em articulação com o ser da comunidade celebrante, 194

3.3. A reunião cristã a serviço da paz em perspectiva ecumênica, missionária e solidária: interpelações de um mundo desintegrado, 213

Conclusão, 237

Referências bibliográficas, 249

Prefácio

A Igreja manifesta o seu mistério e a sua identidade mais profunda sempre que se apresenta como "povo reunido na unidade do Pai, do Filho e do Espírito Santo", segundo o dizer de São Cipriano, tão oportunamente citado pela Constituição *Lumen Gentium* (n. 4). Ao se referir à Igreja dessa forma o bispo de Cartago nos deixa entrever a íntima relação que existe entre o mistério da Igreja e a sua vocação de congregar-se em assembleia litúrgica, realidade que é transparente reflexo da realidade de comunhão do Deus uno e trino, em nome do qual ela se reúne.

Com efeito, nossas assembleias cúlticas pertencem à ordem dos "sinais divinos" e das maravilhas operadas por Deus desde a criação do mundo. Elas se encontram na esteira de continuidade com todas as assembleias vétero e neotestamentárias. Hoje, como ontem, a assembleia cristã é convocada pelo Senhor e por sua Palavra. Ao longo do primeiro Testamento podemos constatar que Deus, por meio de sua Palavra, sempre tomou a iniciativa de convocar seu povo. Testemunho mais eloquente disso são a marcante assembleia cúltica do Sinai (cf. Ex 19–24), a assembleia convocada por Deus através do sacerdote-escriba Esdras (cf. Ne 8,9) e a assembleia de Siquém, sob a direção de Josué, após a entrada na terra prometida (cf. Js 24). Na Nova Aliança, Cristo se apresenta aos homens – em seus gestos, palavras e sinais – como aquele que fora enviado para realizar o projeto salvífico de Deus: "reunir todas as coisas, as da terra e as do céu" (Ef 1,10). À luz do pensamento bíblico, portanto, podemos inferir que todo o ministério do Filho de Deus teve cunho e escopo reunidor-assembleal. Isso é levado a termo quando, por ocasião de sua paixão, Jesus manifestava nítida lucidez de dever "congregar na unidade todos os filhos de Deus dispersos" (Jo 11,52), chegando mesmo a declarar: "Quando eu for elevado da terra atrairei todos a mim" (Jo 12,32).

Desde sua origem a comunidade nascente se percebe como "povo reunido na unidade do Pai, do Filho e do Espírito Santo". Fruto da páscoa de Cristo, a Igreja se vê como novo Povo convocado por Deus e templo do Espírito Santo. Essa percepção é reconhecida no parágrafo supracitado da Constituição *Lumen*

Gentium: "O Espírito habita na Igreja e nos corações dos fiéis como num templo (1Cor 3,16; 6,19). Neles ora e dá testemunho de que são filhos adotivos (Gl 4,6; Rm 8,15-16.26). Leva a Igreja ao conhecimento da verdade total (Jo 16,13). Unifica-a na comunhão e no ministério. Dota-a e dirige-a mediante os diversos dons hierárquicos e carismáticos". Dentre esses dons, destacamos precisamente o da assembleia litúrgica, expoente altamente significativo e capaz de manifestar a identidade mais profunda da Igreja. Dessa forma, o "reunir-se" vai se tornando uma exigência fundamental da vida dos batizados.

É fundamental registrar que a primeira grande efusão pneumática cristã foi inaugurada por ocasião de Pentecostes no contexto de uma assembleia reunida, conforme as instruções dadas pelo Ressuscitado aos seus escolhidos (Lc 24,49; At 1,4-5.8). Imediatamente após aquela experiência pentecostal, Lucas, numa descrição elogiosa das primeiras comunidades, assim testemunha: "Eles se mostravam assíduos ao ensinamento dos apóstolos, à comunhão fraterna, à fração do pão e às orações" (At 2,42). Este texto lucano interessa-nos porque nele encontramos um dos primeiros registros sobre a natureza da assembleia litúrgica cristã. Não sem razão esse texto é citado pela Constituição litúrgica *Sacrosanctum Concilium* e seguido deste comentário: "Nunca, depois disto, a Igreja deixou de reunir-se para celebrar o Mistério Pascal proclamando "tudo quanto a ele se referia em todas as Escrituras" (Lc 24,27), celebrando a Eucaristia, na qual "se torna novamente presente a vitória e o triunfo de sua morte" e, ao mesmo tempo, dando graças a Deus "pelo dom inefável" (2Cor 9,15) em Jesus Cristo, "para louvor de sua glória" (Ef 1,12), pela força do Espírito Santo" (SC 6). O Concílio, depois de haver afirmado que Cristo está presente em sua Igreja, de modo especial nas ações litúrgicas, esclarece o seu argumento dizendo, entre outras coisas, que ele se torna sempre presente na congregação daqueles que rezam e louvam a Deus, conforme ele mesmo prometeu: "Onde dois ou três estiverem reunidos em meu nome, ali estou eu no meio deles" (SC 7).

A viva consciência da importância da assembleia litúrgica para a existência cristã foi uma experiência que marcou os primeiros séculos da Igreja. Já no II século afirmava Santo Irineu: "Na assembleia Deus institui os apóstolos, os profetas, os doutores e todas as operações do Espírito. Todos aqueles que não vão à Igreja (*ecclesia*) não participam deste Espírito, mas ficam privados da vida por uma falsa doutrina e pelas más ações. Porque onde está a Igreja, ali está o Espírito de Deus; e onde está o Espírito de Deus, ali está a Igreja e toda a graça" (*Adversus Haeresis*, III,24). Essa consciência foi uma realidade marcante na catequese dos Padres da Igreja. Após ter conhecido um declínio nos séculos sucessivos e uma grave crise ao longo do segundo milênio, a teologia da assembleia litúrgica foi, aos poucos, sendo resgatada dos escombros pelo movimento litúrgico do fim do século XIX e dos primeiros decênios do século XX, o qual passa a enfatizar, de vários modos, a sua importância. Esse fecundo resgate deságua com toda a sua pujança na proposta litúrgica do Concílio Vaticano II. De fato, ao abordar a realidade da liturgia a partir de sua natureza, o Concílio enfatiza a dimensão eclesial-assembleal que, desde os primórdios, caracterizou a oração da Igreja. A reforma litúrgica pós-conciliar, por sua vez, prioriza e coloca em destaque a capital importância da assembleia litúrgica. Disto servem de testemunho as contínuas alusões a ela que se encontram nos novos livros litúrgicos. Apenas à guisa de ilustração citamos a oração "coleta" da quarta-feira da VII Semana de Páscoa: "Ó Deus misericordioso, concedei que a vossa Igreja, reunida no Espírito Santo, se consagre ao vosso serviço num só coração e numa só alma". Esta oração litúrgica, paradigma de tantas outras, expressa, formidavelmente, aquilo que a Igreja ora (*lex orandi*), crê (*lex credendi*) e professa no testemunho (*lex vivendi*): o Espírito Santo é a potência divina que reúne e preside a assembleia orante dos batizados a fim de que ela se torne um sacramento da presença do Ressuscitado no mundo.

É com grande prazer e enorme satisfação que apresento a publicação que temos em mãos: "O sacramento-assembleia. Teologia mistagógica da comunidade celebrante". Ela é fruto da tese de Gustavo Correa Cola, apresentada ao Programa de Pós-graduação em Teologia do Departamento de Teologia da PUC-Rio, em setembro de 2017, a qual obteve grau máximo de aprovação. Na condição de orientador da tese, coube-me o privilégio de acompanhar passo a passo a pesquisa e perceber a evolução do texto e seu conteúdo. Profundamente convencido da importância do tema que havia escolhido e tomado por um *páthos* teológico, o autor da pesquisa – conforme declara na Introdução da tese – se apresenta como que "possuído por um não dissimulado entusiasmo" em cada linha que escreve. Tal entusiasmo, declara ainda, procurou se aliar ao rigor científico e à obediência às normas acadêmicas exigidas para uma pesquisa de porte com a sua. Em virtude disso os capítulos da tese e suas artérias brotam como que de um coração pulsante e, após percorrerem o itinerário proposto, retornam ao mesmo manancial de origem, sempre com força e renovado vigor. Assim me referindo desejo sublinhar que cada parte da pesquisa e o seu conjunto se apresentam de forma orgânica, viva e vibrante.

Fica patente que o escopo da tese é um mergulho no tema da assembleia litúrgica, considerada como "sacramento", a partir de uma teologia mistagógica da *ecclesia orans*, a saber, a comunidade orante e celebrante. E isso "em sintonia e diálogo com a experiência concreta e os desafios vividos pelas comunidades que se reúnem para a celebração do mistério da fé", declara o nosso autor no resumo do texto final apresentado. Dinamizar o diálogo entre a Igreja que crê, ora e testemunha é um princípio fundante e motivador de toda a tese. Tal princípio poderia ser muito bem expresso pelo axioma "*lex credendi – lex orandi*", regra de ouro da teologia patrística no que concerne à relação vital ente a celebração litúrgica e a profissão de fé dos batizados.

Denominar a assembleia cultual de "sacramento" é algo profundamente intuitivo e espetacular. Isso nos proporciona "tocar" na dimensão mistérica da assembleia reunida e, simultaneamente, nos introduz no seu mistério, somente acessado por meio de uma autêntica teologia mistagógica. Nesse sentido, a pesquisa que temos sob o nosso olhar nos impulsiona a considerar a assembleia litúrgica como um *mystérion*, um grande "sacramento", lugar e palco-cênico onde se desdobra de forma sempre dinâmica e atual o drama histórico-salvífico, e isso com um único objetivo, segundo o projeto de Deus: que todos os homens se salvem e cheguem ao conhecimento da verdade (1Tm 2,4).

Perscrutando de forma abissal a essência mistérico-sacramental da assembleia litúrgica e a sua realidade eclesial e salvífica, declara o autor da tese na Introdução da pesquisa: "É esta, com efeito, a estrutura interna e teologicamente decisiva da assembleia celebrante: sobre o seu denso e dinâmico pressuposto sacramental, constrói-se e dinamiza-se a comunidade cultual, articulam-se as instâncias operativas e comunicativas requeridas pela ritualidade cristã, integra-se o povo reunido ao fato celebrado, levanta-se a diversidade ministerial litúrgica e, enfim, atualiza-se a salvação que, por disposição divina, compete à Igreja dispensar na celebração dos sagrados mistérios. A sacramentalidade é, portanto, o núcleo em torno ao qual configura-se toda a realidade litúrgico-assembleal e, dentro desta, a própria realidade eclesial e salvífica".

No ensejo de que isso seja demonstrado, a pesquisa, em seu primeiro capítulo, nos coloca em contato com a revelação bíblica, testemunha eloquente da assembleia litúrgica em sua identidade comunitária e salvífica. Em seguida somos levados a refletir sobre os elementos estruturantes que nos credenciam a falar de uma teologia da assembleia em chave histórico-salvífica e sacramental. No terceiro capítulo, finalmente, o trabalho se abre para algumas perspectivas teológico-pastorais em vista de uma renovada expressão e experiência do sinal-assembleia. Trata-se de um ensaio de mistagogia assembleal. Como se pode vislumbrar aqui e se constatar ao longo da leitura do texto, essa trilogia que estrutura e permeia toda a tese se desdobra progressivamente num dinamismo orgânico e vivaz.

De forma sugestiva o autor da tese apresenta no final de seu trajeto "sete chaves conclusivas" que, longe de "trancar" a riqueza poliédrica que compõe o mistério da assembleia litúrgica, são capazes de revelar que "há muitas outras portas que podem ser encontradas e escancaradas para que sobre o sinal-assembleia brilhem a luz do discernimento teológico, além do conhecimento e da experiência eclesial".

Tornar pública e acessível a muitas pessoas a pesquisa de Gustavo Correa Cola é um fato e uma ocasião extremamente relevante. Meus sinceros votos é que o rico conteúdo deste material gere descobertas e descortine horizontes no que diz respeito ao significado e à realidade mistérico-sacramental da assembleia litúrgica cristã. Como foi para mim um enriquecimento ímpar o contato com esta pesquisa, o mesmo desejo a todos os seus leitores. Creio que isso será possível se o leitor se aproximar das páginas deste livro com um espírito de encanto e uma capacidade de se deixar surpreender por uma realidade profundamente encantadora e entusiasmaste.

Prof.-Dr. Luiz Fernando R. Santana
PPG – Teologia da PUC-Rio

Introdução

O itinerário investigativo e analítico que introduzo com estas páginas pretende recolher e fazer dialogar, na direção do mesmo objeto, um duplo movimento: a curiosidade intelectual e uma marcante experiência pessoal. De fato, no tema "assembleia litúrgica" deságuam duas grandes "correntezas" que, embora tenham surgido em momentos diferentes, hoje formam um mesmo "rio" e são condicionantes na maneira como, pessoalmente, lido com a realidade assembleal. A busca por respostas e novas apreensões de significado que este trabalho testemunha integra-se, necessariamente, com a participação concreta e apaixonada às assembleias celebrativas que, em situações, lugares e com responsabilidades diferentes, sempre me foi dado viver.

Ora, se assumo o risco de tamanha exposição, tão logo se abrem estas primeiras páginas, é para advertir o leitor que o texto a seguir padece deste mal ou goza desta virtude, segundo o critério que mais parecer adequado ao mesmo leitor: não é neutro. Desde o início, está possuído por um não dissimulado entusiasmo que, embora eu tenha cuidado para que não comprometa o rigor científico e a obediência das normas acadêmicas, impõe-lhe um ritmo particular.

Diria, inclusive, que seu desenvolvimento é misto. Sem perder a linearidade do discurso, permite-se algum movimento circular, tocando novamente em temas ou argumentos já mencionados, mas com o enriquecimento de novas abordagens, no crescendo das investigações e sínteses alcançadas. Trata-se, portanto, de um trabalho que pulsa enquanto se desenvolve. Que se pretende orgânico e vivo, embora saiba das exigências teóricas, formais e metodológicas que lhe cabem.

Conforme já adiantamos, nosso objeto de estudo e aprofundamento é a assembleia litúrgica. Em perspectiva histórico-salvífica, alinhados ao espírito e ao método assumidos pelo Concílio Vaticano II, sobretudo na Constituição *Sacrosanctum Concilium*, tomamos a reunião celebrativa cristã a partir de sua sacramentalidade, quer dizer, sua constitutiva capacidade de sinalizar e atuar o desígnio divino de salvação para a humanidade e, por meio dela, para todo o universo e suas demais criaturas. A assembleia cultual cristã é, neste paradigma, uma realidade decisiva para a fé, ao contrário do que, desde os primeiros séculos do segundo milênio, se usou considerar. Nestas alturas, a reunião litúrgica era tida, apenas, como o invólucro acidental e até dispensável para as realidades reputadas como verdadeiramente significativas: os sacramentos do septenário.

Para usar uma expressão muito familiar à reflexão e ao contexto conciliar, diríamos que no "mistério" da assembleia litúrgica joga-se algo de complexo, simbólico e teologal, que não se esgota em explicações de cunho utilitarista, funcional ou fenomenológico. Formar comunidades celebrantes representa, para o cristianismo, "pisar", "respirar" e "tocar" as realidades mais valoradas e esperadas pela profissão de fé eclesial, mesmo que, ainda, não se tenha descolado das atuais contingências históricas para alcançar o horizonte da salvação plenamente consumada.

É esta, com efeito, a estrutura interna e teologicamente decisiva da assembleia celebrante: sobre o seu denso e dinâmico pressuposto sacramental, constrói-se e dinamiza-se a comunidade cultual, articulam-se as instâncias operativas e comunicativas requeridas pela ritualidade cristã, integra-se o povo reunido ao fato celebrado, levanta-se a diversidade ministerial litúrgica e, enfim, atualiza-se a salvação que, por disposição divina, compete à Igreja dispensar na celebração dos sagrados mistérios. A sacramentalidade é, portanto, o núcleo em torno ao qual configura-se toda a realidade litúrgico-assembleal e, dentro desta, a própria realidade eclesial e salvífica.

Resulta, deste modo, que os aspectos integrantes e dependentes da identidade sacramental da assembleia litúrgica sempre podem ser melhor explicitados para a consciência teológica, uma vez que não se esgotam em conceitos estanques ou estáticos, ou em abordagens definitivas. É o caso de temas como o processo bíblico e histórico de construção da identidade comunitária da experiência salvífica cristã (que abordaremos no primeiro capítulo); o eixo coletivo-assembleal que atravessa toda a economia salvífica, densamente manifesto na Igreja, em perspectiva escatológica (segundo capítulo); ou, mesmo, o verdadeiro alcance que a teologia sacramental da assembleia lega à realidade celebrativa cristã e ao empenho serviçal e missionário dos batizados no mundo (terceiro capítulo). A apreciação e o encadeamento destes ramais de teologia sistemático-pastoral, em linha de teologia litúrgica, nos ocuparão daqui em diante, convocando e integrando o melhor de nossas capacidades e percepções, sob a autoridade dos autores e das fontes consultadas.

Em específico, no terceiro capítulo, de caráter mais aplicativo e pastoral, procuraremos impostar uma metodologia mistagógica mais clara, com toda a carga de intuição e sensibilidade que ela demanda na apreciação das fontes escriturísticas e eclesiais. É que, como antigo recurso redescoberto nas últimas décadas por suas excelentes capacidades pedagógico-espirituais, cremos que a mistagogia poderá configurar nossa reflexão de maneira mais dinâmica, integral e aplicável.

Desta forma, as realidades envolvidas na celebração do mistério pascal de Cristo – ritos, preces, tempos, lugares e sinais –, frequentemente evocadas no discurso que iniciamos, e em tantas outras elaborações de catequese litúrgica e pastoral, poderão ser mais atingidas pelos êxitos que esperamos lograr com a pesquisa teológica. A mistagogia há de funcionar, no desenrolar de nossa investigação, como um "radar" capaz de identificar tudo que possa servir ao crescimento e enriquecimento espiritual, litúrgico e pastoral das assembleias concretas e suas celebrações.

Tendo, ainda, em vista que é nossa intenção assumir a linha sacramental em todo o trabalho, tanto em nível de conteúdo quanto de estilo, esta opção pelo viés mistagógico pode revelar-se ainda mais oportuna e inspiradora. De fato, assim como o pensamento sacramental, a mistagogia também se apoia em uma noção dinâmica de Revelação, que, por sua vez, exige não somente um processo de conscientização sobre a história da salvação e sua continuação na Igreja, mas, em profundidade, exige a apreensão de sua verdade e seus efeitos, através do relacionamento comunitário e da experiência celebrativa da liturgia. Exatamente o que, "mistagogicamente", procurava a Igreja antiga, nos áureos tempos em que o catecumenato configurava a iniciação à vida cristã.

Amparados, pois, por esta opção metodológica, nossa meta é ajudar as assembleias eclesiais a experimentar, a partir de uma leitura mais completa e profunda do seu acontecimento celebrativo, a atualização da salvação que se dá todas as vezes que se reúnem. Ao convergir para o mesmo lugar, sob o eco da palavra salvadora e com os frutos da terra e do trabalho nas mãos, tais comunidades humanas precisam saber o que representam em relação ao desígnio de Deus para a história, a fim de que sejam sinais mais transparentes do querer salvífico divino.

Qual seria, então, a pertinência teológica do trabalho que procuraremos desenvolver? Entendemos que ao tratar do caráter sacramental da assembleia litúrgica, tocamos em temas estruturais de teologia da liturgia, a saber, sua identificação profunda com a história da salvação; sua capacidade excepcionalmente expressiva da realidade comunional trinitária; sua lógica simbólica, irredutível a análises disjuntivas; e sua natureza comunitária, uma vez que o sacramento nunca é objeto de leitura individual ou de apreensão isolada. De alguma maneira, portanto, através do "filtro" litúrgico, avançamos até a encruzilhada decisiva por onde passa a própria "necessidade" da teologia, ou seja, sua capacidade de traduzir o significado da Revelação-salvação para uma humanidade ainda fechada ao anúncio da fé e indiferentemente dispersa em relação ao convite salvífico de Deus.

Abordar a teologia da assembleia litúrgica significa, ainda, perscrutar a trama vital em que se entrelaçam a iniciativa divina e a resposta humana, partindo de um dos âmbitos mais concretos e constantes onde tal diálogo se dá: a celebração litúrgica. Ou, dito de outro modo, significa sondar o espaço criado entre o desvelo redentor da Trindade, que na liturgia atualiza sua oferta de aliança e salvação, e a adesão da criatura humana, manifesta, sobretudo, nas assembleias de escuta da palavra de Deus e memória da salvação em Cristo que se celebram entre os batizados.

A assembleia é, em síntese, lugar sacramental e eclesial onde o encontro com a verdade de Deus, nas palavras e gestos com que se dá a conhecer, colhe as mais favoráveis condições para acontecer. Tomá-la em consideração na pesquisa teológica corresponde a ocupar-se de uma realidade central na obra salvífica, além de ponto de imersão na experiência cristã concreta, já que as assembleias celebrativas são a atividade mais recorrente e facilmente identificável de toda a vida cristã. Segundo o Concílio Vaticano II, no axioma que se tornou célebre, a liturgia é cume para o qual a Igreja se dirige, como comunidade peregrina de salvação, mas, ao mesmo tempo, é fonte, donde emana todo o dinamismo de seu agir serviçal, evangelizador e missionário[1].

Há, ademais, uma questão incontornável quando se estuda a liturgia e, especialmente, a assembleia celebrativa: a participação dos fiéis. No último século, este foi o grande tema de reflexão e aprofundamento entre os liturgistas, arregimentando estudiosos de competência comprovada e concorrendo decisivamente, inclusive, para a reforma litúrgica efetivada há cinquenta anos atrás. Nosso itinerário de pesquisa sobre a teologia da assembleia celebrativa não poderia, por certo, passar indiferente ao tema, ainda mais se levamos em consideração que este continua a ser um dos grandes desafios contemporâneos para a pastoral e a catequese da Igreja.

A adequada consciência teológica sobre o significado da comunidade celebrante – para a qual, modestamente, procuraremos dar uma contribuição nas páginas que seguem – pode melhor revelar o que se esperar da "participação dos fiéis", já que, superficialmente, a simples indicação de uma necessária "participação ativa" pode levar a compreensões equivocadas, parciais e imprecisas. O risco de se cair em uma apreciação excessivamente pragmática e utilitarista da questão é recorrente. A participação que a assembleia é chamada a encarnar é, ao contrário, uma forma de se colocar diante do mistério pascal celebrado, que não se

---

1. SC 10.

confunde com o fazer muitas coisas ou o compreender tecnicamente tudo, embora suscite ministérios, promova uma *actio* e suponha uma consciência de fé suficientemente informada.

Em profundidade, *actuosa participatio*, como procuraremos demonstrar, é a condição estabelecida pela própria natureza da liturgia, como exercício do sacerdócio de Cristo. Participar é o único modo de realmente ser assembleia, considerando que em acorrendo à comunidade reunida, cada batizado associa-se – participa, portanto – à ação sacerdotal do Cristo-cabeça, na qualidade de membro de seu corpo eclesial. Participar é assumir, no instante celebrativo, a condição redimida, "divinizada", dado que a oferta de Cristo, reapresentada no culto da Igreja, finaliza-se ao restabelecimento da plena comunhão da humanidade com o Pai.

A partir deste "código genético" do discurso sobre a participação litúrgica é possível, pois, refletir sobre a maneira como ela pode ser articulada no interior da assembleia, envolvendo-a integralmente, com uma consciência amadurecida, ao agir celebrativo. Nosso trabalho pretende-se relevante na medida em que coopera com a interpretação e aplicação destas verdades teológicas, a partir da metodologia mistagógica de educação à liturgia e, consequentemente, de educação à participação.

Sem a aquisição de uma nova *ratio* sobre os fundamentos, o alcance e a densidade dos conceitos que sustentam a prática catequética e pastoral-litúrgica, todo o esforço por suscitar participação e envolvimento ministerial nas assembleias celebrativas será mero artifício de "alavanca" exterior, incapaz, porém, de suscitar o desejável e natural expediente participativo. Este é essencialmente dependente das experiências e convicções interiores. Somente a comunidade de fé devidamente iniciada ao mistério cristão e permanentemente motivada à atualização da salvação que lhe foi confiada pode protagonizar a verdadeira reconfiguração de suas reuniões litúrgicas, sob a bandeira da participação. O papel da teologia corresponde, precisamente, ao de instância de discernimento e informação, apta a oferecer dados e subsídios para a obra cheia de força vital e apelo a ser conduzida pela própria comunidade eclesial. Eis o lugar em que nos colocamos!

Seguindo imediatamente as comemorações do jubileu de ouro da aprovação e da publicação da Constituição *Sacrosanctum Concilium*, esta pesquisa quer, humildemente, fazer tributo a quanto se buscou e realizou, ao longo das últimas cinco décadas, para que as assembleias cristãs celebrassem com vivo sentido pascal, eclesial e salvífico a sagrada liturgia. Esperamos que a conjugação de nosso interesse teológico e nossa paixão por celebrar a vida em Cristo, no coração de uma comunidade de fé, lance alguma luz sobre o tema tão fascinante quanto necessário da teologia da assembleia litúrgica.

Capítulo 1 | O processo de assimilação da identidade comunitário-celebrativa da experiência salvífica cristã: aproximação histórica e teológica

1.1. Gênese e consolidação da assembleia cristã segundo o testemunho das Escrituras

Se é verdade que a reunião de culto representa um dos elementos mais recorrentes ou, em algumas circunstâncias, até constitutivo para a grande maioria dos sistemas religiosos conhecidos, como nos atestam as ciências do homem e da sociedade[2], cabe-nos reconhecer que, no caso do cristianismo, o "estar juntos" sob a mesma profissão de fé, em ação ritual comum, estabelece a condição decisiva de sua inserção na história. No entender de um inspirado teólogo canadense, perito durante o Concílio Vaticano II, o cristianismo, desde suas origens, não se compreende fora de um campo vital delimitado por três marcos: a confissão da fé, o culto litúrgico e uma vivência fraterna de expressão muito concreta[3]. Sob tal enquadramento, torna-se difícil excluir a assembleia litúrgica do conjunto daqueles conceitos e realidades que explicam, descrevem e manifestam o fato religioso cristão.

---

2. BOUYER, L., El rito y el hombre, p. 59; ELIADE, M., O sagrado e o profano, p. 150. L. Bouyer, referindo-se ao ser humano qual "lugar" onde a palavra converte-se em ação, ambas primordialmente "sagradas", tem, dentre seus pressupostos antropológicos, a sociabilidade e o senso comunitário, conforme adverte no capítulo introdutório. M. Eliade, introduzindo um estudo sobre os ritos de passagem, reconhece como a celebração comunitária desempenha um papel determinante na situação dos indivíduos frente ao seu contexto sociorreligioso e vice-versa, a ponto de tal estrutura perdurar mesmo na transição de sociedades outrora confessionais para estágios secularizados.

3. TILLARD, J., Carne della Chiesa, carne di Cristo, p. 37.

Definitivamente, não pretendemos, com isto, introduzir qualquer discurso de apoucamento da novidade cristã, debaixo de um viés ritualista e religiosamente tradicional. A mais despretensiosa leitura dos Evangelhos e outros textos neotestamentários já levaria tal intento ao fracasso. Mas se trata, isto sim, de considerar o fator comunitário-celebrativo cristão em toda a sua preponderância fenomenológica e teológica.

De fato, desde o seu início, o movimento suscitado pela praxe livre e original de Jesus de Nazaré compreendeu uma dinâmica rede de encontros e relacionamentos que, segundo a gradualidade da adesão, criou dois círculos: um mais aberto, formado por simpatizantes que se faziam seguidores; e outro mais íntimo, constituído de discípulos admitidos pelo próprio Jesus quais colaboradores, e depois enviados como anunciadores de sua mensagem[4].

Reunir-se ao redor de Jesus, tanto nas amplitudes costeiras quanto nas superfícies elevadas, ou mesmo nos deslocamentos por terra ou mar, ou, ainda, pelas sinagogas e pelas casas, constituía-se na ocasião privilegiada para a descoberta de sua identidade profético-messiânica. Aquelas assembleias imprevistas, cálidas e inclusivas, revestidas de um autêntico caráter festivo, evidenciavam a autoridade nova do mestre galileu, capaz de fazer soar nos limites de Israel, e mesmo fora deles, o eco de uma vibrante convocação.

O acontecimento pascal do Novo Testamento inaugura uma outra etapa neste único devir comunitário-revelador. Os discípulos de Jesus agora reforçam sua identidade na memória daquele que fora elevado pelos chefes na cruz e pelo Pai na ressurreição. Reunir-se, como espontaneamente se dava entre eles, suscitado pela atração que o "rabi" exercia, torna-se logo objeto de um zeloso cultivo, na medida em que lhes permite experimentar de novo a luz envolvente e a força renovadora da palavra e dos sinais deixados por Jesus. Em contornos cada vez mais nítidos, estes discípulos divisam-se "Igreja", célula primordial do novo povo escatológico de Deus, investido pelo Espírito Santo, para a convocação de todas as nações à nova aliança em Jesus, o Cristo[5]. E logo começam a fazê-lo, remetendo à esfera comunitário-celebrativa a vivência de tudo quanto anunciam com entusiasmo.

Este brevíssimo sumário introdutório já nos permite reconhecer que o aporte comunitário e sua permanente atualização nas assembleias da Igreja, especialmente as eucarísticas, constituem-se no âmbito próprio para a abordagem do cristianismo, quaisquer sejam suas intenções e endereços. Com efeito, a pessoa e a doutrina de Jesus não são redutíveis a elaborações teóricas que desconhe-

---

4. SCHILLEBEECKX, E., Jesus, a história de um vivente, p. 212.
5. LOHFINK, G., A Igreja que Jesus queria, p. 118.

çam o nexo relacional e convivial que perpassa a manifestação do Filho entre os homens. A forma da encarnação desautoriza qualquer opção metodológica que ignore uma séria inserção no corpo da história e das relações que a constroem[6]. "A Vida manifestou-se" (1Jo 1,2), assegura-nos o texto neotestamentário, após uma "confissão sensorial" ("o que ouvimos, vimos com nossos olhos, o que nossas mãos apalparam"), sem dar margem a compreensões voláteis, espectrais ou trans-empíricas[7].

Mas, por quanto se identifique com a experiência cristã, o fato comunitário-assembleal não é patrimônio exclusivo do organismo eclesial. E nem lhe foi entregue diretamente por vias extraordinárias, em versão definitiva. Todos os paradigmas assumidos na economia reveladora[8] invariavelmente atravessam a reunião de culto, conformando-a, ao longo dos diversos turnos históricos que lhe couberam, em lugar, mediação e instrumento necessário para a consecução do desígnio salvífico. A bem da verdade, o acontecimento "assembleia" erigiu-se gradativamente, entre os embalos e retenções da trajetória percorrida por Israel na vivência de sua vocação. Depois, confirmou-se, purificou-se e alargou-se nas opções proféticas de Jesus de Nazaré. E, sem dúvida, consolidou-se e atualizou-se na busca das primeiras comunidades cristãs por corresponderem à grandeza e à novidade de quanto lhes fora entregue – o Evangelho.

Guiados, pois, pelo rico testemunho das Escrituras, em suas grandes linhas teológicas, lançamo-nos à perscrutação de indicações fontais que nos ajudem a reconhecer o autêntico perfil da assembleia cristã, sem perder de vista aquele impulso místico-pedagógico que, desde o início, impregna suas reuniões e pode, por isso, ainda hoje, inspirar atitudes celebrativas mais plenas. É de se advertir que, pela natureza deste trabalho, não adentramos os meandros mais delicados e específicos das teorias sobre a construção dos textos ou sobre a historicidade das personagens. Interessa-nos detectar o surgimento do conceito teológico-litúrgico "assembleia" a partir da prática cultual das primeiras gerações hebraicas e de sua

---

6. Ela [a fé cristã] não é a mística da autoidentificação do espírito com Deus, e sim obediência e serviço: "autossuperação e libertação do 'eu' justamente porque este se vê colocado a serviço daquilo que não foi feito nem pensado por ele" (RATZINGER, J., Introdução ao cristianismo, p. 73).

7. Com efeito, é esta a tensão que o epistolário joanino pretende superar: a encarnação não é apenas aparência ou uma identificação parcial do Verbo com Jesus, mas verdadeira assunção da natureza humana por parte do Filho (BROWN, R. E., A comunidade do discípulo amado, p. 114-116).

8. LIBÂNIO, J. B., Teologia da revelação a partir da modernidade, p. 295-299; BARSOTTI, D., Il mistero della Chiesa nella liturgia, p. 20. A paciente sucessão de etapas, o contínuo desvelar-se da verdade entre as raias por onde navega a liberdade humana e a identidade intencionalmente histórica da manifestação divina não fazem qualquer exceção na construção da experiência assembleal cristã. Ela se inscreve, sem dúvida, no amplo processo de Revelação.

recepção pelos núcleos cristãos primitivos, conforme se pode colher de uma leitura transversal dos dois testamentos[9]. É a tarefa a que, por ora, nos entregamos.

1.1.1. A assembleia do Sinai

As primeiras referências significativas sobre a celebração de assembleias hebraicas ocorrem no contexto da saga pascal do Êxodo. Nas narrativas do Gênesis, que pretendem reportar fatos cronologicamente anteriores, predomina o enfoque na trajetória individual de figuras paradigmáticas ou expoentes patriarcais. Mesmo quando se amplia o quadro para os clãs ou as famílias que se vinculam a eles, tudo é feito sob um esquema de fácil intercambialidade, de maneira que os chefes ou figuras afins personifiquem suas tribos e vice-versa[10]. São, porém, as iniciativas protagonizadas e as vicissitudes sofridas pelos cabeças patriarcais que norteiam o conjunto da narração.

Naturalmente, sob tais circunstâncias, pouco se distingue de algum rito coletivo propriamente dito para a invocação do Deus dos patriarcas. Não faltam, entretanto, gestos sacrificais oficiados individualmente por estes mesmos ícones, como se pode constatar nas menções do holocausto oferecido por Noé (Gn 8,20s) e da libação derramada por Jacó (Gn 35,1-14), por exemplo. Outras ações cultuais, ainda mais célebres, como as oferendas de Caim e Abel (Gn 4,3-5), a *berakah* de Melquisedec sobre o pão e o vinho (Gn 14,18-20), a multíplice imolação de Abrão por ocasião da aliança (Gn 15,9-19) e o sacrifício de Isaac (Gn 22,1-18), embora investidas de significados muito mais complexos e implicações coletivas, só reiteram o caráter personalista e espontâneo do culto hebraico primitivo[11]. Em sintonia com as expressões universais da experiência religiosa e identificando-se com notas da religião dos cananeus, estas figuras pré-mosaicas não chegam a erigir um culto específico, que reserve à reunião celebrativa o lugar que haveremos de reconhecer logo adiante. Eles, tão somente, avançam, com um gestual e uma linguagem que já lhes são familiares, a aproximação com o Deus que se dá a conhecer.

Por isto, a experiência do Êxodo é o verdadeiro "ponto de combustão", capaz de desencadear o mecanismo assembleal que envolve, situa e celebra um acontecimento fundador – a saída do Egito e a subsequente ratificação da aliança – e, ao mesmo tempo, lança as bases para que uma engenhosa arquitetura salvífica se levante, até atingir o cume nas assembleias pós-pentecostais da Igre-

---

9. PONTIFÍCIA COMISSÃO BÍBLICA, A interpretação da Bíblia na Igreja, p. 90.

10. VIVIANO, P. A., Gênesis, p. 56.

11. BRIGHT, J., História de Israel, p. 133-134.

ja. Cada passo neste longo percurso, porém, haverá de evocar a marca daquela experiência genética, primordial e paradigmática vivenciada na assembleia do Sinai. Eis por que se faz necessária uma investigação mais atenta de suas características e potencialidades.

Quando se reúnem aos pés da montanha, os hebreus não são mais que uma massa inorgânica de fugitivos[12]. Não constituem, efetivamente, um povo, a não ser por alguns traços étnicos, históricos e culturais comuns. Faltam-lhes um projeto coletivo e um sentido de pertença desenvolvidos, que os façam menos vulneráveis às pretensões dominadoras das nações já estabelecidas. A comprová-lo está a dramática descrição do livro do Êxodo sobre a situação dos israelitas no Egito: trabalhos forçados, hostilidade declarada e graves ameaças à sua fecundidade (Ex 1,8-22).

Tal estado de tensão com os egípcios acirra-se, precisamente, pela convocação de uma assembleia. Segundo a narrativa, Moisés e Aarão, atentos a uma prescrição divina, apresentam-se ao faraó a fim de solicitar a permissão para que os israelitas se afastem de suas vivendas e trabalhos por alguns dias. Eles deviam servir ao seu Deus, oferecendo-lhe um sacrifício no deserto[13] (Ex 5,1-3). Diante da negativa desdenhosa do faraó e do recrudescimento da opressão, desencadeia-se o movimento que polarizará na saída do Egito e na confluência da assembleia sinaítica.

A reunião para o culto desponta, assim, como fator inédito e determinante na construção do futuro daquelas tribos escravizadas e na configuração de uma identidade nacional hebraica. Ela rompe com a desagregação imposta e catalisa o advento de experiências muito concretas de salvação. Deste modo, no coração do evento fundador da história de Israel, ao lado da motivação político-social, representada pelo fim da sujeição, inscreve-se uma finalidade religioso-salvífica, a saber, a execução de um serviço cultual em assembleia. A propósito, assinala S. Rosso:

> Segundo o Êxodo, a motivação da libertação dos hebreus da escravidão – um fato normalmente subvalorizado, como se fosse uma mentira piedosa – é o retirar-se no deserto para celebrar um sacrifício ao Senhor e fazer festa em sua honra. A intervenção de Deus para libertar as tribos [hebraicas] conclui-se com a celebração de um rito religioso: de fato, Israel sai do Egito para celebrar um sacrifício/festa que inaugurará sua existência como povo. Mes-

---

12. MARTIMORT, A. G., Estrutura e leis da celebração litúrgica, p. 97.
13. É evidente uma mudança de perspectiva: mesmo sob a guia de Moisés e Aarão, é a comunidade dos israelitas quem deve dirigir-se ao deserto para a "festa". Não parece suficiente que os dois líderes façam-no em nome da comunidade, como soeu durante o ciclo dos Patriarcas. Agora, o "povo" deve peregrinar e sacrificar, a fim de ser salvo de infortúnios (Ex 5,3).

mo se o "serviço" (*'abhad*) sobre o qual os textos retornam frequentemente não se possa restringir ao âmbito ritual, Israel invoca suas origens como comunidade cultual e povo sacerdotal: esta característica nativa haverá de qualificá-lo durante todo o Antigo Testamento[14].

Ora, no ensejo deste primevo apelo à assembleia, inaugura-se entre YHWH e Israel um novo estado de relações. O texto bíblico chega a sugerir que por um espaço significativo de tempo – coincidente com a deterioração das condições de vida no Egito – os hebreus se tenham esquecido das promessas divinas feitas aos seus pais, enquanto Deus, por sua parte, teria guardado certo silêncio[15]. Mas, toda a situação transforma-se quando, rompendo o afastamento, YHWH apresenta-se e marca um encontro com seu povo no deserto[16].

Na evolução dos acontecimentos liberadores, ao celebrar, finalmente, uma assembleia no deserto, além do Mar Vermelho, os israelitas tomam consciência da tarefa que a partir de agora lhes cabe: reunir-se como povo sacerdotal, porção escolhida dentre todos os povos, para proclamar as *mirabilia Dei* realizadas em sua história e exercer um culto íntegro, puro e verdadeiro, sob o olhar do Deus misericordioso e fiel. De fato, Israel, durante todo o Antigo Testamento, dependerá deste múnus sagrado para reconhecer-se como nação, da mesma forma que dependerá da promessa divina para ter terra e do suceder-se dos atos salvíficos para encadear sua história[17].

Em tal "gramática" existencial-cultual, afeita a orientar todos os passos seguintes da trajetória de Israel, a noção de assembleia não pode, definitivamente, ser preterida. Ela há de configurar uma permanente disposição à reunião santa, visto que é na assembleia que edifica, educa e santifica seu povo, enquanto este anuncia, celebra e aclama seu Deus (Dt 4,10). Não é mais possível dissociar da consciência e da vida de Israel este conceito e esta experiência.

A confirmá-lo estão dois dados, de naturezas diversas, mas de mútua implicação: de um lado, ouvindo os ecos da vocação de Abraão, Israel saber-se-á convocado por Deus a andar em sua presença (Gn 17,1), como se vivesse virtual-

---

14. ROSSO, S., Un popolo di sacerdoti, p. 95.

15. CLIFFORD, R. J., Êxodo, p. 129.

16. BRIGHT, J., História de Israel, p. 186. A rigor, o deserto marca o início da adoração de YHWH por Israel. O que se experimenta no Êxodo, porém, não pode ser desconectado daquele eco ancestral que acompanha Israel desde as idades patriarcais, motivando uma busca incessante pelo cumprimento da "promessa". O início de um novo tempo, um novo culto e uma nova vida é, na verdade, a retomada das antigas esperanças, mas em condições surpreendentes.

17. O culto e o ritual de Israel situam-no como comunidade e como nação numa terra que é a terra da promessa e num tempo que é o âmbito onde se desenrola o desígnio de salvação (MARTÍN, J. L., No espírito e na verdade, p. 26).

mente, apesar de suas andanças, em perene reunião ao redor de YHWH; de outro lado, em âmbito concreto, sentir-se-á regularmente chamado a assembleias *in actu*, quando se congregará para celebrar suas grandes festas e ouvir os preceitos da Torá[18]. Sua existência será, portanto, vinculada à ideia de um estado celebrativo contínuo, em que não lhe resta outra alternativa que exercer o sacerdócio amplo, nacional e modelar derivado da sua eleição divina[19].

Tal paradigma comparece nos textos da Escritura mais identificado à terminologia *'edhah*[20]. É o que se constata num trecho-chave da narrativa do Êxodo: Israel, prestes a experimentar a travessia memorável de sua libertação, não pode fazê-lo sem antes celebrar o rito familiar do cordeiro. Neste momento, uma comunhão não física, mas intencional e gestual, une toda a comunidade, mesmo que seus membros estejam divididos por famílias e não convirjam materialmente para uma mesma reunião. Nada, porém, impede que o acontecimento seja definido como assembleia: imolando o cordeiro, esta "assembleia da comunidade de Israel" – *qehal 'edhat Yisrael* – (Ex 12,6) sai do anonimato que viver entre os egípcios lhe impusera, revela-se no ato caracteristicamente sacerdotal da imolação e, marcado por uma aspersão cerimonial, apresenta-se impávido à passagem do flagelo destruidor (Ex 12,13).

Decerto, não é a execução sincronizada do rito pascal que, por si mesma, configura e credencia estas tribos dispersas e escravizadas como comunidade-assembleia. Antes, por ser quem é – povo que pertence a Deus (Ex 6,7) –, assumindo as prerrogativas de seu chamado à fé e à comunhão salvífica com seu Deus e entre si, Israel pode realizar as ações rituais que desvelam sua face e levantam-no da prostração tipificada pelo cativeiro egípcio. O rito reacende as fagulhas da confiança nas promessas feitas a Abraão (Ex 15,2), estreitando os laços que unem os filhos de Jacó na esteira da aliança e tornando-os capazes de fazer "páscoa" – passagem. O *'edhah* é, assim, nota comunitário-cultual constitutiva do povo escolhido, sua pré-disposição intrínseca à assembleia e correspondente ao ser convocador de Deus no confronto de Israel que, a partir dele, quer convocar toda a humanidade[21].

---

18. TENA, P., La palabra ekklesía, p. 29.

19. A construção deste ideal sacerdotal coletivo (Ex 19,6) segue em paralelo e, às vezes, à sombra, da reafirmação da autoridade sacerdotal hierárquica que permeia expressivos blocos do Antigo Testamento (GEORGE, A., Sacerdócio, p. 924; MARSILI, S., A liturgia, momento histórico da salvação, p. 50). Os profetas serão, certamente, pontas de lança na insistente proposição desta consciência, mas é somente no Novo Testamento que ela chega à sua plena aplicação, como veremos mais adiante.

20. LATORRE, J., La asamblea litúrgica en la Biblia, p. 4.

21. Obviamente, não encontramos no Antigo Testamento uma clara definição de 'edhah nos moldes que apresentamos. Estamos no campo da interpretação, baseados na leitura atenta dos textos e seus respectivos contextos. O estudo de P. Tena sobre a palavra ekklesía faz um levantamento meticuloso da frequên-

Quando Israel assume solene e concretamente a convocação feita por YHWH, conforme se dará de modo extraordinário nas cercanias do Sinai e, a partir daí, nas reuniões que escandirão sua história, realiza-se aquilo que as Escrituras preferem chamar por *qahal*[22]. Não obstante a vasta gama de sentidos – que variam desde "convocação para o recrutamento militar" até "assembleia das tribos do povo" – e o complexo jogo que envolve sua tradução na versão dos LXX – *synagoghé* ou *ekklesía*[23] –, o termo *qahal* estabeleceu-se no patrimônio teológico bíblico quando se tornou sinônimo da reunião celebrada sob a guia de Moisés no deserto.

Cabe, porém, aqui, uma consideração: seria simplista demais reconhecer em *qahal* o aspecto puramente material e concreto da reunião israelita, enquanto o conteúdo teológico e espiritual do acontecimento "assembleia" fosse reconhecível, somente, no emprego de ʻ*edhah*. Nada mais estranho aos textos e à mentalidade bíblica. Estes dispositivos de corte cartesiano não ajudam a entrar no orgânico universo das ideias e expressões do judaísmo bíblico. É na complementaridade, na articulação, na interpolação e na manutenção de um nexo vital que se colhe o real valor dos conceitos e instituições semitas[24]. Portanto, cada *qahal* de Israel possui sempre algo de intangível, mistérico, vocacional – ʻ*edhah*. E este, por sua vez, necessita de ocasiões históricas nas quais se manifeste e atualize – *qahal*.

Na raiz de tudo está, sem dúvida, uma crescente consciência da convocação divina. O concurso de fatores tão improváveis, como a fragilidade dos cooperadores humanos e a soma desfavorável de condicionantes históricas e geográficas, em contraste com a grandeza do passo a ser dado e a riqueza do conteúdo teológico-salvífico que se está prestes a revelar, indicam que as razões políticas e os sentimentos religiosos coletivos são insuficientes para, sozinhos, explicarem a realização de uma assembleia aos pés do Sinai. Só a "palavra-iniciativa" divina, permanentemente criativa[25], é capaz de modelar, da dispersão e do desespero, uma realidade tão significativa e densa como a assembleia da

---

cia com que estes termos aparecem e em que circunstâncias, apontando algumas delimitações (TENA, P., La palabra ekklesía, p. 33-47; 57-60).

22. DE ZAN, R., Tutta l'assemblea disse: 'Amen' e lodarono il Signore (Ne 5,13), p. 59-63.

23. A questão torna-se mais difícil quando se leva em conta que há uma variação de escolha entre os tradutores: até o Deuteronômio, parece prevalecer a opção por synagoghé; do Deuteronômio em diante, predomina a tradução ekklesía. De qualquer maneira, alguns elementos indicam que synagoghé seria usado mais para denotar "comunidade", enquanto ekklesía acentua mais o aspecto de reunião de culto (TENA, P., La palabra ekklesía, p. 31-33). Algo muito próximo ao que encontramos entre ʻedhah e qahal.

24. PONTIFÍCIA COMISSÃO BÍBLICA, A interpretação da Bíblia na Igreja, p. 110-113.

25. Tomamos a ideia de continuidade entre o "ato criador original" e a conservação do criado, que se confunde com o próprio acontecimento da redenção, dentro do qual se inscreve a assembleia e seu princípio de reunião-salvação (MOINGT, J., Deus que vem ao encontro do homem, p. 214).

aliança, cujo alcance atravessará a própria história, pois espera definitiva consumação apenas na etapa escatológica.

Deste modo, o evento do Sinai manifesta e celebra a iniciativa soberanamente livre e divina de associar-se ao povo de sua eleição, para que este, comprometido em aliança, torne-se princípio e sacramento da convocação salvífica de todos os povos. Como entendê-lo, porém, sem apelar aos extremos de uma interpretação intervencionista ou determinista? No seu *modus operandi*, é possível identificar a convergência de dois "êxodos" subsequentes e correspondentes que, no suceder-se dos eventos reveladores, hão de evocar-se, complementar-se e explicar-se.

O primeiro êxodo é o divino. Assumindo os clamores do povo cativo (Ex 3,7s), Deus decide manifestar-se e agir, para salvá-lo. Apresenta-se a Moisés e dá-lhe a conhecer sua motivação mais imediata: manter fidelidade à aliança com Abraão e seus descendentes. A sequência de verbos – "vi", "ouvi" e "desci" – expressa um verdadeiro mover-se de Deus, uma projeção de si mesmo na direção de Israel, por ora reduzido a um mísero grupo de párias desesperados. Nota-se muita clareza e definição de propósitos: "a fim de libertá-lo" e "fazê-lo subir" (Ex 3,8), ou, simplesmente, fazer sair e subir[26]. Não são deixadas lacunas a tergiversações, evasões ou duplicidades. Sob todos os riscos e expondo-se a complexos desafios, revela-se uma vontade inteiramente livre, decidida e consciente – afinal, divina –, disposta a abandonar as contingências estabelecidas e subverter uma ordem iníqua.

Através de Moisés, é Deus mesmo quem age[27], de sorte que até as limitações confessadas pelo escolhido são assumidas e remediadas pelo protagonista divino (Ex 4,10-17). Não se trata, tampouco, da relação funcional entre um mentor e seu agente, ou um estrategista e seu executor. O papel reservado a Moisés é o de "lugar" onde o "nome-existência-ação" de Deus – YHWH – se inscreve, numa efusão carismática, para tocar salvificamente seu povo[28].

Em imediata dependência deste "êxodo divino", deflagra-se o êxodo do espírito humano, prenunciado pela adesão de Moisés, mas singularmente manifesto

---

26. A definição da ação torna-se importante neste contexto de revelação. O próprio significado do nome declarado a Moisés – YHWH – estabelece alguma dependência desta participação e envolvimento muito concretos, uma vez que pretende indicar existência (CRAGHAN, J. F., Êxodo, p. 95).

27. L'HEREUX, C. E., Números, p. 134. A mediação de Moisés não cria dificuldades para que a tradição posterior reconhecesse a ação salvífica de Deus em primeira pessoa: "Em todas as suas agruras, não foi mensageiro ou anjo, mas a própria face que os salvou. No seu amor e na sua misericórdia, ele mesmo os resgatou: ergueu-os e carregou-os durante todo o tempo passado" (Is 63,9).

28. MOTTE, R.; LACAN, M., Moisés. Vocabulário de teologia bíblica, p. 609. A leitura que a tradição neotestamentária fará de Moisés reconhece-o nesta situação, a ponto de estabelecer um paralelismo entre ele e Jesus, ressaltando, porém, a absoluta superioridade do Cristo (Jo 1,17; Gl 3,19; 1Tm 2,4s, por exemplo).

na saída do povo israelita. A superação do Mar Vermelho transforma em fato, realidade apreensível, experiência direta – afinal, em história – a libertação prometida. Por Moisés, Deus faz avançar os herdeiros da promessa, que saem, geográfica e existencialmente, da situação de servilismo, cativeiro e ameaça. "Sobem" para ser nação, com Deus, lei, terra e futuro.

Antes de assumi-lo integralmente, porém, numa assembleia à sombra do Sinai, veem inscreverem-se nos umbrais de sua história um princípio que haverá de acompanhá-la até seus acordes finais: salvação e reunião são, somente, dois modos de se dizer a mesma e única realidade. Elas não apenas se complementam externamente, mas se identificam tanto a ponto de imbricarem-se e preencherem-se de sentido. YHWH reúne Israel para salvá-lo, e salva Israel reunindo-o, até que possa fazê-lo com toda a humanidade, na plena consumação de seu desígnio.

Quem melhor sinaliza o reconhecimento deste alcance amplo e teológico-salvífico do fato assembleia são os profetas de Israel. Diferentemente dos sacerdotes, que acentuam a separação entre comunidade reunida e mundo circunstante, por meio de inumeráveis restrições, o profetismo evolui numa compreensão universalista[29]. Ele proclama a assembleia como a convocação universal de Deus a todos os povos, reintegração de toda a dispersão e início da superação do estranhamento inserido pelo pecado na harmonia da ordem criada. As maciças resistências à concretização desta intuição não inibem o gênio dos profetas de florescer em imagens e evocações de um mundo reconciliado e reunido, salvo, portanto. É o aspecto escatológico que transborda da poesia profética para gravar-se, o mais das vezes incomodamente, na consciência religiosa de Israel:

> Eu virei, a fim de reunir todas as nações e línguas; elas virão e verão a minha glória. Porei um sinal no meio deles e enviarei sobreviventes dentre eles às nações: a Társis, a Fut, a Lud, a Mosoc, a Tubal e a Javã, e as ilhas distantes que nunca ouviram falar a meu respeito, nem viram a minha glória. (...) Dentre estes tomarei alguns para sacerdotes e levitas, diz *Iahweh*. Sim, da mesma maneira que os novos céus e a nova terra que eu estou para criar subsistirão na minha presença – oráculo de *Iahweh* – assim subsistirá a vossa descendência e o vosso nome (Is 66,18-19.21-22).

No rastro das intuições proféticas, Israel abre-se à inteligência mais ampla de suas assembleias, mas, principalmente, de sua assembleia genética e pri-

---

29. As expressões mais maduras desta consciência encontram-se no Trito-Isaías (Is 60,3-9 e 66,18-21, por exemplo) e em Zacarias (Zc 14,16s). Entretanto, ao longo de toda a atividade profética, lampejam intuições e percepções de linha universalista e inclusiva. Alguns sujeitos e grupos conseguem enxergar para além do nacionalismo marcante de sua conjuntura e evocar algum nível de comunhão entre povos e nações como concretização da ação divina de redenção (Mq 4,1-5; Ez 36,24s; 37,21s, por exemplo).

mordial, na qual todas as outras se configuram[30]. Dá-se conta de que a reunião sinaítica não se estabelece, somente, como matriz a ser reproduzida celebrativamente em evocação do passado. Ela é também antecipação tipológica da assembleia futura, quando um "Israel pleno" será reunido, sem exclusões de qualquer natureza[31]. Este é, de fato, o plano escondido de Deus, que neste momento se vai patenteando pela audácia mística dos profetas.

Deste modo, postada entre o "êxodo divino" e o êxodo pascal do povo libertado, e no enfeixamento entre o passado de dispersão, a memória das intervenções de Deus e a esperança da plenitude futura, a assembleia israelita apresenta-se à teologia bíblica como o lugar para uma fecunda aproximação do mistério revelador e salvífico. Ela é muito mais que cenário ou moldura para a promulgação de fatos relevantes. Antes, é sinal, conteúdo e realização do projeto da autocomunicação redentora de Deus.

Na reunião do Sinai, quando, então, puderam elaborar comunitariamente a libertação que vivenciavam, os israelitas foram capazes de reconhecer a origem divina deste benfazejo processo e começar a vislumbrar as possibilidades que se lhes abriam na nova condição de liberdade. Descobriram-se interlocutores do Deus que historicamente se associa às suas agruras e conquistas. Reconheceram que aquele que os reunia no deserto não era um mito atemporal e desvinculado do compasso de suas vidas. Era, sim, o Deus que se dava a conhecer nos fatos e palavras, tão estreitamente entrelaçadas até o ponto em que "o fato se torna ele próprio palavra, e a palavra se faz evento[32]".

Em suas assembleias, portanto, os filhos de Israel não celebram a submissão às forças cósmicas, com suas leis inapreensíveis, ou o culto dos caprichos de divindades inconstantes que, ciclicamente, ameaçam a integridade da comunidade[33]. Celebram, verdadeiramente, o evento salvífico, rememorado anualmente na páscoa judaica em clima de exultante gratidão e revigorada adesão. A relação que

---

30. Não resta dúvida de que o profetismo em Israel compreende uma vasta gama de teologias e compromissos político-religiosos que não necessariamente se complementam. É certo, contudo, que todos se posicionam criticamente ao que se pode chamar "teologia nacional", estabelecida sobre a utopia davídica de uma nação gloriosa, inviolável, destinada ao triunfo histórico, mesmo fechada sobre si mesma e sobre suas infidelidades. Acentuamos esta linha fundamental e comum (BRIGHT, J., História de Israel, p. 356-360).

31. LOHFINK, G., A Igreja que Jesus queria, p. 31.

32. PISTOIA, A., História da salvação, p. 548; ELIADE, M., O sagrado e o profano, p. 97.

33. MARTÍN, J. L., O sagrado e o profano, p. 26. Importante é não confundir os fenômenos meteorológicos e o fogo no topo da montanha com os sinais de indisposição divina, segundo a consciência religiosa natural. Na narrativa da assembleia do Sinai, servem principalmente para compor o ambiente de teofania, cuja descrição, quem sabe, terá sido enriquecida pela prática litúrgica posterior, que usava fumaça e trombetas para solenizar a memória desta reunião.

aceitam estabelecer com YHWH rege-se pela confiança e pela obediência, assentadas sobre a plataforma da corresponsabilidade.

Precisamente, cabe a Israel o papel de *partner*, isto é, parceiro capaz de escolhas que confirmem ou anulem a salvação oferecida. Verdadeiramente liberto, o povo da travessia não pode mais recolher-se numa autocomplacência estéril ou terceirizar as decisões que afetem seu destino. Na solene assembleia do recomeço de sua história encontra-se com os dilemas e as possibilidades da liberdade, de modo que à dramaticidade da saga pascal agregam-se os tons fortes de uma incontornável decisão: assumir ou não o lugar de povo de Deus, pelo cumprimento das condições seladas em pacto.

O tema da aliança recupera assim a centralidade do pensamento religioso israelita. Tendo sido já introduzido nas etapas mais primitivas da tradição bíblica, adquire agora um *status* determinante[34]. De alguma maneira, ele absorve, sintetiza e significa toda a experiência da travessia[35], pois, conforme já se acenou, a libertação do Êxodo tem o seu "para", sua teleologia: fazer sair e subir (Ex 3,8). Não é simplesmente ruptura, mas assimilação de novos paradigmas e atitudes, nas terras livres de "acima".

Proposta por YHWH e estabelecida sobre cláusulas que, longe de denotarem qualquer traço de narcisismo divino, visam prioritariamente à integridade do povo libertado, a aliança abre um canal de diálogo efetivo com a assembleia, codificado numa linguagem comum e afinado por metas equivalentes. Ao aderir à aliança pela obediência da lei (Ex 24,7), Israel assume comunitariamente um projeto de futuro, baseado em princípios claros, sobre os quais poderá fazer exame de consciência quando houver suspeita de tê-lo traído. Esta é, aliás, uma característica fortemente assumida pelas assembleias do povo de Deus a partir de então: avaliar, reconciliar e anunciar penitência e conversão[36].

Necessariamente, a palavra de Deus torna-se o centro propulsor da reunião assembleal, narrando os feitos redentores, construindo uma memória de fé e ensejando a resposta atual do povo fiel. Ela explicita o intento convocador que se esconde em cada uma das *gesta Dei*, de maneira a ser incessante reverberação do desígnio salvífico-reunidor de YWHW. É sustento, sentinela, guia, repouso e alimento. É Deus mesmo presente no meio de seu povo, Israel[37].

---

34. GIBLET, J.; GRELOT, P., Aliança, p. 26-33. A aliança, segundo os autores, é ponto de partida para a consciência religiosa de Israel e seu verdadeiro diferencial frente à mentalidade cultual dos povos vizinhos, voltadas para a celebração das forças da natureza.

35. TABORDA, F., O memorial da páscoa do Senhor, p. 47.

36. Especialmente na assembleia de Siquém, na iminência do ingresso na terra prometida (Js 24) e na assembleia de Esdras e Neemias, quando da volta do exílio babilônico (Ne 8–9).

37. BARSOTTI, D., Il mistero della Chiesa nella liturgia, p. 69.

Identificada no âmago com os acontecimentos, a palavra é a proposição divina capaz de constituir em nação santa a aglomeração dos prófugos, converter em reino de sacerdotes a massa dos inominados (Ex 19,6), com eficácia comparável à da obra criadora: do nada, a saber, o mais profundo caos e a mais absurda dispersão, a palavra faz viver um povo reunido e reconciliado, em condições de assumir um trato de aliança.

Ao dar-se como lei, a palavra de Deus favorece a transposição para o plano ético daquilo que a libertação política representou: não simples libertação das cadeias egípcias para outras dependências mais brandas, mas evolução para uma liberdade plena, porque eticamente responsável[38]. Israel tem diante de si um caminho: sua assembleia é o momento da promulgação de um *ethos* que, como ressonância imediata da fé, dá consistência ao seu peregrinar de "povo de Deus". Daí que a santificação colhida na reunião assembleal não seja prerrogativa exclusivamente cultual, mas exigência para a vida inteira, a se desdobrar em justiça e retidão[39]. Os profetas não se cansarão de repeti-lo:

> Eu odeio e desprezo as vossas festas e não gosto de vossas reuniões. Porque se me ofereceis holocaustos, não me agradam vossas oferendas e não olho para o sacrifício de vossos animais cevados. Afasta de mim o ruído de teus cantos, eu não posso ouvir o som de tuas harpas! Que o direito corra como água e a justiça como um rio caudaloso! (Am 5,21-24).

Tais compromissos precisam ser lembrados, estimulados, aplicados e reavivados na consciência de fé do povo de Israel. Ato contínuo, o desdobramento natural da proclamação da lei na assembleia israelita será a homilia[40]. Ela representa o momento de inteligência da palavra, ensejando seu consciente e motivado cumprimento. Por ela executa-se, em sublime afinação, a sinfonia da irrupção de Deus na vida de quantos tomam parte na reunião. Pois, se o texto sagrado porta a autenticidade genial de quem compôs a obra, o comentário homilético a reproduz

---

38. ROSSO, S., Un popolo di sacerdoti, p. 97.

39. X. Basurko define assim a flexão ideal entre culto e vida: "O encontro com YHWH libertador na história, sua celebração agradecida no culto e a resposta coerente na fidelidade à aliança constituem três momentos básicos e em perfeita continuidade dentro da vida do povo de Israel. O paradigma história-culto-lei marca o ideal do povo de Deus no Antigo Testamento" (BASURKO, X.; GOENAGA, J. A., A vida litúrgica sacramental da Igreja em sua evolução histórica, p. 43).

40. No contexto referido, o uso do termo é um tanto impreciso e anacrônico. Muito mais tarde é que o vocábulo de origem grega "homilia" indicará, restritamente, o uso da fala no culto. Optamos por encaixá-lo tendo em vista a amplitude de sua semântica atual, capaz de abraçar tanto o exercício do ensino, do convencimento quanto a riqueza de estilos, de exortações, considerações e comentários que explicitam a lei para a comunidade israelita, conforme o patrimônio bíblico sugere em relação ao pronunciamento nas assembleias do Antigo Testamento.

com os efeitos e as tonalidades mais adequados à audiência. Ambas, enfim, se evocam, tocam e ativam mutuamente[41].

Metáforas, rememorações, elogios, panegíricos, entre outros recursos retóricos, costumam acompanhar as exortações de fidelidade e reverência à lei contidas na homilia. Tantas elaborações, de fato, ordenam-se ao único objetivo perseguido: discernir, à luz da sabedoria divina expressa na lei, os desafios e escolhas concernentes a um povo livre, porque vocacionado e comprometido em aliança[42]. Na asserção de J. Aldazábal, "a palavra não pode considerar-se suficientemente proclamada até que seja entendida pela comunidade como 'palavra dita hoje para nós'[43]". A homilia favorece, pois, este encontro.

Sobre o estudo, a interpretação e o ensino da palavra de Deus erigiu-se em Israel uma tradição assembleal muito consistente, que ainda hoje permanece. É a "assembleia de instrução" ou, simplesmente, "assembleia sinagogal". Seu aparecimento coincide com o exílio, quando era necessário conservar a memória salvífica no meio das contingências mais extremas[44]. Se não podiam mais celebrar a aliança pelos sacrifícios – o templo fora destruído e o sacerdócio disperso – os judeus fazem-no, então, pelo cultivo da sabedoria bíblica e pela oração comum.

Estas assembleias sinagogais, de caráter eminentemente doméstico, restrito, transportam para o contexto familiar, comunitário e local o conteúdo universal da reunião de todo o povo. Elas serão, de fato, o espaço mais comum e imediato de experiência assembleal para Israel ao longo de sua história, garantindo a vitalidade e a longevidade da fé bíblica. T. Maertens exprime esta conexão entre a assembleia arquetípica – a do Sinai – e a assembleia semanal de instrução, em termos bastante práticos: "a assembleia sinagogal é (...) reprodução da assembleia do Sinai. A mesma lei que constituiu uma é lida na outra, que se sente responsável tanto pela sua explicação como pelas sanções aos seus transgressores[45]".

A explicação da lei na homilia demanda uma resposta às proposições divinas. Afinal, uma palavra portadora de tanta novidade não se pode perder no tédio de uma audiência inerte e passiva. A assembleia evolui, então, para o diálogo comprometedor, esponsal, que conduz o "tu" divino e o "nós" da assembleia

---

41. GIRAUDO, C., Ascolta, Israele! Ascoltaci, Signore!, p. 95. O autor acentua que não é a homilia que, de fato, atualiza a palavra de Deus, mas sim sua leitura. O leitor é quem põe Deus em condições de falar atualmente à assembleia. O homileta ajuda a compreender o alcance daquele acontecimento, que é Deus falando. O protagonismo, mais uma vez insistimos, é divino.

42. TORRE, L., Homilia, p. 556.

43. ALDAZÁBAL, J., Servidores da palavra, p. 25.

44. LATORRE, J., La asamblea litúrgica en la Biblia, p. 3-6.

45. MAERTENS, T., Reúne o meu povo, p. 23.

a uma unidade fecunda, verdadeira aliança[46]: "agora, se ouvirdes a minha voz e guardardes a minha aliança, sereis para mim uma propriedade peculiar entre todos os povos, porque toda a terra é minha" (Ex 19,5); "faremos tudo quanto o Senhor falou" (Ex 19,8); "serviremos ao Senhor, nosso Deus, e obedeceremos a sua voz" (Js 24,24).

Faz-se, então, uma profissão de fé, solenizada por aclamações e cânticos, em que o uníssono vocal da assembleia representa a resposta comum[47]. A este ponto cumpre-se efetivamente o pacto, mesmo que as partes envolvidas não estejam em pé de igualdade. A aliança entre YHWH e Israel aproxima-se muito mais de "uma aceitação de vassalagem em termos de soberania"[48]. Mas, supõe uma disposição tão sincera e resoluta do lado mais frágil que se logra certa aproximação do outro *partner*, de maneira que ambos empenham algo próprio de muito precioso: a palavra. Também a criatura, por capacidade doada, mas efetiva, "nomeia", segundo sua liberdade. Tem, pois, algo a comprometer na palavra que pronuncia[49]. A assembleia assume, pois, seu lugar qualificado enquanto aclama, canta, salmodia e repete seus responsórios e litanias.

A reunião, contudo, não termina aí. O sacrifício (Ex 24,5-8) materializa a resposta obediente do povo da aliança: o sangue das vítimas indica o compromisso vital empenhado no pacto. Não é mera imolação cultual, à moda dos cultos pagãos e das ações cultuais da pré-história de Israel. O sacrifício agora é sinal eloquente da obediência e submissão à vontade de Deus.

A assembleia israelita não está, como em outras culturas, condenada a apresentar uma substituição animal para aplacar as veleidades sanguinárias de sua divindade. Pelo sacrifício, Israel quer indicar seu desejo de comunhão com YHWH, através de um dom – holocausto – ou de uma refeição sagrada, ou até mesmo os dois em sequência, como no Sinai[50]. Através do sangue aspergido sobre o altar e o povo reunido, "Deus e o povo tornam-se, por assim dizer, consanguíneos; formam a mesma família e partilham a mesma vida (o sangue é o sinal da

---

46. Alguns comentadores ressaltam a força deste diálogo, expresso em discurso direto e permeado de elementos que sugerem intimidade entre as partes, tão desiguais (CRAGHAN, J. F., Êxodo, p. 108).

47. O trabalho de A. Franquesa faz notar como o uso de aclamações curtas e repetidas ("amém", "aleluia", "hosana", "bendito seja Deus"), que dão voz à massa reunida, foi de tal modo integrado à liturgia hebraica que perdura na passagem desta às assembleias eucarísticas cristãs (FRANQUESA, A., Las aclamaciones de la comunidade, p. 13).

48. BRIGHT, J., História de Israel, p. 195.

49. RAHNER, K., Curso fundamental da fé, p. 101.

50. Para uma descrição concisa e eficaz das características da oferta sacrificial e do banquete sagrado: BORG, M. J.; CROSSAN, J. D., A última semana, p. 55.

vida)[51]". O banquete, segundo uma sensibilidade mais próxima a nós, supõe laços e consolida-os. Excepcionalmente, o Deus de Israel presta-se a tais intercâmbios, pois o culto que lhe interessa não é outro que a celebração da proximidade entre sua disposição amorosa e a adesão da assembleia.

Em outras reuniões comemorativas da assembleia sinaítica, inclusive, o sacrifício cruento chega a ser substituído diretamente pelo banquete, a manifestar o "dia consagrado ao Senhor" (Ne 8,10). Até mesmo a elevação de uma grande pedra como "testemunha" para que não se "renegue a Deus" (Js 24,27) pode ocupar o lugar reservado à imolação das vítimas animais. O sentido será sempre o mesmo: materializar a aliança estabelecida verbalmente (proclamação da palavra, homilia e resposta), celebrar a memória das ações divinas e revelar as intenções profundas do coração.

Finda a assembleia, dissolvida a reunião, permanece a aliança como "ambiente" para todas as escolhas e exigências que se impuserem. A tudo ela deve envolver, impregnar, inspirar e motivar. Sua memória há de pairar sobre a consciência comunitária de Israel e individual de cada israelita, da mesma forma que aquela nuvem incandescente permanece sobre os hebreus na marcha que se segue à ratificação do pacto (Ex 40,36-38). A nuvem, segundo a narrativa do Êxodo, manifesta a dupla face do mistério divino: é tenebrosa de um lado, mas luminosa do outro (Ex 14,20); ou, em caracteres místico-teológicos, faz-se terrível e inacessível ao pecador, mas graciosamente próxima e favorável para o fiel[52]. A prática da aliança estabelece, enfim, a posição de Israel diante da "nuvem".

Conforme procuramos esclarecer, esta correspondência entre o culto e a vida é pedra de toque de quase toda a pregação profética. Sem repudiar as reuniões e ritos sagrados, os profetas indicam o ideal primitivo do culto assembleal como "serviço integral", isto é, "escuta atenta da palavra de Deus que se prolonga na fidelidade existencial à aliança[53]". A experiência do exílio encarrega-se, por fim, de amadurecer tal princípio, uma vez que desmantelado o culto exterior, o sacrifício pessoal e vital do "pequeno resto" reforça um regime assembleal de intenção e fidelidade cotidiana à assembleia do Sinai. No Novo Testamento, as assembleias reunidas após a Páscoa do Senhor sentir-se-ão ainda mais interpeladas a assumir esta coerência vital em relação à assembleia, sintetizada no mandamento do amor (Jo 15,12) e no gesto do lava-pés (Jo 13,1-17).

---

51. DEISS, L., A palavra de Deus celebrada, p. 46.
52. LÉON-DUFOUR, X., Nuvem, p. 661.
53. BASURKO, X., A vida litúrgica sacramental da Igreja em sua evolução histórica, p. 44.

1.1.2. A assembleia-sinal do Novo Testamento

Jesus de Nazaré revela-se o enviado do Pai para levar às últimas consequências o chamamento salvífico, reunindo um povo novo e universal em vista da aliança definitiva, centrada no amor. Toda a sua trajetória histórica e o desfecho sacrifical de sua vida, em plena coerência com as escolhas que fez, reverberam um apelo categórico, potencializado pela ressurreição e unificado pelo amor. Entregando o Espírito, invade o universo inteiro com este mesmo amor, que compatibiliza as linguagens, integra as diferenças e ajunta o que fora disperso pelo pecado.

Não por outro motivo, tanto as assembleias dos discípulos em memória de sua Páscoa quanto o Espírito que as permeia e extravasa serão reconhecidos por um mesmo nome: *ágape*[54]. O amor é, assim, o núcleo da salvação, a força convocadora por excelência, o elo superior de coesão, que preenche e qualifica qualquer mediação que pretenda aproximar-nos do mistério de Cristo Jesus[55]. A assembleia e o culto inclusive.

Antes, porém, de entrar no vivo da questão neotestamentária relativa à assembleia litúrgica, recolhendo dados e intuições que nos permitam visualizar com maior integridade suas raízes bíblicas, como é de nosso interesse, cremos oportuno dar-nos conta de um marcante paradoxo. De um lado, a prática de Jesus e o comportamento inicial da Igreja apostólica apontam para um princípio de continuidade bastante sólido, quase uma resistência a reconhecer-se outro diante de Israel e sua herança. Por exemplo, até o martírio de Estêvão era natural que os discípulos frequentassem o templo – como, aliás, fizera Jesus –, constituindo assembleia com os judeus, mas se reunindo depois, nas casas, para a "fração do pão". Ainda mais duradoura será a atitude de alguns subgrupos cristãos, que assumem tendências judaizantes tão extremadas a ponto de a própria universalidade do anúncio e a unidade da Igreja primitiva parecerem ameaçadas em certas circunstâncias[56].

De outro lado, salta aos olhos uma vivaz afirmação da novidade do acontecimento Cristo, que supera as expectativas minimizadas por uma hermenêutica conservadora e descredencia esquemas religiosos desumanizantes, mesmo se le-

---

54. O banquete-assembleia cristão parece inserir-se numa longa tradição de reuniões à mesa com significado mais amplo que a mera nutrição dos corpos. Por outro lado, opera uma mudança de sentido e vocabulário tão intensa para esta reunião que termina por abrir um novo leito pelo qual há de correr a torrente de uma inédita tradição. Assim é, por exemplo, com a substituição das referências ao amor, já comuns nos simpósios gregos sob a definição eros, por menções a uma virtude mais excelsa, que exprima a entrega do Senhor e o clima de fraterna aceitação que ele quis para sua comunidade. Assim prevalece a palavra ágape, que logo passa a designar o próprio fato cristão de reunir-se, mormente para a Eucaristia (SMITH, D. E., Del simposio a la eucaristía, p. 331).

55. MIRANDA, M. F., A salvação de Jesus Cristo, p. 131.

56. CAMPBELL, W., Giudaizzanti, p. 767-773.

vantados sobre a respeitabilidade das tradições sagradas. Jesus de Nazaré denuncia as práticas esgotadas ou desvirtuadas do patrimônio da fé judaica, que já não serviam para "tocar" o divino, mas somente para mascarar interesses corporativos ou aliviar consciências adoecidas.

Sua própria presença opera uma profunda desestabilização do edifício religioso judaico, na medida em que se revela o substituto da cidade – Jerusalém – e de sua maior instituição – o templo – como novo e único centro de convergência salvadora. Morto-ressuscitado, ele tratará de suplantar em si mesmo a infidelidade de Sião que, deixando de escutar os apelos proféticos e acolher o Filho de Deus, será erodida pelos reveses de sua história:

> Jerusalém, Jerusalém, que matas os profetas e apedrejas os que te são enviados, quantas vezes quis eu ajuntar teus filhos, como a galinha recolhe seus pintinhos debaixo das asas, e não o quiseste! Eis que vossa casa ficará abandonada. Pois não me vereis até que digais: "Bendito o que vem em nome do Senhor!"[57]

Enxertado no tronco endurecido – até o ponto de se tornar inflexível e estéril – da videira de Israel, o novo princípio de reunião do povo de Deus será a participação na vida misteriosa do Ressuscitado[58]. Isto implica que a continuidade com a matriz cúltico-religiosa do Antigo Testamento só emerja após uma profunda ruptura, que lhe obrigará a um salto de perspectiva. Novos conteúdos, expectativas, enfoques e atitudes, atravessados de "espírito" e "verdade" (Jo 4,23s), esperam ser assimilados, visto que a intensidade e a originalidade da experiência pascal-pentecostal vivida pelos discípulos de Cristo impedem-nos de seguir ao largo, como se nada lhes tivesse transformado. Debaixo de um esquema "promessa-cumprimento", a nova aliança até conserva as noções de eleição, convocação, lei, sacerdócio e sacrifício, mas com um alcance muito mais amplo, radicado na identificação pessoal e comunitária com Cristo, que encarna de modo íntegro e integral todos estes elementos[59].

Diante de tal perspectiva, o pequeno "credo" de Israel – "Meu pai era um arameu errante..." (Dt 26,5-9) – que, de tão instrumentalizado pelos interesses da

---

57. Mt 23,37-39.

58. MAERTENS, T., Reúne o meu povo, p. 48.

59. Mais incisivo, J. Gelineau defende que todos os sinais que identificam o "Israel carnal" tenham sido abolidos, pois comportariam limitações incompatíveis com a natureza universal da salvação. Somente a assembleia, "sinal aberto e escatológico, sinal local da convocação" teria permanecido (GELINEAU, J., O mistério da assembleia, p. 49). Em que pese a diferença das acentuações, concordamos no espírito: o Ressuscitado preenche as lacunas inerentes aos instrumentos que serviram à primeira aliança, mas que se mostram insuficientes para a expressão da novidade proclamada pelo Evangelho.

dinastia davídica e das elites de comando, fora capaz de cunhar uma compreensão estritamente nacional de salvação[60], encontra, finalmente, autorizada atualização. Todos, independentemente da nação a que pertençam, podem associar-se a esta comunhão salvífica no Vivente, através da fé, do Batismo e do amor recíproco. Esta é a verdadeira libertação, esta é a "terra" comum pisada pelos que se deixam atrair por ele. Não há mais por que insistir em exclusivismo salvífico se todas as barreiras simbólicas explodiram na nova Páscoa e as físicas ruirão pouco depois, uma vez que se esvaziaram de vida.

Da mesma forma, as paredes do templo. Erguidas para abrigar uma relação benévola entre YHWH e seu povo, mas sequestradas por um nacionalismo desproposidado, elas já tinham sido objeto de uma profunda ressignificação por incidência da crítica profética. Apesar da diversidade dos momentos históricos e da variedade das crises enfrentadas, o apelo da profecia toca, em geral, o mesmo ponto: há de se revestir o culto israelita de sinceridade e generosidade, para que o templo assuma, finalmente, seu lugar de "casa" da assembleia de todas as nações (Zc 14,16, por exemplo). O judaísmo tardio, contemporâneo de Jesus, nem tinha mais dificuldades em assimilar tal expectativa de renovação escatológica do povo de Deus. Mas, na prática, a organização do culto ainda reforçava a hostilidade de Israel diante dos excluídos "naturais" de suas assembleias: os estrangeiros, os tidos por impuros e os pobres. Assim, o expediente cotidiano do templo encarregava-se de devolver às paredes do santuário aquele papel, já colocado em xeque pelos profetas, de baluartes de uma cidadela para privilegiados.

Convém ressaltar que o posicionamento de Jesus encaminha-se nesta mesma linha crítico-profética, sem qualquer rejeição de per si à finalidade original do templo[61], mas, sim, à praxe contraditória instalada ali na forma de um culto mercantil e segregacionista[62]. As acentuações mais radicais sugeridas nos relatos evangélicos sobre a "purificação do templo" (Mc 11,15-18; Mt 21,12-14; Lc 19,45-48; Jo 2,13-22) explicam-se, provavelmente, pela importância que as primeiras gerações cristãs reconhecerão neste evento específico para a condenação à cruz[63]. Da parte do próprio Jesus, o limite conscientemente ultrapassado foi aquele estabelecido pelas prescrições restritivas e discriminatórias, que adulteravam o escopo do santuário e de suas assembleias sagradas. O alvo mirado por Jesus não era a existência do

---

60. MIRANDA, M. F., A salvação de Jesus Cristo, p. 19.

61. "Jesus amara o templo como propriedade do Pai (Lc 2,49) e se deleitara em ensinar ali. Defendera-o como casa de oração para todas as nações e tinha procurado prepará-lo para tal fim" (RATZINGER, J., Jesus de Nazaré, p. 44).

62. SCHILLEBEECKX, E., Jesus, a história de um vivente, p. 236.

63. BORG, M. J.; CROSSAN, J. D., A última semana, p. 49-73.

templo, mas o sistema que se aninhou sob seus átrios. Esgotadas as possibilidades de superação deste conluio vicioso, não há nada a ser feito senão a reconstrução do templo, agora vivo, espiritual, sobre a pedra descartada (At 4,11): ele mesmo.

O caso dos cegos e coxos que Jesus faz entrar, curados, no templo, é bem ilustrativo (Mt 21,14). Se enfermidades desta natureza eram impedimentos para a participação nas assembleias (2Sm 5,8), Jesus não se embaraça em acolher quem padece assim no próprio perímetro sagrado do templo. A força renovadora de sua convocação manifesta-se, então, na forma de cura, que leva à inclusão[64]. Daí que, na assembleia cristã, cegos e aleijados sejam convidados para o festim, como atestam a parábola do banquete (Lc 14,15-24) e o sinal realizado através de Pedro à porta do templo (At 3,1-8).

Da mesma forma, os pecadores são incluídos no chamado à assembleia da redenção. A reincidente confraternização de Jesus com figuras públicas que não gozam de boa fama – os cobradores de impostos e a mulher pecadora, por exemplo – causa espécie entre alguns membros de segmentos sociais importantes. Ele chega a proclamar que, no advento do Reino de Deus, os publicanos e as prostitutas hão de preceder os que se têm por justos (Mt 21,31s). A surpresa maior, no entanto, é que o arrependimento e a emenda não são condições prévias e indispensáveis para que a convocação dos pecadores seja mantida. As parábolas mateanas do joio (Mt 13,24-30), da rede (Mt 13,47-50) e do banquete nupcial (Mt 22,1-14) inserem este elemento um tanto desconcertante à reflexão sobre a praxe convocatória de Jesus. A última das três parábolas citadas chega a declarar, para que não se subentenda: "e esses servos, saindo pelos caminhos, reuniram todos os que encontraram, maus e bons, de modo que a sala nupcial ficou cheia de convivas" (Mt 22,10).

Mesmo que a versão de Mateus para a parábola do banquete apresente, ao final, um trecho "estranho, alheio à forma original da narrativa[65]", que é a inquirição e a expulsão do convidado que não trazia a veste adequada (Mt 22,11-13), sobressai algo muito próprio da pregação de Jesus, que é a esperança oferecida aos pecadores. A todos, sem exceção, dirige-se o convite salvífico do Evangelho. Não é o garbo das vestes tecidas com os méritos da observância da lei que garante um lugar honroso para o banquete nupcial da aliança entre Deus e a humanidade. Antes, a parábola afirma que muitos destes convidados de precedência declinam

---

64. Não se trata, como em nenhum dos sinais narrados nos Evangelhos, de mero desafio às leis naturais, ou uma intervenção desvinculada do "milagre por excelência", ou seja, sua ressurreição. Nem é pura aceitação de normas desumanas, às quais se submeteria Jesus devolvendo a uns poucos as condições de observá-las. Neste caso específico, a cura é anúncio de que uma nova e virtuosa convocação está em ato, agitando as ondas deste mar fundo que separa os filhos de Deus segundo critérios acidentais (RAHNER, K., Curso fundamental da fé, p. 305).

65. SCHILLEBEECKX, E., Jesus, a história de um vivente, p. 161. Citar a obra.

do convite, até se opondo a ele com violência (Mt 22,5s). Já os molambentos e maltrapilhos revelam-se mais receptivos, ainda que dizer um "sim" descompromissado e aleatório não lhes garanta permanecer na assembleia festiva para a consumação dos esponsais[66].

Esta flagrante contradição entre a seletiva assembleia hebraica, representada, em seus piores acentos, pela cultura litúrgica do templo, e a inclusiva assembleia do Novo Testamento só pode ser bem definida quando se leva em consideração o fator "tempo". Na verdade, não é que a assembleia cristã menospreze o empenho à santidade e à pureza, tão apreciado pela tradição veterotestamentária. Já observamos que a correspondência entre culto e vida não é nem um pouco irrelevante no contexto da vida cristã. Mas, a assembleia do Novo Testamento crê-se investida de uma tarefa e uma virtude que lhe permitem adiar momentaneamente o julgamento, sem transformá-lo em condição para a composição da reunião celebrativa.

A tarefa, não resta dúvida, é expandir ao máximo a convocação para o Reino de Deus, antecipado na assembleia litúrgica. Em vista desta prioridade decisiva, que impedimentos ainda persistem absolutos? A urgência contida na prática de Jesus é constituir o Israel escatológico, que já começou com sua vinda[67]. Réus e condenados são os primeiros buscados pelo que veio não chamar os justos, mas os pecadores (Mt 9,13). A Igreja é, primeiramente, *corpus mixtum*[68], ordenado àquele que vem para salvar o mundo e que, somente no fim, há de separar joio e trigo, mas não sem, antes, dar oportunidade a todos.

A assembleia nascida da experiência salvífica em Cristo reconhece-se, pois, num tempo favorável, o *kairós*, que permite aos seus membros a conversão como resposta contínua, propedêutica e processual ao chamado já recebido por pura graça. Entrar na assembleia é deixar-se envolver por este tempo novo, que antecipa a reunião definitiva do juízo-misericórdia, mas que, em reflexo simultâneo, atravessa salvificamente os meandros sombrios e contraditórios da história pessoal e comunitária dos convocados. Enquanto "os judeus confundiam convocação com discernimento, rejeitando os pecadores e os impuros, sem dar-lhes nenhum prazo[69]", os cristãos entendem-na como ação reconstitutiva, um "preparar Israel para Deus[70]", em perspectiva escatológica.

---

66. HARRINGTON, D. J., Mateus, p. 36.
67. LOHFINK, G., A Igreja que Jesus queria, p. 26.
68. CUVILLIER, E., O evangelho segundo Mateus, p. 98.
69. MAERTENS, T., Reúne o meu povo, p. 56.
70. LOHFINK, G., A Igreja que Jesus queria, p. 24. O autor observa que a expressão "reconstituição" impõe-se na descrição exegética do agir de Jesus em relação a Israel. Logo, a convocação assumida por ele e

Já a virtude – no sentido de *virtus*, força, potência, possibilidade – que pulsa no coração da assembleia cristã é a autoridade para absolver aqueles que foram convocados. Os inaptos e culpados podem acercar-se do mistério celebrado pela comunidade, pois que em sua reunião atua a graça capaz de restituir a integridade, a santidade e a justiça exigidas pela aliança[71]. No quarto Evangelho, o Ressuscitado oficializa este mandato e investe-lhe de eficácia com seu sopro: "Recebei o Espírito Santo. Aqueles a quem perdoardes os pecados ser-lhes-ão perdoados; aqueles aos quais retiverdes, ser-lhes-ão retidos" (Jo 20,23). O acento notadamente comunitário-assembleal manifesto nesta disposição do Ressuscitado para a Igreja não passa despercebido ao comentador do Evangelho joanino:

> Os vv. 22-23, que falam claramente sobre a participação da comunidade no poder de Jesus de perdoar os pecados, podem ser apenas uma referência ao batismo, o sacramento tradicional do perdão, ou à pregação contínua pela Igreja do perdão dos pecados em Jesus. Mas é provável que essa referência à participação no poder de Jesus tenha um propósito maior que esse. Pelo Espírito sempre presente, a comunidade cristã pode oferecer uma união restaurada com o Pai e o Filho, uma morada interior divina que cria a paz (v. 21) com Deus e com o próximo. Através dos séculos, as comunidades cristãs criaram meios diferentes pelos quais esse poder unificador é exercido[72].

Sem dúvida, o meio mais excelente encontrado pela Igreja para inserir em suas assembleias o sujeito pecador e recentemente atingido pela pregação, dispensando-lhe, na potência do Espírito, o perdão divino, é o catecumenato. Ele organiza-se num estágio um pouco mais avançado da idade apostólica, mas alguns de seus princípios já podem ser reconhecidos nas tradições redacionais mais antigas dos Evangelhos, como as assimiladas e elaboradas por Marcos. Ali, determinadas curas de Jesus realizadas em contextos particulares – como a "assembleia" da segunda multiplicação dos pães, por exemplo (Mc 7,31–8,26) –, segundo um "protocolo" incomum – afastamento das outras pessoas, toque nos ouvidos, insuflação-unção com saliva, oração entre gemidos e *effatha*, no caso do surdo-mudo (Mc 7,33s) – e numa explícita progressão – não ver nada, ver algo e ver distintamente, como acontece ao cego de Betsaida (Mc 8,22-26) – indicam que um certo grau de vivência pedagógico-mística acompanha a assembleia cristã desde as suas

---

visibilizada em cada assembleia litúrgica não é, tão somente, o desfecho do processo, quanto uma atuação preliminar, viabilizadora e funcional em vistas à salvação.

71. MIRANDA, M. F., A salvação de Jesus Cristo, p. 94.

72. FLANAGAN, N. M., João, p. 138.

primeiríssimas realizações[73]. Mais adiante teremos a oportunidade de desenvolver, com mais elementos, uma interpretação histórico-teológica do catecumenato.

Esta maneira paciente e curativa com que se coloca diante dos outrora excluídos da reunião é somente um dos aspectos pneumatológicos que investem a assembleia neotestamentária. Ela não se compreende senão como obra do Espírito, que é quem realiza a presença do Cristo convocador e curador em seu centro, além da comunhão horizontal de todos que a constituem[74]. Será, precisamente, a manifestação extraordinária do Espírito Santo no Pentecostes de Jerusalém que estabelecerá uma matriz assembleal cristã, articulando a memória bíblica e os acontecimentos pascais, enquanto se repetem as palavras e gestos do Senhor.

"Primeira em ordem de tempo e importância[75]" para a Igreja, a assembleia do dia de Pentecostes garante o necessário encadeamento com o Antigo Testamento, na medida em que assume configurações correspondentes, conforme pontua a narrativa lucana. Referindo-se aos discípulos reunidos no Cenáculo, por exemplo, Lucas afirma que "unânimes perseveravam em oração" (At 1,14) e que ao fim daquele dia "estavam todos reunidos no mesmo lugar" (At 2,1). Deixa evidenciada assim a extraordinária comunhão dos discípulos de Jesus na ocasião, como uma evocação da unanimidade constituída pelos israelitas aos pés do Sinai. No Êxodo isto fora expresso com a menção da resposta coral à proposição divina da lei: "Todo o povo respondeu a uma só voz: 'Nós observaremos todas as palavras ditas por *Iahweh*'" (Ex 24,3).

Também os fenômenos de impostação meteorológica que servem de moldura às duas teofanias, a saber, trovões, relâmpagos, nuvens, fogo e tremores no Sinai (Ex 19,16-18) e vendaval, ruídos e línguas de fogo no Cenáculo (At 2,1-4) coincidem em sua simbologia essencial[76]. É que ambas as assembleias celebram algo excepcional, um acontecimento mistérico, uma evolução na relação-comunicação entre Deus e seu povo: na aliança do deserto, YHWH debruça-se dos céus e manifesta-se entre os que marcham, falando-lhes através de Moisés; no evento pentecostal, o *Pneuma* divino irrompe como princípio interior e vivificador, que investe cada membro da assembleia de ciência e outros dons[77]. Mas é, sobretudo,

---

73. COMBET-GALLAND, C., O evangelho segundo Marcos, p. 68.

74. TRIACCA, A. M., Pneumatologia, epicletologia o paracletologia, p. 375.

75. LATORRE, J., La asamblea liturgica en la Biblia, p. 10.

76. HEINZ-MOHR, G., Fogo, p. 163.

77. MAERTENS, T., Reúne o meu povo, p. 71. O autor lembra que os comentários rabínicos ao texto da assembleia sinaítica acentuavam que a voz de Deus fazia-se ouvir por Moisés desde o "interior" do fogo (Ex 20,18). As línguas de fogo pairadas sobre cada um dos discípulos revelam que Deus lhes fala com uma intensidade nova e interiormente.

a ocasião em que se dá o Pentecostes cristão – a própria celebração da assembleia do Sinai – que deixa evidente uma intencional sintonia[78].

Entre o evento do Sinai e a assembleia pentecostal de Jerusalém não é difícil, porém, individuar elementos de uma intensa evolução escatológica, atuação de suas possibilidades e aprofundamento de seu sentido salvífico. O atordoante fenômeno do conhecimento de novas línguas (At 2,5-13) permite à Igreja dirigir o anúncio salvífico na pluralidade idiomático-cultural dos peregrinos presentes na cidade santa, criando um canal instantâneo de aproximação, interpelação e inclusão. Trata-se, portanto, de um novo êxodo, agora da Igreja, que atravessa as portas fechadas do Cenáculo e da consciência religiosa israelita para dirigir-se ao mundo, convocando as nações em igualdade de condições, numa franca e inspirada incorporação das expectativas proféticas.

Nesta altura, a intencionalidade teológica de um pormenor da narrativa dos Atos dos Apóstolos merece evidenciação. Lucas utiliza-se de uma difusa lista helenista dos povos que sucederam o império de Alexandre Magno (At 2,9-11). São doze povos, aos quais se acrescentam os romanos. Na teologia lucana é este o percurso do Evangelho: a partir dos judeus, passando pelo mosaico de povos pagãos que circundam Israel e as rotas mediterrâneas, chegar a Roma, síntese da pluralidade cultural e centro político do mundo[79]. Debaixo deste elenco nada aleatório de nações e do simbolismo do número doze, portanto, toda a humanidade é abarcada, no irromper do Espírito, para a constituição do novo Israel. A assembleia bíblica conforma-se, sem os contingenciamentos impostos pelo amadurecimento histórico-revelador e sem crispações nacionalistas, àquilo a que foi destinada na economia salvífica: reunião do povo livre e universal, que conheça a Deus segundo a verdade, servindo-lhe na santidade[80]. E isto até que se completem os "movimentos de parto" da nova criação-recapitulação em Cristo (Rm 8,22; Ef 1,10).

Além da tessitura da reunião, da condução à verdade e da unção na santidade, que são, de fato, prerrogativas do Espírito na revelação neotestamentária[81], e dos fenômenos extáticos e miraculosos, como a glossolalia da assembleia pentecostal, por exemplo, saltam à consciência exegética e teológica outros indícios da ação pneumática sobre os discípulos, na forma de novas relações comunitárias e atitudes solidárias e missionárias. Acionadas por um dispositivo místico e irre-

---

78. TENA, P., Iglesia-asamblea: una nueva aportación teológica, p. 61.

79. RATZINGER, J., La iglesia, p. 40.

80. CONCÍLIO VATICANO II, Constituição dogmática Lumen Gentium sobre a Igreja, Documentos do Concílio Ecumênico Vaticano II, p. 112 (daqui em diante, faremos referência a este documento usando a sigla "LG", seguida do numeral indicativo do parágrafo citado).

81. CONGAR, Y. M. J., Revelação e experiência do Espírito, p. 85-88.

dutíveis a simples lampejos de boa vontade, tais relações e atitudes sugerem que Deus tomou a comunidade dos discípulos de modo extraordinário, permanente e frutuoso. Tanto que chegam a tecer três paradigmas básicos e complementares ao redor dos quais se estabeleceu a Igreja das origens: o da comunidade de Jerusalém, onde se evidencia, principalmente, o espírito de comunhão; o da comunidade de Antioquia, cujo destaque é a consciência universalista e missionária; e o da comunidade de Corinto, marcadamente carismático e participativo. Tomaremos cada um deles em relação direta à assembleia que abrigam, para reconhecer estes aspectos constitutivos da reunião cristã.

Os Atos dos Apóstolos esmeram-se por apresentar a Igreja de Jerusalém como protótipo de todas as outras igrejas, evidenciando elementos teológicos e uma dinâmica espiritual que sustentam sua *koinonia* (At 4,32-35; 5,12-16). Assinala G. Lohfink:

> Os discípulos de Jesus que se reuniam em Jerusalém tornaram-se cada vez mais comum-unidade, a saber, uma comunidade na qual todos estavam tomados por Deus e assim também entraram entre si num novo relacionamento, que excluiu privilégios e marginalizações[82].

Jerusalém, com efeito, é o "lugar" do Pentecostes, núcleo apostólico original e ambiente escolhido pelo próprio Senhor para o início da missão eclesial (Lc 24,47). Por tudo isto, vem investida com a tarefa de ser o primeiro sinal da comunhão instituída no mistério pascal de Cristo. Sua assembleia eucarística, chamada, entre outros nomes, de "fração do pão", ritualiza e dá forma plástica à atmosfera na qual se movem os membros da comunidade apostólica: em espírito de partilha, assumem as necessidades de cada um, a começar dos menos favorecidos, sem descuidar, inclusive, dos "de fora" (At 5,16).

A radicalidade com que vivia a comunhão fraterna, fazendo dela seu estilo de vida, é, deste modo, a maior marca testemunhal da assembleia de Jerusalém. Profundamente tocada pela pobreza da maioria de seus membros, ela assume para si esta condição, a ponto de os componentes mais abastados deverem adotar um estilo de vida pobre, oferecendo todos os seus bens para a partilha (At 4,34; 5,1-11). Mesmo que isto possa indicar, segundo uma análise mais fria, a compressão do ideal evangélico das bem-aventuranças num quadro sociológico artificial e pouco operativo[83], que, aliás, levou a comunidade jerosolimitana a necessitar da solidariedade de outras igrejas (Rm 15,26-28; 1Cor 16,1-3; 2Cor 8–9), o saldo

---

82. LOHFINK, G., A Igreja que Jesus queria, p. 132.
83. MAERTENS, T., Reúne o meu povo, p. 74-76.

final desta opção é a efetiva consideração de um princípio irrenunciável para a assembleia cristã: a solidariedade concreta com os pobres. Jerusalém encarna um valor a ser perseguido pelos cristãos reunidos de todos os tempos, em todos os lugares.

A assembleia da primeira Igreja devia ser, portanto, uma reunião de pobres ou prioritariamente para os pobres, ou, pelo menos, uma reunião onde os pobres se sentissem imediatamente acolhidos, aceitos e ambientados. A carta atribuída a Tiago, um dos chefes desta comunidade e, naturalmente, um dos presidentes desta assembleia, deixa clara tal preocupação:

> Assim, pois, se entrarem em vossa assembleia duas pessoas, uma trazendo um anel de ouro, ricamente vestida, e a outra pobre, com suas roupas sujas, e derdes atenção ao que se traja ricamente e lhe disserdes: "Senta-te aqui neste lugar confortável", enquanto dizeis ao pobre: "Tu, fica em pé aí", ou então: "Senta-te aí abaixo do estrado dos meus pés", não estais fazendo em vós mesmos discriminação? Não vos tornais juízes com raciocínios perversos?[84]

A atenção aos pobres e a partilha dos bens são sinais importantes e muito concretos de um clima relacional amistoso, aberto, receptivo e integrador, vivido no durante celebrativo e na convivência ordinária da Igreja de Jerusalém, capazes de chamar a atenção até dos externos (At 5,12-16, por exemplo). Mas, não são os únicos. Os Atos dos Apóstolos acentuam que a *koinonia* se faz notar também por um espírito de alegria e louvor que transborda do círculo comunitário, atrai novas adesões e conquista simpatia entre os judeus, ao menos no primeiro momento. Um comentador do Novo Testamento faz uma ligação entre esta experiência vivida pelos primeiros cristãos e o ideal de amizade aspirado pelas pessoas de então: união e partilha, em clima de otimismo e fácil comunicação[85]. A grande força irradiadora da mensagem cristã, ao que tudo indica, não era um proselitismo verborrágico, intelectualizado, teórico e, por isso, cinzento e frio, mas a atração vibrante e envolvente de uma assembleia festiva, que se desdobra em convivência fraterna.

Não se pode negar que o texto lucano demonstre, a propósito, um entusiasmo quase ingênuo, apto a reforçar um ideal fundador para o cristianismo que, à época da redação dos Atos dos Apóstolos, já se encontra separado do judaísmo. Entretanto, a descrição das crises internas, a notícia das primeiras hostilidades do mundo exterior e as inconstâncias notadas em membros da comunidade e não negligenciadas pela narrativa indicam que não há um comprometedor desenrai-

---

84. Tg 2,2-4.
85. KURTZ, W. S., Atos dos Apóstolos, p. 152.

zamento da realidade[86]. Esta *koinonia* descrita pela pena de Lucas é, sim, experiência concreta, na medida em que atenção aos pobres e espírito de serena alegria e confiança condizem absolutamente com o testemunho deixado por Jesus de Nazaré, ainda tão vivo na memória comunitário-celebrativa da Igreja de Jerusalém.

O que realmente contrasta com este testemunho tão ousado e solidário da comunidade-mãe é sua pouca disposição em levar adiante a experiência do Pentecostes, convocando, na liberdade do Espírito, as nações para a sua reunião. Estruturas da assembleia judaica parecem permanecer com alguma força, mesmo no contexto renovado da assembleia cristã, determinando condições de ingresso para aqueles que procedem da gentilidade[87].

A crise gerada pelas exigências para o ingresso de não judeus na comunidade cristã[88] expõe uma destas dificuldades (At 15,1-33). Afinal, para abraçar o Evangelho era mesmo preciso passar primeiro pelo judaísmo? A intuição amadurecida no Terceiro Isaías (Is 66,18-21), de uma assembleia missionária, que reunirá as nações não tanto pelos sacrifícios oferecidos no templo, mas pela obediência da fé simbolizada na imagem dos "irmãos de todas as nações como uma oferenda" (Is 66,20) parece, neste momento, obscurecida na comunidade mãe da Igreja. A resistência incoercível de Paulo evitou que a primeira comunidade cristã – e, assim, todo o cristianismo – perdesse sua índole universalista e profética.

Neste sentido, a Igreja de Antioquia demonstra encarnar melhor o ideal ecumênico da assembleia cristã. Dois gestos da comunidade antioquena, referidos nos Atos dos Apóstolos, permitem-nos concluí-lo: o envio de Paulo e Barnabé como portadores de uma coleta em favor dos irmãos de Jerusalém (At 11,29s) e o envio dos mesmos Paulo e Barnabé para uma missão apostólica (At 13,1-3).

Diversos fatores, dentre os quais a já mencionada radicalidade na vivência da fraternidade e da pobreza, mas, também, a pressão das perseguições encabeçadas pelas instituições judaicas e um período de carestia na Judeia, levam

---

86. MARGUERAT, D., Os Atos dos Apóstolos, p. 157. As preocupações com a exatidão dos itinerários percorridos e com a precisão das indicações relativas às instituições de então reforçam a ideia de que o autor do Evangelho de Lucas e dos Atos dos Apóstolos não se teria permitido desviar o curso da narrativa entre meras idealizações.

87. MARTÍN, J. L., La asamblea liturgica de Israel al cristianismo, p. 37.

88. No fundo da questão, dizem estudiosos, está a "tensão entre dois cleros". Um conselho de anciãos, semelhante ao existente nas sinagogas, de tendências judaizantes, forma-se no interior da comunidade de Jerusalém. Coexiste ao colégio apostólico, assumindo em variadas circunstâncias, inclusive, o cômpito de avaliar o ministério dos apóstolos (At 11,1-8). Os Doze, referências fundamentais da fé e atores da missão, passam a constituir uma espécie de "hierarquia missionária", em paralelo a esta estrutura administrativa judaizante. Alinhados ao redor de Tiago, parente consanguíneo do Senhor, estes anciãos cultivam um conceito "carnal" de messianismo e de povo de Deus, que se torna determinante para o de pertença à comunidade eclesial (SEGALLA, G., Teologia biblica del Nuovo Testamento, p. 222-227).

a comunidade jerosolimitana a uma situação econômica difícil. Coletas são realizadas pelas igrejas paulinas, inclusive entre os discípulos de Antioquia – onde, pela primeira vez, foram reconhecidos em sua especificidade: "cristãos" (At 11,26) – para socorro do núcleo primitivo da missão cristã[89]. Paulo e Barnabé são, então, encarregados de fazer chegar ao destino tudo o que se conseguiu apurar entre os antioquenos (At 11,30).

Ora, ter Paulo e Barnabé como portadores do benefício indica a consciência com que a assembleia de Antioquia revestiu seu ato solidário. Compreendeu, de fato, que se tratava de "uma maneira de estar em *koinonia* com a comunidade-mãe de Jerusalém[90]", "um sinal de comunhão entre as assembleias, um sinal da reunião de todos os homens no amor de Deus[91]". Envia, assim, Paulo e Barnabé, presidentes natos de sua assembleia e elos apostólicos da catolicidade, de modo que entre as duas comunidades se tornasse visível este vínculo de comunhão. Ninguém melhor que estes dois discípulos, testemunhas verazes da universalidade do Evangelho e investidos da autoridade apostólica, poderiam significar o verdadeiro alcance daquele gesto.

O carisma de conjugar experiência do Espírito, abertura ecumênica e comprometimento efetivo revela-se, igualmente, em mais um gesto, também de envio, e também de Paulo e Barnabé, mas agora explicitamente missionário. Os dois líderes da comunidade não são absorvidos por suas demandas internas, mas enviados para a missão de convocar à reunião universal. Os cristãos da assembleia de Antioquia manifestam ter consciência de que a missão do apóstolo, derivada da missão do Senhor, é amplificar a convocação do Evangelho, até que ela alcance todas as nações. Transformar o apóstolo em simples chefe local, para uma comunidade já estabelecida e coesa, mas refratária aos apelos do anúncio evangélico entre os que ainda não o receberam, é mutilar sua vocação de convocador da comunhão universal. Seu ministério compreende-se no assumir, em sua própria pessoa, a dimensão universalista da fé, de tal maneira que ele seja o ícone e a cabeça de uma assembleia aberta e missionária.

É o Espírito Santo que faz apelo à assembleia litúrgica[92] e indica a obra a ser abraçada, ao que os cristãos congregados na assembleia de Antioquia res-

---

89. Na verdade, trata-se da primeira contribuição à Igreja de Jerusalém. Uma segunda coleta, mais extensa, mobilizará diversas comunidades, sob o apelo de Paulo (Rm 15,31 e 2Cor 8–9, por exemplo).
90. MAERTENS, T., La asamblea cristiana, p. 33.
91. MAERTENS, T., Reúne o meu povo, p. 102.
92. O texto de At 13,2 é o único em todo o Novo Testamento onde se pode reconhecer o nome daquilo que indicaria depois o universo da celebração cristã: "liturgia". Isso não significa que as escrituras neotestamentárias ignorassem a existência de uma prática celebrativa na Igreja primitiva, mas é fato relevante

pondem com a imposição das mãos e o envio missionário. T. Maertens observa que a comunidade antioquena não substitui Paulo e Barnabé enquanto estes desenvolvem a missão: "mesmo longe, em suas peregrinações missionárias, eles permanecem os chefes efetivos da assembleia, centro único da reunião dos cristãos[93]". Não há concorrência entre o pastoreio da comunidade já instituída e o serviço missionário. São atividades complementares e constituintes do ministério apostólico.

Há, ainda, mais um elemento distintivo da assembleia cristã que carece de evidenciação nos dois paradigmas anteriores. Trata-se da vitalidade carismática e ministerial, que faz do culto assembleal uma fervente convergência de dons, serviços e agentes. A comunidade cristã de Corinto revelar-se-á sede de uma significativa experiência de expressão e valorização da multiforme ação do Espírito Santo entre seus membros.

As entrelinhas da Primeira Carta de Paulo aos Coríntios, especialmente os capítulos doze, treze e catorze, fazem-nos imaginar um ambiente assembleal muito vivaz, festivo e espontâneo, onde os batizados tomavam parte efetiva na dinâmica cultual. Cada um, sentindo-se impelido interiormente, manifestava livremente seu dom, fosse como pregação, profecia, canto ou locução em línguas desconhecidas. Paulo chega a dizer que os coríntios foram enriquecidos "em tudo, com todo tipo de palavras e conhecimentos" (1Cor 1,5), de modo a não lhes faltar nenhum dom (1Cor 1,7). Há de se pensar, portanto, no "espetáculo de uma vitalidade abundante[94]", em que a mais rica diversidade dos carismas invista as assembleias litúrgicas de um colorido fascinante.

O que não se pode desconsiderar é a "névoa" de riscos que naturalmente se insinua num horizonte tão aberto. Alguns, por certo, mais circunstanciais, como as questões "enfrentadas" por Paulo sobre o véu e o silêncio das mulheres durante as assembleias (1Cor 11,2-16;14,34s). Outros, mais decisivos. É o caso das rivalidades e competições entre os cristãos de Corinto por conta da importância que particularmente davam ao próprio chamado e ao próprio carisma, menosprezando os demais; do individualismo que, pouco a pouco, infiltrava-se nas assembleias eucarísticas; do exibicionismo e tendências anarquistas na expressão

---

que a primeira e única vez que um texto canônico faça menção de seu exercício efetivo sob este título. "Liturgia" já indicava o serviço cultual levítico. É possível colher, então, a intencionalidade lucana de apresentar o culto cristão como continuação ou, pelo menos, analogia ao culto sacerdotal hebraico, mas num ordenamento superior, conforme sugere Hb 8,2.6.

93. MAERTENS, T., Reúne o meu povo, p. 99.

94. CONGAR, Y. M. J., Revelação e experiência do Espírito, p. 55.

dos dons, além de um certo laxismo em matéria de ética sexual[95]. Suas assembleias efusivas e participadas não correspondiam, portanto, a uma comunhão eclesial ativa, madura e consistente, mas, antes, expressavam a realidade de um pequeno núcleo comunitário eivado de tensões e perpassado de entusiasmo e diversidade carismática.

Paulo intervém para dar um pouco de ordem e organicidade a esta profusão de dons, conectando-os a um princípio comum – o Espírito –, e integrando-os numa mesma realidade espiritual-teológica, suscitada de uma analogia ao corpo, mas que, ao final, remete ao próprio fundamento da comunidade como tal – Cristo[96]. É este, em pouquíssimos caracteres, o esquema geral da eclesiologia do "corpo de Cristo". A Igreja, notadamente reconhecida na obra paulina como comunidade em reunião ou assembleia, no ato mesmo de manifestar-se[97], é chamada a espelhar-se na harmoniosa unidade-diversidade constitutiva de qualquer corpo vivo, mas que, em se tratando do corpo de Cristo, sua referência absoluta, deve contar, ainda, com o Espírito, que lhe garante uma síntese superior.

Assim, a subordinação, o respeito à legítima pluralidade carismática e ministerial, a aplicação dos dons ao serviço do conjunto da Igreja-assembleia e a criação de uma consciência sobre a oportunidade ou não de determinados comportamentos não são meras exigências cerimoniais, mas efeitos de uma reta compreensão e vivência do chamado à fé, que insere os cristãos no mesmo corpo, o de Cristo (1Cor 12,13.27), no dinamismo da caridade (1Cor 12,31–13,13). "Elas [a organização e a estruturação] se impõem em nome de uma doutrina, em nome da obra de reunião, empreendida pelo Senhor do céu e da terra[98]".

O magistério paulino busca, portanto, um sadio equilíbrio entre coibir distorções de viés individualista e valorizar as legítimas particularidades, de modo a não sufocar a vitalidade e o colorido das reuniões da Igreja de Corinto. De fato,

---

95. CONGAR, Y. M. J., Revelação e experiência do Espírito, p. 55. Y. Congar associa estas deformações a uma concepção de raiz gnóstica, relativamente difusa entre os cristãos coríntios, de já terem chegado ao último éon, um estágio posterior ao "combate" com a carne e suas fraquezas. Agora lhes caberia a pura e livre fruição dos dons espirituais, da maneira que mais apetecer às sensibilidades. Acrescentamos um dado de natureza cultural: a espontaneidade própria da cultura de uma cidade de intenso trânsito e comércio. No ir e vir dos mercadores e viajantes, os coríntios devem ter desenvolvido habilidades como a comunicação fácil, até um pouco verborrágica, e a integração de variados costumes e mentalidades. Não está, por isso, isenta de vivenciar certo grau de sincretismo e dar livre-curso a manifestações excessivamente emotivas no culto litúrgico.

96. "Na verdade, a sua fonte de unidade e unicidade é crística, pois o corpo assume as mesmas características de Cristo, afigurando-se 'cristocêntrico' e 'cristomórfico' (SOUSA, R. M. G., A Igreja é o corpo de Cristo, p. 85).

97. SOUSA, R. M. G., A Igreja é o corpo de Cristo, p. 10.

98. MAERTENS, T., Reúne o meu povo, p. 125.

assembleia cristã não pode deixar de evidenciar, com igual vigor, tanto a ilimitada criatividade quanto a capacidade integradora do Espírito, sob pena de resvalar numa justaposição de carismas desconexos que, por fim, não sinaliza a salvação-reunião: "não posso louvar-vos: vossas assembleias, longe de vos levar ao melhor, vos prejudicam" (1Cor 11,17). É sobremaneira ilustrativa esta consideração de Paulo na conclusão da seção sobre a assembleia de sua Primeira Carta aos Coríntios:

> Que fazer, pois, irmãos? Quando estais reunidos, cada um de vós pode entoar um cântico, proferir um ensinamento ou uma revelação, falar em línguas ou interpretá-las; mas que tudo se faça para a edificação! Se há quem fale em línguas, falem dois, ou, no máximo, três, um após o outro. E que alguém as interprete. Se não há intérprete, cale-se o irmão na assembleia; fale a si mesmo e a Deus. Quanto aos profetas, dois ou três tomem a palavra e os outros julguem. Se alguém que esteja sentado recebe uma revelação, cale-se primeiro. Vós todos podeis profetizar, mas cada um a seu turno, para que todos sejam instruídos e encorajados. Os espíritos dos profetas estão submissos aos profetas. Pois Deus não é Deus de desordem, mas de paz[99].

Tanto se assenta a doutrina paulina sobre estes contrafortes, que o Apóstolo se torna, a certa altura, rigoroso e assertivo diante da ameaça de interesses egoístas sufocarem a sensibilidade comunitária com que se celebra a ceia do Senhor[100]. Dirá que assumir atitudes mesquinhas e individualistas durante o convívio fraterno e sacramental é "desprezar a Igreja de Deus" (1Cor 12,22). Mais ainda: ciente da responsabilidade testemunhal que compete à assembleia, Paulo não se furta em reconhecer-lhe o direito de excomungar aqueles seus membros que obstaculizem, pelo comportamento indevido, a integridade do testemunho comunitário[101]. É o caso do incesto sabido por Paulo (1Cor 5,1.9-13). Sua recomendação aponta para

---

99. 1Cor 14,26-32.

100. Sobre a intervenção de Paulo nas questões que concernem à ceia do Senhor, S. Hafermann faz o seguinte juízo, a título de síntese: "Considerando as outras argumentações de Paulo, não surpreende que, em cada um destes casos, o critério que ele adota para enfrentar os problemas seja esclarecer que a verdadeira espiritualidade e os verdadeiros dons não são compatíveis com a vaidade, a arrogância e a competição baseada na própria posição no corpo de Cristo ou na sociedade, e nem na ostentação dos próprios dons diante dos outros (1Cor 11,18-22; 12,14-26; 14,6-12). A espiritualidade autêntica manifesta-se na mútua interdependência e complementaridade, seja entre homens e mulheres em vista de seus papéis distintos, seja entre estes papéis distintos no interior da Igreja, por causa da variedade dos dons espirituais" (HAFERMANN, S., Lettere ai Corinzi, p. 303).

101. "Paulo não pode evitar sua responsabilidade pastoral de condenar a desordem, em vez de tolerá-la. Não fechará os olhos à gritante interpretação errônea do verdadeiro sentido da liturgia. Eles [os coríntios] presumiam erradamente que bastava reunir-se com regularidade (...). Essa hipocrisia, deixando de reconciliar as diferenças entre eles ou de tornar a caridade realmente prática é, de fato, testemunho contra eles" (GETTY, M. A., Primeira Carta de Paulo aos Coríntios, p. 211).

que a comunidade, tendo reunido sua assembleia (1Cor 5,4), afaste o culpado, evitando que "toda a massa" fique levedada pelo velho fermento (1Cor 5,6s). Assim avalia T. Maertens a questão:

> A assembleia cristã deve reconhecer o sinal de sua convocação na conversão real daqueles que batem à sua porta (...). Em outras palavras, tem o direito de não mais reconhecer como seu qualquer um que se deteve no caminho da conversão necessária para participar da grande reunião que ela opera. Não se trata de restabelecer as barreiras do exclusivismo, levantado pelo judaísmo em torno da assembleia, mas, ao contrário, de ler, na conversão de um homem, o sinal da obra de Deus[102].

A força testemunhal e a capacidade sacramental da assembleia precisam, pois, ser salvaguardadas, cultivadas e manifestas, a ponto de se tornarem "fôlego e sopro" da comunidade que se reúne. Daí que a edificação seja alçada a critério decisivo na aplicação dos carismas e dons particulares na assembleia (1Cor 14,5.26). Se um suposto carisma não enriquece a comunidade, a fim de que ela seja mais transparente e autêntica naquilo que já é – sacramento do desígnio unificador de Deus para toda a humanidade –, perde a legitimidade. Edificar, construir-se incansavelmente como sinal-sacramento da reunião de toda a humanidade é, segundo Paulo, tarefa prioritária da assembleia cristã e, pessoalmente, de cada um de seus membros, integrando suas capacidades recebidas neste amplo "edifício" salvífico: a Igreja.

Em consequência, a efusão ministerial do Espírito sobre a assembleia ordena-se a partir do ministério da palavra[103], ao qual vinculam-se mais diretamente os apóstolos, profetas e doutores (1Cor 12,28). Em torno da palavra é que se faz assembleia, já que é ela que convoca, dá sentido e compromete com o projeto divino[104]. Ela dá consistência à reunião dos cristãos, impedindo que a assembleia se perca numa profusão anárquica e aleatória de expressões emotivas, descontínuas, extremamente subjetivas. Tendo em vista que a edificação "refere-se ao

---

102. MAERTENS, T., Reúne o meu povo, p. 142.

103. Em 1Cor 1,18 a "palavra" é identificada a um conteúdo bastante preciso: a cruz. "De fato, a cruz como palavra, como mensagem, ou como discurso falado e escrito, como proposta do dinamismo e do amor e da sabedoria de Deus (1Cor 1,21), remete ao evento crucial de Cristo exposto na cruz, que, em última instância, corresponde ao objeto e ao método da pregação de Paulo: o anúncio do Evangelho" (SOUSA, R. M. G., A Igreja é corpo de Cristo, p. 67).

104. Esta "palavra" não se confunde com oráculos incompreensíveis, proferidos quiçá em meio ao transe, como se encontrava facilmente em Corinto, nos templos das religiões de mistérios. Para Paulo, comunicar-se suplanta o falar em línguas estranhas e deve ser, portanto, preferido. A edificação da assembleia passa pelo uso reto da palavra, como pregação, oração e interação comunitária (GETTY, M. A., Primeira Carta de Paulo aos Coríntios, p. 214).

crescimento e ao progresso dos fiéis e não deve ser interpretada em sentido individualista[105]", a palavra, proferida oportunamente e compreendida por todos, cria condições para o amadurecimento comunitário na fé.

Ainda que por brevíssimo intervalo, as indicações de Paulo poderiam nos levar a aproximar a assembleia cristã da assembleia sinagogal que, originalmente, foi concebida para ser assembleia de instrução, assembleia "inteligente". Na sinagoga, porém, prevaleceu o espírito particularista, inclinado ao cultivo discriminatório e restritivo da sabedoria bíblica. Na Igreja, ao contrário, tudo é perpassado pelo viés universalista, desde a primeira recepção da palavra sagrada, ainda na forma de mensagem e pregação, até sua aplicação mais concreta, em irrestrita solidariedade com todos os homens e suas necessidades, como nos adverte a vivência da comunidade cristã de Antioquia. Paulo demonstra tal sensibilidade quando apela à necessidade de se disciplinar o dom das línguas: algum "incrédulo ou simples ouvinte" pode entrar na assembleia e precisa compreender o que se diz ali (1Cor 14,22-25) para, quem sabe, tomar parte na adoração, no culto e na fé.

Os três modelos de assembleia cristã aqui considerados, enquanto operam a complexa passagem do paradigma formal e nacionalista do judaísmo para a experiência interior e universalista do Evangelho, tornam-se referências para as assembleias que a Igreja reunirá dali em diante. Em relação de complementaridade entre si, estes modelos indicam que não se pode valorizar excessivamente a experiência de nenhuma delas, sob pena de desfigurar uma fisionomia atraente por suas exatas proporções e seu conjunto.

Há, portanto, de se colher de cada uma a inteligência espiritual e operativa que as levou manifestar, conforme as diversas sensibilidades, as possibilidades ou limites engendrados pelos distintos enraizamentos culturais e os graus de amadurecimento na fé, determinado aspecto da reunião cristã. Sob a luz permanente das grandes intuições do Primeiro Testamento, a assembleia litúrgica que desponta da revelação bíblica revela-se uma realidade densa, fecunda e eloquente, capaz de inspirar as diversas gerações cristãs para um sempre renovado sentir e viver suas celebrações comunitárias como verdadeiros acontecimentos de libertação-salvação.

Coloquemo-nos, agora, à escuta da Igreja pós-apostólica que soube conjugar, de maneira única, o frescor inicial da pregação cristã com elaborações espirituais e teológicas nascidas essencialmente no interior das assembleias, para o crescimento destas mesmas assembleias.

---

105. O'BRIEN, P. T., Chiesa, p. 222.

1.2. A *ratio celebrans* dos Santos Padres: fé e teologia na assembleia e para a assembleia

"Houve um tempo em que a liturgia era tudo..."[106]. Assim já se definiu a feliz experiência vivida pela Igreja do primeiro milênio, especialmente no período que abriga o desenvolvimento da Patrística. Antes que se levantem críticas e objeções ao indisfarçado entusiasmo desta afirmação, alertando sobre os riscos de uma supervalorização do aspecto cultual em detrimento das outras expressões constitutivas da vida cristã, convém esclarecer que a liturgia é aqui considerada não como um elemento suficiente, concorrente ou substitutivo dos demais, quais sejam, por exemplo, o amor fraterno, a solidariedade concreta com os pobres e o empenho missionário. No período em questão, a dimensão celebrativa funciona como elo de intersecção da multiforme manifestação do Espírito, capaz de motivar, sustentar e confirmar todos os movimentos do corpo eclesial, na medida em que os remete à sua fonte absoluta: o Mistério Pascal de Cristo.

Imersos neste paradigma, os Santos Padres são guias, mestres e ícones exemplares para as gerações cristãs que viveram a vocação ao Evangelho com um sentido de unidade tão intenso, empenhando-se, com autoridade espiritual e intelectual, na construção de uma cosmovisão cristã e uma identidade eclesial amplamente "católica", no sentido mais original do termo. A reboque entre o vigor testemunhal e missionário da idade apostólica, e o amadurecimento e a sistematização da doutrina derivada do Novo Testamento, o período patrístico reúne os méritos de ter oferecido ao cristianismo embasamento teórico para que pudesse atravessar alguns confins culturais bastante exigentes, além de um autorizado "laboratório", em suas ardorosas e conscientes comunidades eclesiais, para a aplicação dos dados colhidos do depósito da fé e trabalhados pelo pulsar sempre vivo da Tradição[107].

Nas personalidades simultaneamente sensíveis e robustas dos autores deste tempo, em que vocação mística, paixão e racionalidade fundem-se criativamente, o cristianismo encontrou líderes à altura para o árduo trabalho de situar a experiência salvífica em Cristo no tecido vivo de sociedades complexas e convulsionadas, como as que se distribuíam pela geografia mediterrânea e médio-oriental

---

106. ROSSO, S., Un popolo di sacerdoti, p. 180.

107. É certo que os Padres não tenham escrito sumas, mas isto "não quer dizer que não tenham chegado a uma concepção teológica geral mais ou menos sintética de todas as coisas" (VAGAGGINI, C., O sentido teológico da liturgia, p. 507). A amplitude de suas preocupações, o ineditismo de suas abordagens e a transparência com que assumem a verdade cristã quando esta apresentava-se ainda como um conjunto de experiências transmitidas por um pouco prestigiado grupo de "testemunhas", situam os Padres num patamar bastante significativo daquilo que se há de chamar depois "história da teologia".

nos primeiros séculos da era cristã. Os Padres engendram uma matriz de continuidade com o dado escriturístico em síntese com as diversidades culturais e históricas, apontando para aspectos irrenunciáveis da experiência cristã ou, às vezes, evidenciando-os nas expressões plurais e legítimas dos novos tempos e contextos que se apresentam[108].

Na base da inspiração teológica e espiritual dos autores patrísticos está, como de resto acontece à maioria dos cristãos de então, a carga mística que transborda da ação ritual para toda a vida do batizado[109]. Não há rupturas, não se buscam subterfúgios devocionais e não são necessários outros complementos. Para eles, argumentar sobre o mistério cristão significa, afinal, discorrer sobre o que se recebe da liturgia, se assimila na oração individual e o que se manifesta na vivência cristã da própria existência[110]. Os Padres fazem-se mestres na arte de interiorizar e elaborar o conteúdo celebrado pela assembleia cristã, devolvendo à mesma assembleia, em formas mais compreensíveis e em novas categorias interpretativas, aquilo que lhes fora entregue em "estado ritual".

Esta articulação viva, dinâmica e aberta entre o núcleo da fé, a celebração litúrgica e a sensibilidade espiritual dos Padres é chamada "piedade objetiva", quer dizer, um relacionamento com o mistério da fé que não despreza o colóquio íntimo e pessoal com Deus, mas também não se perde nele, de modo que seja possível comunicá-lo e celebrá-lo comunitariamente. Trata-se de uma aproximação pessoal da Revelação, com todo o ser – emoção e sentimentos, inclusive –, mas sem "capturar" seus conteúdos para os recônditos personalíssimos do mundo interior. Antes, esta aproximação impulsiona ao diálogo, à proclamação de sua verdade, ao anúncio de suas capacidades[111]. Para os Santos Padres, a liturgia possui um caráter próprio, externo à subjetividade de quem crê, embora se faça acessível a ele e o envolva. Isto permite à liturgia ser chamada em causa nas argumentações doutrinárias ou na interpretação do depósito da fé, como acontecerá com frequência durante toda a Patrística.

Sob tais perspectivas, a dimensão litúrgico-celebrativa ocupa o papel de eixo que atravessa e articula toda a vida eclesial destes séculos, cristalizando-se, justamente, como o aspecto mais marcante da elaboração teológica realizada pe-

---

108. DANIÉLOU, J., Bíblia e liturgia, p. 33.

109. Não nos deve passar desapercebido que este quadro de vivo equilíbrio doutrinal-celebrativo-testemunhal que caracterizou a Igreja antiga tende a enfraquecer-se com os desdobramentos da oficialização do cristianismo em 313 como religião imperial (BASURKO, X.; GOENAGA, J. A., A vida litúrgica sacramental da Igreja em sua evolução histórica, p. 70).

110. ROSSO, S., Un popolo di sacerdoti, p. 180.

111. PELLEGRINO, M., Padres e liturgia, p. 881.

los Padres. O dinamismo litúrgico da Igreja, no qual eles inseriram-se gradualmente como catecúmenos, depois como membros efetivos das assembleias e, na maioria dos casos, como pastores do povo de Deus, presidentes da reunião dos fiéis e educadores da fé, revela-se o ambiente favorável, a fonte vitalizadora, a instância necessária e o meio qualificado para a gestação e a expressão dos resultados da grande obra que protagonizaram. "Os Padres especulavam no culto e a partir do culto, preocupados (...) não em dar forma sistemática ao mistério, mas em introduzir o neófito ao mistério mesmo, através de uma compreensão orante[112]", sentencia C. Giraudo.

Assim, a literatura patrística é pródiga em oferecer textos diretamente relacionados à liturgia, como formulários rituais, sacramentários, hinos e composições poéticas para o culto; catequeses para catecúmenos e neófitos sobre o significado dos ritos de iniciação; instruções e explicações sobre outros ritos, voltadas para todos os fiéis ou grupos específicos, como monges, por exemplo; homilias, especialmente aquelas sobre as festas litúrgicas; e, ainda, cartas dirigidas pelos bispos às comunidades locais por ocasião das celebrações pascais. O elenco alonga-se quando se consideram outros textos que recorrem à liturgia – *lex orandi* – para esclarecer algum princípio da doutrina ortodoxa – *lex credendi* – ou refutar teorias percebidas heréticas[113].

De tudo isto depreende-se que os Padres tenham vivido no calor das assembleias litúrgicas sua vocação ao ensino, ao aprofundamento da doutrina cristã e à sistematização teológica. Pode-se dizer que neles acontece uma natural interpenetração entre os dois aspectos – o celebrativo e o investigativo-magisterial –, que se auxiliam e motivam mutuamente. C. Vagaggini irá notar que os Padres não se interessam pela liturgia nem do ponto de vista histórico, nem do ponto de vista eminentemente normativo, mas do ponto de vista teológico, em chave expositiva. Isto porque sua obra endereça-se, sobretudo, "aos fiéis, com o simples intento de lhes explicar positivamente o significado teológico que tem a liturgia para os que a praticam, bem como seu valor ascético e moral[114]".

Também existe, sem dúvida, produção literário-teológica fora do âmbito estritamente litúrgico, mas a liturgia é sempre a plataforma estratégica para o contato dos Padres com o mistério revelado. Mesmo quando se dirigem aos externos, aos que querem convencer da veracidade da doutrina cristã, é de sua "imersão" litúrgica que os Padres hão de vir à tona. C. Gomes destaca que, mesmo entre

---

112. GIRAUDO, C., Num só corpo, p. 8.
113. DANIÉLOU, J., Bíblia e liturgia, p. 41-42.
114. VAGAGGINI, C., O sentido teológico da liturgia, p. 513.

alguns limites historiográficos, exegéticos e filosóficos, reluz a determinação dos Santos Padres em buscar o instrumental necessário para o diálogo com a cultura do tempo, mas sem perder-se em deslocamentos academicistas. "Queriam servir à oração, queriam o contato com o culto e os sacramentos, tinham um ardente zelo pela 'ortopraxia'[115]".

Resulta, pois, patente que a "metodologia" patrística venha marcada por esta impostação celebrativa, seja porque muitos conteúdos desenvolvidos se coloquem na órbita do ministério litúrgico exercido pela grande maioria dos Padres, seja porque a liturgia oferece-lhes sólido respaldo argumentativo, além de constituir-se em lugar de uma experiência privilegiada da verdade revelada. Não será demais insistir que fora do grande universo litúrgico não há cristianismo no primeiro milênio. Ele é como o "ecossistema" dentro do qual se desenvolve a diversidade das "espécies", suscitadas pelo Espírito, para o testemunho cristão: fiéis, mártires, confessores, monges, missionários, fundadores de comunidades, pastores, pregadores e mestres[116].

O impacto deste princípio sobre a natureza da produção teológica de então é decisivo. A razão de que os autores patrísticos se munem não é aquela estática, especulativa e dissecadora que se impôs mais tarde, no segundo milênio latino[117]. É uma razão celebrante – *ratio celebrans* – já que conserva um vínculo performativo com o acontecimento litúrgico e que reconduz a ele, pois excita e convoca todas as dimensões constitutivas dos indivíduos a experimentarem, sob forma ritual, aquilo que explica e defende positivamente. Em outras palavras: o que hoje classificamos de obra teológico-patrística é, originalmente, anúncio de salvação, que há de ser assimilado em profundidade nos mistérios celebrados.

Consequentemente, os destinatários do discurso dos Padres dividem-se em duas grandes categorias: o ser redimido ou aquele a ser redimido. O primeiro precisa alimentar sua fé, tomar consciência do que celebra, corrigir suas incongruências com o Evangelho anunciado e defender-se das "perigosas" ideias publicadas por pensadores judeus, pagãos e partidários das escolas heterodoxas. Homilias,

---

115. GOMES, C. F., Antologia dos Santos Padres, p. 12.

116. A índole litúrgica das comunidades antigas expressa-se na maneira como são interpretados os ministérios eclesiais: dons de Deus. A imposição das mãos, gesto litúrgico de densidade apostólica, é usada com frequência para sinalizar esta verdade e envolver qualquer serviço de um tônus sacramental (TABORDA, F., A Igreja e seus ministros, p. 110).

117. C. Giraudo chega a comparar o trabalho de um teólogo "de escola" à atividade de um relojoeiro, que precisa desmontar a máquina para conhecer suas peças, a articulação entre elas, mas que, estudando tão pormenorizadamente cada um dos componentes mecânicos, acaba por perder a noção do todo, reduzindo o relógio a um amontoado de peças muito bem descritas, mas inúteis àquele que quer conhecer o avançar do tempo (GIRAUDO, C., Num só corpo, p. 5).

discursos catequéticos e outras exortações que, senão intrínsecas ao acontecimento litúrgico, postam-se muito próximas ou dirigidas a ele, informam as assembleias da dimensão "por assim dizer contemplativa dessa doutrina e também da sua carga prática, da sua compreensividade, da sua beleza[118]".

Já o segundo grupo – o ser humano a ser redimido – precisa do remédio para sua ignorância intelectual sobre a fé em Cristo, mas não somente. Espera-se que a adesão conceitual ao cristianismo, através da argumentação racional, abra-lhe as portas para uma inserção gradual na Igreja[119]. Toda a sua vida deve transformar-se, creem os Padres, de tal maneira que é na participação da assembleia litúrgica que eles medirão o êxito de sua interlocução teológica[120]. A razão que discerne e esclarece a fé, já propulsionada pela *lex orandi*, mira, novamente, o âmbito litúrgico-assembleal, confirmando-se *ratio celebrans*.

Tão acentuado enraizamento celebrativo e comunitário ajuda a explicar a abundância de evocações e menções da realidade assembleal nos escritos patrísticos que se conservam. Ainda no século I, Clemente Romano encoraja a participação na assembleia dominical com estas palavras: "Reunamo-nos também nós num mesmo lugar, em concórdia e em comunhão de sentimentos e supliquemos insistentemente que nos faça participantes das suas grandes e gloriosas promessas[121]".

Com argumentos que se sofisticam à medida que avança o tempo e complicam-se os desafios, a exortação à assembleia é uma constante em toda a obra patrística. Nas diversas circunstâncias históricas que se sucedem, os Padres serão insistentes em relembrar aos batizados a importância teológico-espiritual de sua reunião litúrgica. Em assembleia – dizem – a Igreja mostra-se, constrói-se e atualiza-se: "Eu não chamo Igreja a um lugar, mas à assembleia dos eleitos[122]". "Nós somos uma corporação pela comunidade de fé, pela unidade de disciplina e pelo vínculo de uma mesma esperança. Reunimo-nos em assembleias (...) para assaltar

---

118. VAGAGGINI, C., O sentido teológico da liturgia, p. 514.

119. DROBNER, H. R., Manual de patrologia, p. 78.

120. Mesmo que a partir da segunda metade do século segundo comecem a predominar tendências mais intelectualistas na elaboração do discurso cristão, há sempre de atravessá-lo um interesse mais exortativo, catequético ou pastoral, como diríamos hoje. Interessa aos autores patrísticos mostrar "o sentido da salvação revelada em Cristo", "fortalecer na esperança da volta do Senhor", exortar a "obedecer aos pastores das comunidades" e advertir "contra heresias e cismas" (ALTANER, B.; STUIBER, A., Patrologia: vida, obras e doutrina dos Padres da Igreja, p. 43).

121. CLEMENTE ROMANO, Carta aos Coríntios, Antologia litúrgica: textos litúrgicos, patrísticos e canónicos do primeiro milénio, p. 87 (por compilar as principais obras dos Santos Padres relativas a temas litúrgicos, este volume será muito usado em nosso trabalho. Passaremos a usar a sigla "AL" para indicá-lo após menção do autor e da obra patrística consultados).

122. CLEMENTE DE ALEXANDRIA, Stromata VII, In: *Antologia Litúrgica*, p. 178.

a Deus com nossas orações (...). Esta violência é agradável a Deus[123]". "Os muros de Jerusalém são as assembleias da Igreja, assembleias que se reúnem em toda a parte. (...) quem entra na Igreja de boa-fé e com boas obras torna-se cidadão e habitante desta cidade do alto, que desce dos Céus[124]".

É doutrina dos Padres que o cristão fortaleça-se e aperfeiçoe-se ao aderir com constância à assembleia: "Reuni-vos com frequência, para buscar o que interessa a vossas almas, pois de nada servirá todo o tempo de vossa fé, se no último momento não vos tiverdes tornado perfeitos[125]". "Quando vos reunis com frequência abatem-se as forças de satanás, e o seu poder destruidor é aniquilado pela concórdia da vossa fé[126]". A assiduidade à assembleia permite que se atualize, em cada um e na Igreja inteira, a obra da íntima comunhão do Senhor com seu corpo, cabeça e membros. Aquilo que se celebra, a cada ano, com novos "nascimentos" nas festas pascais, mostra-se e renova-se a cada reunião litúrgica: os batizados são depositários de uma promessa, a "doutrina salvadora", cuja memória agradecida e vivificante se salmodia no uníssono do corpo unido para a celebração[127].

A propósito, o encontro entre o percurso individual do homem e da mulher chamados à fé e o acontecer da Igreja na assembleia litúrgica corresponde ao fulcro da mobilização e organização das comunidades cristãs antigas. Há uma "tensão iniciática" que toma conta de toda a Igreja local, investindo-lhe de perene juventude e dinamicidade. Conforme advertimos, os Padres engajam-se com desvelo a esta tarefa, legando-nos ampla obra de teologia, mística, catequética e pastoral. Trata-se da iniciação cristã, que começa a desenhar-se ainda nos tempos apostólicos e logo amadurece e dá frutos, constituindo-se em fato consumado no século III: "A preparação e a administração deste sacramento [o batismo] ocupam o bispo e toda a comunidade de modo a situar a iniciação cristã no centro da vida da assembleia[128]".

O processo obedece a uma dinâmica pedagógico-celebrativa que se insere suavemente na vida litúrgica da assembleia local. Hipólito de Roma dá a entender que os catecúmenos são instruídos em algum momento durante a celebração da comunidade, no mesmo espaço ou próximo ao lugar de reunião da

---

123. TERTULIANO, Apologético, p. 190.
124. AMBRÓSIO DE MILÃO, Apologia de David, In: AL, p. 517.
125. DIDAQUÉ, Instrução do Senhor aos gentios, p. 99.
126. INÁCIO DE ANTIOQUIA, Cartas: Inácio aos Efésios, p. 102.
127. CONSTITUIÇÕES APOSTÓLICAS, Igreja, assembleia e celebrações, p. 411.
128. PELLEGRINO, M., Padres e liturgia, p. 882.

assembleia, ainda que separados dos já batizados[129]. A inserção plena na assembleia da Igreja dá-se pouco a pouco, em ritos intermediários que culminam às vésperas do batismo.

A participação da assembleia é muito intensa ao longo de todas as etapas da iniciação: ela, por mais vezes, é chamada a testemunhar o que observou do comportamento e dos sinais da adesão dos candidatos; ratificar sua inscrição entre os catecúmenos e, depois, entre os eleitos para o batismo e, finalmente, participar dos ritos de exorcismo e imposição de mãos sobre eles:

> A todos aqueles que se deixam persuadir pelo que nós ensinamos, que acreditam naquilo que proclamamos e prometem viver em conformidade com essas verdades, exortamo-los a pedir a Deus o perdão dos seus pecados, com orações e jejuns, e nós também oramos e jejuamos em total solidariedade com eles[130].

A noite do sábado e a aurora do domingo pascal acolhem a jubilosa assembleia que se reúne para a celebração da ressurreição de Cristo e do nascimento dos novos cristãos pelo batismo. A profusão de hinos, homilias, cartas e catequeses relativas a este momento não deixa dúvida de sua importância para a vida das comunidades antigas. Ele é anunciado por Agostinho como o "repouso, alegria e santificação: interrompem-se os jejuns e rezamos de pé, o que é sinal da ressurreição (...). Canta-se o *aleluia* para indicar que a nossa atividade futura será louvar a Deus[131]". João Crisóstomo exprime assim o sentir da Igreja reunida na vigília pascal:

> Reparo que a nossa assembleia é hoje mais brilhante que de costume e que a Igreja de Deus está jubilosa por causa dos seus filhos. Com efeito, como uma mãe amorosa que, ao ver-se rodeada de filhos, rejubila, exulta e não cabe em si de contente, assim a Igreja, na sua maternidade espiritual, quando olha para os seus próprios filhos, está alegre e jubilosa, por se ver campo fértil cheio de espigas espirituais...[132].

Neste clima solene e festivo, toda a assembleia, ora representada por seus ministros, ora no serviço coral que lhe compete, acolhe em seu seio os neófitos, partilhando com eles, pela primeira vez, a eucaristia. É selada, assim, a unidade da Igreja, agora ampliada pelo nascimento batismal de novos filhos. A propósito, diz Santo Agostinho num sermão dirigido aos neófitos:

---

129. HIPÓLITO DE ROMA, Tradição Apostólica, p. 234.
130. JUSTINO, Apologia I, p. 138.
131. AGOSTINHO DE HIPONA, Carta 55, p. 826.
132. JOÃO CRISÓSTOMO, Catequese IV: aos neófitos, p. 600.

Este pão que vedes sobre o altar, santificado pela palavra de Deus, é o corpo de Cristo. Este cálice, ou antes, o que o cálice contém, santificado pela palavra de Deus, é o sangue de Cristo. Cristo Senhor quis, por meio destas coisas, deixar-nos o seu corpo e sangue, que por nós derramou em remissão dos pecados. Se o recebestes bem, sois o que recebestes. Diz, com efeito, o Apóstolo: "Somos muitos, mas somos um só pão e um só corpo". Assim expus o sacramento da mesa do Senhor: "Somos muitos, mas somos um só pão e um só corpo". Com este pão se vos mostra o quanto deveis prezar e amar a unidade[133].

Ao dizer "sois o que recebestes" e, imediatamente, passar ao "somos um só pão e um só corpo", o bispo de Hipona representa a grande tradição patrística, que compreende a eucaristia em profunda relação com a unidade eclesial, decisivamente expressa pela assembleia reunida. Ao celebrar e consumir em comum o corpo sacramental de Cristo, os crentes são assimilados ao Salvador, constituem seu corpo eclesial e integram-se no perfeito oferecimento que Cristo faz de si mesmo ao Pai. Consequentemente, os frutos colhidos pelos fiéis na participação destes mistérios, segundo Agostinho, ligam-se diretamente à vivência da comunhão eclesial, como seu reforço ou fruição: concórdia, justiça, saciedade, misericórdia e paz[134].

Para Hilário de Poitiers, eucaristia e assembleia são como que dois pontos para a contemplação do mesmo mistério salvífico e sacramental: a presença de Cristo na humanidade[135]. Quer dizer: na assembleia vem sinalizada a realidade do nosso "ser em Cristo", uma vez que, pela encarnação, ele nos veio reunir entre nós e com o Pai. Na eucaristia, por seu turno, é sinalizado o seu "ser em nós", isto é, a realização particular e atual do gesto encarnatório em cada fiel específico que se reúne naquela determinada comunidade para a celebração. A assembleia, pois, aponta para a liberdade divina, que na encarnação do Verbo assume livremente a carne humana para fazer a convocação definitiva da humanidade. Já a comunhão na eucaristia aponta para a liberdade humana, que assume a "carne do Senhor" em livre resposta à convocação divina[136].

---

133. AGOSTINHO DE HIPONA, Sermão 227, p. 918.

134. PINHEIRO, L. A., Signum unitatis, p. 122.

135. NARVAJA, J. L., El "cuerpo de miséria" transformado en um cuerpo glorioso semejante ao de Cristo, p. 91-93.

136. "Se, com efeito, o Verbo se fez carne, e se na Ceia do Senhor nós tomamos verdadeiramente esse Verbo-carne, como não há de permanecer ele em nós fisicamente? Nascido homem, não assumiu, de modo inseparável, a natureza mesma de nossa carne? E no mistério do seu corpo, dado a nós em comunhão, não juntou ele à natureza de nossa carne sua divindade eterna? Logo, todos são um só, porque no Cristo está o Pai e em nós, o Cristo" (HILÁRIO DE POITIERS, Sobre a Santíssima Trindade, p. 217).

Logo, "unidade" não será, na Patrística, uma grandeza puramente teológica, atributo exclusivo de Deus, mas esforço envidado e dom acolhido na experiência comunitária, assembleal e litúrgica da Igreja local. Inácio de Antioquia, mestre de uma verdadeira "mística da unidade[137]", encoraja as comunidades cristãs a conservarem o costume de uma única assembleia dominical para que a verdade sinalizada no sacramento fique mais evidenciada, dispondo-se à experiência concreta: "Procurai, portanto, ter uma só eucaristia: porque uma só é a carne de Nosso Senhor Jesus Cristo, e um só é o cálice na unidade do seu Sangue, um o altar e um o bispo com o presbitério[138]".

Tamanha identidade entre a comunidade reunida e sacramento da ceia, paixão e ressurreição do Senhor resultará num compartilhamento terminológico muito sugestivo: os nomes gregos *synaxis*, *synagogé*, *ekklesía* e os latinos *coetus*, *convocatio*, *conventus*, *collecta*, *congregatio*, referidos, originalmente, à assembleia como tal, serão estendidos à celebração da eucaristia. Desde o século V, sobretudo em contexto grego, o termo "sinaxe" indicará usualmente tanto a assembleia como a ação litúrgico-sacramental eucarística, revelando uma amadurecida consciência eclesial sobre a afinidade das duas realidades[139]. Nas áreas de influência latina, *collecta* e *coetus* designam "evento", "comunidade" e "rito" simultaneamente, embora o uso de tais nomes não tenha perdurado tanto tempo[140].

Outra identificação, também fundada sobre importantes pressupostos teológicos, ocupará a mente, a voz e a pena dos Santos Padres. Trata-se do domingo como dia primordial da assembleia e ocasião semanal indispensável para a celebração eucarística, configurando, assim, a "assembleia eucarística dominical", ou, simplesmente, a "assembleia", a "eucaristia" e o "domingo", cada um com o mesmo conteúdo significativo.

Justino é o autor de uma célebre descrição da assembleia dominical dos primeiros séculos, sempre citada por teólogos da liturgia e da eclesiologia:

> E, no chamado dia do Sol, reúnem-se no mesmo lugar todos os que moram nas cidades ou nos campos, e leem-se, na medida em que o tempo permite,

---

137. Ele mesmo se define "homem que deseja conservar a unidade" (INÁCIO DE ANTIOQUIA, Carta aos Filadelfos, p. 111).

138. INÁCIO DE ANTIOQUIA, Carta aos Filadelfos, p. 110.

139. ROSSO, S., Un popolo di sacerdoti, p. 392. P. Tena, em seu estudo sobre o significado bíblico e teológico do vocábulo ekklesía, conclui que a identificação entre o termo grego que denota "reunião do povo convocado" e a celebração cristã não se deu por assimilações irrefletidas ou por economia de vocabulário, mas, em tempo de muita clareza sobre o significado da assembleia e do mistério que esta celebra, derivou de uma rica e dinâmica compreensão teológica (TENA, P., La palabra ekklesía, p. 151).

140. JUNGMANN, J. A., Missarum sollemnia, p. 188.

as memórias dos apóstolos e os escritos dos profetas. Quando o leitor termina, o presidente toma a palavra para fazer uma exortação, convidando os presentes a imitar tão belos ensinamentos. A seguir, pomo-nos todos de pé e elevamos nossas preces e, como já dissemos, logo que as preces terminam, apresenta-se pão, vinho e água. Então, aquele que preside eleva, com todo o fervor, preces, orações e ações de graças, e o povo aclama: "Amém". Depois, procede-se a distribuição dos dons sobre os quais foi pronunciada a ação de graças; cada um dos presentes participa deles, e os diáconos os levam também aos ausentes. (...) Reunimo-nos todos precisamente no dia do Sol, não só porque foi o primeiro dia em que Deus, transformando as trevas em matéria, criou o mundo, mas também porque Jesus Cristo, nosso Salvador, nesse dia ressuscitou dos mortos[141].

Em meio à polêmica com o judaísmo e a perseguição do Império Romano, o primeiro dia da semana desponta como objeto de ensino e consta nas mais célebres apologias patrísticas, entre elas a de Justino, referida acima. O domingo torna-se não somente uma bandeira sob a qual se abrigam os cristãos para destacarem-se do contexto cultural pagão, mas compõe o próprio patrimônio de fé da comunidade. Haverá, inclusive, "mártires do domingo[142]", atestando que a assembleia e a eucaristia são, neste dia, questão vital para a Igreja. O legado imperial Plínio, o Moço (século II), em relatório sobre os cristãos do Ponto e da Bitínia, sintetiza a "culpa" dos cristãos no fato de "se reunirem, num dia determinado, antes do nascer do sol, para cantarem entre si, alternadamente, um hino a Cristo como a um deus[143]".

A assembleia do domingo reveste-se, para os Padres, de um caráter notadamente escatológico. Como "oitavo dia", ele "transcende a semana e com isto representa uma janela aberta sobre a eternidade[144]". O tom da celebração é, assim, festivo e grave, exultante e exigente, agradável e austero: "Ouviste os hinos sagrados? Viste as bodas espirituais? Foste admitido à mesa real? (...) Então, não percas

---

141. JUSTINO, Apologia I, p. 140.

142. HAMMAN, A. G., A vida cotidiana dos primeiros cristãos, p. 178. "[Os mártires] foram apresentados ao procônsul por oficiais do tribunal e informaram-no que se tratava dum grupo de cristãos (...) surpreendido a celebrar, contra a proibição dos imperadores e dos Césares, uma reunião e o dominicum. (...) O juiz disse-lhe: 'O que devias ter feito era observar a ordem dos imperadores e Césares...'. (...) O presbítero Saturnino, por inspiração do Espírito Santo, respondeu: 'Celebramos o dominicum sem nos preocuparmos com isso'. Disse-lhe o procônsul: 'Por quê?' Respondeu Saturnino: 'Porque não se pode interromper a celebração do dominicum... (...) não podemos viver sem o dominicum...'" (ACTAS dos mártires de Abitinas, p. 582).

143. PLÍNIO, O MOÇO, Cartas a Trajano, p. 116.

144. RORDORF, W., Domingo, p. 425.

tamanha alegria, não derrames o tesouro, não caias na embriaguez...[145]". Ao lado do júbilo pascal, a presença de Cristo na assembleia celebrante provoca-lhe a um vivo sentido de responsabilidade e coerência. Como pastores da Igreja, os Padres exortarão à pureza de consciência e à conciliação entre os irmãos como condição para bem viver o domingo, na perspectiva do Juízo e do advento do Reino.

O repouso é outro elemento que, pouco a pouco, ganha importância nas exortações patrísticas sobre o dia do Senhor. Inicialmente, era um tema pouco comum nos Padres, visto que o domingo era dia laboral para as três matrizes culturais – judaica, grega e romana – onde se inserem os cristãos. Uma lei sobre a obrigatoriedade do descanso dominical só surgirá no século IV, após a oficialização do cristianismo como religião imperial. Então, pela necessidade de se propor uma teologia do descanso dominical, os Santos Padres não hesitarão em recorrer à espiritualidade bíblica do *shabbat*, consolidando aquela associação que já transpira de numerosas referências neotestamentárias[146]. O domingo assumirá a herança que fora confiada ao sábado[147], inclusive com os riscos da retomada do formalismo e do legalismo asfixiantes da experiência judaica, já condenada por Cristo.

O que se repete, em quase todas as abordagens sobre o repouso dominical, é sua íntima relação com a participação na assembleia eucarística. Com a contundência que lhe é característica, João Crisóstomo fará advertências aos cristãos que mal utilizam o tempo sagrado de repouso e trocam as sinaxes pelos espetáculos circenses e corridas de cavalo[148]. Por detrás destas exortações de cunho mais prático está a convicção que os Padres colherão do primeiro Testamento: o homem não se define pelo fazer inconsciente e escravizante, nem pelo ócio descentrante, mas pelo seu configurar-se ao Criador. No descanso sabático, o judeu cultivava a nostalgia da relação de pura gratuidade e profunda sintonia com Deus Criador. O descanso dominical atualiza esta sensibilidade, propondo, entretanto, uma configuração eucarística ao Ressuscitado e uma antecipação do repouso definitivo. Mais uma vez, é Agostinho quem enfeixa tais pensamentos, com sua clareza e penetração geniais:

> Esta sétima idade do mundo será nosso sábado, cujo termo não será a tarde, mas o dia do Senhor, como oitavo dia eterno, que foi consagrado pela

---

145. JOÃO CRISÓSTOMO, Homilias sobre a Primeira Carta aos Coríntios, p. 629.
146. O processo de espiritualização do *shabbat*, já em curso no Antigo Testamento, é acelerado e aprofundado no Novo pela consciência do papel que Cristo passa a exercer na economia salvífica. Isto permite a suave e natural transposição que se observa em muitos textos (DANIÉLOU, J., Bíblia e liturgia, p. 240).
147. AUGÉ, M., Domingo, p. 39; EFRÉM, Sermão para o ofício noturno da ressurreição do Senhor, p. 397.
148. JOÃO CRISÓSTOMO, Catequese VI, p. 603.

ressurreição de Cristo e que prefigura o repouso eterno, não só do espírito, mas também do corpo. Ali (no repouso do oitavo dia), descansaremos e contemplaremos, contemplaremos e amaremos, amaremos e louvaremos. Vede o que faremos no fim sem fim; na verdade, qual é o nosso fim, senão chegar ao reino que não tem fim[149]?

A assembleia dominical pressupõe, em dependência de seu tônus eucarístico, a proclamação das Sagradas Escrituras. Com efeito, a ação de graças se dá sobre a memória dos gestos salvíficos de Deus, que culminam com a entrega pascal de seu Filho. Na celebração da palavra, o anúncio da salvação é atualizado, aprofundado e transformado em vida através do assenso assembleal. Desde a reunião do Sinai, é esta a "forma" da aliança: de um lado Deus, do outro o povo eleito e, entre eles a palavra oferecida, assimilada e acolhida em celebração.

Os Santos Padres dedicar-se-ão intensamente à interpretação bíblica para o anúncio dominical, em diversas modalidades: aplicação dos grandes temas e figuras bíblicas ao itinerário catecumenal, à vida comunitária e ao crescimento na fé, na esperança e no amor, ou tipologia; defesa argumentada do cristianismo diante do judaísmo, do paganismo e das heresias, ou apologética; e as exortações à vivência cristã, ou parenética, entre outras menos significativas. A cada sete dias, no domingo, uma nova ocasião para o pronunciamento dos Padres florescia com a reunião da assembleia. Isto, sem dúvida, era estímulo e convite permanente para uma elaboração criativa e dinâmica de temas colhidos do contato com as Escrituras.

Em tais circunstâncias, a homilia confirma-se como o meio mais imediato para a expressão do pensamento patrístico, assumindo um espaço muito importante na vivência cultual da assembleia e, a partir daí, também fora dela. Aliás, os Padres entendem a assembleia litúrgica como o lugar privilegiado para a interpretação das Escrituras, em virtude da assistência do Espírito de que goza a reunião dos fiéis: "Se houver instrução da palavra, prefiram ir escutar a palavra de Deus, para conforto da sua alma. Apressem-se a ir à igreja, onde floresce o Espírito[150]". Uma oração para o início da assembleia dominical, recolhida por Serapião de Themuis, Padre egípcio do século IV, confirma a convicção de que, no Espírito Santo, a assembleia é instruída de maneira excepcional: "Peço-te que envies o teu Espírito Santo às nossas almas e nos faças compreender as Escrituras, inspiradas por ele; dá-nos a graça de as interpretar com pureza e dignidade, para que todos os fiéis aqui reunidos tirem proveito delas[151]".

---

149. AGOSTINHO DE HIPONA, A cidade de Deus, p. 807.

150. HIPÓLITO DE ROMA, Tradição Apostólica, p. 239.

151. SERAPIÃO DE THEMUIS, Eucológio, p. 371.

Além deste decisivo aspecto pneumatológico, algumas questões práticas também recomendavam a recepção comunitária das Escrituras. A leitura e meditação pessoal da Bíblia, ainda que aconselhadas, esbarravam no impedimento da difícil divulgação dos textos, ou da presença, entre o povo, de variadas versões[152]. A assiduidade à assembleia, tão incentivada pelos Padres, permitia que muitos dos textos fossem aprendidos de memória, além de explicados autorizadamente. Deste modo, por motivos teológicos, mas também práticos e históricos, as assembleias, nos séculos da Patrística, reconhecem-se como audiências convocadas pela palavra de Deus, reservando-lhe centralidade e tempo suficiente para a proclamação e meditação aprofundada. Tertuliano identifica o anúncio das Escrituras como a motivação mesma da reunião:

> Reunimo-nos para a leitura das Sagradas Escrituras, pois aquilo que se passa neste tempo leva-nos a buscar nelas luz para entender o futuro e compreender o passado. Além disso, com essas santas palavras, alimentamos a nossa fé, elevamos a nossa esperança, fortalecemos a nossa confiança, estreitamos também a nossa disciplina e inculcamos os mandamentos. Em tais assembleias realizam-se também exortações, avisos e repreensões em nome de Deus[153].

Ao tratar de repreensões, o escritor africano conecta-se com a prática penitencial da Igreja antiga, que também mereceu a consideração dos Santos Padres. O "problema" da penitência, de fato, exigia autoridade moral e discernimento teológico para ser enfrentado nas comunidades dos primeiros séculos. Vivia-se uma espiritualidade batismal muito intensa, que acentuava a conversão da vida pecaminosa pelo "banho da regeneração" (Tt 3,5), um dos nomes do batismo. A rigor, a reconciliação primeira e única é aquela celebrada na vigília pascal, por ocasião dos ritos batismais. Entretanto, a práxis pastoral das primeiras comunidades logo precisa lidar com cristãos que recaem no pecado[154]. Nos períodos de intensificação das perseguições surgiam, ainda, os *lapsi* ou apóstatas que, para salvarem-se das torturas e da morte ou, simplesmente, não perderem seus bens em confisco imperial, negavam a fé, mas passadas as ameaças desejavam voltar à comunhão da Igreja.

---

152. GRIBOMONT, J., Escritura (Sagrada), p. 497.

153. TERTULIANO, Apologético, p. 190.

154. Houve tentativas de enumerar os pecados mais graves para que não se abusasse da penitência por qualquer falta cometida. A tríade "idolatria, adultério e homicídio" foi comumente aceita para o cumprimento de um processo penitencial formal e público (TRAPÈ, A., Pecado, p. 1120).

Um dos primeiros escritos relativos à penitência, ainda no século I, indica a emenda e a prática da confissão pública das faltas, durante a assembleia: "No dia do Senhor reuni-vos para a fração do pão e a ação de graças, depois de terdes confessado vossos pecados, para que o vosso sacrifício seja puro. Quem tiver alguma desavença com o irmão, não se reúna convosco antes de se reconciliar[155]". Tertuliano, no século III, apresenta a "exomologese" como caminho penitencial. Ela compreende a confissão do pecado, exercícios exteriores de arrependimento, ascese e emenda e, finalmente, a reconciliação[156].

A partir do século IV estabelece-se um esquema penitencial mais institucionalizado, em três tempos bem demarcados: o ingresso no percurso penitencial, durante uma celebração comunitária; a permanência na ordem dos penitentes, com duração mais ou menos longa, segundo a gravidade do pecado cometido; e a readmissão na comunhão eclesial e eucarística, no início do tríduo pascal. Para os *lapsi*, Cipriano, no século III, propõe uma penitência equivalente à resistência em apostatar – menor para os que resistiram por mais tempo; maior para os que cederam logo. De acordo com o bispo mártir de Cartago, a comunidade não deve nem ser indulgente demais, para não enfraquecer a seriedade de seus compromissos e não ofender a memória dos mártires, nem deve ser excessivamente rigorosa, para não pecar por falta de caridade[157].

Todo o processo, com alguma exceção na confissão das culpas, que em certas circunstâncias pode ser feita reservadamente, é acompanhado de perto pela comunidade de fé. Os penitentes ocupam lugar especial na assembleia e esta intercede por eles. A primeira "punição" do pecador é, justamente, afastar-se da vida ordinária da Igreja, privando-se da eucaristia e da plena vivência assembleal. Ambrósio de Milão ilustra a relação entre a assembleia e o penitente desta forma:

> A Igreja nossa mãe orará por ti, lavará as tuas faltas pelas suas lágrimas... Cristo deseja que muitos orem por um só... Ajoelhas-te diante dos teus semelhantes, abraças os seus pés (...) e tens vergonha de agir do mesmo modo com a Igreja, para suplicares a Deus e procurares o patrocínio do povo santo, a fim de que ele interceda em teu favor? Nada, pois, te afaste da penitência[158].

---

155. DIDAQUÉ, Instrução do Senhor aos gentios, p. 98.
156. TERTULIANO, A penitência, p. 210.
157. DROBNER, H. R., Manual de patrologia, CIPRIANO, Os apóstatas, p. 273-277.
158. AMBRÓSIO DE MILÃO, Sobre a penitência, p. 541.

A questão, porém, não se deu por resolvida simplesmente com a adoção de um itinerário penitencial compartilhado. Em algumas consciências e em determinadas circunstâncias, o escândalo provocado pelo pecado de um cristão soía clamar maiores satisfações.

Entre os séculos IV e V, na igreja norte-africana, chegou-se a um cisma em torno da disciplina sobre a penitência, obrigando Agostinho de Hipona a um posicionamento firme acerca da identidade da comunidade cristã e de suas assembleias. A questão tem início com a fraqueza amedrontada de ministros eclesiásticos à perseguição de Diocleciano. Estes teriam entregado às autoridades imperiais os livros das Sagradas Escrituras, sem oporem grande resistência. Quando um destes *traditores* consagra o novo bipo de Cartago, instala-se a crise.

O presbítero Donato reúne, então, uma "igreja dos santos", que seria a verdadeira igreja cristã. Esta não se teria deixado corromper pela pouca virtude dos membros de suas assembleias. O rigor de sua organização previa a exclusão automática dos membros pecadores, principalmente se fossem ministros. Os sacramentos celebrados por estes clérigos indignos não eram reconhecidos, de modo que os donatistas defendiam até um novo batismo em muitas situações[159].

Agostinho rebate as doutrinas cismáticas com uma visão eclesiológica abrangente e aberta. Para ele, a santidade da Igreja não é comprometida pelo pendor pecaminoso de seus membros, porque não depende deles. A santidade é prerrogativa do corpo de Cristo. Pela presença e ação do Filho na Igreja, dá-se a *communio sacramentorum* ou *communio sanctorum*, que visa inserir os fiéis na *communio iustorum* (comunhão de todos os justos, desde Abel) e na *communio praedestinatorium* (comunhão escatológica). A presente convivência entre "maus e bons" não inviabiliza a permanência da união santa dos cristãos entre si e com Deus, notadamente manifesta nas assembleias cúlticas. Ele, Cristo, é o mediador, o sacerdote e o sacrifício. Os que se oferecem nele como "hóstias vivas" já exercem essa cidadania celeste – santidade – no tempo[160]. Mesmo que, ainda, convivam com os impiedosos, os inconstantes na virtude ou os menos intransigentes na defesa de sua profissão de fé.

A assembleia, portanto, não é lugar de interdições irrevogáveis e discriminações excludentes, desde que sejam preenchidos os requisitos essenciais: a profissão da verdadeira fé e do batismo. O pecado como "ferida perigosa, mortal, que põe a salvação em perigo" é tratado pela penitência, diz o bispo de Hipona: "Não há peca-

---

159. Tem início aqui a controvérsia sobre a validade e a eficácia dos sacramentos, que encontrará desenvolvimento máximo durante a escolástica (DROBNER, H. R., Manual de patrologia, p. 411).

160. TRAPÈ, A., Agostinho de Hipona, p. 58.

dos nenhuns que façam perder à santa Igreja as suas entranhas de mãe. (...) Se eliminas o porto da penitência, com o desespero aumentarão os pecados[161]". Como sinal da intervenção salvífica de Deus em Cristo, a assembleia da Igreja é, ainda, "massa mista" segundo pensamento agostiniano: reúne bons e maus; é antecipação da realidade redimida; é, também, seu pálido anúncio; já é louvor, mas, ainda, é súplica[162].

Não obstante a idade patrística abrigar a grande ruptura entre o período pré-constantiniano, também chamado "era dos mártires", e a Igreja imperial, com consequências decisivas para a vivência da fé cristã, percebe-se, até o século IX, alguma continuidade no que se refere à consciência sobre a dimensão sacerdotal de todo o corpo eclesial. É bem verdade que, desde a oficialização imperial da Igreja, o declínio do protagonismo celebrativo da assembleia é constante e sempre mais evidente. Entretanto, a experiência litúrgica das comunidades antigas está eivada de um espírito sacerdotal e comunitário tão intenso, que se torna capaz de legar para mais alguns séculos, pelo menos, a memória de um culto verdadeiramente comunitário e eclesial.

A capacidade sacerdotal da assembleia cristã vivida e ensinada pelos Padres assenta-se sobre dois princípios fundamentais, de natureza bíblica: a conversão-inserção em Jesus Cristo e na Igreja como sacrifício vital (Rm 12,1 e 15,16, por exemplo) e o reconhecimento nos cristãos da realização da promessa veterotestamentária do futuro "reino de sacerdotes" (Ex 19,6). Entre ambos, circula a espiritualidade batismal, compreendida tanto como início de uma vida entregue à soberania do Cristo, com suas consequências e exigências, como também a consagração a Deus e inserção no seu povo definitivo[163].

Zenão de Verona refere-se ao "sacrifício" dos cristãos como aquele que "não se oferece com as mãos ensanguentadas, mas com sentimentos puros[164]". Tertuliano, um século antes, reconhece-se juntamente com seus irmãos cristãos no sacerdócio deste culto espiritual: "Nós somos os verdadeiros adoradores e os verdadeiros sacerdotes, nós que, orando em espírito, em espírito oferecemos o sacrifício da oração[165]".

---

161. AGOSTINHO DE HIPONA, Sermão 352, p. 964.

162. As assembleias que se pode reconstruir a partir dos sermões de Agostinho e João Crisóstomo, por exemplo, ou mesmo das cartas de Cesário de Arles e das obras de Gregório Magno, não são exatamente exemplares, faz notar A. Martmort: "A assembleia mais autêntica é aquela que recolhe este povo de medíocres com o fim de levantá-lo de sua torpeza" (MARTMORT, A. G., La asamblea litúrgica, p. 10).

163. GROSSI, V., Sacerdócio dos fiéis, p. 1240.

164. ZENÃO DE VERONA, Tratados, p. 383.

165. TERTULIANO, A oração, p. 203. J. Ratzinger apresenta esta evolução espiritual do cristianismo, assumida integralmente pelos Padres da Igreja, como o "lugar do culto cristão" no panorama religioso da antiguidade. A equiparação entre oração e sacrifício, apenas aludida no Antigo Testamento, cumpre-se no regime cultual

É, sobretudo, na eucaristia que esta atitude sacerdotal-existencial do povo cristão encontra expressão máxima e torna-se sacramento. Todo o povo batizado, reunido com o seu bispo, oferece a oblação espiritual, cujo princípio é a unidade efetiva da Igreja. Unida internamente ao Cristo-cabeça, a Igreja oferece a si mesma no sacramento do corpo do Senhor, recebendo dele aquela capacidade sacerdotal manifesta na cruz de fazer-se tanto vítima quanto oferente.

Y. Congar adverte, porém, que esta concepção patrística – mormente agostiniana – não representa um menosprezo ao papel do ministério ordenado ou qualquer tipo de minimização da eficácia de sua ação ministerial em Cristo. Ela somente adverte que não se pode isolar o ministério dos bispos e presbíteros do sacerdócio comum dos fiéis. É da participação ampla no sacerdócio de Cristo, compartilhado com o seu corpo-Igreja, que cada ministro haverá de partir para compreender e evidenciar sua inserção no múnus sacerdotal ministerial[166].

Todo este patrimônio conceitual-existencial vivido na liturgia dos primeiros séculos começa a desgastar-se com o gradativo "sequestro" da celebração cristã pelo cerimonial da corte imperial, a partir do século IV. O triunfalismo da liturgia basilical, que contrasta radicalmente com a sadia e solene espontaneidade dos séculos anteriores, testemunha a mudança de paradigma. A assembleia celebrante, cada vez mais distanciada do altar, menos motivada pela fé que por razões civis, massificada e preterida, ver-se-á confundida em seu papel sacerdotal. Assumirá o lugar de plateia expectante até cair em um profundo alheamento da ação celebrativa. É a quanto nos dedicaremos a seguir.

1.3. Da diluição do conceito de assembleia na cristandade à sua recuperação no Movimento Litúrgico

A série de mudanças estruturais que se dá no vácuo criado pela desintegração do Império Romano tece uma trama compacta e resistente, que perdura por mil anos. Sem dúvida, tempo de paradoxos para a comunidade cristã: por um lado, consegue organizar as forças sociais e imprimir-lhes um espírito; mas, por outro, paga um preço bastante elevado, a começar da substituição do clima fraterno e da índole efetivamente comunitária pelo oficialismo impessoal de uma grande instituição pública.

---

cristão. O *logos*, de fato, não é somente o sentido escondido das coisas, como era para os gregos, mas é o *Logos Incarnatus*; recolhe nossos sofrimentos e nossas esperanças e a esperança da criação, e conduz-las a Deus (RATZINGER, J., Introdução ao espírito da liturgia, p. 35).

166. CONGAR, Y. M. J., La Iglesia, pueblo sacerdotal, p. 10.

A constatação que fazia Agostinho nos albores do século V – "Tal é a Igreja, cheia de bons e maus. É grande a multidão que a enche, e esta multidão faz não raro muito peso e leva-a quase à beira do naufrágio[167]" – será reforçada nos séculos que seguem. O cristianismo estende-se cada vez mais sobre o continente europeu, absorvendo desde as populações mediterrâneas até as massas "bárbaras" que adentram os limites orientais e setentrionais do domínio romano. Em pouco tempo, a fé cristã logra a criar um substrato unitário para a consciência coletiva e propõe uma identidade comum, que dá coesão às diferenças étnicas e políticas desarmonizadas com a queda do império. Do ponto de vista da coerência evangélica e da qualidade do testemunho cristão, porém, experimentam-se fracassos significativos.

A assembleia cristã vê-se obrigada a integrar em sua dinâmica litúrgica sensibilidades muito contraditórias, como o espírito passional e supersticioso dos povos indo-europeus e as formalidades cerimoniais da corte dos césares. Intensifica, assim, o culto dos mártires e suas relíquias, propõe bênçãos e outros sacramentais para corresponder ao gênio sacral dos bárbaros, ao mesmo tempo em que instala seus bispos nas basílicas, fazendo-lhes ocupar o lugar que cabia aos magistrados romanos. Nas entrelinhas deste processo dialético e arriscado, o Evangelho ocupará o lugar de referência cultural fundamental, mas, daqui em diante, a adesão aos seus valores representará uma meta excessivamente exigente, que será trocada com facilidade por uma vida cultual exterior e estanque[168].

Simultaneamente, a Igreja vive uma onda de entusiasmo missionário que ativa com energia sua vocação ao anúncio *ad gentes*. Novos "apóstolos" são enviados para as ilhas britânicas, para as florestas do norte europeu, para as estepes eslavas. Tamanha vibração missionária, entretanto, não poupa as comunidades já estabelecidas de um certo declínio "martirial", ou de uma acomodação à situação de religião oficial. Instala-se o regime de "cristandade", marcado pelo afrouxamento no ardor batismal, pelo mecanicismo ritualista e pela pertença genérica à comunidade de fé, que engole, em certa medida, a própria assembleia. J. Gelineau descreve-o da seguinte forma:

> Em regime cristão [quer dizer, de cristandade], sempre se está entre batizados, mesmo na vida civil. A assembleia se diferencia, pois, doravante, por seu caráter ritual. Distingue-se a assembleia litúrgica da comunidade cristã pelo fato de que é o lugar do culto realizado segundo os ritos da Igreja.

---

167. AGOSTINHO DE HIPONA, Sermão 250, p. 939.
168. ZANCHI, G., L'assemblea liturgica, p. 63.

Corre-se, então, o risco de separar a assembleia litúrgica da vida de fé e da caridade entre os cristãos[169].

Uma fixação tão veemente na exterioridade dos ritos trará consequências importantes à assembleia litúrgica, como o deslocamento do centro pulsante da celebração. É que o conjunto da comunidade reunida para o culto, outrora tão consciente da importância de seu chamado comunitário, vê-se sempre mais preterido na opinião geral e no ordenamento litúrgico, até que o enaltecimento do oficiante dos ritos conduza a Igreja à polarização ministerial. A este fenômeno dá-se o nome de "especialização clerical da vida litúrgica", ou, com maior impacto, o "sequestro corporativo da liturgia cristã[170]". O quadro mais amplo da celebração eclesial, até agora emoldurado por uma necessária característica comunitário-sacerdotal, enfraquece-se pelo foco ritualista e clericalista.

As reverberações deste novo estado de coisas na teologia dos sacramentos permitem-nos falar da passagem de uma economia sacramental vinculada e vinculante ao todo eclesial, para um automatismo cúltico e um personalismo ministerial, estranhos à experiência original cristã. No entender de Y. Congar deu-se a transposição da "eclesiologia vital", enquadrada no marco cristológico, que oferecia irrestrita participação dos batizados na *unitas* e na *caritas* do corpo de Cristo, para a "eclesiologia de poderes", que tornou os sacramentos realidades em si mesmas, tributáveis ao mandato hierárquico e às ordens sacras[171]. Enfraquece-se a compreensão de que a gênese da autoridade sacerdotal é a única pertença ao corpo de Cristo pelo batismo, de maneira a unir e fazer crescer este corpo. A "ordem" em si mesma, como delegação eclesial-institucional e participação direta e exclusiva na *potestas* do Cristo-cabeça, passa a sustentar teoricamente o ministério dos sacerdotes.

No concreto das assembleias reunidas, este deslocamento categorial manifesta-se através de mudanças muito marcantes relativamente à participação dos fiéis não ordenados[172]. Até o século V aproximadamente, o vivo sentido de um "coro sacerdotal" ainda equilibra os primeiros ensaios de teologias que privilegiam o sacerdócio ministerial, visando, principalmente, evidenciar o papel

---

169. GELINEAU, J., O mistério da assembleia, p. 54.

170. ZANCHI, G., L'assemblea liturgica, p. 61.

171. CONGAR, Y. M. J., La Iglesia, pueblo sacerdotal, p. 36. Para o teólogo francês, o esforço de Agostinho em ligar a validade dos sacramentos diretamente a Cristo, independentemente das disposições do ministro, uma vez retirado do contexto intrinsecamente comunitário da Igreja antiga, produz uma espécie de "coisificação" da economia sacramental. Ela torna-se, pois, sujeita ao manejo personalizado e exclusivo do clero, que absorve e monopoliza o acesso à autoridade de Cristo.

172. VAGAGGINI, C., O sentido teológico da liturgia, p. 258-262.

do bispo[173]. Daí em diante, algumas práticas que se vão introduzindo revelam o enfraquecimento da sadia equação entre sacerdócio comum e sacerdócio ministerial, estabelecendo duas frequências sobrepostas na ação cultual: ao presidente da assembleia, por exemplo, tende-se sempre mais a confiar a responsabilidade da oração "oficial" – geralmente pronunciada em voz baixa –, enquanto o povo reunido presencia-o e pouco intervém. Algo como a "terceirização" da ação de graças comunitária, que antes era ouvida, assumida e reforçada pela adesão consciente e loquaz de todos. Agravam-se, assim, os riscos de que antigos esquemas sacerdotais comecem a ressurgir[174]!

Paralelamente, outros fatores afetam a psicologia religiosa popular, incidindo diretamente sobre a reunião litúrgica cristã. A permanente sensação de insegurança trazida pela derrocada do império, somada à sensibilidade mágica aportada pelos bárbaros, cria a demanda por um culto suplicante, que traga conforto, incolumidade e garantias de salvação. Os ministros ordenados passam a ser requisitados para invocar, por meio da celebração eucarística, as graças almejadas pelos fiéis individualmente. Sob tais condições, a fragmentação da assembleia litúrgica atinge um grau radical: a estas celebrações acorrem somente os solicitantes ou, em alguns casos, nem mesmo eles[175].

Tal demanda por "missas privadas" é acolhida pela florescente instituição monástica, que oferece, desde fins do século VI, ministros e altares abundantes para as necessidades individuais. Este "serviço especializado" cria a figura do presbítero desvinculado de uma assembleia específica: ele pode viver no claustro, distante da evolução ordinária de uma comunidade de fiéis, e ser requisitado para o serviço sacramental, segundo a ocasião. Vale, porém, dizer que não se resume a isto a influência monástica na liturgia destes tempos. A obra de reforma litúrgica encampada por Gregório Magno na Igreja de Roma, estendida depois por Carlos Magno e seus sucessores por todo o Ocidente, estabelece o modelo monástico como o referencial para a assembleia cristã. Com efeito, os mosteiros querem ser a "realização ideal da Igreja na sua função salvífica no mundo[176]". A liturgia abacial

---

173. Cipriano de Cartago, João Crisóstomo e os Padres latinos do século IV são os primeiros expoentes desta tendência.

174. Reminiscências dos rituais sacrificais exclusivamente sacerdotais, em sentido vicário, no "Santo dos Santos", próprios da tradição judaica, despontam na celebração cristã, que será, também, explicada, nestas circunstâncias, por mais numerosas referências ao Antigo Testamento. Vejam-se, por exemplo, os sermões de Cesário de Arles (século VI) e alguns textos legislativos de Isidoro de Sevilha (século VIII), que discorrem sobre a origem mosaica das diferentes ordens do sacerdócio cristão (BASURKO, X., A vida litúrgica sacramental da Igreja em sua evolução histórica, p. 92).

175. JUNGMANN, J. A., Missarum sollemnia, p. 235.

176. ROSSO, S., Un popolo di sacerdoti, p. 217.

é, pois, esplendorosa, tecnicamente executada, culta e completa, tanto quanto se deseja para as demais comunidades da cristandade. O coro dos monges desponta como assembleia exemplar da Igreja peregrina, inserido num projeto amplo de perfeição cristã, que tem na liturgia – *opus Dei* – seu centro vital[177].

Mesmo considerando as melhores intenções de seus realizadores, é forçoso reconhecer que a participação dos fiéis nas assembleias não resulta, necessariamente, incrementada por estes expedientes. Antes, a inacessibilidade à técnica musical e cerimonial, além do automático isolamento do coro dos monges ou da *schola cantorum* como uma elite qualificada à participação litúrgica, fazem das assembleias reais meras audiências à distância. J. Gelineau fala de um desaparecimento prático da realidade assembleal plena, visto que a celebração do culto é garantida pelos clérigos que monopolizam a voz da Igreja em oração. A estas alturas, omite-se até mesmo o termo "assembleia" (ou sinaxe) nos textos e manuais para as celebrações[178].

A questão da língua litúrgica é outro elemento a considerar na transição entre o paradigma assembleal primitivo e o paradigma imperial[179]. Nas origens, de preferência, usava-se a língua compreendida pela assembleia, visando o envolvimento de todos na oração[180]. A gradual mas decisiva definição do latim como língua litúrgica de todo o Ocidente evidencia que a nova situação da Igreja fá-la perder algo importante do apreço que nutria pela participação de todos os seus filhos nas ações sagradas. Por meio de sucessivas reformas e investindo sobre parcelas eclesiais que já tinham constituído algum patrimônio litúrgico em língua própria, ela não resiste em suprimir o fator mais direto de envolvimento e adesão dos batizados à celebração dos mistérios da fé: a palavra. Ao clero toca, desde então, especializar-se no idioma clássico e decliná-lo em favor daquelas assembleias sempre mais feridas na sua coesão comunicativa[181].

Este mesmo influxo que altera o perfil dialogal da assembleia cristã faz do lugar físico que ela ocupa também um aspecto elucidativo do novo momento que vive a Igreja em relação aos seus primórdios. Nas assembleias antigas, os fiéis acomodam-se ao redor do altar, tão próximos a ele quanto permitia a casa. Tal "topografia" do cenáculo eucarístico sugeria de per si uma compartilhada res-

---

177. À hora do ofício divino, tanto que se ouvir o sinal, deixem imediatamente tudo quanto tiverem entre as mãos e acorram com toda a presteza, com gravidade, porém, não vá encontrar nisso alimento à dissipação. Assim que nada se anteponha à obra de Deus (BENTO DE NÚRCIA, Regra dos monges, p. 1216).

178. GELINEAU, J., O mistério da assembleia, p. 55.

179. MARSILI, S., Das origens da liturgia cristã às caracterizações rituais, p. 57.

180. Comprova-o a própria mudança que se faz em Roma, pela metade do século IV, do grego para o latim, língua mais familiar e local, depois de alguns anos de bi-lingüismo.

181. GY, P. M., História da liturgia no Ocidente até o Concílio de Trento, p. 69.

ponsabilidade pela oração comum, sem que isto significasse confusão de identidades ministeriais[182]. Esta proximidade favorecia, ainda, gestos significativos da assembleia, como a apresentação da matéria a ser "eucaristizada" ou a aproximação desimpedida para a comunhão, de maneira a coroar a intensa participação assembleal em toda a ação litúrgica.

A Igreja da era constantiniana move-se, contudo, por outras necessidades. Ao invés de casas familiares, majestosas basílicas são adaptadas. Elas são expressão da assembleia entusiasta da Igreja imperial, que se enxergava vencendo o paganismo. São também edifícios correspondentes à crescente massa dos batizados, que agora deve ser recolhida para as celebrações da fé. Não resta dúvida, no entanto, que o aumento das proporções do edifício acentua outras mudanças conceituais que já estavam em processo, como a polarização da celebração eucarística no banquete sacramental[183] e a estratificação da assembleia entre clero e leigos, com evidente protagonismo clerical. Na basílica, a proeminência da liturgia eucarística posiciona o altar sobre degraus, tornando-o acessível somente aos ministros sagrados, sob um baldaquino ou detrás de outras estruturas decorativas, que servem para sugerir o velamento dos mistérios celebrados. Finalmente, estalas de coro e assentos para os clérigos envolvem-no e criam lugares diferenciados e restritos.

Por outro lado, o vasto edifício basilical favorece a mobilidade, que é forte recurso simbólico e participativo da liturgia cristã antiga. Um tríplice movimento passa a configurar a "liturgia romana clássica" (séculos V a VII), a liturgia basilical: entrada solene, acompanhada do introito e culminada pela oração da coleta; procissão das oferendas, acompanhada de canto e encerrada pela oração sobre as oblatas; e a procissão da comunhão dos fiéis, acompanhada pelo canto de comunhão e encerrada com a oração pós-comunhão[184]. Em contrapartida, no conjunto mais amplo, a gestualidade assembleal ver-se-á sempre mais reduzida a alguma postura do corpo, dependendo do momento ritual: inclinar a cabeça, ajoelhar-se e até sentar-se[185]. Gestos que começam, ainda, a ser motivados por

---

182. A Didascália dos Apóstolos (século III), descrevendo uma assembleia litúrgica de então, indica que os ministérios eram devidamente reconhecidos pelos lugares geográficos ocupados dentro da reunião, mas em harmonia, sem comprometer a atmosfera essencialmente fraterna da assembleia (ZANCHI, G., L'assemblea liturgica, p. 61).

183. Nas primeiras basílicas ergue-se o ambão em destaque, voltado para a nave. A primeira parte da celebração era considerada um "magistério". A multiplicação de missas privadas e as controvérsias eucarísticas a partir do século IX rodeiam o altar de reverência, enquanto reduzem o ambão a um púlpito lateral.

184. BASURKO, X.; GOENAGA, J. A., A vida litúrgica sacramental da Igreja em sua evolução histórica, p. 88.

185. JUNGMANN, J. A., Missarum sollemnia, p. 247-252. A convicção patrística de que não se deve ajoelhar no dia do Senhor, pois o estar de pé sinaliza a ressurreição, dá lugar à expressividade teatral característica dos francos, muito menos simbólico-teológica e muito mais sentimental.

uma piedade interiorizante, mais subjetiva que integrante do acontecer de uma celebração comunitária.

A virada do primeiro para o segundo milênio acolhe tais transformações já um tanto solidificadas e registradas em sacramentários, lecionários, antifonários e pontificais, garantindo relativa unidade litúrgica em todo o Ocidente[186]. O papa Gregório VII implementará nova reforma litúrgica visando ampliar este sentido de unidade para enfrentar a indisciplina clerical. Reunidos em comunidades capitulares ou canônicas, os presbíteros deverão seguir a única forma celebrativa e cultivar uma espiritualidade própria, litúrgica, adequada ao seu estado. Para os leigos seriam disponibilizadas devoções, que fazem uma leitura pietista da liturgia.

Oficializa-se, deste modo, uma dúplice maneira de viver a liturgia. Para os ministros ordenados, a liturgia é obrigação de ofício e fonte de espiritualidade; para os demais batizados, é pio "espetáculo no qual se mesclam misteriosamente representação e realidade"[187]. De fato, a missa passa a ser popularmente compreendida como *memoria passionis*, isto é, sacrifício atualizado e dramatizado em detalhes, segundo o gestual do rito: a fração do pão simboliza a paixão; a entrega do cálice, o derramamento de sangue; o recuo dos clérigos durante o prefácio lembra a fuga dos discípulos, entre outros. Explicações alegóricas, que denotam a perda do sentido sacramental fundamental da eucaristia. Esta, agora, precisa de uma simbologia estranha e nada sutil para remeter à Páscoa do Senhor.

Sob este clima de excessivo realismo – quase físico – dão-se, entre os séculos IX e XII, as primeiras controvérsias eucarísticas. Distanciados intelectualmente dos Padres, teólogos debatem sobre a identidade entre o "corpo eucarístico" e o "corpo nascido de Maria". Pascásio Radberto e, mais tarde, Lanfranco defendem a presença eucarística na linha de um estrito materialismo. Ratramno e Berengário de Tours tendem a interpretá-lo simbolicamente, quer dizer, em sentido espiritual e indicativo[188].

No cerne destas divergências, que terminam por decompor os sacramentos em partes (matéria e forma; virtude e expressão), segundo as categorias especulativas correntes então, divisa-se a perda da concepção simbólico-sacramental herdada da Patrística. Desde o século II, com efeito, o *mysterion* grego, traduzido por

---

186. NOCENT, A., História dos livros litúrgicos romanos, p. 148.

187. JUNGMANN, J. A., Missarum sollemnia, p. 193.

188. Na verdade, estas controvérsias estendem-se até a Reforma, recrutando, inclusive, nomes não menos importantes que Pedro Lombardo, Boaventura e Tomás de Aquino. Para nós, vale a menção do início dos debates para situar os novos comportamentos celebrativos e assembleais (NOCKE, F. J., Doutrina específica dos sacramentos, p. 257-260).

sacramentum na latinidade cristã[189], indicava uma realidade complexa, integradora, que associava a dimensão espiritual significada com o próprio significante. Na Escolástica, a abordagem teológica percorre um viés abstracionista. O mistério eucarístico torna-se, primeiramente, enigma intelectual e complicada equação de categorias racionais. Como já acontecido à reunião dos fiéis, perde-se o "fio" histórico-salvífico de sua trama significativa.

Em decorrência das disputas teológicas em voga e da sensibilidade que despertavam, novas atitudes são introduzidas na vivência eucarística. Logo se verifica o distanciamento entre assembleia e comunhão das espécies eucarísticas. Diante de mistério tão desconcertante, o mero olhar o sacramento já parecia saciar. Campainhas, velas, vênias, elevações, incensações, exposições e procissões chamam a atenção para a presença de Cristo na eucaristia, tida primordialmente como "hóstia transubstanciada". Aquele consumir comunitariamente a oferta "eucaristizada", ápice de toda a celebração, é substituído pela passividade individualizante do "ouvir" e "assistir" à missa e "adorar" a espécie consagrada. Ademais, penitências a serem cumpridas interditavam muitos fiéis do acesso à comunhão. A disciplina penitencial, desde o século VII confiada aos mosteiros, previa tarifas para os pecados confessados, entre as quais se achavam "encomendas" de missas[190]. Presenciar a celebração e não tomar parte do "tomai e comei, tomai e bebei" torna-se, neste contexto, comportamento sempre mais normal.

É este o estado em que a era moderna encontrará as assembleias da cristandade: alheias, emudecidas, segmentadas, entretidas com devoções. Senão pela experiência das peregrinações ou romarias[191], constante em todo o período medieval, e pela pregação itinerante dos frades mendicantes a partir do século XIII, é possível falar de um franco isolamento do fiel comum numa situação de descaso pastoral e escassíssima participação litúrgica.

Ventos de insatisfação não serão mais contidos a partir do século XV. A reação leiga ao alheamento da vida litúrgico-espiritual dá-se com um novo despertar

---

189. Na verdade, esta tradução, feita a partir de teologias ligeiramente diversas, resultou na perda de alguns aspectos contidos em *mysterion*, enfraquecendo o sentido de *sacramentum*. Já no século XX os estudos de Odo Casel resgatam para o Ocidente a riqueza teológica da categoria "mistério" (HOTZ, R., Los sacramentos en nuevas perspectivas, p. 73).

190. J. de Melo alude à prática das "apologias" e "comutações", isto é, a encomenda de missas para a súplica do perdão dos pecados (MELO, J. R., A participação dos fiéis na celebração eucarística ao longo da história, p. 201).

191. Esta experiência eminentemente laical garante algum tipo de protagonismo do povo fiel na vivência da fé, ainda que sujeita aos exageros e desvios que se possa observar no culto às relíquias, no exercício penitencial ou na busca de indulgências. O peregrino, porém, é símbolo da condição cristã no mundo: chegar à meta da peregrinação e tomar parte na celebração litúrgica permite penetrar de maneira intensa no sentido escatológico da Eucaristia (ROSSO, S., Un popolo di sacerdoti, p. 236).

devocional, feito de contemplação da vida de Jesus e exercícios caritativos. Esta *devotio moderna*[192], porém, consegue só parcialmente injetar meditação e interioridade no culto distante, incompreensível e formal de então. Em sua derivação mais heterodoxa, a *devotio* concorre para um cisma – a Reforma Protestante –, que praticamente abandona o caráter simbólico e ritual da liturgia para centrar-se com exclusividade no anúncio da palavra de Deus[193].

Os reformadores reposicionam a assembleia no centro de suas reuniões, repropondo o sacerdócio comum dos batizados. A língua vernácula e o canto da congregação devolvem a voz aos fiéis nas naves das igrejas. A comunhão, sob as espécies de pão e vinho, é disponibilizada frequentemente e para todos os presentes. Mas, se por um lado estes elementos sugerem que as comunidades cristãs, nas parcelas atingidas pela Reforma, tenham novamente se apropriado de aspectos caros à legítima tradição eclesial, é preciso reconhecer que outros aspectos, igualmente importantes, são ignorados. É o que se dá com a proclamação da grande oração eucarística, o equilíbrio entre palavra e sacramento, o exercício do sacerdócio ministerial e uma concepção eucarística plena[194].

Em forma de reação, o Concílio de Trento e a Contrarreforma suscitam algumas revisões de textos e da normativa das celebrações litúrgicas, visando, sobretudo, extirpar abusos e formar assembleias mais esclarecidas. Mas, também aqui não acontece o almejado resgate da matriz cultual cristã antiga, que exigiria a superação das polarizações inseridas historicamente. M. Augé propõe uma breve e equilibrada avaliação sobre a incidência do concílio tridentino:

> A obra reformadora de Trento precisa ser valorizada porque salvou a liturgia da crise do século XVI. Porém, foi uma obra limitada: ao mesmo tempo em que fixava a liturgia para superar a situação caótica da época, afastava-a também da vida real e convertia-a quase em uma forma congelada, obrigando a piedade dos fiéis a alimentar-se com as formas da piedade popular ou devocional[195].

Novos breviário e missal romanos são entregues poucos anos após o fim do concílio. Têm a virtude de eliminar as incoerências mais gritantes dos textos em uso, conter excessos, além de resgatar alguma parte da tradição litúrgica antiga. Mais uma vez, porém, ressente-se a ausência de acenos à assembleia. O excesso de

---

192. AUGÉ, M., Liturgia, p. 40.

193. MELO, J. R., A participação dos fiéis na celebração eucarística ao longo da história, p. 204.

194. Poderíamos falar da abstenção protestante do "culto cristão integral" em nome da crida suficiência da palavra de Deus (NEUNHEUSER, B., História da liturgia, p. 537).

195. AUGÉ, M., Liturgia, p. 42.

rubricas, detalhes e minúcias referentes ao ofício do "celebrante" torna os novos livros litúrgicos manuais exclusivamente clericais, exageradamente indicativos e substancialmente técnicos. Toda a responsabilidade do culto é, pois, depositada nas mãos do ministro ordenado[196], que é quem deve mover o complexo mecanismo celebrativo com precisão, sob pena de desobedecer a rígida legislação canônica.

Quase como um dispositivo compensatório e muito por influência da prática reformada, ocorrerá em âmbito católico uma incontida preocupação com a instrução dos fiéis. O próprio Concílio de Trento prescreve um esforço formativo mais constante[197], de maneira que a massa dos fiéis fortaleça sua adesão, interiorize a doutrina oficial e rechace os princípios da teologia protestante. A pregação, de caráter apologético e doutrinário, cresce em importância dentro da liturgia, com o objetivo de reforçar a pertença eclesial. Assim, a assembleia pós-tridentina figura, entre outras características, como conjunto de fiéis "escrupulosamente ordenado à escuta, (...) que necessita compactar-se novamente ao redor de seus valores fortes, na exaltação solene e enfática dos próprios pontos de referência[198]".

Assimilada a nova configuração do mundo cristão com o passar do tempo e suavizadas as pontas de maior tensão, abre-se o século XVII sob o signo da festa: é o tempo do Barroco. Nos meios eclesiásticos, nos ambientes artísticos e nos espíritos em geral parece prevalecer a certeza da superação da crise. Uma lufada de otimismo e autoestima, acompanhada de um senso apurado da frágil e ambígua condição humana, infla os pulmões da cristandade.

O culto litúrgico, apesar das estreitezas que ainda o perfazem, é tido como festa para os sentidos, com sua música de altíssima erudição e seu aparato ritual rebuscado. A arquitetura e a decoração do espaço sagrado são pomposas e dramáticas, avessas à linha reta e ao vazio, cheias de contrastes de luz. As procissões de *Corpus Christi* traduzem o espírito deste momento: são vividas como o "passeio triunfal do Senhor no meio do povo cristão, que o aclama e o homenageia como vitorioso, com todo o esplendor de que a cultura barroca é capaz[199]".

Apesar do apelo exterior, o arcabouço teológico-litúrgico herdado, de pouquíssima participação assembleal e extremada fixação no sacramento e no sacerdócio ordenado, é reforçado. Durante a missa os fiéis rezam suas devoções parti-

---

196. As *Rubricae Generales Missalis* (RGM), utilizando uma linguagem fria, jurídico-formal e sem nenhuma vida, se interessam pela hierarquia e são atentas ao perfeito cumprimento das mínimas rubricas. Mas desconhecem a assembleia do povo bem como seu papel no interior da ação litúrgica (MELO, J. R., A participação dos fiéis na celebração eucarística ao longo da história, p. 209).

197. DH 1749.

198. ZANCHI, G., L'assemblea liturgica, p. 67.

199. BASURKO, X.; GOENAGA, J. A., A vida litúrgica sacramental da Igreja em sua evolução histórica, p. 119.

culares e paralelas à ação litúrgica. Ou, com ares de grande avanço, meditam temas de "devoção da santa missa", encontrados em manuais e livretos de oração que pretendiam dirigir corações e mentes para o que era celebrado no presbitério[200].

Novos questionamentos a esta situação não se detêm e intensificam-se com o advento do século XVIII, o "século das luzes". Se no contexto mais amplo o Iluminismo propunha-se a combater a ignorância e a superstição, no universo da liturgia ele suscita inquietações sobre a permanência de uma língua e um ritual incompreensíveis, sobre o excesso de elementos periféricos e meramente estéticos, além do inexistente envolvimento comunitário com a ação cultual. No fundo, quer-se "encontrar a essência lógica da liturgia[201]", a fim de que ela seja capaz de contribuir para o esclarecimento e o progresso moral dos cristãos.

O célebre Sínodo de Pistoia, de 1786, chega a elencar propostas que encaminhariam a vida litúrgica da Igreja sobre princípios mais razoáveis: reunião de toda a comunidade local para apenas uma celebração eucarística na igreja paroquial; supressão de altares laterais; homilia de caráter formativo e exortativo após a proclamação do Evangelho; participação dos fiéis através do canto em língua vernácula e oração correspondente à do presidente; simplicidade como critério para a ornamentação das igrejas e para a composição de peças musicais litúrgicas; redução do número de procissões e exposições eucarísticas; aumento da frequência da comunhão sacramental dos fiéis e concelebração[202].

Tais elementos, tão familiares à nossa experiência litúrgica atual, tentam-nos a afirmar que este é o momento de incubação do Movimento Litúrgico e da reforma operada pelo Concílio Vaticano II. Ainda lhe falta, porém, um amadurecimento maior sobre o verdadeiro significado da liturgia cristã. Ela não é somente excelente instância educativa para o povo de Deus, como defendiam os liturgos do século XVIII, mas ação salvífica de Cristo que reúne a humanidade em si para a experiência da comunhão trinitária.

A obra do abade francês Prosper Guéranger, restaurador do mosteiro de Solesmes no século XIX, apesar de controversa sob alguns aspectos, favorece o empenho de reação ao racionalismo exacerbado de então, através do resgate de válidas intuições que animaram a vida cultual da Igreja antiga. Dom

---

200. Curiosamente, é no Barroco que floresce uma "ciência litúrgica", ou seja, o estudo de fontes antigas e a elaboração de tratados sobre os grandes temas da celebração cristã, colocados ou não em xeque pelos reformadores. Iniciativas para aproximar a massa dos cristãos da prece litúrgica são preconizadas, especialmente na França, mas setores influentes da hierarquia desencorajaram tais tentativas (JUNGMANN, J. A., Missarum sollemnia, p. 166).

201. AUGÉ, M., Liturgia, p. 44.

202. NEUNHEUSER, B., As reformas do século IV ao Vaticano II, p. 271.

Guéranger recolhe temas litúrgicos de relevância, como a compreensão de que a liturgia tem seu fundamento radical na palavra de Deus; é oração da Igreja, que reverbera a voz de Cristo no Espírito; exprime-se mais convenientemente com uma linguagem bíblica e patrística e insere-se no mistério da Igreja, corpo e esposa de Cristo[203].

Lançam-se, assim, as verdadeiras bases para o Movimento Litúrgico do século XX. Depois de Solesmes, o mosteiro beneditino alemão de Beuron assume o entusiasmo pela causa de uma reforma litúrgica, associada ao amplo empenho pela reforma da própria vida monástica. Um terceiro mosteiro, desta vez na Bélgica, Mont César, na pessoa de seu prior, Dom Lambert Beauduin, é o responsável para que um verdadeiro movimento tome corpo. De dentro do claustro, estas reflexões irão ganhar as extensões comunitárias, paroquiais e diocesanas, fermentando a Igreja, a partir de suas bases concretas, para uma séria reflexão sobre a inadiável questão de sua celebração[204].

Inicialmente, o Movimento Litúrgico apresenta-se como um diagnóstico sobre a participação dos fiéis, logo evoluindo para reflexões em vista de um "apostolado litúrgico". Seu intento era superar a compreensão da liturgia como o aparato exterior e cerimonial da fé, configurando esta nova "ciência do culto" a um cristianismo simultaneamente consciente, prático e celebrativo[205]. Seus pioneiros entendiam ser necessário favorecer o encontro das assembleias com as constantes fundamentais da liturgia da Igreja, de tal maneira que, impregnado de seu espírito, o povo de Deus intuísse seu valor e experimentasse sua força significativa.

---

203. P. Guéranger é apreciado a partir de um flagrante paradoxo, explicável pela frágil base teológica de seu pouco inspirado século XIX: por um lado, é radical na defesa de um culto velado para o povo de Deus, isto é, restrito ao presbitério e resguardado pelo latim, mas, por outro, avança na "refontização" da liturgia, com a abolição em seu mosteiro de textos que não sejam aqueles da segura tradição, que reúne as Escrituras e os Padres (BASURKO, X.; GOENAGA, J. A., A vida litúrgica sacramental da Igreja em sua evolução histórica, p. 122).

204. As memórias de B. Botte, monge de Mont César e testemunha destes primeiros passos do "Movimento Litúrgico", apresentam-nos estes inícios como uma iniciativa de cunho eminentemente pastoral, que atinge por primeiro os párocos, através de semanas de estudo sobre a liturgia. Os teólogos, incialmente, resistem em dar-lhe crédito. Só o farão vigorosamente após a Segunda Guerra, com o sério trabalho acadêmico da abadia de Maria Laach, na Alemanha, e a manifestação do Papa Pio XII na encíclica *Mediator Dei* (BOTTE, B., O movimento litúrgico, p. 30). No Brasil a penetração do Movimento Litúrgico acontece por volta de 1930, com a chegada de beneditinos europeus para contribuir com o renascimento da vida monástica brasileira, em curso naqueles anos. Dentre estes monges destaca-se Dom Martinho Michler, provindo da abadia de Maria Laach para o Rio de Janeiro, que dá a configuração de um "movimento" à efervescência teológica e pastoral que já ganhava alguns ambientes eclesiais no país, como a Ação Católica. Alguns bispos mais atentos abraçam logo o movimento, até que em 1947 a encíclica de Pio XII dá-lhe ampla divulgação e autoridade.

205. SILVA, J. A., O movimento litúrgico no Brasil, p. 39.

B. Botte explica que "a revalorização da liturgia não era questão de tática pastoral, mas de verdade teológica"[206]. Não se tratava de tornar o culto mais atraente, atualizado, transparente ou original. O Movimento Litúrgico pretendia resgatar teologicamente a liturgia de seu exílio rubricista, estetizante, clericalista, elitista e pietista, não interferindo, primariamente, no *modus faciendi*, mas ativando a consciência bíblico-histórica da Igreja que celebra.

Doutra parte, há de se deixar claro que o movimento não defendia a busca de qualquer "forma pura" do culto, pronta, escondida em algum lugar do passado. É, antes, a compreensão do verdadeiro lugar da liturgia na vida cristã, conforme as tradições neotestamentária e patrística souberam elaborar e viver. Sem dúvida, trata-se de um lugar tão importante que não pode ser disperso ou descaracterizado pelo desequilíbrio vigente no sistema de cristandade, em que uma parcela "especializada" da assembleia comporta-se como corpo técnico delegado, enquanto os demais contentam-se com uma associação inconsciente e mediatizada à oração da Igreja, ou mesmo com a recepção passiva de benefícios espirituais.

Assim, o centro vital de todo o Movimento Litúrgico é a preocupação com a participação dos fiéis na celebração, cuja ausência representou, por séculos, o sintoma mais dramático da visão redutiva e juridicista do culto[207]. Determinado por inumeráveis rubricas e pela monopolização clerical, ele deixou de ser a fonte primária de vida espiritual para a grande maioria dos batizados, além de empobrecer-se como expressão significativa da comunhão da Igreja.

Esta compartilhada sensibilidade pela participação da assembleia garante um foco para todas as reflexões e iniciativas que espocaram ao longo da primeira metade do século XX no contexto do Movimento Litúrgico. Ela demonstra, também, a influência que o movimento recebeu de outras correntes de renovação teológica que lhe são contemporâneas:

> (...) o despertar eclesiológico, que levava a considerar a Igreja como realidade sacramental; o movimento bíblico, que conduzia à descoberta das Escrituras na vida da Igreja como narrativa da história salvífica em vias de atuação; o renascimento dos estudos patrísticos que faziam apreciar o valor exemplar da praxe eclesial dos primeiros séculos; os inícios do movimento ecumênico, que permitiam conhecer as tradições litúrgicas das outras igrejas[208].

---

206. BOTTE, B., O movimento litúrgico, p. 36.

207. MARTIMORT, A. G., La asamblea litúrgica, p. 29.

208. SORCI, P., La partecipazione, p. 70.

Tratava-se de reconhecer a natureza comunitária da liturgia, em sintonia com as redescobertas que se faziam em campo bíblico, eclesiológico, patrístico e ecumênico. De todos os lados, sopravam ventos de frescor comunitário: a assembleia deixa, então, de ser um detalhe prescindível para ser novamente reconhecida como coordenada fundamental da celebração do mistério cristão, em total continuidade com a experiência expressa nas Escrituras e vivida nas origens eclesiais. Faz-se, novamente, nítida esta verdade: a liturgia tem um sujeito muito bem definido, que é Cristo associado ao seu corpo integral. Não poderia, portanto, fragmentar o mesmo corpo enquanto o sinaliza e celebra[209].

Ora, se é esta e não outra a realidade essencial da liturgia – Cristo unido indissoluvelmente à assembleia –, aquela identificação entre o ministro ordenado e Cristo – capacitando-o a agir *in persona Christi* – é participada por todo o organismo eclesial, em modalidades e com implicações diferentes[210]. De per si, o Movimento Litúrgico acautela-se de não propor formulações muito provocadoras sobre o sacerdócio comum dos fiéis, mas avança significativamente na consciência de que, embora com graduações e formas diversas, ministros ordenados e demais batizados participam juntos da oferta sacrifical de Cristo. Todos os fiéis, como membros que se ordenam na mesma direção, isto é, formar o corpo oferente do Redentor, unem-se sob a presidência dos ministros, que são vinculados a Cristo, cabeça da Igreja, para dotar este corpo de ordem, coesão e inteligência. Todos, porém, inseridos na mesma e unitária realidade da *persona Christi*[211].

O empenho pela participação da assembleia é permeado de importantes pronunciamentos pontifícios, nomeadamente de Pio X e Pio XII. Cada um deles, pode-se dizer, figura como patrono de uma etapa do Movimento Litúrgico que, por conta das guerras mundiais, vê interrompido seu curso livre para dividir-se em dois grandes momentos.

Pio X ao promover a reforma da música sacra, a comunhão frequente e uma nova distribuição dos salmos para o Ofício Divino, cria o ambiente eclesial necessário para acolher esforços de uma mais ampla reforma da liturgia, que ainda deveria acontecer. No motu próprio *Tra le sollecitudini* sobre a música sacra, de 1903, demonstra, já nos parágrafos introdutórios, uma clara preocupação com

---

209. GRILLO, A., L'ars celebrandi e la partecipazione ativa dell'assemblea, p. 104.

210. FERNÁNDEZ, P., Um culto em espírito e verdade, p. 254.

211. A este propósito, R. Guardini acentua que a comunidade litúrgica é, realmente, algo de diverso, que não se resume à soma dos crentes e sua unidade "voluntária", mas é uma realidade única, incomparável, transfigurada pelo Espírito. É, afinal, Cristo, o Vivente, sua pessoa e sua obra (GUARDINI, R., Lo spirito della liturgia, p. 39).

a participação da assembleia nas funções litúrgicas[212]. Mesmo que suas palavras tenham passado quase despercebidas àquelas alturas, elas sinalizam uma nova sensibilidade, que toca agora o vértice da hierarquia. Mais populares serão, sem dúvida, seus decretos sobre a comunhão frequente e sobre a idade das crianças admitidas à primeira comunhão. Suas motivações ainda ressentem de notas intimistas e pietistas, mas a própria abordagem da questão já favorece futuros aprofundamentos em linha de renovação da vida litúrgica[213].

Papa do pós-guerra, Pio XII é ainda mais associado ao Movimento Litúrgico. Não somente porque exerce o serviço petrino numa fase mais avançada do movimento, mas porque lhe dá reconhecimento oficial e apoio num momento crítico de perseguição e resistência[214]. Na carta encíclica *Mediator Dei* sobre a liturgia, emite palavras de apreço pelos esforços que, desde fins do século XIX, originaram-se dos mosteiros beneditinos e alcançaram vastas extensões eclesiais, deixando um rastro de "cerimônias (...) mais conhecidas, compreendidas e estimadas; participação aos sacramentos maior e mais frequente, orações litúrgicas mais suavemente saboreadas e o culto eucarístico tido (...) por centro e fonte de verdadeira piedade cristã[215]".

Impressiona como nesta encíclica se dê valor à discussão sobre a participação dos fiéis, seja para definir uma posição oficial sobre a questão do sacerdócio comum, seja para tratar da natureza da participação e dos meios que a favorecem. A. Grillo observa como o conceito de participação na *Mediator Dei* ainda esteja muito ligado ao "estado de ânimo", não ao rito em si mesmo[216]. A insistência num "tomar parte" interiorizado, contemplativo, sentimental, vivido como oferecimento espiritual e pessoal em associação à oferta do presbítero, indica uma "teologia inacabada", que começa apresentando a liturgia como culto público e integral do corpo místico de Cristo, mas não aplica todas as suas consequências[217].

---

212. TLS 1.

213. NEUNHEUSER, B., As reformas litúrgicas do século IV ao Vaticano II, p. 273.

214. Críticas sempre acompanharam a evolução do Movimento Litúrgico, sobretudo pelo desconhecimento do lugar que a liturgia deve ocupar na vida cristã e na reflexão teológica. Alguns críticos da fase inicial acreditavam que se dava importância exagerada àquilo que devia ser, somente, demonstração do conteúdo doutrinal. Nos anos vinte, o estudo de Dom Odo Casel sobre a influência dos cultos mistéricos da antiguidade na compreensão e vivência da liturgia cristã provocou pesadas críticas de meios acadêmicos e hierárquicos. No pós-guerra alemão, reacendem-se polêmicas ao redor de reflexões que sugeriam mudanças no cânon e no momento do ato penitencial (BOTTE, B., O movimento litúrgico, p. 104).

215. MD 4.

216. GRILLO, A., L'ars celebrandi e la partecipazione ativa dell'assemblea, p. 107.

217. BASURKO, X.; GOENAGA, J. A., A vida litúrgica sacramental da Igreja em sua evolução histórica, p. 106.

A *Mediator Dei*, entretanto, é ícone representativo de um pontificado que aviou pontos importantes para a reforma da liturgia, por exemplo, definindo a criação de uma comissão de estudos para uma reforma ampla, ou encaminhando questões mais práticas, como a restauração da vigília pascal, a simplificação das rubricas e abertura maior para o canto litúrgico em língua vernácula.

Confluindo com estes esforços oficiais e abrindo caminhos para um avanço ainda maior, a produção de autores ligados ao Movimento Litúrgico representa rico patrimônio de análise e síntese. Na pesquisa mais específica sobre a assembleia litúrgica destaca-se A. Martimort e sua série de artigos para a revista La Maison-Dieu, entre 1950 e 1959. Credita-se a ele a elaboração de um verdadeiro tratado sobre a assembleia litúrgica[218], que nos anos seguintes foi sendo enriquecido e preenchido em suas poucas lacunas bíblicas e históricas. O próprio A. Martimort inicia um de seus artigos referindo-se ao esquecimento a que, até aqueles dias, os documentos litúrgicos e as pesquisas dos historiadores relegaram a "nave [dos templos] e o povo que a ocupa[219]".

Dentre os motivos para que a teologia da assembleia fosse tão preterida, A. Martimort analisa a progressiva coincidência entre reunião da assembleia e eucaristia na consciência cristã, dado que, ordinariamente, a congregação do povo de Deus efetiva-se para a celebração eucarística. A fixação escolástica na teoria da presença real de Cristo nas sagradas espécies acabou por isolar a matéria sacramentalizada de seu contexto celebrativo. Como consequência, enfraquece-se a atenção sobre a capacidade sacramental da realidade eucarística integral, estabelecendo-se uma hierarquia entre as diversas formas de presença, em cujo topo estão a hóstia e o vinho consagrados. Por que, então, se haveria de investigar a presença de Cristo na assembleia se sua presença eminente já está garantida pelo sacramento do altar? – pergunta, retoricamente, o autor. Em seguida, ele mesmo responde: "Porque a eucaristia supõe a assembleia já reunida como ato prévio, e porque sem o estudo da assembleia não seríamos tão sensíveis ao aspecto comunitário da eucaristia[220]".

A assembleia é, portanto, a primeira realidade litúrgica. Ela realiza uma necessidade constitutiva do cristianismo, que é ativar o movimento dos seres humanos na direção de um ponto de convergência: Cristo em seu mistério pascal. Na liturgia, a comunidade cristã manifesta-se crente, reunida da dispersão geográfica,

---

218. Ainda que outros autores já tivessem tomado a peito estudos e reflexões sobre temas correlatos, uma verdadeira e sistemática abordagem teológica sobre o objeto "assembleia" é iniciativa pioneira de A. G. Martimort.

219. MARTIMORT, A. G., La asamblea liturgica, p. 5.

220. MARTIMORT, A. G., La asamblea liturgica, misterio de Cristo, p. 30.

83

cultural, social e individual ao redor de seu objeto de fé, que não é somente uma verdade que apazigua o intelecto, mas força existencial capaz de estabelecer laços entre os fiéis. A. Martimort insiste sobre o fato de que o mistério de Cristo, do qual participamos pela fé na pregação apostólica, não se encaminha à meditação gnóstica e nem se esgota numa perspectiva ideal, em matriz neoplatônica. Deve, antes, manifestar-se externamente, pelo encontro, pela reunião e pela unanimidade vocal e cordial das pessoas e gentes.

Deste modo, configura-se, exercita-se e manifesta-se, na assembleia, a reunião de um povo cuja identidade e cidadania não se dão por categorias étnicas, territoriais ou culturais. Seus vínculos – fé, batismo e eucaristia – não são entes autônomos, transferíveis diretamente aos indivíduos isolados. Eles só são apreensíveis comunitariamente, em uma experiência simultaneamente pessoal e eclesial. Não há pertença efetiva e comunhão com a vocação essencial deste povo sem que, em assembleia, seja refeita sua experiência fundante, através do memorial das intervenções divinas responsáveis por sua reunião.

A. Martimort reitera, ademais, que a condição de povo congregado pela fé não é a de uma elite de escolhidos graças à sua erudição, inteligência, virtude ou apurado gosto estético. Nem, tampouco, corresponde à de uma sociedade de perfeitos, maturados em intensos exercícios ascéticos ou numa vida contemplativa extraordinária. O "escândalo da Igreja" é, justamente, ser santa, mas constituída de pecadores. Sua santidade é "capaz de santificar a todos que se apresentam, de transformar em cortejo real e sacerdotal esta inverossímil barafunda de esfarrapados[221]". A assembleia da Igreja é, assim, uma reunião universal, que rejeita elitismos de qualquer espécie. Ela é o triunfo, pela fé e pela caridade, sobre as desigualdades e a desagregação. Por uma excepcional capacidade de acolhida, cada reunião concreta é convidada a manifestá-lo e realizá-lo.

Outra valiosa contribuição de A. Martimort, entre tantas mais que se poderia mencionar, é a descrição mistérica da assembleia. Uma vez que significa a Igreja em ato, sua atividade mais normal e elemento de maior visibilidade, os fiéis reunidos traduzem categorias eclesiológicas fundamentais, em perspectiva histórico-salvífica: convocação da humanidade no Filho, realização da aliança esponsal com Cristo e sinal da Nova Jerusalém.

A oração da assembleia, portanto, é a "voz da esposa" que, não obstante seus pecados, mas admirada até o encantamento pela beleza do Esposo, canta, alternadamente, um clamor de misericórdia e o alegre louvor dos libertados. Ele, o *Kyrios*, por sua parte, reconhece a voz da esposa e alcança-lhe o quanto pede,

---

221. MARTIMORT, A. G., La asamblea liturgica, p. 10.

inclusive a "metade de seu reino", como promete Assuero a Ester (Es 7,2). Tal diálogo nupcial se dá pela liturgia: o louvor da Igreja é plenificado por Cristo, que é quem primeiro se dirige à assembleia. Em alguns momentos, ele confunde sua própria voz com a voz dos membros, na divina harmonia e comunhão de seu corpo[222]. Tudo na alegre espera de seu retorno glorioso, quando a reunião de toda gente, tribo e língua não será somente um sinal litúrgico, clamor e antecipação celebrativa da maturidade pascal, mas realidade única, a convergir céu e terra.

Com pitadas desta mesma sensibilidade teológico-poética e sob uma perspectiva marcadamente escatológica, A. Martimort conclui um de seus artigos sobre a assembleia litúrgica repisando a convicção de sua fecunda vida acadêmica e pastoral, que será retomada durante o Concílio Vaticano II. Ali, suas intuições encontrarão afinadíssimo eco e serão levadas ao mais amplo alcance eclesial.

> A assembleia litúrgica é essencial aos cristãos e à Igreja, até o ponto de que, sem ela, não haver cristãos nem Igreja: só há caos, erro, dispersão, falsa mística, deformação da obra de Cristo. Porém, por outro lado, a assembleia apresenta claramente um caráter inacabado. Supõe algo que lhe é anterior, exige algo que terá lugar no mais além. No momento mesmo em que ela se realiza, apesar de seu caráter já celeste, cria no cristianismo uma espécie de (...) mal-estar profundo: o cristão adquire a consciência, cada dia mais, de que o Senhor que já possui é um Senhor a quem está buscando, anelando e esperando; de que se já existe a Jerusalém celeste, sem dúvida é preciso edificá-la com dor e lágrimas[223].

1.4. Em busca de um novo paradigma assembleal na reforma litúrgica do Concílio Vaticano II

Sacrosanctum Concilium. É este o título do primeiro grande documento do Concílio Vaticano II, em compartilhamento não somente do nome, mas das expectativas, riscos e possibilidades que se puseram em jogo desde o anúncio de um "sacrossanto concílio" por João XXIII, em 1959. Trata da sagrada liturgia, tema que, na órbita do Movimento Litúrgico, era colocado com vivacidade e interesse por diversos sujeitos eclesiais, principalmente após a publicação da encíclica *Mediator Dei.* Partindo, pois, da abordagem daquelas realidades que conformam o universo celebrativo cristão, a *Sacrosanctum Concilium* incumbe-se de acenar

---

222. MARTIMORT, A. G., La asamblea litúrgica, misterio de Cristo, p. 32-36.
223. MARTIMORT, A. G., La asamblea litúrgica, misterio de Cristo, p. 50.

à Igreja e ao mundo expectante qual era, efetivamente, o espírito do evento conciliar: aberto, otimista, dialogal e pastoral, como fora sugerido pelo papa no discurso de inauguração, ou reativo, prejudicialmente prudente e queixoso, segundo o espírito que o mesmo João XXIII reconhecia predominar em alguns ambientes eclesiásticos de então[224].

Ao que tudo indica, a primogenitura da constituição litúrgica não segue o *script* de nenhum esquema pré-determinado. Ela acontece pelas circunstâncias que se dão nas fases preparatórias. Dos nove temas considerados satisfatoriamente amadurecidos para entrar em discussão nas primeiras sessões do concílio, a liturgia foi escolhida porque "o assunto era do agrado de muitos; parecia estar suficientemente elaborado; e porque, também, abordava um tema menos difícil que os outros[225]". Não resta dúvida, porém, que este fato se revista de um significado extraordinário: precisamente de onde se deixa tocar pela graça – a esfera litúrgico-sacramental –, parte a Igreja para uma reflexão sobre seu "tato" e sobre o modo mais adequado de "tocar" a humanidade tardo-moderna, com uma renovada sensibilidade pastoral, missionária e ecumênica. É como se na própria tessitura da coleção de textos conciliares já se adiantasse a definição que será gravada no capítulo primeiro da constituição litúrgica: a liturgia é cume, mas, ao mesmo tempo, fonte donde emana toda a força da ação eclesial[226].

Nunca será demais insistir sobre a consanguinidade entre a *Sacrosanctum Concilium* e o Movimento Litúrgico. Entrecruzado a outros movimentos de renovação teológica e pastoral, ele empresta à consciência eclesial presente ao concílio uma verve bíblica, patrística e, portanto, histórico-salvífica, que solapa a cadência monótona do rubricismo e do juridicismo que costumava sobressair nos tratados e documentos relativos à liturgia[227]. As bases do texto conciliar são, portanto, aquelas premissas recavadas pelos agentes do Movimento Litúrgico na dura lavra teológica de buscar respostas para a questão da participação dos fiéis. Daí que se enxergue na redação constitucional e na reforma que ela estabelece muito mais que mudanças materiais na compreensão e execução dos ritos – ainda que este seja um risco metodológico permanente. O que o concílio propõe com a constituição litúrgica é uma atitude intelecto-espiritual diversa, amadurecida a partir de

---

224. JOÃO XXIII, Discurso na abertura solene do concílio, p. 24.

225. VOLK, H., A liturgia renovada, p. 11.

226. CONCÍLIO VATICANO II, Constituição *Sacrosanctum Concilium* sobre a sagrada liturgia, n. 10 (doravante faremos referência a este documento através da sigla "SC", acompanhada do numeral indicativo do parágrafo citado).

227. AUGÉ, M., Liturgia, p. 48.

categorias teológico-litúrgicas renovadas que, por sua vez, condicionam opções, resgates e rupturas[228].

A primeira destas categorias é a de "ação litúrgica". Emancipando-se dos esquemas clássicos, que enquadravam o agir litúrgico no universo dos deveres de culto e do exercício exterior da religião[229], a celebração cristã reassume o papel que lhe corresponde na economia salvífica, tal como as gerações apostólicas e patrísticas entendiam-na e viviam-na. Diz a *Sacrosanctum Concilium*:

> Portanto, como Cristo foi enviado pelo Pai, assim também ele enviou apóstolos, cheios do Espírito Santo, não só porque pregando o Evangelho anunciassem (...), mas também para que levassem a efeito, por meio do sacrifício e dos sacramentos, sobre os quais gira toda a vida litúrgica, a obra de salvação que anunciavam[230].

O concílio situa a ação litúrgica no vivo dos desdobramentos da vida, Páscoa e envio missionário do Senhor aos seus discípulos primeiros, não como um acessório ou detalhe de menor importância, mas como instrumento de execução daquele plano que ele veio revelar, realizar e haverá de consumar. Por conseguinte, as celebrações da fé são estruturalmente plasmadas por um duplo movimento interno, que replica a própria dinâmica da obra salvífica: voltam-se para o alto, proclamando a glória de Deus, donde tudo emana, mas também permitem acolher a santificação que nelas se propicia[231], até que "ele [o Cristo], nossa vida, se manifeste[232]".

Percebe-se que na visão dos padres conciliares já não predomina aquela noção tradicional de "culto", em linha exclusivamente ascendente, que prostra o ser humano quase que por uma necessidade ontológica e ativa uma de suas mais nobres capacidades. "A liturgia é, primordialmente, ação de Deus, ação salvífica divina, na linha daquelas obras prodigiosas que Deus realizou ao longo do tem-

---

228. GIRARDI, L.; GRILLO, A., Introduzione a Sacrosanctum Concilium, p. 15. As crônicas do concílio registram como os debates se tenham concentrado no primeiro capítulo, que apresenta o enquadramento teológico de toda a constituição. De algum modo, este fato demonstra que os padres estavam dispostos a uma reflexão mais orgânica da liturgia, bem ao gosto do Movimento Litúrgico. Sobre as mencionadas rupturas, convém esclarecer que, em se tratando de um concílio ecumênico, ainda que imbuído de um caráter essencialmente reformador, normalmente não se avança rumo à quebra da continuidade com a tradição eclesial. Assim também se deu no Concílio Vaticano II.

229. DH 2191.

230. SC 6.

231. SC 5.

232. SC 8.

po[233]". Em "celebração", a adoração prestada corresponde a um prévio transbordar da graça divina, que, todavia, prossegue, fazendo com que glorificação de Deus e santificação da criatura humana aconteçam simultaneamente, através do único agir litúrgico.

É este, aliás, o mistério consumado em Cristo[234]: no ato da entrega de si, em obediência amorosa e extrema ao Pai, ele alcança salvação e reconciliação para o gênero humano. Ressuscitado pelo poder de Deus, insere no ritmo insalubre e repetitivo dos dias o fato verdadeiramente novo, digno de celebração, capaz de investir a humanidade de luz, vigor, entusiasmo e louvor, como já proclamava o salmo: "Este é o dia que *Iahweh* fez, exultemos e alegremo-nos nele" (Sl 118,24). O mistério pascal é, portanto, o fundamento definitivo do pulsar celebrativo da Igreja, o núcleo vital de toda ação litúrgica[235]. Não há outro motivo para celebrar, outra forma, nem outro conteúdo: a Páscoa de Cristo é a condição do serviço litúrgico e a garantia inconteste de sua legitimidade e eficácia[236].

Tal identificação entre Cristo e a ação litúrgica é desdobrada na *Sacrosanctum Concilium* com um senso muito concreto. A própria obra da redenção, afinal, é "não um objeto, nem um conceito, mas uma pessoa – Jesus Cristo[237]", e a nossa relação com ele. A constituição abstém-se, pois, de dirigir o discurso na linha de qualquer teoria de causalidade, mas segue numa concepção de presença facilmente reconhecível e assimilável: Cristo está presente, de maneira plural e complementar, na palavra, nos sacramentos – especialmente no sacramento da oferta eucarística –, no ministro e na assembleia, selando a natureza salvífica de todo o acontecimento celebrativo[238].

Começam, assim, a despontar as primeiras culminâncias da obra conciliar sobre o tema da assembleia litúrgica, para o que se voltam nossas atenções. Com força para fomentar uma nova cultura celebrativa, a originalidade

---

233. SOLANO, F. M. A., Los *altiora principia* de la Sacrosanctum Concilium, p. 486.

234. MARSILI, S., A liturgia, momento histórico da salvação, p. 118.

235. HOPING, H., A constituição *Sacrosanctum Concilium*, p. 105. Na formulação dos esquemas preparatórios à constituição litúrgica, houve uma tentativa de ancorar a teologia da celebração cristã ao mistério da encarnação. Após debate acalorado, a comissão decidiu-se pelas alterações que conduziram à opção pela teologia do mistério pascal como mais adequada à reflexão proposta.

236. SC 61; BOUYER, L., Liturgia renovada, p. 24.

237. MARINI, P., Primum, celebrare, p. 37.

238. SC 7. Alguns autores reconhecem a ausência de uma impostação mais decisivamente trinitária e uma referência pneumatológica mais robusta neste e em outros momentos da constituição litúrgica que, embora não comprometam o embasamento teológico do documento, empobrecem-no significativamente (OÑATIBIA, I., La eclesiologia em la Sacrosanctum Concilium, p. 41; MILITELLO, C., Presenza ed azione dello Spirito Santo nell'assemblea liturgica, p. 148).

da abordagem conciliar não reside, especificamente, neste elenco de "lugares" onde a presença de Cristo se dá na celebração litúrgica. Anos antes, a encíclica *Mediator Dei* já o fizera, com algumas atenuações, mas a mesma essência. A novidade transparece mesmo é na fluidez com que se relaciona a ação litúrgica e assembleia. Tudo o que significa o ato celebrativo cristão é submetido ao exercício da função sacerdotal de Cristo que, por sua vez, atua-o através de seu corpo integral – a Igreja. Com efeito, é esta a segunda categoria teológica que atravessa a constituição litúrgica e redefine a impostação eclesial diante de sua realidade cúltica: a dimensão comunitária.

Convém dizer que, desde o início, a *Sacrosanctum Concilium* acena à perspectiva eclesial. Depois de um denso proêmio, o artigo quinto remonta à imagem, de colorido patrístico, do nascimento da Igreja do lado aberto do Cristo transpassado na cruz. A ela se refere como "sacramento admirável", quer dizer, na humanidade redimida e reunida em *ekklesía* pelo mistério pascal, transplanta-se a virtude do "sacramento primordial" – Cristo –, a ponto de oferecer-se nesta realidade "admirável" a possibilidade de um real encontro com a salvação[239].

Porém, para que esta afirmação indicasse factualmente toda a assembleia celebrante, como era seu propósito, e não se confundisse com o construto doutrinal vigente, que filtrava a ideia de comunhão dos fiéis pelo prisma hierárquico, terminando por enfraquecê-la, faltava elucidar o que se entendia por "Igreja" naquelas laudas. A constituição dogmática sobre a Igreja devia ainda ser debatida e aprovada nas sessões conciliares seguintes. E em geral, na mentalidade católica, predominava uma compreensão "societária" de Igreja, não obstante Pio XII, com a encíclica *Mystici Corporis*, tivesse reintroduzido o aspecto da comunhão da graça e dos carismas na definição eclesiológica[240]. Em suma, até aquele momento não se havia ainda superado a visão estática e excessivamente hierarquizante da realidade eclesial, vigente desde o início do segundo milênio.

Será a insistência dos artigos seguintes ao tratar da Igreja com uma linguagem que remete à comunhão, à reunião e à unidade de um corpo vivo, que haverá de esboçar, em linhas gerais, mas firmes, a interpretação assumida meses depois pelo concílio, na constituição sobre o mistério da Igreja[241]. Mais ainda: esta insistência insere uma nota indiscutivelmente comunitária em todo o tratado da questão celebrativa, explicitada de forma lapidar no artigo vigésimo sexto. Logo, a assembleia litúrgica emerge da *Sacrosanctum Concilium* com a feliz responsabilidade de

---

239. SCHILEBEECKX, E., Jesus, a história de um vivente, p. 51.

240. ALMEIDA, A. J., Lumen Gentium, p. 74.

241. LG 7.

manifestar a natureza da Igreja, edificá-la[242] e assumir integralmente a *opus celebrantis ecclesiae*, na medida em que é, em Cristo, o sujeito pleno da ação litúrgica[243].

As implicações teológicas que decorrem da afirmação acima não se resumem à precisão do conceito de Igreja, ou ao estabelecimento do mútuo reconhecimento entre os diversos atores desta realidade dinamicamente composta. Aspectos ainda mais profundos da teoria eclesiológica se reposicionam, como, por exemplo, a relação entre o "ser" da Igreja e sua fenomenologia. A assembleia que celebra é a Igreja como tal, que se faz presente no tempo e no espaço. Não é uma parcela da Igreja, mesmo não sendo sua única assembleia reunida. Também não depende da improvável e infactível afluência de todos os batizados para assumir, a pleno título, a magna "eclesialidade". A constituição litúrgica exprime-o com clareza:

> (...) a principal manifestação da Igreja se faz numa participação perfeita e ativa de todo o povo santo de Deus na mesma celebração litúrgica, especialmente na mesma eucaristia, numa única oração, num só altar a que preside o bispo rodeado pelo seu presbitério e pelos seus ministros[244].

Mais adiante teremos ocasião de desenvolver o verdadeiro alcance que esta afirmação prospecta, no contexto da sacramentalidade da assembleia litúrgica. Por ora, interessa-nos captar a convicção teológica de que se armou o concílio para avançar no campo pouco pacificado das interações entre os diversos sujeitos que afluíam às "cerimônias" daqueles tempos. Pouquíssimos elementos sugeriam uma ação de culto compartilhada pelo corpo integral de Cristo, a manifestar, com energia, a viva comunhão eclesial. Não raro, a liturgia da Igreja mostrava-se tarefa e preocupação do clero, encarregado de dispensar ritos para "desobrigar" o povo fiel de seus deveres religiosos[245]. Embora o Movimento Litúrgico tivesse alcançado importantes avanços, até provocando pronunciamentos do magistério pontifício e inspirando reformas parciais, às vésperas do Concílio Vaticano II ainda predominava o "clericalismo abusivo" diante de um povo que, em assembleia, comportava-se como "espectador mudo[246]".

---

242. SC 2.

243. GIRARDI, L.; GRILLO, A., Introduzione a Sacrosanctum Concilium, p. 41.

244. SC 41. (...) a Igreja, em um modo particularíssimo, faz-se evento e manifesta-se exatamente no momento em que celebra a eucaristia. (...) A eucaristia, de fato, realiza a comunhão do corpo de Cristo, na qual e pela qual a realidade mais concreta de uma assembleia eucarística torna-se verdadeira expressão da própria Igreja, posta em comunhão com todas as outras realizações da Igreja (GIRARDI, L., Commenti al testo di Sacrosanctum Concilium, p. 168.

245. PARISSE, L., A liturgia e a Igreja, p. 6.

246. OÑATIBIA, I., El proyecto litúrgico del Concilio Vaticano II, p. 92.

O texto completo do artigo citado acima constata que a Igreja, em suas porções locais, necessita da condução e presidência dos bispos, além dos demais ministros ordenados que auxiliam sua missão pastoral. Do bispo "depende, de algum modo, a vida dos fiéis em Cristo[247]". Mas, a realidade eclesial plena manifesta-se, principalmente, na comunhão efetiva entre pastores e povo fiel, como a celebração litúrgica deve ser capaz de visibilizar e reforçar. Em outras palavras, na realização de assembleias litúrgicas íntegras e significativas é que a Igreja acontece historicamente, faz-se evento, alinhando-se aos outros acontecimentos que compõem a história da salvação.

Daí o concílio recomendar que, a partir das células paroquiais, floresça um afervorado sentido litúrgico-comunitário, especialmente na celebração da eucaristia do dia do Senhor[248]. Estas assembleias locais são chamadas a fomentar a conscientização sobre a importância da vida litúrgica[249], com abertura à dimensão mais ampla, diocesana, onde aquela "principal manifestação da Igreja" acontece. Tudo aponta, porquanto, para um "espírito" e um "modo de agir" vivamente comunitários, enraizados na lógica da história da salvação, que não é outra senão reunir[250].

Contudo, o acento assembleal cairia em vazio se não fosse desenvolvido e apresentado, com o mesmo vigor, o *modus* de constituição destas assembleias da Igreja. A ação celebrativa que sediam demanda ser assinalada por uma intensa participação de todo o corpo reunido, de maneira a evitar que o protagonismo comunitário figure como mero ente de razão. No âmbito maior, a própria índole pastoral do concílio viria esvaziada em certo sentido, pois um essencial recurso para o fomento da vida cristã[251] permaneceria inerte.

A *Sacrosanctum Concilium* atribuirá à participação uma série de adjetivos ou locuções qualificativas – plena, consciente, ativa, frutuosa, piedosa, tanto interna quanto externa, mais perfeita, com todo o ânimo –, já que seu intuito é indicar um envolvimento assembleal que abranja todos os aspectos que eles sugerem, inseparavelmente. Neste sentido, para que esta terceira categoria teológico-litúrgica da constituição conciliar exprima seu alcance maior, optamos por mencioná-la com os termos latinos, tal como aparecem no texto original: *actuosa participatio*.

---

247. SC 41.
248. SC 42.
249. BECKHÄUSER, A., Sacrosanctum Concilium, p. 67.
250. VOLK, H., A liturgia renovada, p. 41.
251. SC 1.

L. Girardi e A. Grillo chamam a atenção para o fato de *actuosa* (adjetivo) ou *actuose* (advérbio) indicar muito mais que o vocábulo "ativa", escolhido para as traduções, possa sugerir.

> Ao invés, o termo que vem sempre usado [*actuosa*] (...) possui uma abrangência maior, que poderia ser expressa com 'participação operosa, apaixonada, cheia de vida': o seu campo semântico orienta para uma contínua operosidade que exprime envolvimento e uma implicação integral da pessoa[252].

Com a menção de "participação ativa" é fácil resvalar numa compreensão pragmática e utilitarista, sob ecos de ativismo superficial. A participação que a assembleia é chamada a encarnar, segundo a inteligência bíblico-patrística resgatada pelos padres conciliares, consiste numa forma diversa de se colocar diante do mistério pascal celebrado, que não se confunde com o fazer muitas coisas ou o compreender tudo, embora suscite ministérios e suponha uma consciência de fé informada.

Em profundidade, *actuosa participatio* é a condição estabelecida pela própria natureza da liturgia, como exercício do sacerdócio de Cristo[253]. Participar é o único modo de realmente ser assembleia, considerando que, em acorrendo à reunião, cada batizado associa-se – participa – à ação salvífica de Cristo sacerdote, na qualidade de membro de seu corpo. Participar, destarte, é assumir a condição redimida, "divinizada", dado que a oferta de Cristo é finalizada ao restabelecimento da comunhão divina[254]. Esta, por sua vez, torna-se acessível na fé, pela sagrada liturgia. Construir a assembleia que sedia, realiza e acolhe a ação salvífica divina celebrada na liturgia é, sinteticamente, o "código genético" de todo o discurso acerca da participação litúrgica.

Verdade teológica tão decisiva não pode suportar uma expressão fraca, pálida, volátil, invertebrada, inconsistente. Antes, exige um meio de realização eficaz e uma plataforma comunicativa loquaz, ou diluir-se-á, como em outros momentos da história, naquele binômio "participação interna e externa[255]", que toca, mas não "morde" o tema da participação litúrgica.

---

252. GIRARDI, L.; GRILLO, A., Introduzione a Sacrosanctum Concilium, p. 45.
253. CUVA, A., Per un'attualizzante partecipazione dei fedeli alla luce della Sacrosanctum Concilium, p. 181.
254. A. Triacca desenvolve com paixão este tópico, elevando o termo participação das discussões meramente "eficientistas". Sem recuperar esta dimensão de participação na vida divina através da liturgia e dos sacramentos, qualquer menção de participação na liturgia, com quaisquer adjetivos anexos, será sempre casuística, pragmática e fragmentária (TRIACCA, A. M., Partecipazione, p. 575).
255. GRILLO, A., Liturgia, p. 21.

O concílio, mirando a categoria ação litúrgica, reconhece que o culto cristão tem por veículo fundamental a articulação entre ritos e preces. Através deles, a aliança e a salvação são anunciadas e disponibilizadas sempre de novo à assembleia convocada, que pode, por meio destes mesmos canais, aderir ou aprofundar sua adesão. Logo, a *actuosa participatio* supõe a capacidade de assumir a dinâmica multicomunicativa da celebração por parte da assembleia, mas sem resistir ao influxo teologal e histórico-salvífico de todo o acontecimento litúrgico, já que não são os gestos e as palavras que, por si mesmos, acessam o mistério. Deus é quem condescende em favorecê-lo através destas modulações.

Por "ritos e preces", pois, a constituição litúrgica entende a ampla e variada gama simbólico-gestual da liturgia cristã, bem como a oração expressa nos textos eucológicos e sálmicos que, por sua vez, não podem prescindir da perene acolhida da palavra de Deus, sob pena de desnaturalizarem-se. Daí que a assembleia celebrante participe efetivamente na medida em que se apropria deste ferramental celebrativo, deixa-se visitar graciosamente por ele e colhe os frutos que lhe são franqueados na ação litúrgica, até que seus membros:

> (...) sejam instruídos na palavra de Deus; alimentem-se na mesa do corpo do Senhor; deem graças a Deus; aprendam a oferecer-se a si mesmos, ao oferecer juntamente com o sacerdote, não só pelas mãos dele, a hóstia imaculada; que dia após dia, por meio de Cristo mediador progridam na união com Deus e entre si, para que finalmente Deus seja tudo em todos[256].

A revisão dos rituais, a ampliação do elenco de leituras bíblicas para as celebrações, o incremento da homilia e da oração dos fiéis e a abertura à língua vernácula previstas na *Sacrosanctum Concilium*, notadamente para a celebração eucarística[257], derivam, justamente, desta noção "teândrica" de participação litúrgica. De fato, como já advertido, o fundamento para qualquer reflexão sobre o envolvimento e compartilhamento da ação sagrada há de ser buscado naquela realidade de comunhão da vida divina possibilitada pela liturgia. Mas, sua expressão depende de uma teia bem entrelaçada de gestos e palavras, que sejam significativos à assembleia celebrante e lhe ajude a lograr os tão desejados progressos de vida cristã[258].

---

256. SC 48.

257. SC 50-54.

258. Convém adiantar que "participar não é equivalente a uma precisa execução de ritos, mas se condensa na partilha de uma experiência capaz de transformar o mundo (CAVAGNOLI, G., Mistero della fede, p. 121). Uma adequada interface entre os diversos componentes expressivos do agir litúrgico condiz tanto com a metodologia divina, atuada nos diferentes momentos da história salvífica através do binômio gestos e

Porquanto parecessem claros, fundamentados e fecundos estes princípios, a implementação de suas indicações, concretizadas em empenho de reforma, não transcorreu de maneira linear. Desde o período imediato à promulgação da *Sacrosanctum Concilium*, desafios apresentaram-se, com maior ou menor intensidade, obrigando a Igreja a revisitar, com frequência e determinação, os pontos firmes que a motivaram a partir da assembleia conciliar. Não resta dúvida que do Concílio Vaticano II, sobretudo da constituição sobre a liturgia, mas também dos outros documentos[259], ergue-se um novo paradigma para a assembleia cristã, sob a influência das melhores referências de sua tradição. Mas, a tradução deste modelo para as realidades assembleais concretas exigiu, e ainda exige em alguma medida, esforço e persistência.

Mesmo nos documentos pontifícios que se seguiram ao concílio, abrangendo os governos pastorais de Paulo VI, João Paulo II e Bento XVI, identifica-se uma tensão não resolvida. Ora estimulam o avanço da consciência assembleal da liturgia, valorizando a realização local da Igreja através de verdadeiras assembleias do povo de Deus, ora reforçam a noção institucional-universal e seu vetor hierarquizante, alertando sobre riscos doutrinais camuflados em algumas abordagens e ênfases celebrativas destes tempos de liturgia em renovação[260].

Paralelamente, o processo de implementação da reforma da liturgia testemunha que o paradigma conciliar, estabelecido sobre o tripé categorial "ação litúrgica, dimensão comunitária e *actuosa participatio*", enfrentou consideráveis oscilações e somente em parte atingiu o estrato e os resultados que pretendia, a saber, a íntima consciência eclesial e um ritmo celebrativo mais original e autêntico. É ainda temerário afirmar que se conseguiu suscitar entre os ministros ordenados uma *mens* celebrativa adequadamente renovada, segundo todas as indicações conciliares. Em diversas circunstâncias e ambientes, o que se conseguiu foi, simplesmente, subsidiar cerimônias que obedecem a "ordos" reformados por alguns peritos e instâncias eclesiásticas. Nestes casos, muitas vezes, estabeleceu-se um regime litúrgico esquizofrênico: celebra-

---

palavras, como, humanamente, amplia as chances de comunicar e atingir a assembleia de modo integral e profundo, suscitando testemunho e profecia cristãs para um mundo à espera de redenção.

259. Como primeira constituição conciliar, a *Sacrosanctum Concilium* pagou o preço de não contar com uma metodologia testada para um trabalho de tamanha especificidade e magnitude, assim como teve de "abrir caminhos" em definições que seriam amadurecidas só depois. Entretanto, no "reverso desta moeda", a constituição litúrgica estabeleceu o *incipit* teológico de todo o concílio. Debaixo deste paradoxo, vamos encontrar nos outros documentos aqueles aprofundamentos de que se ressente a *Sacrosanctum Concilium*, mas também desdobramentos de sua exposição arrojada (DALMAU, B., El momento litúrgico actual, p. 13).

260. AUGÉ, M., L'assemblea celebrante, p. 269.

-se com os rituais renovados, mas sob uma razão anacronicamente rubricista, legalista e clericalista.

No que tange às responsabilidades e competências das assembleias do povo de Deus, trata-se de constatar se as congregações litúrgicas realizadas por todo o orbe nas últimas cinco décadas foram capazes de fazer, em grau suficiente, a transposição "copernicana" que lhes foi preparada: do paradigma alheio ao verdadeiro alcance do mistério visibilizado e celebrado, forjado durante a cristandade, para a realidade amplamente sacramental preconizada nos documentos conciliares. Se, enfim, adquiriram a capacidade de apreciar os instrumentos de participação que lhe foram disponibilizados, bem como assumir o papel que lhe é assegurado pela constituição litúrgica.

Cremos que em tais pontos de verificação joga-se uma leitura realista não somente da saúde sistêmica do culto cristão pós-conciliar, senão do próprio acontecimento da Igreja nos dias que correm, pois "a *lex orandi* não deve se limitar a ser a lei da fé, mas deve constituir a lei do ser e do agir da Igreja[261]". Dedicaremos, portanto, as próximas páginas a algumas percepções e considerações sobre eles.

É fato que a renovação da liturgia representou o "cartão de visitas" de toda a obra conciliar, não somente por atender à demanda de sua primeira constituição, mas também por apresentar os frutos mais rápidos e práticos das sessões vaticanas. Por conta disto, uma excessiva pressão pairou sobre as iniciativas relacionadas a este fim, por diferentes motivos e com variadas tonalidades.

A muitos pareceu que a substituição da língua latina pelas línguas nacionais e a nova conformação dos ritos consistiam no fulcro da reforma. Deviam, portanto, ser atuadas com rapidez. Em outros, ansiosos por "mudanças na missa", a espera pela implementação oficial das reformas foi preenchida com a intensificação de "experiências" litúrgicas de própria iniciativa, numa reação quase natural à rigidez dos cânones anteriores[262]. Outros ainda, relutantes em assumir as reformulações sublinhadas pelo concílio, tentavam compensar o número escasso de seus pares encontrando meios para controlar as

---

261. BOSELLI, G., O sentido espiritual da liturgia, p. 99.

262. No pré-concílio algumas experiências chegaram a ser autorizadas pelas instâncias competentes para subsidiar eventuais e pontuais reformas nos ritos. A partir deste precedente, uma gama diversificada de ritos alternativos foi realizada em diversos contextos (no atendimento pastoral a universitários e operários, por exemplo, além dos contextos culturais diversificados das áreas de missão), com maior ou menor cuidado e responsabilidade. Anos depois do concílio, esta prática prosseguia, até que a terceira instrução sobre a aplicação da reforma litúrgica solicita o fim imediato de todas estas experiências (HOPING, H., A constituição Sacrosanctum Concilium, p. 121).

comissões de reforma litúrgica, submetendo-as à Congregação dos Ritos[263]. Outros poucos, por fim, captaram com serenidade a proposta integral da *Sacrosanctum Concilium* e atuaram em função de uma aquisição paulatina, mas decisiva, do iter conciliar para a renovação litúrgica, que abrange desde o plano formativo-iniciático (educação dos ministros e fiéis, sem excluir os ambientes acadêmicos de pesquisa), atinge o plano celebrativo (efetivamente, a reforma dos ritos) e alcança o plano das relações intrínsecas à vida da Igreja e suas estruturas pastorais[264].

Há que se considerar ainda que a sociedade ocidental viveu, com auge em maio de 1968, uma profunda crise cultural, quando se tornou notório o enaltecimento que círculos intelectuais e universitários, franceses principalmente, faziam da transgressão. Vendiam-na como o valor apropriado àqueles tempos irrequietos. O cumprimento das sucessivas instruções para a aplicação da reforma litúrgica (*Inter oecumenici*, de 1964; *Tres abhinc annos*, de 1967, e *Liturgicae instaurationes*, de 1970) foi, necessariamente, afetado por esta atmosfera inconformista, causando um crescente volume de tensões ao redor de acusações de dessacralização e banalização da liturgia cristã[265].

No quadro geral, entretanto, predominava alegria e entusiasmo com a reforma em curso. Publicações, centros de estudo, composições musicais, subsídios formativos e outras ações fervilhavam com maior ou menor intensidade por todas as extensões eclesiais, de acordo com os recursos disponíveis. Um clima de otimismo, de descoberta e de envolvimento atingia as assembleias, não obstante algumas delas já se sentissem atingidas pelo divórcio ríspido e imediato entre a liturgia em renovação e a piedade popular.

Este é, com efeito, um aspecto pouco elaborado na fase inicial da reforma litúrgica. Sob o pretexto de "purificar" a participação dos fiéis e reverter o enquadramento celebrativo para a centralidade do mistério pascal, investiu-se com precipitação sobre o patrimônio da religiosidade popular, ignorando que por séculos foi este o único suporte concedido às assembleias dos fiéis enquan-

---

263. Ao assumir a tarefa de operacionalização da reforma, o Papa Paulo VI evitou qualquer condescendência a estas maquinações, estabelecendo o *Consilium ad Esequendum Constitutionem de Sacra Liturgia*, composto por cardeais e bispos, divididos entre os de nomeação papal e os de indicação das conferências episcopais, além de um numeroso grupo de consultores e peritos de todo o mundo, entre párocos, teólogos, agentes e estudiosos de liturgia, representantes de igrejas orientais, canonistas e membros da cúria romana. Deste modo, o trabalho seguiu a rotina dos debates, dos intercâmbios, das concessões e das negociações. O próprio Paulo VI contribuiu significativamente (NEUNHEUSER, B., As reformas litúrgicas do século IV ao Vaticano, p. 279).

264. GIRARDI, L.; GRILLO, A., Introduzione a Sacrosanctum Concilium, p. 38.

265. DALMAU, B., El momento litúrgico actual, p. 115.

to presenciavam os atos litúrgicos, a distância[266]. O empenho e, sobretudo, a paciência requeridos dos pastores na formação dos cristãos à liturgia[267] foram, em muitos lugares, anulados por comportamentos autoritários, iconoclastas e inconsequentes, que causaram escândalo e dispersão. Mesmo algumas disposições oficiais, como o novo calendário litúrgico, embora providas de justificativa e relevância para o conjunto da obra de reforma, foram pouco precedidas de diálogo e suficiente catequese[268].

A propósito, concordam os autores que a ampla formação dos fiéis é um dos elementos mais claudicantes em todo este processo de execução da reforma. Talvez porque se apostasse que a liturgia renovada fosse capaz de explicar-se e justificar-se por si mesma, derrubadas as principais barreiras linguísticas e simplificados os ritos, não se avançou na direção da universalização da nova consciência litúrgica. Mas, para que fosse factível uma maior assimilação da mensagem salvífica inerente aos gestos e palavras do culto, o aspecto de iniciação à vida cristã e da formação teológico-espiritual das assembleias teria de ser assumido como um dos pilares da vida eclesial e litúrgica pós-conciliar[269].

De fato, antes de informar-se sobre o "como" celebrar, o membro da assembleia precisa descobrir o "porquê" e o "quê" celebra comunitariamente[270]. Então, inserido desde o âmago na ação litúrgica – afinal, partícipe –, tudo lhe parecerá eloquente, motivador, instrutivo e enriquecedor, porque haverá de corresponder àquelas disposições interiores que desabrocham em suas fronteiras comunicativas e se confirmam nos nexos relacionais pertinentes ao culto. A *Sacrosanctum Concilium* pondera tais considerações, tratando da liturgia como "grande fonte de ins-

---

266. Em tom de *mea culpa*, o Diretório sobre a piedade popular e liturgia, de 2001, reconhece uma desarmonia instalada historicamente entre a religiosidade do povo e o culto litúrgico desde o período do Iluminismo, mas radicalmente acentuada durante o Movimento Litúrgico. Seus autores olhavam com desconfiança para algumas manifestações piedosas que se sobrepunham à liturgia, descaracterizando-a decisivamente. À *Sacrosanctum Concilium* e à reforma posterior cobram-se a definição dos termos corretos de relacionamento e a superação de um certo "preconceito ideológico" (CONGREGAÇÃO PARA O CULTO DIVINO E A DISCIPLINA DOS SACRAMENTOS, Diretório sobre a piedade popular e liturgia, p. 47-61). O episcopado latino-americano ressalta, na conferência de Aparecida, o valor da espiritualidade popular (DA 258-265) e o Papa Francisco, que fora secretário para redação de Documento de Aparecida, volta ao assunto na exortação apostólica *Evangelii Gaudium* (EG 122-126).

267. SC 19.

268. DALMAU, B., El momento litúrgico actual, p. 115.

269. BECKHÄUSER, A., Concílio Vaticano II, p. 18.

270. GRILLO, A., Partecipazione attiva e 'questione liturgica' nel rapporto tra riforma della liturgia e iniziazione mediante la liturgia, p. 268. Pretendemos desenvolver estas percepções e perseguir estes desafios na última parte deste trabalho, que tratará da dimensão mistagógica que perpassa o acontecimento assembleal. Agora, detemo-nos em constatar a problemática que se estabeleceu, ou melhor, prosseguiu e cristalizou-se durante o processo de reforma da liturgia.

trução para o povo fiel[271]", mas indicando iniciativas prévias e complementares aos ritos[272], além de restaurar o catecumenato de adultos, no artigo sessenta e quatro.

As assembleias que se reúnem, pois, nestas primeiras estações pós-conciliares recebem ritos novos, são instadas a outros níveis de participação através de recursos como aclamações, respostas, cantos e, sobretudo, uma comunicação mais inteligível e descomplicada, mas não chegam a ser atingidas decididamente por um novo espírito celebrativo, que descortinaria à percepção individual e comunitária os horizontes abertos pelo capítulo primeiro da constituição litúrgica.

J. Gelineau, na década de setenta, chega a descrever estas novas assembleias, tendo por referência o comum das unidades paroquiais de muitos centros urbanos europeus. Parecem-lhe tendentes a um enrijecimento crônico e estrutural, em via oposta às expectativas do concílio. Tendo absorvido mais ou menos superficialmente os ritos renovados, através de seus "expoentes" ilustrados e catequisados, que constituem uma certa "casta" qualificada, e através de seus frequentadores nem tão instruídos, mas devidamente "sacramentalizados praticantes", estas congregações não chegam a formar uma coesão assembleal acolhedora, participativa, convincente e atraente[273]. Suas reuniões, que já não mais submetem-se à gramática arcana e enigmática do momento precedente, impostam-se segundo uma racionalidade excessivamente fria e mecanicista, de viés excludente. São assembleias, enfim, que não conseguem assumir significativamente a fisionomia que o concílio procurou resgatar, mas reincidem em comportamentos fragmentários, anticomunitários, ainda alienados da celebração vivida. Algo a indicar que os novos rituais, sozinhos, não conseguem suscitar assembleias que assumem, celebram e manifestam a salvação-em-reunião[274].

O avançar dos anos parece potencializar alguns sinais do esgotamento de uma reforma estabelecida, em grande monta, sobre o redesenho idiomático e ritual da celebração cristã. A perda do impulso dos primeiros anos, com a gradual conversão em rotina das "práticas e costumes que com grande esforço e expec-

---

271. SC 33.

272. SC 35.

273. GELINEAU, J., O amanhã da liturgia, p. 45-57.

274. Somos levados a concordar com A. Grillo que o *input* ausente neste processo de assimilação da nova ritualidade foi a conscientização sobre o lugar que os próprios ritos devem ocupar na vida litúrgica. Eles não precisam ocupar todos os espaços, concentrar toda a responsabilidade por fazer e significar a liturgia cristã. Demandam tão somente ser reconhecidos como instâncias necessárias e capacitadas para viver o mistério litúrgico, este sim mais abrangente, fontal e decisivo. A fixação do corpo eclesial em transformar os ritos antecedeu e sufocou a expectativa de ser transformado por eles ou, mais precisamente, através deles pela sagrada liturgia (GRILLO, A., A partire da Sacrosanctum Concilium, p. 88).

tativa se introduziram[275]", produz novo estado de apatia entre os agrupamentos dominicais para as celebrações, mesmo sob o apelo constante da dimensão comunitária e da *actuosa participatio*. Importantíssimas conquistas para as assembleias, como uma vigorosa irrupção da palavra de Deus na experiência católica da liturgia, além da recuperação de uma lógica que incorpora o tempo e o espaço no coração das experiências fundamentais da fé, quais fatores densamente expressivos do mistério pascal[276], começam a ser ofuscadas por um certo improviso, algum comodismo e uma excessiva confusão entre simplicidade e superficialidade.

Não é nossa intenção tecer uma apreciação exaustiva sobre o significado do largo processo de implementação da reforma litúrgica nestes cinquenta anos, tanto nas suas variadas fases como nas diversas contingências culturais, sociais e comunitárias onde a Igreja se reúne. Atemo-nos a expressar o quanto já foi documentado por alguns teólogos da liturgia e analistas da complexiva realidade eclesial e sua ação pastoral nas últimas décadas. Cabe-nos, porém, registrar que, ao lado destas dificuldades e obstáculos, muitos êxitos também se colheram das iniciativas, oficiais ou não, para a implementação da reforma litúrgica. A começar da própria perspectiva de uma reforma litúrgica com alcance tão largo.

A carta apostólica *Vicesimus Quintus Annus* de João Paulo II, no vencimento do primeiro quarto de século da promulgação da constituição litúrgica, reconhece o "alegre fervor" com que a grande maioria do povo cristão acolheu a reforma litúrgica, gozando, em suas assembleias, de uma mesa da palavra mais abundante, um sensível incremento da participação e uma mais difusa ministerialidade, o que causou nova irradiação de sua vitalidade[277].

Coopera com a reforma da liturgia e reafirma muitos de seus princípios a nova concepção de Igreja alinhavada pelo concílio, em que predominam o princípio comunitário e a igualdade fundamental dos batizados, para o serviço evangelizador da humanidade[278]. *Ad intra*, isto representa o estabelecimento de uma conjugação mais harmônica entre o exercício da autoridade pastoral e a corresponsabilidade dos fiéis na edificação da Igreja. Todos são encarregados da *leitourgía*, da *martyría* e da *diakonía*, embora à hierarquia respeite seu orde-

---

275. DALMAU, B., El momento litúrgico actual, p. 121.

276. Bastaria considerar a extraordinária redescoberta da espiritualidade do ano litúrgico, com seu alternar místico-pedagógico de acentos, sinais, atitudes e linguagens; a revalorização do domingo, como "páscoa semanal" e *dies ecclesiae*; além das novas orientações para a configuração dos espaços litúrgicos, priorizando a reunião de um povo convocado ao redor das "duas mesas", para avaliar adequadamente tais conquistas.

277. VQA 8.

278. LIBÂNIO, J. B., Igreja contemporânea, p. 95.

namento e animação. *Ad extra*, impõe-se a substituição das atitudes de reserva e desconfiança pelo interesse em valores compartilhados – vide a tarefa ecumênica e do diálogo inter-religioso bem como a interlocução com os mais variados setores da sociedade e da cultura encomendados pelo concílio. Dimensões que, por certo, influenciaram o acontecimento celebrativo comunitário em muitas realidades eclesiais pelo mundo inteiro e foram, ao mesmo tempo, integradas e revigoradas por ele.

A América Latina é, sem dúvida, um destes lugares onde a reforma litúrgica abrangeu muitas linhas indicativas do projeto conciliar. Reconhece o documento da última conferência geral, em Aparecida, que "a renovação litúrgica acentuou a dimensão celebrativa e festiva da fé cristã, centrada no mistério pascal de Cristo Salvador"[279]. No envidar de esforços que, desde a Conferência de Medellín, visou fortalecer a expressão comunitária da Igreja latino-americana, numa linha teológica e pastoral própria[280] – da "libertação" –, a liturgia foi priorizada e contextualizada. Uma aguda sensibilidade em favor da inculturação ocupou a mente e o coração de muitos pastores e teólogos locais, que sempre se refazem ao artigo quarenta da *Sacrosanctum Concilium*.

Estas breves referências ilustram que o sopro do Concílio Vaticano II, insuflado pelo Espírito, tem fôlego longo e já provocou significativas transformações por onde passou. Trouxe ares de dinamismo participativo, inspiração bíblico-salvífica e envergadura comunitária ao culto eclesial. Mas, suas completas possibilidades ainda precisam ser maiormente aspiradas, senão plenamente desenvolvidas, em relação aos novos desafios, como reconhecem espertos e comentadores, entre os quais, B. Dalmau:

> Agora, sejamos realistas. Temos livros, temos cantos, temos diretórios de todo tipo. Porém devemos reconhecer que surgiram novas situações e novos problemas. Situações e problemas que se agregam às dificuldades (...) para aplicar a obra conciliar. A secularização da nossa sociedade ocidental, que já leva anos marcando gerações, encontrou sempre na liturgia seu primeiro campo de atuação[281].

---

279. DA 99.

280. LIBÂNIO, J. B., Igreja contemporânea, p. 127. Em alguns casos, a liturgia foi, também, instrumentalizada sob os "impactos sedutores das ideologias", conforme analisa o próprio Documento de Aparecida, já citado acima. Sem alargar o espaço da polêmica, preferimos posicionar-nos com a consideração de que houve um sério esforço de atuação de reforma litúrgica, segundo os referenciais conciliares.

281. DALMAU, B., El momento litúrgico actual, p. 119.

Completa H. Hoping:

> Hoje, cinquenta anos depois, devemos afirmar, com uma certa desilusão, que a reforma litúrgica em muitos lugares não levou ao aprofundamento da vida cristã. Os fiéis estão em condições de acompanhar o que sucede sobre o altar, mas entendem cada vez menos, não obstante a celebração em língua vernácula. Em uma época de analfabetismo religioso, a promoção da vida cristã é uma tarefa que encontra diante de si desafios completamente novos[282].

Diante deste quadro inacabado, mas já, em parte, desgastado, não surpreende tanto pensar que comecem a surgir vozes questionadoras aos próprios fundamentos da reforma litúrgica, levantando a discussão sobre uma eventualmente necessária "reforma da reforma". Confrontando uma realidade litúrgico-assembleal de excessivo verbalismo, empobrecimento simbólico e opacidade mistagógica, além de uma certa rotina instaurada e nivelamento da ação litúrgica aos métodos e preferências subjetivistas e corporativistas[283], parece a determinados grupos que seria o caso de uma retomada da estética, do ordenamento e do espírito litúrgico prévios ao concílio.

A base para tais posicionamentos costuma ser uma noção de "hermenêutica da ruptura", que teria sido aplicada pela geração intérprete imediata do concílio e pelos executores da reforma litúrgica. Isto justificaria que hoje novas providências sejam aviadas para recompor a continuidade com a tradição litúrgica eclesial, ferida nos últimos anos. Entre aqueles que o defendem, está J. Ratzinger, que em 2005 assumiu a chefia da Igreja sob o nome de Bento XVI.

No prefácio a uma de suas obras sobre a liturgia, ele usa a imagem de um belo afresco que fora coberto, com o passar dos séculos, por novas camadas de massa e pigmentos. Contudo, permanecia ali, nos traços essenciais, o mesmo afresco. Seria esta a situação da liturgia da Igreja no início do século XX: presente no missal, mas escondida aos olhos da assembleia dos fiéis. O Movimento Litúrgico e o Concílio Vaticano II teriam colocado novamente o afresco a nu, revelando sua beleza fascinante. Mas, ao mesmo tempo, o afresco expôs-se ao risco. Pode ser destruído definitivamente pelas condições climáticas ou pelos novos invento-

---

282. HOPING, H., A constituição Sacrosanctum Concilium, p. 138.

283. Acenamos ao propagar-se, nas últimas décadas, de movimentos eclesiais que se inscrevem no horizonte da "nova evangelização", com a característica de se ancorarem em teologias prontas, sólidas, tradicionais, com pouca margem de crítica e reflexão. Paradoxalmente, vivem a liturgia segundo interpretações próprias, eletivas (LIBÂNIO, J. B., Igreja contemporânea, p. 172).

res, caso não se respeitem sua mensagem e sua realidade, em conexão com toda a sua história[284].

À sombra da "hermenêutica da continuidade", em oposição aos riscos da "ruptura", mas amparado também por motivações que tocam a unidade da Igreja, Bento XVI promulgou em 2007 o *motu proprio Summorum Pontificum*, com o qual concede a algumas assembleias celebrar a liturgia segundo os ritos pré-conciliares, como "forma extraordinária" do rito romano. Na avaliação de alguns teólogos, a instalação do duplo regime ritual na Igreja latina representa mais um desafio com o qual as assembleias cristãs, cedo ou tarde, terão de se defrontar: este sim, um verdadeiro risco[285].

Seu desafio pulsante, entretanto, aguarda desde a aprovação da constituição *Sacrosanctum Concilium*, há cinco décadas. Corresponde ao assimilar, como princípio de identidade, aquilo que os ritos e preces da liturgia renovada, em continuidade com a tradição mais autêntica da Igreja, querem comunicar: a assembleia litúrgica é aquela realidade suscitada na antiga aliança, redimida no mistério pascal de Cristo e configurada ao perfil de uma Igreja enviada aos tempos e às nações, para ser sinal e princípio de salvação para toda a humanidade.

---

284. RATZINGER, J., Introdução ao espírito da liturgia, p. 5.
285. GIRARDI, L.; GRILLO, A., Introduzione a Sacrosanctum Concilium, p. 77.

Capítulo 2 | Elementos estruturantes para uma teologia da assembleia em chave histórico-salvífica e sacramental

2.1. A reunião-celebração como eixo viabilizador de uma inserção dialogal no *Mysterium Salutis*: "forma" da aliança

Ao nos propormos a tarefa de perscrutar a teologia sacramental[286] da assembleia litúrgica, em conexão direta com o acontecimento histórico-salvífico, pisamos, simultaneamente, um campo vastíssimo e uma demarcada fronteira. Quer dizer: de um lado, optamos por um enfoque que, na essência, é a antítese da fragmentação do discurso teológico; mas, por outro, procuramos encaminhar a reflexão através de um direcionamento muito preciso, que nos impede considerar os diversos aspectos constitutivos do objeto em análise de maneira generalizante e desconexa. Elegemos, ao invés, uma abordagem orgânica da comunidade celebrante, partindo de sua capacidade sinalizadora e recapituladora da economia divina[287], de tal modo que todas as *nuances* e propriedades reconhecidas nesta instância sacramental coordenem-se sob o mesmo significado salvífico.

---

286. A teologia de impostação sacramental corresponde àquele discernimento das realidades reveladas sob a luz de um conceito forte e amplo de sacramento, derivado da própria consecução do desígnio salvífico na história de Israel, na encarnação e no mistério pascal. O Concílio Vaticano II consagra definitivamente esta tendência emergente na teologia da primeira metade do século XX, sobretudo na investigação das fontes patrísticas, na reflexão científico-litúrgica e na pesquisa eclesiológica (GANOCZY, A., Sacramento, p. 801-805).

287. É Cristo a recapitulação da divina economia. Considerando que a sagrada liturgia vive, comunica e atualiza a totalidade do mistério de Cristo, desde a preparação de sua vinda, passando pela encarnação, anúncio do reino e entrega pascal, abrindo-se à sua vinda definitiva, espelha-se no organismo celebrativo da Igreja uma superior e radiante capacidade sintética (STAVRÓPOULOS, P., La Divina Liturgia, p. 18).

Não foram outros a convicção teológica e o método dos Santos Padres. Conforme já pudemos acentuar, eles estabeleceram seu ensino amparados na noção de que, através de uma abordagem interpretativa dos mistérios celebrados, no contexto da experiência cultual, acede-se intelectual e existencialmente ao cerne da história da salvação[288]. Tratar da liturgia viva da Igreja, descrever sua natureza peculiar e comentar suas possibilidades significa, para os Padres, anunciar o mistério cristão nos seus mais adequados caracteres. Anotemos, à guisa de exemplo, o trecho de um comentário sálmico de Ambrósio de Milão:

> As coisas que se celebram agora na Igreja estavam como sombra nas palavras dos profetas: sombra era o dilúvio, sombra era o mar Vermelho, quando os nossos pais foram batizados na nuvem e no mar; sombra era o rochedo donde brotou a água, e que seguia o povo. Porventura, não era aquilo a sombra do que está no sacramento deste santíssimo mistério? (...). Agora vemos os bens como que em imagens e possuímos os bens da própria imagem[289].

Tomamos, portanto, a reunião cristã como uma realidade ativa, dinâmica, complexa – afinal, simbólico-sacramental – que não se limita a um fato ocasional e intermitente na vivência da fé, de caráter meramente funcional, relegado a um nicho estanque na construção teológica. Ao contrário, ela interage com todos os enunciados e estruturas deste edifício teórico, narrativo e prático, até se manifestar e fazer-se habitar, no durante celebrativo, pelos que creem. Seu acontecimento é sempre a culminação *sub signo* do largo processo da revelação e resposta de fé, que visa fazer-nos compreender e abraçar, na integridade de nossa condição, a oferta salvífica.

Neste sentido, vale insistir que a assembleia não é um construto teórico, tecido, quem sabe, para qualificar uma realidade menor, secundária ou anexa ao fato cristão. Também não é exclusiva concretude, restrita à fenomenologia ou às facticidades antropológica e sociológica. Mas, ao conjugar em si mesma tangibilidade e transcendência, plasticidade e espiritualidade, experiência e fé, sob um irrenunciável horizonte salvífico, ela insere-se teologicamente na história e em suas mais abrangentes possibilidades interpretativas. Possui, portanto, uma estrutura sacramental privilegiada, digna de nota e apreciação.

Ora, tais pressupostos, mesmo se apenas mencionados, já evidenciam alguns pilares da imbricação entre a realidade assembleal e os interesses da investigação teológica em chave sistêmica e vivencial, conforme pretendemos desenvolver nes-

---

288. DANIÉLOU, J., Bíblia e liturgia, p. 29.
289. AMBRÓSIO DE MILÃO, Comentários aos Salmos, p. 543.

tas páginas. Mirando um nível ainda mais decisivo, identificaremos seus vínculos com o próprio centro gerador de sentido da fé cristã: o *Mysterium Salutis*. A assembleia litúrgica tem, pois, uma relação íntima com este núcleo, conectando-se a ele como "manifestação do mistério do Deus salvador, comunidade compromissada com a aliança definitiva pela qual aprouve a Deus se unir com um povo objeto de uma eleição gratuita, para que este venha a ser beneficiário e testemunha entre as nações da economia da salvação[290]".

É este nosso ponto de partida para a apresentação de uma teologia sacramental da assembleia litúrgica: reconhecê-la como eixo simbólico e articulado para uma inserção no *Mysterium Salutis* que corresponda à realidade dialógico-pactual com que foi plasmado todo o desenrolar das relações entre Deus e o mundo. Existe algo de fundamental na experiência da aliança que a assembleia revela e comunica com propriedade. Não por outro motivo, a assembleia é sempre tida, no testemunho das Escrituras e no fluir da tradição, como a ocasião mais preciosa, o desejo mais repetido, a testemunha mais prestigiosa e o sujeito mais adequado para o diálogo comprometedor com Deus, no cerne de seu projeto de redenção[291].

Isto posto, cabe-nos buscar na realidade bíblica da "aliança" – tradução que é da experiência constitutiva de Israel e inspiração para a autocompreensão de Jesus e sua missão[292] – a fonte das ressonâncias histórico-salvíficas essenciais à leitura e à vivência de cada acontecimento assembleal. Haveremos, então, de perceber que a reunião em assembleia efetiva e conforma a atitude responsiva demandada de Israel como *partner* do pacto sagrado.

Diante do Deus tão grande, "santo, glorioso e zeloso, o qual é o Criador dos céus e da terra[293]", e que se lança a um compromisso de tal intensidade com um povo que não pode senão provar espanto por existir, tamanhas são suas inadequação e inviabilidade, não há outra forma de se apresentar. Tendo sido chamado, toca-lhe dispor-se integralmente à escuta e à contemplação da pre-

---

290. DALMAIS, I. H., Teologia da celebração litúrgica, p. 211.

291. Os salmos exprimem de maneira privilegiada esta ligação efetiva e afetiva entre o povo da aliança e suas assembleias. A entusiasmada convocação para entrar, sob louvores, na presença de YHWH no Salmo 95; o lamento porque "queimaram todos os lugares das assembleias de Deus na terra" do Salmo 74,8; o tom triunfal com que se celebra, em assembleia, a justiça e a fidelidade do Senhor no Salmo 149; ou a súplica por ouvir, novamente, o chamado para a reunião: "Salva-nos, YHWH, nosso Deus! Congrega-nos dentre as nações para que celebremos teu nome santo, felicitando-nos com teu louvor", presente no salmo 106,47, após uma longa confissão dos pecados, tudo isto é apenas uma demonstração das inúmeras menções e evocações da assembleia constantes nos Salmos que, quais textos de oração, traduzem poeticamente o âmago da fé de Israel.

292. LOHFINK, G., Jesus de Nazaré, p. 245.

293. BRUEGGEMANN, W., Teologia do antigo testamento, p. 554.

sença inefável do Senhor. Deste modo, poderá responder ao que ouviu e viver à luz do que viu.

Israel, na verdade, só vive e caminha autenticamente na medida em que consegue articular-se ao redor de sua admiração e gratidão em relação a YWHW, acolhendo a autocomunicação divina e referendando o pacto proposto. "Amar", "escolher" e "afeiçoar-se" são os três verbos que mais lhe ocorrem quando deve descrever sua percepção sobre quais disposições de Deus permitem que seu nome compareça no elenco das nações[294]. A assembleia do povo hebreu é, de alguma maneira, esta confissão original e desconcertante de que, não obstante prevaleçam as razões históricas para o fracasso, Israel é uma realidade vitoriosa e resistente, graças à eleição que lhe compete imerecidamente.

Por outro lado, esta dimensão afetiva da relação de YHWH com Israel, pontuada, é certo, por um inusitado envolvimento passional de Deus, insere na resposta do povo eleito a exigência de uma nota emocional correspondente[295]. Não bastaria uma adesão meramente oficial e representativa da parte do povo para que o compromisso da aliança fosse devidamente selado. YHWH não propõe a Israel um contrato formal e político, mediado pelas embaixadas diplomáticas usuais. Ele estabelece laços de amor, que não suportam a distância, a indiferença, o esquecimento ou a ausência. Ele assume o perfil do amante que busca intensamente a parceira, não raro em tons lascivos e incontidos: "Como poderia eu abandonar-te, ó Efraim, entregar-te, ó Israel? (...) Meu coração se contorce dentro de mim, minhas entranhas comovem-se" (Os 11,8).

Na qualidade de convergência desta comunidade de eleitos, amados e convocados, a quem Deus não cansa de estender olhares, apelos e acenos de compaixão, a assembleia israelita ordena-se, legitimamente e desde dentro, à docilidade amorosa como marca decisiva de sua fidelidade. Sua razão de ser, sua identidade mais profunda e sua motivação existencial fundamental consistem nesta compartilhada e original disposição a uma sujeição toda feita de ternura e gratidão. Algo como a união dos corações num mesmo e dominante sentimento, em resposta às batidas apaixonadas do coração divino.

Convém, todavia, ressaltar que a completa identificação entre a "alma" da aliança e o amor, moldando uma consciência teológica e espiritual para as assembleias do povo de Deus e para todo o conjunto de sua vida comunitária, é, na ver-

---

294. BRUEGGEMANN, W., Teologia do antigo testamento, p. 549.
295. ROCCHETTA, C., Os sacramentos da fé, p. 116.

dade, algo relativamente tardio no pensamento bíblico[296]. Mas, é também inegável que, desde seus primeiros testemunhos, a aliança já carregue traços de um poderoso envolvimento sentimental, que se apresenta indiretamente através do ciúme (Ex 20,5), do zelo (Ex 34,14) e do pesar indignado de Deus pela infidelidade humana ao pacto (Nm 14,10, por exemplo). Ou seja: Israel, desde as suas mais tenras memórias e primeiras experiências da aliança, sabe-se amorosamente interpelado pelo parceiro divino, que espera correspondência em opções e atitudes de natureza equivalente.

É de se notar, ainda, como este dado de revelação confirme-se com o evoluir da obra salvífica. No Novo Testamento, a mensagem e a atividade de Jesus suscitam entusiasmo e atraem multidões justamente porque manifestam, em cores reavivadas e sob um alcance ainda mais surpreendente, a mesma ousadia amorosa de Deus e seu convite a um envolvimento cordial[297]. Vencendo os obstáculos do formalismo, do legalismo e do segregacionismo que se impuseram sobre a letra e a comemoração cultual da aliança, ele novamente propõe ao ser humano uma parceria envolvente, sedutora, que desperta seu espírito criatural com os toques da compaixão e da ternura divinas.

Por isso, as assembleias alternativas e espontâneas[298] reunidas pelo rabi nazareno tanto demonstram o anseio profundo de Deus por atrair a todos quanto criam a oportunidade para que se responda, com similar disposição de coração, ao chamamento salvífico[299]. É o que faz, por exemplo, Zaqueu (Lc 19,8), como um ícone emblemático deste amoroso intercâmbio que, de propósito, vem sempre celebrado no clima cálido dos convívios e reuniões de mesa. Fá-lo, da mesma forma, a mulher na casa do fariseu, lavando com lágrimas, secando com os cabelos e ungindo com mirra os pés do Senhor: "foram-lhe perdoados muitos pecados, já que sente tanto afeto" (Lc 7,47). Ambos se agregam à simbólica e sugestiva "assembleia" dos resgatados após o encontro com Jesus, a experiência de seus gestos de afeição e a participação de algum tipo de comunhão "de mesa".

Sob tal enquadramento, não é difícil afirmar que, desde a proto-história da aliança, quer dizer, da realidade íntima de Deus – mais precisamente, seu desíg-

---

296. MACKENZIE, J. L., Amor, p. 35. A profecia de Oseias é, com altíssima probabilidade, o primeiro tratado compilador de diversas intuições e interpretações que sugeriam analogias entre o matrimônio, a paternidade e a amizade com a disposição aproximativa de YWHW.

297. KASPER, W., Misericórdia, p. 93.

298. Os encontros e reuniões narrados pelos Evangelhos entre Jesus e seus "destinatários preferenciais", quer dizer, os pecadores, são assembleias que, por certo, não possuem uma matriz cúltica bem evidenciada. Mas, sendo Cristo "o" sacramento vivente do Pai, as mediações rituais e simbólicas tornam-se dispensáveis no encontro com ele (ROSSO, S., Un popolo di sacerdoti, p. 388).

299. MAERTENS, T., Reúne o meu povo, p. 53.

nio, suas motivações e sua predisposição, conforme a evolução mesma da história da salvação permite captar – e das reais condições dos israelitas, a reunião assembleal seja concebida com esta dúplice característica: é o "dever" daqueles que se sabem beneficiados de uma intervenção absolutamente generosa de YHWH, bem como é o "lugar" para o estabelecimento de uma reciprocidade amorosa, originada em Deus, mas, por correspondência, tornada atitude fundamental dos reunidos à sombra destas aconchegantes "asas divinas"[300] (Sl 91,1-4).

Os desdobramentos da aliança, porém, inserem mais alguns elementos a serem considerados. As pulsações afetivas que dinamizam todo o trâmite do pacto não aliviam o severo compromisso da obediência. A aliança tem, pois, um duplo e complementar caráter: é, sim, totalmente generoso, mas, também, totalmente exigente. Se, por um lado, sujeita Israel ao convite do amor gratuito e gracioso de Deus, ativando um relacionamento baseado no afeto e na confiança, por outro exige que, como assembleia e como nação, no culto e na vida, os hebreus nunca percam a memória da lei. O biblista W. Brueggemann exprime-o com simplicidade e precisão: "o poder evocativo, convocador e formador de YHWH, que dá vida a Israel, submete este a uma obrigação profunda e incondicional para com aquele[301]". Ou seja, amor e dever, graça e lei, confiança e obediência interpolam-se, naturalmente, nas relações da aliança.

No que tange a esta obediência exigente, "ouvir" e "fazer justiça" correspondem aos dois movimentos internos que lhe são fundamentais. Em assembleia litúrgica, celebração comunitária da aliança, tais vetores aproximam-se e unificam-se com uma intensidade absolutamente original, ordenando-se a plasmar nos convocados uma atitude arraigada, permanente, estruturante, mesmo após a dispersão da reunião. Tomemo-lo em consideração, para reconhecer a face assembleal que se delineia sob estas condicionantes.

É próprio do culto assembleal fazer ressoar a palavra de Deus, contida na lei[302]. Proclamar e pregar a palavra divina é o âmago da celebração comunitária[303].

---

300. A metáfora presente nesta composição sálmica é deveras elucidativa, pois evoca, sem dúvida, reminiscências do Êxodo que circulavam então, fundindo-as. As asas que YHWH empresta a Israel no grande "voo" de sua libertação não se recolhem, tendo já cumprido sua tarefa. Agora postam-se estendidas sobre o povo eleito, especialmente quando este se reúne. Permanecendo assim – reunido e sob tal "glória", mantém-se íntegro (LÉON-DUFOUR, X., Sombra, p. 992).

301. BRUEGGEMANN, W., Teologia do antigo testamento, p. 555.

302. Não nos parece demasiado insistir que, neste aspecto, o culto israelita destaca-se dentre os demais sistemas e práticas religiosas daquele mesmo estágio histórico. Não se destina, simplesmente, a manter o bem-estar material ao custo dos sacrifícios e outros rituais, mas era uma "recordação de sua história" (BRIGHT, J., História de Israel, p. 213), cujo fator determinante é constituído pela aliança e seu código.

303. DEISS, L., A palavra de Deus celebrada, p. 49.

A assembleia reúne-se, inclusive, por força de uma convocação, por aquiescência a um chamado[304], que logo se explicita nas indicações da lei. Em assembleia, o cumprimento da justiça que atravessa tais dispositivos legais, no entanto, não é um passo seguinte à escuta, derivado da celebração, mas alheio ao seu acontecimento. Começa já ali. Na medida em que se coloca diante de YWHW com prontidão e amor, tomada pelo reconhecimento adorante e serviçal, em comunhão comunitária e no estreitamento das relações fraternas – tudo como previsto no código da aliança –, a assembleia realiza, sinaliza e anuncia a justiça e a santidade de Deus doadas na lei.

Através da reunião e do culto, portanto, no dia consagrado, o povo de Deus entra na presença bendita e vive uma tal articulação entre ricos e pobres, fortes e fracos, sábios e ignorantes, chefes e súditos a ponto de constituir um princípio altamente significativo de observância da lei[305]. São laços renovados aqueles que os envolvem, capazes de superar, na unanimidade do culto[306], as diferenças estabelecidas ou acirradas pelas disposições antifraternas presentes em cada indivíduo e atuadas no dia a dia. Depois do culto, em sociedade, nas complexidades que lhe atravessam, este princípio há de dilatar-se, estendendo ao órfão, à viúva e ao estrangeiro as atenções e cuidados recebidos de Deus e compartilhados entre os celebrantes durante o ato litúrgico[307]. A lei tem este conteúdo[308], que não poderia permanecer incógnito à congregação dos fiéis reunidos para a celebração de sua sabedoria e bondade.

A insistência neste último aspecto impede que se perceba a celebração assembleal como um ato de autoproteção sectária, onde se cultivam relações benévolas somente entre alguns privilegiados que, em acorrendo à costumeira assembleia, encontram-se confortavelmente instalados num ambiente amistoso, familiar, enquanto os demais são ignorados. A lei é convite a uma resposta dinâ-

---

304. BOSELLI, G., O sentido espiritual da liturgia, p. 101.

305. Já tivemos a oportunidade de comentar como este ideal congênito da assembleia tornou-se, em diversos momentos da história, mera recordação e apelo profético. Porém, tão forte é sua valência, força e atualidade que a nova irrupção deste princípio na pessoa e na palavra de Jesus constitui um "novo Israel", alargando em altura, profundidade e extensão sua mensagem de comunhão (LOHFINK, G., Jesus de Nazaré, p. 39).

306. O que é apenas entrevisto na economia veterotestamentária, torna-se realidade na celebração do mistério pascal de Cristo. Não há aliança, como Deus a quer, sem uma unidade estruturante do parceiro humano: seja ele Israel, ou a Igreja (BARSOTTI, D., Il mistero della chiesa nella liturgia, p. 61).

307. "Não é uma ideologia tardia reconhecer que o senso profético e da aliança de Israel quanto à justiça de Iahweh realmente tem uma inclinação preferencial pelos pobres e marginalizados. Essa opção preferencial, ordenada a Israel, se baseia na própria prática e inclinação de Iahweh" BRUEGGEMANN, W., Teologia do antigo testamento, p. 558).

308. CRAGHAN, J. F., Êxodo, p. 111.

mica, descentrante, desinstaladora, que começa a efetivar-se desde o instante da convocação para a escuta litúrgica da palavra de Deus, até provocar uma verdadeira reformulação dos comportamentos e opções éticas que se revelem incoerentes ao contato com sua mensagem.

"Ou seja, a função desses mandamentos não é a de proteger a vantagem adquirida, mas a de questionar esta vantagem quando ela não beneficia a [inteira] comunidade[309]". A atenção aos vulneráveis, a busca de um ordenamento social que vise ao bem comum e a permanente disposição à correção das distorções nos relacionamentos são o verdadeiro horizonte daquele contato comprometedor entre a assembleia e a lei da aliança.

O Novo Testamento assume estes princípios aprofundando-os. Dá-lhes uma característica ainda mais interior e espiritual, sem perder nada de seus indicadores coletivos e práticos. Aliás, toda a dimensão comunitária que perpassa o diálogo da antiga aliança não se enfraquece; antes, intensifica-se e radicaliza-se com o aparecimento da definitiva economia salvífica em Jesus Cristo.

Se, desde o início e, principalmente, através da aliança, o intento de Deus é a "criação de um povo, de uma sociedade fortemente comunitária que fosse para os indivíduos inderrogável meio e instituto de salvação[310]", em Cristo vem estabelecido, de modo pleno, o começo desta humanidade nova, interligada por um princípio absoluto, imortal e restaurador. Não há salvação sem uma solidariedade misteriosamente real com ele, a conformar em cada indivíduo uma adesão interior ao pacto com Deus, agora selado na autoentrega do Filho. A máxima realização desta "misteriosa solidariedade" é atingida por uma inserção também física, social, operativa e litúrgica – assembleal, enfim – na comunidade instituída por Cristo como seu corpo, a Igreja[311].

Por ora, vamos dedicar-nos somente ao sentido pactual e histórico-salvífico destas afirmações, tendo em vista reconhecer o "fio condutor" que atravessa cada assembleia litúrgica do corpo eclesial. É este "fio", no nosso entender, que transfigura a reunião celebrativa em instância privilegiada para a resposta humana ao apelo redentor de Deus. Mais adiante, poderemos debruçar-nos sobre suas implicações explicitamente eclesiológicas em relação à teologia sacramental da assembleia.

O acontecimento Cristo e seu mistério pascal marcam, pois, uma nova fase na vivência da aliança entre Israel e YHWH. Tanto Israel amplia-se, abra-

---

309. BRUEGGEMANN, W., Teologia do antigo testamento, p. 559.

310. VAGAGGINI, C., O sentido teológico da liturgia, p. 253.

311. SOUSA, R. M. G., A Igreja é corpo de Cristo, p. 130.

çando a assembleia de todos os povos, quanto YHWH, através do Filho, dá-se mais a conhecer: no Espírito, é *Abbà* (Gl 4,6). Eis que um novo conteúdo preenche a categoria "memorial", que já compõe o patrimônio bíblico. O que se há de recordar – não como lembrança subjetiva, mas enquanto "comemoração litúrgico-sacramental em que a ação salvífica do passado é atualizada de forma simbólico-real e objetiva[312]" – é a própria pessoa entregue de Jesus. Ele inaugura o reino de Deus, decreta a nova aliança e proclama a última convocação, abrindo a realidade escatológica da salvação[313].

Seu gesto eucarístico-sacrifical, em linha evocativa do ideário tradicional veterotestamentário – "Isto é meu sangue, o sangue da aliança" (Mc 14,24) – carrega, contudo, uma correspondência inédita: exprime em termos absolutos sua pregação do reino de Deus como um banquete de amor, reconciliação, comunhão, serviço e doação de si, sem restrição de convidados e sem reservas na oblação da vida. Faz-se na entrega "por muitos" (Mt 26,28, em referência a Ex 24,8), que funda uma nova aliança para muitos – "vós" (Lc 22,20; 1Cor 11,25, em referência a Jr 31,31), sobre o sangue derramado "em favor de muitos" (Mc 14,24; 1Cor 11,24, em referência a Is 53,10s). A nova aliança é, assim, a instauração do reinado generoso, pacífico e universal, escatologicamente dirigido à soberania recapituladora do Cristo Senhor.

Neste contexto, a assembleia do memorial da vida e da páscoa de Jesus exige configurar-se como intensa e transparente experiência comunitária[314], de modo que o próprio ato de reunir-se patenteie o escopo da aliança ali celebrada: a salvação como plena unificação de tudo em Cristo. A princípio, todo o movimento de convergência assembleal funciona como a dramatização do destino do mundo e da história: a desintegração caótica cede lugar à unidade harmoniosa; a dinâmica da dispersão é revertida pela mobilização unidirecional rumo à meta salvífica. Este é o primeiro nível simbólico, ainda na órbita da metáfora e do signo.

A luz pascal, contudo, lança sobre este "drama" um foco cintilante de atualidade e efetividade. Os sinais e palavras da liturgia conjugam-se segundo uma dinâmica própria – mistérica – e realçam o completo significado salvífico

---

312. KASPER, W., La liturgia de la iglesia, p. 273.

313. KASPER, W.; SCHILSON, A., Cristologia, p. 127.

314. "Portanto, foi claríssimo desde o primeiro dia que, na nova economia restaurada por Cristo, entre o indivíduo e Deus está a comunidade e, portanto, a hierarquia, os sacramentos, a oração, a liturgia, e que são estas, para cada indivíduo, as formas indispensáveis entre as quais deve entrar se se quer encontrar a salvação" (VAGAGGINI, C., O sentido teológico da liturgia, p. 254). A índole comunitária da liturgia, tão evidenciada pelo Concílio Vaticano II, encontra aqui sustentação diante da perspectiva de dispensabilidade da assembleia para a transmissão da vida divina, típica do pensamento protestante, e da pós-moderna absolutização do indivíduo e sua autonomia em relação às questões fundamentais de sua existência.

apenas demonstrado pelo movimento agregador de formação da assembleia. O regime das aparências, semelhanças, indícios e coincidências acolhe, então, a luminosíssima transparência do desígnio econômico-divino, passando a disponibilizar para a assimilação integral e profunda o que era apenas comunicado aos sentidos informados pela razão. O sinal é reforçado na sua eficácia comunicativa e atravessado de virtude salvífica. A assembleia não somente representa e indica a redenção, como é parte excelente e insuperável deste acontecimento sublime[315].

A "forma" da aliança, quer dizer, sua estrutura dialogal e pactual, é assim plenamente desvelada à luz do mistério de Cristo e atualizada no acontecimento celebrativo comunitário "em sua memória". Por meio de assembleias de escuta e culto, ao redor dos sinais que assumiu e deixou aos discípulos de sempre, Cristo reapresenta a sua adesão irrestrita ao plano do Deus da aliança, recebendo do Pai, agora no seu corpo eclesial e ininterruptamente, a potência vivificante do Espírito, que o ressuscitou. Esta identificação "crístico-assembleal", no rastro da teologia da aliança, é embasada, com aguda capacidade sintética, por G. Boselli:

> a cristologia é, em si mesma, uma teologia da assembleia; e quando o autor da Carta aos Hebreus põe na boca de Jesus as palavras do Salmo 40: "Não quiseste nem vítima nem oferenda, mas formaste um corpo para mim" (Hb 10,5), esse corpo preparado por Deus não se esgota no corpo histórico de Jesus; mas, através do corpo histórico de Jesus, Deus pretende formar o corpo que é a Igreja, esse povo que ele adquiriu[316].

Portanto, a comunidade reunida, sobremaneira para a eucaristia, encarna o próprio *Mysterium Salutis*, e não só por via intermédia, como seria se apenas refletisse algo da extraordinária potência do sacramento eucarístico[317]. Formando a assembleia para a celebração do memorial pascal e o seu prolongamento, como no caso da liturgia das horas ou de outros sacramentos, ela já se identifica com Cristo, que atrai e une todos a si no mistério de sua cruz e ressurreição. A aliança

---

315. O caráter comunitário da liturgia, exigido pela *Sacrosanctum Concilium*, não é somente um elemento agregado ou preferencial, determinado por um valor sociológico redescoberto nos últimos anos. A 'comunitariedade' faz parte do desígnio divino, enquanto Cristo é inseparável dos seus membros (CAVAGNOLI, G., Il modo di intendere la Chiesa, p. 79).

316. BOSELLI, G., O sentido espiritual da liturgia, p. 109.

317. Evitamos, sem dúvida, qualquer afirmação ou acentuação indevida, que retire do caráter sacrifical da eucaristia a primazia e a centralidade que lhe correspondem, conforme adverte C. Giraudo (GIRAUDO, C., Admiração eucarística, p. 55).

já se consuma neste movimento de fundo que "vai do corpo de Jesus, crucificado e ressuscitado, para o corpo 'total' de Cristo glorificado[318]".

De fato, esta é a resposta que a Igreja pode dar à convocação divina recebida: em assembleia e a partir da assembleia, deixar-se fazer corpo de Cristo. Não um corpo inerte, sem espírito e sem vida, sem liberdade e sem iniciativa, mas ativamente identificado com o "ser" do Filho. Em oferta agradável ao Pai, no acontecimento pascal celebrado, a Igreja oferece-se em Cristo, integralmente, na fé-obediência, abrindo com ele a salvação para a inteira humanidade, e reunindo toda a realidade criada na participação da glória indestrutível do Cordeiro. Ele "disse": "Eis-me aqui – no rolo do livro está escrito a meu respeito –, eu vim, ó Deus, para fazer tua vontade" (Hb 10,7). Obediência radical, adesão inamovível e disposição plena são a herança que o Senhor compartilha com as assembleias que celebram sua memória, constituindo-as no seu corpo oferente, vivo e glorificado.

Não obstante a intensidade destas considerações e a amplidão de suas perspectivas, a fraqueza humana continua sujeita a oscilações em sua fidelidade e íntima identificação a Cristo, enquanto constituição de seu corpo histórico e atual. Nas situações de queda e dissenso, dá-se uma interrupção do diálogo salvífico porque o parceiro eleito de YHWH deixa de ouvir e responder. À assembleia impõe-se, logo, a tarefa da conversão, seja reconhecendo-se coletivamente culpada e expondo-se ao perdão divino, seja intermediando a reconciliação entre Deus e aquele seu membro pecador. Trata-se, sem dúvida, de mais um aspecto relevante quando se pensa a relação dialogal da aliança.

O chamado à conversão e à misericórdia exprime, no suceder-se das fases que compõem a história salvífica, aquilo que a convocação à aliança comunica e realiza na pré-história de Israel e da Igreja. É a mesma voz desconcertante, insistente, propositiva, suave, mas acalorada pelas pulsações do coração divino, que é capaz tanto de mostrar o rumo a seguir, no estabelecimento do pacto, quanto de corrigir a rota depois de um desvio comprometedor[319]. Da parte de Deus não há oscilações significativas quanto às intenções iniciais ou quanto ao tom da comunicação com o povo de sua eleição. Constantemente atenta à palavra de Deus, a

---

318. CORBON, J., A fonte da liturgia, p. 65.

319. Fala-se, nas ocasiões de flagrante pecado do povo, da "ira de Deus". Vale ressaltar, todavia, que no pensamento bíblico ela corresponde à oposição que Deus impõe ao mal, não ao ataque ou transbordamento da cólera emocional divina. É muito mais um "basta" à maldade praticada que um golpe furioso em quem o pratica. Completa W. Kasper: "A ira de Deus é, por assim dizer, expressão ativa e dinâmica de sua essência santa. Por isso, a mensagem da justiça divina não pode ser apagada da mensagem do Antigo nem do Novo Testamento, nem eliminada por meio de interpretações minimizadoras" (KASPER, W., A misericórdia, p. 73). O testemunho da revelação cuida de salvaguardar a graça de Deus de qualquer "barateamento", que significaria uma conivência divina com o fraco empenho da outra parte. Sua voz à assembleia é comprometedora e decidida, ainda que sujeita aos ditames de sua misericórdia.

assembleia celebrante é instada a ouvir esta única e perene voz, que rememora seu chamado original e dispõe-lhe, novamente, a uma resposta positiva, aprimorada e purificada pelo contínuo processo de conversão.

O testemunho das Escrituras adverte, no entanto, que a gravidade do pecado e a persistência no mal podem causar danos importantes, senão definitivos, à vivência da aliança. Aí, já não bastam meras exortações e pequenas emendas. A opção pelo pecado interpõe entre o povo e seu Deus uma barreira, que soterra a confiança e esmaga a fidelidade. Em tais circunstâncias, Israel torna-se um parceiro recalcitrante, sob juízo e ameaçado pela liquidação do pacto[320].

Os profetas não deixarão de advertir sobre este risco permanente, que contamina o culto, tornando-o dissimulado, vazio e estéril. Desse jeito, ele não é mais capaz de sustentar nenhuma coesão comunitária. A existência de Israel, também, termina debaixo de suspeição, visto que depende de YHWH e da aliança com ele. A experiência do exílio como efetiva dispersão do povo e de suas assembleias é a comprovação histórica e teológica desta verdade[321].

Por iniciativa da misericórdia divina[322], colocam-se, então, para Israel três novas e necessárias condições, para que este possa apostar, ainda outra vez, na sua subsistência. São elas: admitir sua condição de dispersão (Jr 29,5-7), confrontando-se pesarosamente com as causas que o levaram a tal estado (Sl 74,1 e Lm 5,22); viver e manifestar arrependimento – o que supõe renúncia à sua pretensão autonomista, fazer memória da vida com YHWH e convencer-se sobre a bondade da lei (Dt 4,29s) –; e, por fim, cultivar a esperança na reunificação (Jr 31,10; Is 55,12s; Ez 37,12s), sempre clamando o perdão divino[323].

Fica difícil não notarmos nestas três condições ou atitudes penitenciais o cultivo de uma sentida saudade, quase uma evocação descritiva da assembleia, com tudo aquilo que ela sinaliza e disponibiliza ao povo da aliança. Contra a ilusão de uma autonomia arrogante e do isolamento egoísta – que levam ao enfraquecimento dos laços comunitários, até a dispersão de seus membros –, deseja-se novamente aquele espírito de unidade e comunhão que a reunião assembleal cria e cultiva. Contra a rebeldia à lei, que desequilibra as relações fraternas, aspira-se

---

320. BRUEGGEMANN, W., Teologia do antigo testamento, p. 572.

321. Alguns autores de teologia bíblica referem-se ao exílio como "ponto de aniquilação". O testemunho espontâneo de Israel sobre si mesmo captou a gravidade deste momento nesta perspectiva, crendo-se, novamente, inexistente (cf. BRUEGGEMANN, W., Teologia do antigo testamento, p. 574).

322. O que parece contradição, já que o mesmo Deus estabelece tanto os limites da desobediência como o remédio contra a sua "sentença", explica-se por sua misericórdia como "justiça criadora": é a obrigação interior que Deus, livre e graciosamente, assumiu consigo mesmo ao criar e escolher um povo (KASPER, W., A misericórdia, p. 74).

323. BRIGHT, J., História de Israel, p. 416-421.

de novo à escuta da palavra de Deus. E contra a solidão e o abandono provados no exílio, almeja-se celebrar, ainda uma vez, a reconfortante experiência da comunhão divina. Paradoxalmente, entre os clamores do Israel exilado e seus sonhos de reconstrução, a assembleia apresenta-se em toda a sua imprescindibilidade. De fato, é por meio dela que aspectos decisivos da relação com Deus e garantidores da existência de Israel são vivenciados e incorporados.

Assumidas todas estas etapas regenerativas pelo parceiro infiel, a resposta de YHWH não se faz esperar e encaminha-se, justamente, sob a égide de um poderoso verbo: congregar. Antítese do "dispersar", tão evidenciado nos fatos que concorreram e precipitaram-se no período exílico, ele e seus sinônimos emergem ao lado de imagens positivas e ternas, dentre as quais destaca-se a do pastoreio, como obra compassiva de Deus que recolhe novamente o rebanho espalhado e vulnerável:

> Como o pastor cuida do seu rebanho, quando está no meio das suas ovelhas dispersas, assim cuidarei das minhas ovelhas e as recolherei de todos os lugares por onde se dispersaram em dia de nuvem e escuridão. Trá-las-ei dentre os povos, reuni-las-ei dentre as nações estrangeiras e reconduzi-las-ei para o seu solo, apascentando-as sobre os montes de Israel, nas margens irrigadas dos seus ribeiros e em todas as regiões habitadas da terra[324].

Uma nova assembleia para renovar a aliança, sobre os montes de Israel, à fresca das fontes que jorram ao longo da estrada deste novo êxodo, é a imagem da reconciliação. O pastor – YHWH – reúne seu povo, outorgando-lhe uma nova convocação e, assim, moldando novamente seu rosto, fixando-o na terra da promessa e abrindo-lhe um novo destino. Não é, de fato, Israel quem se reúne autonomamente, recolhendo, quem sabe, suas últimas forças de coesão para salvar seu projeto nacional. "Jamais se afirma que ele próprio irá reunir-se[325]". A fisionomia e a fisiologia da assembleia regeneram-se a começar da iniciativa totalmente divina de convocar e reunir, até atingir uma adesão renovada da liberdade humana, na unidade celebrativa de um povo escolhido.

---

324. Ez 34,12s. Ainda que esta profecia seja introduzida por uma forte condenação aos "maus pastores" de Israel, a promessa transcende a negatividade da repreensão. O Deus de Israel será, ele mesmo, o pastor que congrega o povo disperso, como já fizera antes. Sua mensagem é bálsamo que suaviza as dores e queimações do intenso processo de purificação por que passa toda a nação, praticamente aniquilada. É Deus, e não outro, o convocador, o reunidor, aquele que atrai para o centro de seu coração misericordioso o povo pecador (BOADT, L., Ezequiel, p. 652).

325. LOHFINK, G., Jesus de Nazaré, p. 83.

Sob Esdras e Neemias, celebra-se, com efeito, uma assembleia solene (Ne 8) de escuta e renovação do pacto, cuja leitura da lei estende-se por toda a manhã, causando uma comoção e uma alegria comparáveis somente àquelas da chegada à outra margem do Mar Vermelho e às encostas do Sinai. Será, mais uma vez, a assembleia aquela ocasião benévola e regenerativa, onde os verbos "amar", "curar" e "perdoar" virão atuados por YHWH de uma maneira absolutamente surpreendente, enquanto ele se faz "ver", "tocar" e assimilar por Israel no culto[326].

Esta celebração de restauração da aliança, por sua parte tão bem preparada – como o demonstram a reunião na praça, o estrado de madeira construído para a ocasião, a ordem com que se distribuíram as pessoas – e tão bem executada – a perceber-se na solenidade com que se apresenta o livro da lei, na leitura clara, explicada em seu sentido salvífico, na escuta atenta e na oração unânime –, devolve ao povo sua alma e identidade. Reaviva-se em sua consciência tanto a certeza de sua absoluta miséria e dependência de YHWH quanto a evidência do amor misericordioso que só o Deus da aliança é capaz de dirigir ao seu povo escolhido. Daí, talvez, as lágrimas que escorrem nesta assembleia (Ne 8,9).

O Israel recomposto assume, a partir daquele momento, compromissos renovados de fidelidade ao pacto, através da reunião constante de sua gente, à luz da noção de seu papel de *partner* da aliança. "Sucessivamente, surge o culto sabático sinagogal[327]". Quer dizer: para dar perenidade à obra restauradora de YHWH, no rastro da solene celebração de retomada da aliança, vem implantada uma nova ordem cultual, centrada na fé e num modo de viver coerentes com a consciência amadurecida da aliança, depois de todas as vicissitudes experimentadas no exílio[328]. A cada sábado, uma celebração assembleal, em torno da palavra de Deus, há de reavivar as verdades e os compromissos que fazem Israel ser quem é.

A esta altura e a partir desta última observação, resulta-nos evidente que não poderíamos concluir estas anotações sobre a assembleia como eixo sacramental para uma adesão à aliança sem extrair, de todo o conjunto, ao menos um breve aceno sobre o importante papel que a celebração desempenha dentro dela. No paradigma bíblico não há nada de ocasional nesta relação: as reuniões assem-

---

326. "Libertar", "salvar", "curar" e "redimir" são verbos que com frequência comparecem como paralelo a "reunir", concedendo a este último uma força e uma riqueza significativa que lhe transformam em termo técnico da soteriologia judaica, quase um conceito fixo para introduzir a ideia de salvação (LOHFINK, G., Jesus de Nazaré, p. 83).

327. DE ZAN, R., Os múltiplos tesouros da única palavra, p. 26.

328. MACKENZIE, J. L., Sinagoga, p. 883.

bleais decisivas para Israel têm sempre um caráter cúltico e ritual muito bem explicitado, e, por sua vez, suas celebrações litúrgicas requerem sempre a reunião da assembleia[329]. No Novo Testamento, a celebração litúrgica é uma das notas constitutivas da nascente vida eclesial[330]. Consequentemente, avaliar com mais vagar a dimensão celebrativa pode ajudar-nos a aquilatar mais este aspecto – último nesta modesta abordagem – que integra as relações entre a assembleia e a aliança, projetando-nos, enfim, ao pleno reconhecimento da natureza sacramental da reunião cristã, a partir de suas raízes judaicas.

De fato, conforme já pudemos recordar no capítulo anterior, a aliança não é ratificada sem que Moisés, Aarão, Nadab, Abiú e os setenta anciãos subam à presença de YHWH para vê-lo e celebrar, em sua presença, um banquete (Ex 24,9-11). Diferentemente do sangue aspergido, que poderia ter também uma conotação "civil" e legal, segundo a simbologia dos pactos antigos, este banquete é permeado de uma necessidade puramente cultual, a indicar que "um dos traços característicos de Israel é estar na presença de YHWH, ver a face de Deus, comungar com YHWH diretamente, face a face[331]".

O progredir da história da aliança confirma este dado ancestral, na medida em que põe no centro do culto israelita um calendário de grandes festas anuais, "nas quais o adorador deveria apresentar-se diante de YHWH: a festa dos ázimos, a festa da ceifa e das primícias e a festa da colheita[332]". Nada é mais importante que o peregrinar, nestas ocasiões, para "estar na presença" e realizar as assembleias prescritas. Tudo sob a noção teológica de continuidade do tempo histórico-salvífico pelo regime dos ritos, palavras e sinais[333].

Mesmo que sejam realizados muitos sacrifícios em tais comemorações, principalmente nas fases em que o templo assume o protagonismo da sua vida religiosa, Israel não é contaminado por uma mentalidade tão intensamente mágico--sacrifical a ponto de comprometer a relação original que, desde o princípio, nutriu com Deus. Caso contrário, teria adulterado irremediavelmente a originalidade da experiência religiosa que lhe serve de base identitária.

---

329. Assim sintetiza S. Marsili esta relação de mútua interioridade entre a comunidade de Israel e seu culto: "… a espiritualidade judaica não é compreensível se for separada de sua liturgia, que representa a ritualização das relações entre Iahweh e o seu povo, relações que eram justamente a espiritualidade de Israel, a qual é, certa e originariamente, uma 'espiritualidade cultual'" (MARSILI, S., Sinais do mistério de Cristo, p. 632).

330. BASURKO, X., O culto na época do Novo Testamento, p. 49.

331. BRUEGGEMANN, W., Teologia do antigo testamento, p. 562.

332. BRIGHT, J., História de Israel, p. 213.

333. AUGÉ, M., Domingo, p. 15.

Seu culto é comemoração da ação divina na história. Comparecendo à presença sagrada, Israel faz a renovação de sua condição de povo convocado, mantém viva a memória das ações salvíficas de Deus em sua história e dispõe-se à fidelidade na aliança. Celebra, enfim, fatos passados que, providencialmente desencadeados, abrem esperança para um futuro de salvação definitiva, enquanto dão sentido à observância e ao compromisso presentes[334]. É este o aspecto essencial e permanente da celebração judaica, a ser traduzido em sinais e palavras adequados para a inteira comunidade.

Em vista disto, as assembleias israelitas mobilizam-se para suprir tal necessidade comunicativa de viés ritual, estético e lúdico, imposto, também, pela particular natureza do proponente da aliança. Afinal, a santidade de YHWH reluz, fascina, encanta os sentidos, significa separação de tudo o que é feio, disforme e opaco. Israel precisa, regularmente, em assembleia, apresentar-se ao "sólio" de YHWH, isto é, à irradiação da glória e da santidade divinas, expondo-se à luz desta beleza mística, para que sua identidade de parceiro da aliança seja revigorada e realçada. É este, de fato, um dos papéis do rito[335]. A experiência litúrgica encarrega-se, enfim, de cultivar esta aproximação entre beleza, santidade e experiência histórica na consciência do povo eleito, de modo que este não acostume o olhar de sua fé com o que é impuro, mentiroso e artificial – enfim, idolátrico.

É necessário, portanto, considerar este aspecto, que nada tem de secundário ou acidental no que se refere à composição das assembleias de Israel: toda a tradição da beleza que se construiu ao redor do tabernáculo e, posteriormente, do templo, exprime este caráter sensível e impressionante da presença de Deus[336], que se dignou mostrar ao povo escolhido e habitar, aí, entre suas agruras, conquistas e assembleias. Misericórdia assim, tão alta e extraordinária, não pode ser descrita, somente, através das notas de literatura sapiencial, das narrativas históricas, ou mesmo da poética sálmica e da verve criativa dos profetas. Impõe-se a necessidade de lançar-se àquela operação simbólica e ritual, que faz passar a um outro plano, além das elaborações conceituais ou das expressões verbais, para a contemplação celebrativa da ação de Deus[337]. Uma espécie de *shabbat* da própria consciência religiosa, ou a confissão de sua especificidade, irredutível à lógica e ao léxico das ideias humanas[338].

---

334. SESBOÜÉ, D.; LACAN, M. F., Festas, p. 350.

335. ELIADE, M., O sagrado e o profano, p. 90.

336. Ex 25–31; 35–40 e 1Rs 6,14-38, por exemplo.

337. STEFANI, P., La via simbolica della bellezza, p. 23.

338. Adiantamos um conteúdo que será desenvolvido mais adiante, quando se tratará da relação entre assembleia litúrgica e tempo. Desejamos, contudo, expressar a gratuidade e a liberdade que o culto, assim como o *shabbat*, dispõem para uma aproximação mais profunda da revelação salvífica de Deus.

A assembleia celebrante, deste modo, rende-se à admiração e ao louvor da realidade celestial, a ponto de experimentar, como um agraciado conviva à mesa do anfitrião divino[339], através dos brindes, cortesias e obséquios rituais da ação cultual, a saciedade de sua sede de vida, liberdade e felicidade. Com esta linguagem toda particular e simbólica, a assembleia celebrante torna-se, ela mesma, "glória de Deus[340]", ou seja, a expressão vivente da grandeza, misericórdia e justiça de Deus – sacramento.

No cumprimento da economia neotestamentária, todos estes elementos fundem-se na pessoa de Jesus Cristo, o "belo" pastor, cuja face se mostra nas assembleias da Igreja e cujo corpo se oferece na comunhão dos fiéis reunidos. Sob a presidência do ministro ordenado, que faz as vezes do "ministro do Santuário e da Tenda, a verdadeira, armada pelo Senhor, e não por mão de homem" (Hb 8,2), tais assembleias constituem-se em pequenos e breves focos de terra renovada e redimida, ou sacramentos das realidades transfiguradas pelo fulgor da ressurreição. A beleza da reunião e do culto, nestas circunstâncias, também não tem nada de secundário. Ela torna-se a "chave do mistério e apelo ao transcendente[341]", instrumento para acessar esta situação privilegiada de consumação da aliança definitiva no mistério de Cristo.

Profeta anunciador do reino de Deus e agente revelador de sua realização na história, o Filho encarnado é, com efeito, "conteúdo e forma[342]" da beleza. Daí que a liturgia busque na *kénosis*, na *diakonía* e no *ágape* da cruz a autenticidade para sua expressão e mensagem[343]. Deste modo, a assembleia litúrgica cristã encarna uma beleza que não há de se buscar a qualquer preço, nem há de sugerir qualquer traço de vaidade, frivolidade, intimismo ou afetação. Ela será, tão somente, identificação com o coração da nova e eterna aliança, sob o prisma do despojamento e da dignidade, como só o amor pode conjugar de maneira tão eficaz. Ela será, por derivação, beleza sacramental.

A celebração assembleal do Novo Testamento e da idade eclesial é, portanto, a experiência da maturidade estética, da apropriação de um olhar que recolhe e atravessa as mediações, inclusive cúlticas e sagradas, para repousar no seu centro de unidade e emanação de sentido, quer dizer, a absoluta bondade-verdade-beleza de Deus. No Cristo pascal, este esplendor divino refulge, atrai tudo a si e redime a corrupção e a impureza da criação, sujeitada às dores do pecado com seu guar-

---

339. BRUEGGEMANN, W., Teologia do antigo testamento, p. 565.

340. SANTANA, L. F., Liturgia no Espírito, p. 52.

341. BOROBIO, D., A dimensão estética da liturgia, p. 15.

342. BOROBIO, D., A dimensão estética da liturgia, p. 18.

343. BOROBIO, D., A dimensão estética da liturgia, p. 21.

dião humano[344]. Na consumação da obra redentora de Cristo, toda a vastidão do universo e toda a extensão da história serão atravessadas e regeneradas por este único critério estético-divino.

Cremos que, cumprido este percurso, podemos concluir que a assembleia apresenta credenciais suficientes para assumir o título de eixo viabilizador à experiência da aliança. Com efeito, a assembleia é a caixa de ressonância da voz de Deus e, ao mesmo tempo, a resposta mais imediata, mais sugestiva e mais promissora ao chamado salvífico. Ela consegue articular, sem rupturas e obstruções, tanto o aspecto gracioso do pacto, com toda a carga afetiva que lhe atravessa, quanto o aspecto ético e comprometedor do "ouvir" e "fazer justiça", que ressoam em si a partir de dentro.

Agregação dos eleitos e convocados, ela já é o primeiro âmbito da vivência da aliança como observância da lei, no seu sentido mais profundo e antilegalista. Daí que, a partir dela, se amplie, para o contexto maior – social, local e nacional –, as indicações do pacto, os frutos da comunhão com Deus, a fraternidade vivida no durante celebrativo, que se torna princípio de convivência e relacionamento em sociedade. Assim, é também no retorno a ela que se consolida a reconciliação com YHWH e com a própria vocação de povo da aliança após as desventuras da desobediência humana.

Por fim, é na celebração assembleal que se tem acesso à linguagem e ao contexto que viabilizam o encontro com Deus, como autêntica experiência estética. As ideias e os discursos teológicos, as boas intenções pastorais, as mais nobres moções interiores e espirituais, tudo isto só se conecta efetiva e verdadeiramente entre si e com a história dos indivíduos e comunidades se for integrado pelo dizer e o fazer celebrativo[345]. Na linguagem e na lógica alternativa do rito, eles atingem aquele nível tão profundo quanto a unidade fundamental de cada ser humano, nível, portanto, ideal e autêntico para o estabelecimento da aliança salvífica. Quer dizer, no contexto de uma intensa e significativa assembleia.

2.2. Comunhão vivida e celebrada: reflexos trinitários que plasmam a assembleia cristã

As considerações feitas até aqui sobre a sacramentalidade da assembleia litúrgica procuram respeitar, com o máximo rigor, as próprias disposições da eco-

---

344. Torna-se interessante, a propósito, um excurso pela "teologia" da arte figurativa da Ressurreição: J. Ratzinger o faz com competência e originalidade em: RATZINGER, J., Introdução ao espírito da liturgia, p. 85-99.

345. GELINEAU, J., Em vossas assembleias, p. 88.

nomia divina, ou seja, seu efetivo ordenamento para a revelação e execução dos feitos salvadores. A busca das referências escriturísticas e histórico-salvíficas que norteou toda a sessão anterior, ao redor do conceito-chave "aliança", inscreve-se neste marco.

De agora em diante, contudo, há de se interpretar teologicamente o que este levantamento apurou. No dado bíblico, encontram-se princípios, elementos e índices que a teologia sistemática é capaz de reconhecer e perscrutar, de maneira a enriquecer em definitivo nossa investigação. Cabe-nos, portanto, evidenciar que consequências é possível extrair da constatação bíblico-teológica de que a assembleia litúrgica é portadora da verdade salvífica com uma intensidade e uma significatividade absolutamente originais[346], a ponto de constituir-se em seu sinal privilegiado.

Talvez pudéssemos partir amparados pela competência e autoridade de C. Vagaggini ao elaborar, em sua obra de referência, o conceito sacramental da assembleia:

> Toda assembleia cristã como tal, (...) possui valor de sinal na liturgia enquanto é convocação de Deus em Cristo Jesus, a reunião 'no nome' de Cristo, congregação do *populus Dei* e, como tal, realiza em si a *ekklesía* de Deus (*qahal Iahweh*) do Antigo Testamento. É a expressão máxima da comunidade local e da Igreja universal e já é um primeiro esboço da sombra anunciadora da liturgia cósmica e perfeita da Jerusalém celeste de que fala o Apocalipse[347].

Segundo o autor, a sacramentalidade da assembleia litúrgica deriva de sua qualidade de "convocada". É esta a sua condição existencial e sua emanação comunicativa mais autêntica. A reunião celebrativa cristã não nasce circunscrita a necessidades de socialização que, embora não contenham em si nada de depreciativo e pertençam ao núcleo das realidades humanas, são, de qualquer maneira, segundas em relação à ontologia[348].

---

346. Parece-nos conveniente enriquecer este pensamento recorrente em nosso trabalho com a elaboração do liturgista C. Valenziano, quando se refere à assembleia litúrgica como a "biologia espiritual" do cristianismo. As "funções vitais" e as estruturas de sobrevivência da fé cristã passam pela liturgia e, privilegiadamente, pela assembleia (VALENZIANO, C., Liturgia e antropologia, p. 213).

347. VAGAGGINI, C., O sentido teológico da liturgia, p. 73.

348. Não pretendemos reforçar aqui o já tão criticado desequilíbrio substancialista da visão antropológica clássica, que quase antagoniza a identidade profunda do sujeito pessoal com as interações que venha a estabelecer (RUBIO, A. G., Unidade na pluralidade, p. 310). Interessa-nos, somente, reconhecer que entre o ato de sair de si para a relação, que é constitutivo da pessoa, e o seu "ser", há uma tensão, que não anula nenhum dos dois polos e nem os confunde. Na verdade, uma sutil, mas real, autonomia em nível ôntico deve ser reconhecida, sob pena de se pôr em risco a própria liberdade, responsabilidade e dignidade dos indivíduos.

Daí que, teologicamente, não se possa, sem mais, classificar a assembleia cristã entre as outras aglomerações humanas: ela é produto de um pronunciamento divino. Ela exprime e realiza a Igreja que, transbordando dos usuais limites históricos e sociais, alcança estatura sacramental graças ao princípio teândrico que lhe é inerente. Mais adiante, esta relação entre o mistério da Igreja e a assembleia será considerada com mais atenção. Por ora, basta-nos assumir que a ocorrência de uma assembleia cristã não se explica apenas pela somatória dos homens e mulheres que acorrem ao mesmo lugar para a ação cultual comum e causam, assim, um evento significativo. Todo o itinerário bíblico e sua inteligência teológica testemunham que a reunião litúrgica do povo convocado é a concreção histórica de um dispositivo absoluto de Deus que, por sua vez, decorre daquilo que ele mesmo é: comunhão.

Consequentemente, a teologia sacramental da assembleia litúrgica cristã deita raízes no núcleo de toda a reflexão sistemática, a saber, o fecundo relacionamento intratrinitário. É ele que se reflete e desdobra no esquema reunidor e sinalizador com que o sujeito divino plasmou a economia salvífica, escandindo-a em assembleias. Dele é que as assembleias eclesiais haurem consistência e identidade.

Nesta perspectiva, a compreensão teológico-sacramental da reunião litúrgica abre-nos à perscrutação de, nada menos, que a própria vida divina em seu jorrar eterno, qual rio que parte da fonte – o Pai –, para chegar à foz – o Filho –, sem, contudo, deter-se ali: no movimento bidirecional das correntezas do amor – o Espírito Santo –, tanto volta para a fonte quanto transborda de sua generosa foz, em nossa direção[349]! Na sagrada liturgia, este "rio" atinge o mundo e o fecunda sempre de novo, a começar das comunidades reunidas para celebrar a fé.

Com efeito, na assembleia convocada e feita partícipe do desenrolar dialógico-pactual da aliança, o Deus tri-uno revela a si mesmo, dá a conhecer sua essencial *communio*[350]. Ao juntar da dispersão, fazer convergir da dissipação e reintegrar do alheamento – enfim, ao agir salvificamente –, a comunidade trinitária dirige novamente para o mundo seu dinamismo reunidor interno, restaurando aquela obra de harmonia e fácil comunicação já estabelecida por ela mesma na aurora da criação.

Será, pois, sempre dom trinitário a obra da reconciliação salvífica, visto que Deus, desde que decidiu ser criador e, mais ainda, quando, em Jesus Cristo, fez síntese com a criação, existe, necessariamente, entrelaçado com ela. Sua interven-

---

349. CORBON, J., A fonte da liturgia, p. 20.

350. A teologia trinitária de G. Greshake, construída sobre a categoria *communio* para exprimir as relações intra e extradivinas, serve-nos de referencial para esta reflexão (GRESHAKE, G., El Dios uno y trino, p. 223).

ção não se dá a partir de fora, arbitrária e descomprometidamente. Mas, também, não é segunda, como se somente se aproveitasse dos gestos de magnanimidade humanos, sem participar deles. Ele age na ordem dos acontecimentos da história, no tecido mais interno e vivo da "carne do mundo", segundo uma definição inspirada em M. Merleau-Ponty e aplicada à reflexão teológico-trinitária por J. Moingt[351].

Fluxo e refluxo entre nós e o mundo, fazendo emergir desta relação de reciprocidade o sentido, esta "carne" corresponde, afinal, à trama comum de todas as coisas. Divergindo da associação que, talvez, possa ocorrer-nos espontaneamente, a "carne do mundo" não é a pura materialidade do criado, a mera concretude corpórea, nem, tampouco, os sentidos ou a pura passividade, mas a reversibilidade entre tais realidades e as nossas instâncias de aquisição de sentido. Nela existimos, percebemos os fenômenos, deixamo-nos afetar por eles, interpretamos o real e cremos.

Exatamente ali a Trindade se reflete, fala e age, na medida em que faz irromper a palavra, a vida, o chamado, a fé, a aliança e a redenção, em dinâmica e loquaz reversibilidade. Ou, dito de outra forma, numa ininterrupta disposição ao diálogo e ao compartilhamento de sua original comunhão comunicativa. "Nosso pressuposto será, pois, que Deus – o Deus da revelação trinitária – fala de dentro do mundo, porque está ali, e que sua palavra nos atinge, como toda a verdade, pelos caminhos do invisível do mundo[352]".

Ora, as assembleias para a celebração da aliança são a expressão privilegiada desta intersecção comunicativo-salvífica, conforme temos insistido até aqui. Nelas se dá resposta imediata ao efeito que a palavra divina, do interior da "carne" de tudo o que existe, faz emergir como um chamado à comunhão universal e com Deus[353]. Ao mesmo tempo, nela se dá a primeira e clara reflexão deste dinamismo criador-convocador, redentor-reunidor, e unificador-santificador – trinitário, essencialmente – em ação na história. A assembleia cristã acontece com base neste vínculo direto e bidirecional entre a disposição divina de reunir e salvar e a liberdade humana, ambas entranhadas na "carne do mundo".

A evidenciação desta estrutura reflexa e dialogal, que permeia a história, o mundo e o agir divino sobre eles oferta-nos o "atestado" teológico de que a reunião assembleal, antes mesmo que se considere aquilo que vem realizado em sua celebração, tem uma sacramentalidade original e específica. Não é a ação ritual a instância que lhe confere valor sacramental, como se a assembleia não "fosse"

---

351. MOINGT, J., Deus que vem ao homem, p. 28.
352. MOINGT, J., Deus que vem ao homem, p. 33.
353. BOSELLI, G., O sentido espiritual da liturgia, p. 100.

senão realizando algo. A assembleia, conforme ressalta J. Gelineau, "não é simplesmente a condição material do culto litúrgico. Ela já é, por si, mistério e sacramento, graças à presença atuante do Senhor"[354]. Ou, como afirma G. Boselli, a assembleia litúrgica já é "a primeira e fundamental ação litúrgica (no sentido etimológico de *leitourghía*, 'ação do povo'), é a resposta do povo ao chamado de Deus (...). Definitivamente, o constituir-se dos cristãos em assembleia é a *actio liturgica* primordial"[355].

Logo após a convocação e antes mesmo de qualquer movimento ritual ou murmúrio de prece, a assembleia reunida é já evocação viva e *locus* privilegiado da autocomunicação divina. O culto explicita, tematiza, ratifica e desdobra o que, em si mesma, a assembleia antes foi chamada a ser: sinal da *communio* trinitária doada. Ela tem sua própria força sacramental, uma capacidade ímpar de manifestar o eixo reunificador sobre o qual gira toda a economia salvífica, mediante a ligação responsorial com a iniciativa divina de diálogo e aliança.

Ademais, considerando que o conjunto das palavras e ações divinas de revelação e salvação traz ao nosso encontro não uma representação, mas a verdade da imanência trinitária, como adverte K. Rahner[356], temos, na assembleia litúrgica, uma real manifestação de Deus em seu mistério essencial. Não se trata, absolutamente, de uma evocação distante ou uma reminiscência fugaz. Mas, desde que Cristo luziu em nosso rosto a verdadeira face do Pai (Jo 14,9) e fez, em nossa exilada condição, a apresentação de seu amor vivente, por palavras e obras, derramando-o depois sobre nós na consumação de sua Páscoa, sabemo-nos radicados em seu mistério decisivo[357]. Este é, de fato, o núcleo de toda a teoria sacramental: a ponte lançada por Deus na direção da humanidade, a partir do Filho encarnado e glorificado, para o engajamento de todas as realidades humanas em seu desígnio salvífico. Cristo é o sacramento primordial e fontal[358].

A fim de compreendermos o vasto horizonte que a sacramentalidade comunional da assembleia litúrgica campeia, há de se considerar ainda, e com mais atenção, algo que já mencionamos acima sem desenvolvê-lo suficientemente: na criação está impressa, em definitivo, a marca da *communio* trinitária[359]. Nem mesmo toda a trama de contradições enumeradas pelo autor javista em seu relato

---

354. GELINEAU, J., O mistério da assembleia, p. 50.
355. BOSELLI, G., O sentido espiritual da liturgia, p. 101.
356. RAHNER, K., Curso fundamental da fé, p. 168-170; LADARIA, L.F., O Deus vivo e verdadeiro, p. 37-52.
357. LADARIA, L. F., O Deus vivo e verdadeiro, p. 25.
358. SCHILLEBEECKX, E., Cristo, sacramento do encontro com Deus, p. 49.
359. GRESHAKE, G., El Dios uno y Trino, p. 391.

da criação (Gn 3,3-24), consequência direta da queda original, é capaz de anular ou apagar a verdade da identificação profunda que há entre o sujeito trinitário e sua obra criadora. Antes, os desencontros e falimentos reconhecidos pelo Gênesis evidenciam que a verdadeira vocação do homem e da mulher é o cultivo de uma antagônica rede de relacionamentos realizadores, que reluza como uma efetiva e ilimitada comunhão horizontal, cujo centro é o Deus criador[360].

J. Moingt desenvolve a questão da dispersão da humanidade em contraste com seu chamado original sob a perspectiva da ruptura da consciência individual. Explica-nos o autor que, na consumação da opção pecaminosa, a consciência do indivíduo vem cindida em sua relação primordial – com o outro –, afundando numa complacência desequilibrada pelo próprio eu, até instalar-se dramaticamente num fluxo contínuo de oposição e rejeição, que submerge, em cadeia, todas as outras consciências e mantém-nas afastadas de si. É este o devastador mecanismo anticomunional, implementado pelo "mal originário", ou seja, a eclosão da possibilidade má e egoísta no interior da liberdade humana. Esclarece, ainda, o teólogo francês, em aplicação bem prática:

> Aquele que tinha se engajado em uma via de salvação, indo pedir perdão ao irmão que ofendera, vê-se repelido e é assim confirmado em sua atitude primeira de cisão, e a perversão generalizada das relações de consciência pelo desencadeamento dos para-si egoístas e hostis torna ilusória a esperança de que uma reconciliação universal possa um dia sair dessa história[361].

A imagem de Deus plasmada na humanidade resulta, assim, ferida por uma deformidade real, grave e profunda, mas nunca definitiva, já que o arquétipo entranhado na "carne do mundo" – ou, mais precisamente, em seu expoente livre e consciente, o ser humano – não é outro senão o Filho eterno. Um pouco mais adiante, o mesmo J. Moingt lembra que os Santos Padres diziam que "quando o Pai modelava o homem à sua imagem, seu olhar estava fixado em Cristo como sobre o modelo a reproduzir[362]".

Ora, será este e não outro o ponto de contato entre o desígnio de Deus e sua criação. Mesmo manchada pelo pecado, a obra criada continua, todavia, estruturalmente propensa em Cristo, aguardando que novamente prorrompa em si aquele eco trinitário abafado em suas fibras mais fundamentais e interiores. A

---

360. RUBIO, A. G., Unidade na pluralidade, p. 159.
361. MOINGT, J., Deus que vem ao encontro do homem, p. 203.
362. MOINGT, J., Deus que vem ao encontro do homem, p. 205.

encarnação do Verbo tornará efetiva e histórica tal reconciliação[363], de modo a devolver a criação ao seu estado perfeitamente dialógico dos inícios e a estabelecer, além disso, uma economia sacramental consistente, sobretudo em suas mediações eclesioassembleais. No regime do sacramento, atualizar-se-á, sempre de novo, a condição redimida.

Ainda tendo em vista como os desdobramentos do pecado-dispersão, apresentados ao longo do relato bíblico, acirram, com crescente intensidade, a concorrência devastadora entre indivíduos e nações, assinalando desgraçadamente a humanidade criada para a *communio*[364], cumpre-nos insistir que a salvação anunciada no Novo Testamento assumirá esta função profundamente reintegradora, que refaça a coesão interna e resgate as capacidades comunicativas de todas as realidades legitimamente humanas, convocando-as, enfim, para uma renovação estrutural, à estatura de Cristo. Salvar não significará outra coisa senão resgatar a condição genuína de inteireza e harmonia que havia no universo, quando todas as coisas eram boas sob o olhar de Deus (Gn 1,31), que, na verdade, em tudo mirava o Filho.

À luz de tais asserções, somos levados a concluir que a assembleia reflete – eficaz e simbolicamente, segundo sua índole sacramental – aquela condição inicial do mundo e da história, quando a convergência para a comunhão divina coincidia com o próprio itinerário do peregrinar existencial da criatura humana e, com ela, de todas as outras criaturas. A relação harmoniosa e solidária entre si e com Deus é o verdadeiro espaço – a "carne" – onde todas foram enxertadas para a vida, para a realização de si e para a plenitude, até que se manifeste definitivamente sua completa participação na vida divina[365]. A assembleia já é, portanto, esta "carne" refeita e revigorada, de onde o Deus trindade acessa pri-

---

363. J. Corbon descreve assim o efeito reconciliador da encarnação: "A manifestação da plenitude da graça na carne é um mistério de unção: Cristo. Doravante, em Jesus, toda a energia de amor impregna a energia humana de uma 'unção' que assume e vivifica. Em Jesus, o Pai dá-se totalmente e o Filho acolhe-o. Nele, todo humano é oferecido e o Pai compraz-se nele. É nele que se verifica de modo eminente a sinergia que dará vida a tudo: não mais um acto [sic] divino de um lado e do outro lado um acto humano, mas um acto de Cristo 'crístico', se esta palavra pudesse fazer-nos redescobrir o realismo espantoso da palavra 'cristão'" (CORBON, J., A fonte da liturgia, p. 28).

364. Ilustra-o, especialmente, o episódio da "torre de Babel" (Gn 11,1-9). G. Greshake lembra que o pecado nunca é assunto privado, estanque. Em razão da estreita conectividade do real, cada ação individual é capaz de afetar todo o conjunto, diretamente ou conformando comportamentos destrutivos e desagregadores. Acumulados, estes dão origem a estruturas, circunstâncias e até instituições que envenenam mortalmente a convivência humana. Uma verdadeira "rede" anticomunional (GRESHAKE, G., El Dios uno y Trino, p. 394).

365. É necessário cautela para não reforçar um discurso de vertical subordinação como a espinha dorsal da relação de Deus com o mundo e o ser humano. A transcendência não aniquila o homem livre e consciente, mas investe-lhe de uma dignidade única (MOINGT, J., Deus que vem ao encontro do homem, p. 35).

vilegiadamente o tecido adoecido das relações entre nós e o mundo, ativando ali sua *communio* salvadora.

Se conseguimos demonstrar a profunda imbricação que há entre a comunhão trinitária, a vocação comunional da criação e a realidade assembleal, cabe-nos, agora, desvendar com maior precisão o que se compreende por *communio* trinitária. A teologia da assembleia depende desta evidenciação para identificar que vínculos interiores e que expressões exteriores é chamada a nutrir em relação ao mistério fontal da Santíssima Trindade. A assembleia não poderá ser sacramento se não refletir, transparecer e iniciar nesta realidade.

Há que se partir de analogias e exclusões, dado que se trata de algo especialmente complexo. A *communio* trinitária contraria duas realidades polarizadas e estáticas, que desvirtuam a categoria "relação". Está "diante do 'uno', que significa solidão ou fechamento em si mesmo, e também diante do 'duplo', que significa divisão e negação (eu não sou você) ou apresenta indícios de narcisismo (você existe para mim)[366]". Dirigindo-se mutuamente a palavra, não em face uma da outra, mas, antes, dentro uma da outra[367], as três pessoas da Trindade superam tanto uma atitude como a outra, ou seja, a solidão e o fechamento em si e, também, a divisão excludente e narcísica.

Como um nó relacional suficientemente coeso, mas absolutamente fluido, sem diluir e afogar as individualidades envolvidas, ele constitui unidade "entre" e "em" cada um dos polos da relação, que contribuem para a permanência do diálogo e da circulação de vida, com suas particulares qualidades e atribuições[368]. Ao mesmo tempo, cada uma das pessoas reflete, segundo seu modo próprio, a totalidade do acontecer trinitário. Elas são mediadoras umas das outras, a ponto de todas as três pessoas divinas serem presentes mesmo no ato específico de uma delas. Unidade e diferença, portanto, equilibram-se num dinâmico entrelaçamento de amor, onde amante, amado e laço de amor apresentam-se enquanto são e agem na diferença, sem deixarem de unirem-se sempre mais[369].

---

366. GRESHAKE, G., El Dios uno y Trino, p. 227.

367. É este diálogo "intrapessoal" o que os Evangelhos sugerem quando, nas duas grandes cenas teofânicas e trinitárias – o batismo e a transfiguração de Jesus – apresentam o Pai, que se dá a conhecer na medida em que toma a palavra e dirige-se ao Filho, mas se fazendo ouvir por todos. Ali, confirma a identidade do Filho, enquanto revela a sua própria identidade. O Pai, porém, não se limita a manifestar as duas identidades: sua voz "desce" em concomitância com o Espírito, que vem repousar sobre Jesus, demonstrando que ele, o Pai, inabita onde está sua complacência: no Filho. A completar esta cena, na transfiguração, especificamente, o Espírito envolve, através da nuvem, a comunicação do Pai e do Filho e os discípulos, integrando estes últimos ao diálogo divinamente estabelecido (MOINGT, J., Deus que vem ao encontro do homem, p. 151).

368. DAL COVOLO, E., Io credo in Dio Padre, p. 289.

369. GRESHAKE, G., El Dios uno y Trino, p. 233.

É, pois, este conceito de *communio*, atravessado pela ideia de equilíbrio-em-movimento, que nos interessa acentuar. Nesta tarefa a que nos propomos, não poderíamos nos contentar com uma percepção estática de comunhão, uma vez que a assembleia não é chamada à permanência, ao repouso perene, à cessação de todo o conjunto de ações, serviço e missão que compõem a vida eclesial. Antes, a assembleia litúrgica é o motor que atualiza, rememora e faz circular toda a "comunionalidade" que impregna a própria existência cristã, ativando nos indivíduos marcados pela fé e, assim, em toda a Igreja, a consciência e a experiência da *communio*. Seu acontecer decorre de uma sublime tensão entre convite e resposta, em ordem a um alargamento cada vez maior de seu alcance e de sua fidelidade em responder.

De fato, a assembleia é produto de dois verbos de ação: congregar e celebrar. Os sujeitos – humano e divino – alternam-se e complementam-se na execução destas ações, de modo que a assembleia só é realidade quando estes movimentos fazem convergir para a reunião-sacramento e fazem comungar, em gestos e preces, a memória pascal do Senhor em seu corpo místico. A comunhão trinitária que se entrevê da realidade assembleal não é uma homologação teórica, uma instituição fixa a ser reproduzida debaixo de determinadas condições. É uma disposição permanente, da qual toda a história da salvação está grávida, que se move com graça e leveza, eclodindo em cada reunião celebrativa do povo de Deus. É, enfim, o próprio agir trinitário na história, no mundo, na Igreja.

Na origem de todo o movimento de conjunção assembleal está o querer do Pai. Ele é quem lança, na imanência divina e na economia, um princípio reunidor vivo e eficaz, que a tudo e a todos atravessa. Mas, a despeito do que nos poderia advertir a experiência histórica, seu anelo unificador não possui sequer indícios de domínio, incomunicabilidade, fechamento ou violência. De fato, assim costumam configurar-se os movimentos humanos de aglutinação política ou para a implantação de sistemas sociais de tendência monopolizadora. Eles assumem a verticalidade e a submissão como requisitos básicos de unificação. No universo da religião, principalmente entre aquelas tradições identificadas pela crença na unicidade de Deus, é comum constatar-se alguma predisposição ao desenvolvimento de atitudes intolerantes, dominadoras, persecutórias e até de natureza violenta[370].

Em Deus, ao contrário, a unidade não se dá à custa da trindade[371], como se a existência e as expressões das diferenças ameaçassem o projeto de reunião. Embasado no princípio da intercomunicação, no exercício mesmo de sua consciência

---

370. MOINGT, J., Deus que vem ao encontro do homem, p. 145.

371. LADARIA, L.F., O Deus vivo e verdadeiro, p. 279.

infinita, o Pai lança-se ao diálogo que gera e ama ou, vice e versa, ama e gera, originando eternamente o Filho, que se volta para o Pai em total interatividade amorosa. "Assim, cada pessoa é total comunicação de si mesma, e a perfeita comunicação comporta harmonia total, unidade infinita, na plenitude da consciência, de amor e de liberdade[372]".

A assembleia que se reúne ao eco desta convocação divina não pode senão responder com uma disposição equivalente. Ela não é suscitada para ser imposição arbitrária, que solapa as diferenças, não admite a livre-determinação de si, ou que nivele a tudo, opaca e maciçamente. Sua comunhão se faz como abertura de um canal maduro e permanente de verdadeira comunicação, envolvendo os receptores e envolvendo-se num dinamismo amoroso-comunicativo que define, enfim, sua própria unidade. Não há, pois, na teologia da reunião cristã, nada que justifique uma atitude agressiva, desrespeitosa ou inoportunamente intransitiva[373]. A assembleia litúrgica, por sua parte e segundo suas prerrogativas, há de engajar-se na tarefa de:

> contar a história trinitária de Deus operando a salvação do mundo, traçando em nossa história as vias de seu Reino; transcrever ao mesmo tempo essa história de Deus na dos cristãos, indo ao mundo por cuidado da paz, da unidade, da felicidade da humanidade; depois, fazer dessa relação dos cristãos com o mundo a matéria de uma 'conversação' com ele, de um estilo novo, que possibilitará enunciar a relação do Deus Trindade com os homens[374].

Ser sinal da convocação divina e da índole comunional com que o Pai assinalou todo o criado e deflagrou a obra redentora coloca a assembleia diante de um imperativo ético profundamente solidário e inclusivo. Sua articulação interna há de introduzir, a partir da comunidade eclesial, uma atitude dialogal que aponte ao mundo o arranjo relacional trinitário, fonte, razão e princípio de toda a diversidade chamada a conviver nos tempos e espaços que abrigam a "carne" de tudo o que existe.

---

372. LADARIA, L.F., O Deus vivo e verdadeiro, p. 290.

373. Já observamos acima, na sessão referente ao dado neotestamentário, que Paulo defende, em situações críticas e extremas, a aplicação da excomunhão como veto de participação às assembleias da Igreja (1Cor 5,2-5; Gl 1,8, por exemplo). O efeito desejado para tal gesto disciplinar ou mesmo outros menos incisivos é um só: produzir arrependimento, em uma atmosfera de perdão e amparo fraterno. Não se deseja a exclusão permanente ou a imposição de barreiras ao indivíduo. Antes, procura-se que a pessoa assuma a própria responsabilidade e reflita sobre suas atitudes em relação à comunidade. Está em jogo a força do amor que emana de uma comunidade transformada, a desejar que vença a consciência da graça sobre qualquer assalto da concupiscência e do pecado (SCHMIDT, T. E., Disciplina, p. 473).

374. MOINGT, J., Deus que vem ao encontro do homem, p. 147.

Entretanto, tais disposições não passarão de esforço bem-intencionado e mero mimetismo exterior se não vier reconhecido o garante sacramental ou o centro pulsante que irradia para toda a realidade assembleal sua identidade trans-histórica: Cristo. Com efeito, é ele o princípio de realização íntegro e evidente da promessa de reunião salvífica cultivada durante todo o Antigo Testamento. Na sua pessoa-acontecimento inaugura-se a concreta possibilidade da realização definitiva da assembleia, prometida desde o Sinai, mas aberta para a era escatológica.

J. Jeremias sintetiza toda a obra de Cristo nesta definitiva tarefa reunidora: "é preciso afirmá-lo energicamente: toda a obra de Jesus visa unicamente reunir o povo escatológico de Deus[375]". Nele, o intento perseguido durante toda a primeira aliança – formar e confirmar o povo de Deus em sua vocação – alcança o cumprimento e a superação, quer dizer, oscila entre a continuidade e a descontinuidade evolutiva. Dirá J. Ratzinger: "Cristo, morto e ressuscitado, é o Sinai vivo; aqueles que se aproximam dele formam a assembleia eleita e definitiva do povo de Deus (Hb 12,18-24)[376]".

Com a manifestação da segunda pessoa da Trindade, a aliança, conteúdo celebrativo e existencial moldado em assembleia e erigido sobre a lei, encontra novo centro decisivo. Sua medida suprema vem estabelecida por aquele que se entregou até a morte de cruz. O culto que se realiza então é o da fé e da obediência, até tornar-se, em plena identificação com o dele, culto existencial, ou "sacrifício espiritual". Ao redor do Crucificado-exaltado é que se edificam, como "templos vivos", as assembleias da nova aliança, não mais forçosamente reunidas debaixo dos átrios do lugar sagrado, às voltas com um mistério exterior – sacrifício de vítimas terceiras, por exemplo – mas na comunhão íntima e integral com o Cordeiro de Deus.

O Filho atua, pois, no interior da assembleia em ordem a solidarizar todo o povo congregado ao seu "ser-para" o Pai. Seus atos pascais e redentores são históricos, mas não podem ser inteiramente absorvidos pelo passado cronológico. São "atos de Deus[377]", também no sentido de que perpetuam na história aquilo que já acontece desde sempre no seio da Trindade. Com um diferencial, porém: agora, ele nos associa ao seu existir trinitário com o Pai e o Espírito.

---

375. JEREMIAS, J., Teologia del Nuovo Testamento, p. 197.

376. RATZINGER, J., La iglesia, p. 28.

377. SCHILLEBEECKX, E., Cristo, sacramento do encontro com Deus, p. 61. Diz o teólogo flamengo: E, pois que toda a vida humana de Cristo não foi senão a expressão de sua relação intradivina com o Pai, isto é, esta filiação mesma em uma forma humana, devemos dizer que todos os mistérios da vida de Cristo foram perpetuados em seu modo de glorificação. Temos, pois, um mistério eterno de Páscoa e um mistério eterno de Pentecostes, cujo sinal celeste e permanente fixado para a eternidade é o corpo glorificado de Cristo. Na Igreja-assembleia, este "sinal celeste" se apresenta e torna acessível, não numa duplicação exterior, mas numa integração comunional, constituindo "cabeça e corpo".

Na assembleia, portanto, identificados ao Cristo, que é o portador da convocação divina, os batizados são continuamente vinculados ao Pai, na medida em que assumem, existencialmente, o sacrifício de Cristo. Entra-se, por esta via, no vivo da relação entre o Pai e o Filho, ou, segundo nosso ponto de vista histórico e constituído de momentos significativos escandidos pelo tempo, em seu clímax, representado pelo acontecimento pascal. Obediente, em entrega total, Cristo reapresenta ao Pai e ao mundo o que já é – Filho – enquanto nós, associados a ele, tornamo-nos "filhos no Filho"[378]. A congregação litúrgico-assembleal tem, pois, esta densidade trinitário-relacional. Ela é o sinal e a concretização da missão encomendada ao Filho – reunir, segundo o desígnio do Pai (Ef 1,9s) – e, ao mesmo tempo, é seu fruto mais maduro, já que torna acessível à humanidade redimida o centro absoluto de unidade, que é o amor do Pai correspondido sem reservas pelo Filho.

O vetor desta configuração existencial e cúltica da assembleia com Cristo e, neste, com o Pai, em relação filial, é o Espírito. O incremento de sua ação vivificante e santificadora, através da obra profética e, sobretudo, com o advento do Messias Salvador, fez com que o sinal-assembleia fosse enriquecendo-se não só em sua capacidade indicativa, mas, sobretudo, performativa. Quer dizer: na plenitude da História da Salvação, o acontecimento assembleal deixa de ser mormente exterior, demonstrativo ou representativo; virá investido de uma potência transformadora, que passa a vincular os indivíduos desde dentro, moldá-los segundo suas prerrogativas salvíficas e efetivar uma comunhão integral, universal e duradoura. O Pneuma, com sua amorosa liberdade e eficácia interior, é, pois, o verdadeiro ator que forma e vivifica este corpo comunitário-cultual, insuflando-lhe a vida trinitária, como antecipação histórica da futura unificação com a eternidade de Deus[379]. O Espírito Santo é, deste modo, a inspiração, o traço e a "assinatura" final desta obra conjugada – trinitária, enfim – de reunião na assembleia celebrante[380].

Cremos que, a este ponto, já não perdurem dúvidas de que a reunião cristã corresponda amplamente à matriz sacramental estabelecida no coração da econo-

---

378. DAL COVOLO, E., Io credo in Dio Padre, p. 290.

379. MIRANDA, M. F., A salvação de Jesus Cristo, p. 179.

380. Na tarefa trinitária de "plasmar" a assembleia litúrgica, objeto de estudo desta seção de nosso texto, cabe ao Espírito a parte mais "plástica", isto é, transcrever, delinear e manter o dom da salvação na comunhão dos fiéis. Ele é assim o "iconógrafo", o "iconoplasta" e o "iconóforo" assembleal, que transmuta o aglomerado caótico das individualidades humanas na mesma e única imagem-semelhança do Deus trinitário: comunhão. Ele triunfa, portanto, sobre o "iconoclasta" assembleal – o espírito da divisão e da dispersão –, que tenta deformar e tornar insuportável a convivência amorosa das diferenças. Na celebração litúrgica a supremacia do Pneuma-iconoplasta se atualiza, num ícone autêntico e vivo da *communio* (TRIACCA, A. M., Espírito Santo, p. 361).

mia redentora, na medida em que sinaliza e incute interiormente a graça. Se no deserto a teofania, sinal da presença divina, era algo exterior e terrível, acessível somente ao mediador – Moisés – e quase meramente exortativa para o conjunto da assembleia, agora, no Cenáculo, graças ao Paráclito prometido, ela é algo interior e envolvente, transformando os indivíduos por uma embriaguez de novo entusiasmo e sabedoria (At 2,13). Tal como Jesus em seu batismo, a partir do Pentecostes toda a assembleia é investida da virtude profética e consagrada para a missão, o serviço e o testemunho, por força do Espírito derramado[381].

Em célebre artigo sobre a pneumatologia da assembleia litúrgica[382], A. Triacca delineia um itinerário que nos parece importante reportar, como forma de enriquecer ainda mais esta análise sobre a presença e a ação do Espírito Santo na celebração assembleal. Temos, assim, que partir do fecundo paradoxo que a própria liturgia da Igreja, em seu rico patrimônio eucológico, costuma reconhecer na ação da terceira pessoa da Trindade: ao mesmo tempo que é responsável por uma exuberante variedade de carismas, o Espírito é, também, o unificador da família de Deus. Entre estes dois polos alternantes e dialogantes, a assembleia desponta como "efeito" – porque, reunida, é resultado da ação unificadora – e "âmbito" – porque, em face da diversidade que abraça, deve ser unida sempre mais e de novo – da ação do Espírito Santo na Igreja e no mundo.

Segundo o autor, a tessitura pneumatológica da assembleia litúrgica não se resume a isto, porém. Há um dado anterior: é o Espírito Santo quem infunde a fé no coração de cada fiel, para que acorra à assembleia[383], bem como é ele quem cria o tecido comunional necessário para a celebração do mistério cristão. Ele ativa, pois, uma "rede pneumatófora[384]", que tanto desperta nos indivíduos a acolhida do chamado divino quanto dá legitimidade eclesial à assembleia reunida, ligando-a, a partir da fé professada e da oração comum, à Igreja inteira. Merece nota como tal comunhão "pneumatizada" transcenda o nível imediato e local, para integrar toda a *ecclesía* num único e místico corpo, em celebração dos mistérios salvíficos.

---

381. CONGAR, Y. M. J., Revelação e experiência do Espírito, p. 39.

382. TRIACCA, A. M., Presenza e azione dello Spirito Santo nell'assemblea liturgica, p. 73-103.

383. A este propósito, A. Triacca lembra a rica documentação patrística que conecta a adesão à assembleia dominical ao despertar da fé que o Espírito suscita, como chamado e resposta, no coração de cada cristão individualmente. O autor cita, por exemplo, Agostinho de Hipona: "O Espírito é o que torna vivos os membros. Mas o Espírito só pode tornar vivos os membros que se encontram no corpo animado por ele" (AGOSTINHO DE HIPONA, Tratados sobre o Evangelho de João, p. 792).

384. TRIACCA, A. M., Presenza e azione dello Spirito Santo nell'assemblea liturgica, p. 76.

Conduzindo cada fiel à assembleia, o mesmo Espírito transfigura a oração pessoal em celebração comunitária, "culto público integral[385]" ao Pai, associado à cabeça do corpo – Cristo. Ora, esta intersecção entre o dispositivo responsorial humano, representado pelo binômio fé-assembleia, e o agir divino-sacerdotal de Cristo, eleva a celebração assembleal àquele âmbito específico onde se desenrolam as relações trinitárias e têm origem os movimentos e palavras da salvação. No Espírito, por conseguinte, a assembleia litúrgica é feita partícipe do próprio mistério da vida e da misericórdia de Deus, que volta para a história seu desígnio redentor.

Por outro lado, mas integrada ao mesmo acontecimento de graça, a comunidade celebrante anuncia e confessa a fé, invocando, sempre de novo e com novas *nuances*, a epíclese[386]. "Descendo" ao coração dos batizados e suscitando neles uma resposta que é, em seguida, invocação de Deus, seu sopro e suas luzes, o Paráclito ativa uma circularidade entre o dom e o clamor; a salvação e a súplica, a graça e a fé. A reunião cristã descobre-se, pois, fruto de uma epíclese implícita e contínua, que há sempre de atuar-se e desdobrar-se em cada celebração da fé[387].

Esta sinergia entre o Espírito e a assembleia, intermediada pela ação litúrgica, permite que espaço e tempo se fundam num "aqui e agora" para além da ordem da natureza, no contexto da graça, em vista da atualização do ato salvífico divino. Sob tais circunstâncias, a assembleia é pneumaticamente constituída em memorial dos fatos e palavras portadores da reconciliação com Deus e com todo o universo criado. Isto, "em virtude do Espírito Santo, (...) não só na recordação subjetiva, mas na realidade objetiva[388]". Será, assim, tarefa da assembleia explicitar, em todos os tempos e entre os mais diversos povos, tudo o que significa o Pentecostes de Jerusalém, em seu caráter de recapitulação de todas as assembleias da história da salvação, bem como cumprimento de toda a evolução econômica do atuar salvífico da Trindade[389].

Na sequência do artigo, A. Triacca apresenta aplicações mais ilustrativas e práticas destas intuições litúrgico-teológicas, como os "dinamismos e interações entre assembleia e Espírito Santo" e "considerações em vista de um novo

---

385. SC 7.

386. A epíclese nada mais é do que a invocação litúrgica, um "sussurro" inspirado e suplicante (Rm 8,26) no complexo dialogal da aliança, daquela condescendência divina em encontrar o humano, como a Primeira Carta de João é capaz de sintetizar com a formulação: "Nisto consiste o amor: não fomos nós que amamos a Deus, mas foi ele quem nos amou e enviou-nos seu Filho como vítima de expiação pelos nossos pecados" (1Jo 4,10). Ao envio do Filho corresponde, ainda, um derramamento do Espírito (Rm 5,5), que nos faz permanecer em Cristo, para sermos, nele, filhos de Deus (1Jo 3,24).

387. TRIACCA, A. M., Presenza e azione dello Spirito Santo nell'assemblea liturgica, p. 78.

388. NEUNHEUSER, B., Memorial, p. 735.

389. TRIACCA, A. M., Presenza e azione dello Spirito Santo nell'assemblea liturgica, p. 81.

e vital estilo celebrativo". Não nos interessa tanto, nesta altura, apresentar estas ponderações, pois nos tópicos seguintes pretendemos desenvolvê-las também. Antes, cremos que conviria perceber como estas indicações de A. Triacca relacionam-se com o argumento desta nossa seção. Pretendemos, de fato, identificar os aspectos trinitários que a reunião e a celebração da assembleia cristã são capazes de refletir e "servir", quer ao teólogo quer à inteira comunidade eclesial. Avancemos nesta direção.

Ao expor o Espírito Santo como o artífice da comunhão assembleal, em sua tessitura teológica, mística e concreta, A. Triacca indiretamente ressalta a capacidade "espacial" do Pneuma divino, quer dizer, sua disposição em sediar, acolher, imergir ou envolver os indivíduos reunidos, fazendo-os "coabitar" em unidade. O Espírito cria, pois, na assembleia um autêntico lugar litúrgico-teologal, onde a comunhão torna-se uma realidade efetiva. Aquela convergência de pessoas identificadas com a mesma fé, na celebração dos mesmos sacramentos e na harmônica interação de serviços e ministérios alcança uma comunhão que transcende a mera unanimidade externa e a sintonia voluntarista. O Espírito permite que estas pessoas ocupem um lugar privilegiado, extático que, afinal, é o "não lugar" da presença trinitária, em inabitação e circularidade eternas[390]. Só ali é possível estabelecer esta original interpenetração comunional e salvífica, em penhor da consumação prometida.

Ora, não é esta a mesma ideia "espacial" que perpassa as formulações doxológicas e dogmáticas sobre o mistério da Trindade? A oração litúrgica não se dirige "ao Pai, por Cristo, no Espírito"? Na reflexão teológica não se reconhece o itinerário do amor trinitário: "do Pai, por Cristo, no Espírito[391]"? Estes enunciados empregam a preposição *in* com a acepção usual de "espaço" que lhe corresponde, da mesma forma que a raiz mais primitiva do *ruah* hebraico indica uma espécie de lugar espiritual, de onde se aspira a vida[392]. O Espírito vem reconhecido, deste

---

390. Referimo-nos aqui àquele feixe relacional que o quarto Evangelho sugere na apresentação que o Filho faz de si: "Eu estou no Pai e o Pai está em mim" (Jo 14,11); "se me amais, observareis meus mandamentos, e rogarei ao Pai e ele vos dará outro Paráclito para que convosco permaneça para sempre" (Jo 14,15s); "se alguém me ama guardará minha palavra e meu Pai o amará e a ele nós viremos e nele estabeleceremos morada" (Jo 14,22); "assim como o Pai me amou também eu vos amei; permanecei no meu amor" (Jo 15,9) etc. O dom do Filho e o dom da vida eterna, que é vida trinitária, "são um só e mesmo acontecimento" (ZUMSTEIN, J., O evangelho segundo João, p. 465; BROWN, R., A comunidade do discípulo amado, p. 129).

391. LAMBIASI, F., Celebrazione liturgica e vita nuova nello Spirito, p. 163.

392. Não se perca de vista, entretanto, o caráter essencialmente dinâmico que o vocábulo *ruah* confere a este "espaço". Não se trata de uma câmara estática ou um horizonte inamovível. Ele é o modo de agir de Deus, que não pode ser reduzido a um influir limitado, externo e segundo em relação ao que existe. Denota a presença divina, sempre criadora e mobilizadora, capaz de abrir um âmbito mais pleno que o "carnal" (MACKENZIE, J. L., Espírito, p. 305).

modo, como o "ambiente" onde se dão as relações intradivinas, assim como o lugar no qual se dá todo complexo das ações compartilhadas pelas três pessoas trinitárias na direção do mundo: criação, revelação, encarnação, redenção, comunicação salvífica e consumação escatológica.

Neste sentido, pode-se falar da epíclese como aquele movimento essencial, responsável por criar na assembleia o ambiente espiritual e litúrgico no qual se dá o intercâmbio divino-humano que, em última análise, é a própria experiência salvífica: a Trindade na assembleia, a assembleia na Trindade. A articulação entre a provisoriedade, a finitude e a materialidade da reunião celebrativa, e a plenitude absoluta da comunhão trinitária, produz nada menos que um antegozo[393] – "em mistério", como é próprio da celebração litúrgica –, da redenção, a ponto de a Igreja, reunida em assembleia eucarística, suplicar nesta ocasião: "Ó Deus, que os vossos sacramentos produzam em nós o que significam, a fim de que um dia entremos na plena posse do mistério que agora celebramos[394]". Ou, ainda: "Ó Deus eterno e todo-poderoso, concedei-nos alcançar a salvação eterna, cujo penhor recebemos neste sacramento[395]". E mais: "Concedei-nos, ó Deus, a graça de participar constantemente da eucaristia, pois todas as vezes que celebramos este sacrifício, torna-se presente a nossa redenção[396]".

Este "circuito" epiclético-salvífico ativado pelo Espírito Santo não se limita a criar um "lugar" onde toda a densidade sacramental da economia salvífica possa ser experimentada por quantos se agregam, acolhendo a convocação divina. Ele cria também um "instante" místico que, superando todas as contingências temporais, torna contemporânea a assembleia reunida e o acontecimento celebrado. É o que se diz por anamnese: a presença *hic et nunc* do fato salvífico, sem comprometer sua condição de evento realizado uma vez por todas – *ephápax*[397].

Convém afirmar, contudo, que esta compreensão não vem gestada em qualquer emaranhado de elucubrações esotéricas ou nas antecâmaras mais ousadas do pensamento racional. Ela radica-se na história da salvação e em suas categorias fundamentais. Assim, é o *dabar* divino, ou seja, a palavra-acontecimento pronunciada por Deus, com seu caráter de irrevogabilidade e permanência, que, ao pronunciar-se, não cessa de realizar o que diz. Esta palavra-acontecimento é

---

393. SC 8.
394. MISSAL ROMANO, p. 374 (Oração depois da comunhão do XXX domingo do tempo comum).
395. MISSAL ROMANO, p. 351 (Oração depois da comunhão do VII domingo do tempo comum).
396. MISSAL ROMANO, p. 346 (Oração sobre as oferendas do II domingo do tempo comum).
397. NEUNHEUSER, B., Memorial, p. 733.

absoluta, de sorte que as prerrogativas estabelecidas por ela são eternas, atemporais, definitivas, não obstante revistam-se da nossa historicidade[398].

A anamnese litúrgica é, portanto, uma espécie de apropriação que a Trindade faz da capacidade rememorativa da assembleia, inserindo, porém, um qualificativo novo a tal operação, de modo a libertá-la da nostalgia estéril ou do saudosismo, para engajá-lo no *continuum* do desenrolar histórico-salvífico. A memória assembleal, assim visitada, passa a ser o próprio entrar em comunhão com a perenidade do Verbo divino, ou sua intrínseca e inesgotável capacidade de recapitular os tempos e tudo o que existe no seu mistério pascal[399].

Em suas raízes bíblicas e judaicas, o conceito de memorial já indicava um modo muito particular de se refazer às ações divinas de salvação, no contexto do culto[400]. O *zikkaron* do Antigo Testamento, presente, por exemplo, na narrativa de instituição da ceia pascal judaica (Ex 12,14), supera o subjetivismo psicológico, que desperta alguns sentimentos e nada mais. Na teologia veterotestamentária, a referência ao verbo reflexivo "recordar-se", que ecoa no termo *zikkaron*, abrange até mesmo a dimensão ontológica, uma vez que a existência de alguém se torna possível, exatamente, porque Deus não se esquece deste indivíduo, e vice-versa. Fazer memória, neste contexto, é entrar no compartilhamento com Deus sobre a vida e a salvação: somos lembrados por ele e, lembrando-nos de suas ações em nosso favor, existimos plenamente!

A assembleia, dinamizada pela epíclese e visitada pela salvação através da anamnese, exprime, pois, em sua "carne", a glória da Trindade, quer dizer, sua existência suprema e absoluta que, tão imperscrutável, faz-se, porém, acessível na liturgia, conforme acentua a constituição conciliar *Sacrosanctum Concilium*: "O sumo sacerdote da nova e eterna aliança, Jesus Cristo, ao assumir a natureza humana trouxe a este exílio da terra aquele hino que se canta por toda a eternidade na celeste mansão[401]", porquanto atua, pela liturgia, a "obra da redenção humana e da perfeita glorificação de Deus[402]".

---

398. LAMBIASI, F., Celebrazione liturgica e vita nuova nello Spirito, p. 164.

399. ROCCHETTA, C., Os sacramentos da fé, p. 193. Diz o autor: A páscoa de Cristo e a liturgia cristã recuperam e levam à plenitude esse significado do 'memorial': 'Fazei isto em memória de mim', disse Cristo no momento da instituição da eucaristia. Assim, na liturgia e especialmente nas celebrações sacramentais, que têm seu vértice na celebração eucarística, somos convidados a reviver o mistério de Cristo em toda a sua atualidade e polivalência.

400. Amparamo-nos, sobretudo, na condensada, mas substanciosa apresentação que F. Taborda faz da temática, como um preâmbulo ao estudo da Eucaristia como memorial (TABORDA, F., O memorial da páscoa do Senhor, p. 64-69).

401. SC 83.

402. SC 5.

A ação trinitária na reunião litúrgica cristã desabrocha, portanto, nesta capacidade que lhe é doada de constituir a *"ecclesía* em posição doxológica[403]". Completamente mergulhada no mistério pascal, em invocação e em memória celebrativa, ela condensa sobre si aquele duplo direcionamento da ação divina que tudo conduz ao louvor e à glória, quer dizer, da *cháris-doxa* da cruz, à *doxa-cháris* da ressurreição. Na lógica do dom, da gratuidade, a assembleia é conduzida, por ação do Espírito, a uma identificação tal com o Cristo padecente que, necessariamente, colherá o triunfo e a exaltação com que o Pai lhe envolveu.

E qual não será a surpresa desta mesma assembleia ao se dar conta de que tudo quanto vislumbrará nesta condição glorificada é, em luz e plenitude divinas, a própria face comunional, celebrativa e sacramental de suas reuniões celebrativas. Descobrirá, enfim, que "tudo é glória onde tudo é graça; tudo é graça onde há autêntica glória[404]". Acontecimento de graça, o sacramento-assembleia descobrir-se-á, enfim, espelho de glória, num face a face eterno e definitivo.

2.3. O mistério da Igreja na assembleia litúrgica: epifania da comunhão salvífica

> O tempo da Igreja é o tempo que decorre entre a primeira e a segunda vinda de Cristo. Esse arco de tempo habitualmente é subestimado, como se não houvesse mistério entre a ascensão e a parusia, o mistério do Cristo glorioso sentado à direita do Pai enquanto seu Espírito está entre nós, e como se nesse tempo Deus não continuasse a operar suas miraculosas obras de salvação para a difusão e a transmissão a cada homem do *mysterium salutis* realizado "uma vez por todas" no acontecimento pascal de Jesus. O tempo da Igreja é frequentemente considerado mais como um tempo institucional do que como uma história viva (...) e como se esse tempo não constituísse momento essencial no desenvolvimento da economia da salvação, durante o qual Deus continua a agir[405].

É assim, de fato, que a eclesiologia ocidental, no último milênio, configurou-se: o tratado[406] de uma grandeza teológico-jurídica, responsável por adminis-

---

403. TRIACCA, A. M., Presenza e azione dello Spirito Santo nell'assemblea liturgica, p. 101.
404. TRIACCA, A. M., Presenza e azione dello Spirito Santo nell'assemblea liturgica, p. 101.
405. ROCCHETTA, C., Os sacramentos da fé, p. 159.
406. Como "tratado", a eclesiologia não vem identificada senão no século XIV. Antes, a "ideia eclesial" elabora-se como uma consciência que regia a vida comunitária e manifestava-se, sobretudo, na celebração eucarística; entre os séculos XII e XIII a conceituação da Igreja é aplicada para sistematizar e justificar

trar e distribuir o patrimônio da graça herdado do sacrifício de Cristo, em ordem ao estabelecimento futuro da glória de Deus no mundo. Dito com outras palavras, privilegiaram-se os aspectos visíveis e operativos da realidade eclesial, em detrimento de suas razões e princípios fundantes[407]. Ou, numa imagem, fez-se algo semelhante ao represamento do fluxo vital que, derramado da fonte divina, atravessou toda a sequência histórica dos fatos redentores, para agora, numa instância de controle, gerência e dispensação, disponibilizá-lo sob determinadas condições.

A Igreja que, no auge da patrística, exibia feições muito menos organizacionais que relacionais e celebrativas, então passa a ser considerada uma estrutura necessária – porque disposta pelo desígnio divino[408] e demandada por um veemente utilitarismo pastoral –, que ocupa o intervalo entre o tempo da promessa-implantação do projeto salvífico de Deus e sua consumação definitiva. Tanto no gênio teológico medieval, tutelado pela noção de "dominação sagrada das realidades terrenas", quanto no moderno, mais apologético e contrarreformador, a Igreja é o vértice da realidade concebida como disputa entre a cidade de Deus e a cidade dos homens, até que se implante a primeira, absorvendo a segunda[409]. A Igreja passa, enfim, a agência política e sacral, de fundação divina, cuja função primeira não é outra senão procurar, com todos os meios disponíveis, o triunfo das realidades absolutas e sobrenaturais.

Nas sumas e manuais de teologia deste longo período nota-se como a Igreja venha apresentada na qualidade de organização histórica iniciada pelo Salvador, sobre a qual paira a responsabilidade de favorecer ou vetar o acesso à redenção, graças aos órgãos, hierarquias e procurações com que foi dotada no momento mesmo de seu estabelecimento[410]. A afinidade desta noção com as doutrinas rela-

---

alguns códigos de normativas respeitantes aos sacramentos e às jurisdições dos bispos e dos reis (PIÉ-NINOT, S., Introdução à eclesiologia, p. 14).

407. FORTE, B., A Igreja, ícone da Trindade, p. 9.

408. TEPE, V., Pequeno rebanho, grande sinal, p. 62.

409. A "porta de entrada" da eclesiologia, por séculos, foi a noção de Igreja como "sociedade" que, em sua visibilidade ordenada pela fé, consistia na alternativa mais segura para a desarmonia violenta e injusta que perpassa a inteira sociedade humana. A adesão exterior, comprovável pelos sentidos (profissão da fé, participação nos sacramentos e obediência aos pastores), é o que se deveria buscar, segundo esta concepção, para a redenção da história (ALMEIDA, J. A., Lumen gentium, p. 67-78).

410. Historicamente, as acentuações até variaram um pouco e sob alguns aspectos, mas tudo se alinha ao objetivo de reforçar as prerrogativas institucionais. Temos, então, durante a Idade Média, a insistência na concepção socioabarcante da Igreja, com uma subjacente meta de dominação "espiritual" de todas as realidades terrestres; na Idade Moderna, após a crise protestante, reitera-se o discurso da identidade e da autenticidade da Igreja de Cristo, sob uma vertente apologética e na linha da autonomização eclesial das influências políticas seculares; no final do século XIX, impõe-se uma perspectiva centralizadora, com o reforço da autoridade papal e a proclamação da Igreja como "sociedade perfeita", totalmente independente do Estado e imune às ameaças da modernidade. As ideias, portanto, giram sempre ao redor do

tivas ao ministério petrino, ao governo eclesial, à sucessão apostólica e à autoridade dos bispos fazia de qualquer travessia por este campo teórico um arriscado desafio interpretativo e semântico: ideias ou palavras menos ajustadas à sustentação da teoria institucional despertavam logo suspeitas por parte dos círculos mais influentes e hierarquicamente comprometidos.

Não se deu, portanto, ao cabo de muitos séculos, incentivo a abordagens mais abertas e alternativas, principalmente se eivadas de uma sensibilidade que se poderia chamar de "espiritual". Movimentos considerados heréticos, como os de caráter ascético-popular surgidos entre os séculos XI e XIII, haviam seguido esta mesma inspiração. Deste modo, a compreensão sacramental da Igreja, tão característica da antiguidade cristã, com suas vivazes assembleias, muitas vezes presididas pelos que hoje chamamos "Santos Padres", teve de aguardar até meados do século XX para propor-se novamente à consciência teológica e ser assumida pelo magistério eclesial no Concílio Vaticano II, em nova e magna síntese[411].

A relação entre a teologia da Igreja e a história salvífica tornou-se, no contexto acima descrito, excessivamente indireta e funcional. Diz respeito à dispensação dos frutos do agir divino no tempo, mas sem identificar-se efetivamente com eles. Ou, como distingue W. Kasper, em dado momento, a Igreja deixou de compreender-se "em sentido mistérico, ou seja, sacramental, e passou a interpretar-se como um corpo puramente espiritual, suprassensorial, misterioso[412]", quer dizer, sem nexo evidente com a história salvífica e já dualista em demasia, a ponto de se tornar incapaz de enxergar simbolicamente sua realidade essencial.

Porém, a autoconsciência e a interface comunicativa do corpo eclesial nunca deixaram de ser o "mistério da fé". E nem poderiam. Pregação, liturgia, missão e serviço da caridade, apesar das tônicas diferentes que possam assumir ao longo do tempo, não se sustentam sobre outro apoio que não seja a *opus redemptionis* completada por Cristo e confiada, para sua difusão, à comunidade apostólica.

Há de se buscar, talvez, na velocidade e na intensidade com que as novas circunstâncias históricas se dão – entre as quais se destacam o surgimento de movimentos gnósticos, o levante de correntes de contestação ao acúmulo de poder temporal e a investida protestante – as causas para que o discurso

---

conceito fundamental da Igreja organismo sagrado, dotado de prerrogativas divinas para uma missão de combate às oposições e construção de um novo *status* cultural-social, sempre mais favorável à sua permanência histórica. A noção patrística que reconhece na comunidade eclesial presente uma parte da Igreja celestial, quer dizer, elemento mistérico, sob influxo direto do agir salvífico de Deus, perde-se no Ocidente por longos séculos, até sua recuperação na aurora do século XX, às vésperas do Concílio Vaticano II (WIEDENHOFER, S., Eclesiologia, p. 73-86).

411. VILLAR, J. R., A constituição dogmática Lumen Gentium, p. 158.

412. KASPER, W., La liturgia de la Iglesia, p. 319.

da Igreja sobre si mesma nem sempre tenha sido coerente com sua realidade mais profunda. Em muitas destas ocasiões de crise, um tanto atordoados com a "virulência" das contestações, julgaram os homens de Igreja não ser adequado refazer-se a qualquer modalidade de "invisibilismo" na noção eclesiológica, sob pena de diluí-la no simplismo, no espiritualismo e no anti-institucionalismo dos críticos e reformadores[413].

Dentre as piores consequências deste diálogo represado está, sem dúvida, a perda da consciência acerca da índole celebrativa que investe a própria Igreja, como se sua realidade institucional e orgânica pouco ou nada tivesse a ver com o que se celebra em suas assembleias. A coesão e a unidade que a Igreja vive são até consideradas análogas à comunhão favorecida pelo sacramento eucarístico, mas de natureza diferente, quer dizer, social, corporativa e censitária. Chega-se à "distinção entre o 'verdadeiro' corpo de Cristo da eucaristia e o corpo eclesial, chamado, em sentido pobre, de 'místico'[414]". De ambos os lados, o excessivo concretismo das definições termina por obstaculizar a plena compreensão teológico-espiritual.

A este ponto, é fácil perceber que entre a "Igreja" e a assembleia litúrgica criou-se, sob tais condicionantes, um verdadeiro divórcio. Apesar de constituída por indivíduos filiados à instituição eclesial, cada agregação celebrativa do povo de Deus não se reconhece intimamente vinculada ao conceito eclesiológico. Crê-se, somente, sua representação parcial, que realiza um ato funcional ao proferir as preces e realizar os atos do culto[415]. A liturgia é considerada apenas uma das tarefas – entre as mais relevantes, por certo, mas apenas isto – deste corpo predefinido pela adesão batismal e pela constância na profissão da fé. Entre Igreja e assembleia não há, segundo esta concepção, um expressivo compartilhamento de valores e sinais salvíficos que integre, para além dos quesitos práticos e institucionais, as duas realidades, com suas respectivas teologias.

---

413. Assim avalia a questão um autor: "A atitude apologética dominou a eclesiologia desde o seu nascimento como tratado teológico. Uma série ininterrupta de controvérsias (com os poderes temporais, com as reivindicações conciliaristas, com as proposições dos reformadores, com a razão moderna, com as configurações políticas dos novos Estados, com o estudo crítico da história) foi modelando uma reflexão eclesiológica com um claro acento defensivo e, às vezes, unilateral. A opção eclesiocêntrica e hierarcológica tendeu a absolutizar uma figura determinada de Igreja. Em sua reação, a eclesiologia evitou que a Igreja se reduzisse a um instrumento nas mãos dos poderes mundanos, que se dissolvesse no jogo das maiorias e minorias ou que se diluísse numa pura abstração de predestinados ou justificados. Porém, por outro lado, deu a impressão de privilegiar os aspectos institucionais e societários ou de considerar que a época medieval (de uma sociedade cristã) constituía o cenário ideal para a realização histórica da Igreja" (FUENTE, E. B., Panorama de la eclesiología, p. 22).

414. KASPER, W., La liturgia de la Iglesia, p. 318.

415. GELINEAU, J., Em vossas assembleias, p. 54.

Tal estado de coisas perdura até os umbrais da era atual. A efervescência de movimentos de renovação teológica e eclesial nas primeiras décadas do século XX inserem elementos determinantes para a leitura da realidade comunitária cristã, bem como sua vida litúrgica[416]. A crise desencadeada por duas grandes guerras subsequentes, devastando a confiança nas instituições e criando o apelo por uma renovada interioridade, leva a buscar nas fontes bíblicas, patrísticas e litúrgicas uma eclesiologia mais orgânica e articulada, que se ocupe de outras questões além das concernentes à *potestas* institucional. Trata-se, novamente, de impregnar de vida e espírito algo que, por séculos, foi regido somente pelos cânones jurídicos e pelas definições sistemáticas, sob direta influência do jogo das forças políticas.

Prova de que estes esforços transcendem os limites preestabelecidos e as circunstâncias fixadas historicamente é que em âmbito ortodoxo também se começa a cultivar uma alternativa eclesiológica mais coerente e adaptada à consciência teológica emergente. Busca-se uma eclesiologia de feitio mais ecumênico e explicitamente eucarístico, bem ao gosto dos Padres, que faça evoluir, mas sem esvaziar, tanto a eclesiologia universalista da tradição latina – que acaba por inibir o pleno desenvolvimento identitário da Igreja local –, quanto o autocefalismo das Igrejas nacionais – fragmentário e sujeito às manipulações político-estatais –, tão comum na Ortodoxia cristã.

Ao invés da blindagem doutrinária e legalista, que mantém as tendências ocidental e oriental inconciliáveis e impermeáveis, alguns autores pensam que a teologia da Igreja poderia novamente sustentar-se sobre uma concepção mais dinâmica, de cunho litúrgico e comunitário, que salvaguardando o lugar essencial do ministério hierárquico e sua comunhão universal reconhecesse a Igreja verdadeiramente presente numa assembleia eucarística atual e local[417]. Para o Ocidente cristão esta seria, enfim, a feliz reconciliação entre a eclesiologia e a teologia da assembleia litúrgica, em profunda sintonia com os esforços que o Movimento Litúrgico já fazia de resgate da dimensão comunitário-eclesial da liturgia, para respaldar uma nova atitude participativa do povo de Deus[418].

Já os redatores do primeiro esquema sobre a Igreja no Concílio Vaticano II citam e avaliam positivamente esta "eclesiologia eucarística" que, ainda mais previamente, nos estudos de teólogos católicos como R. Guardini[419] e H. de Lubac

---

416. PIÉ-NINOT, S., Introdução à eclesiologia, p. 21.

417. RATZINGER, J., La Iglesia, p. 74.

418. BOTTE, B., O Movimento Litúrgico, p. 198.

419. Impressiona que, no final da primeira década do século XX, R. Guardini já exprima alguma familiaridade com os princípios que seriam mais adiante reunidos nesta corrente chamada "eclesiologia eucarística": "O sujeito que realiza a ação litúrgica da oração não é a simples totalidade de todos os indivíduos que

também comparecia com pujança e fecundidade[420]. As vias ecumênicas de comunicação espiritual e teológica estavam, pois, em franco processo de maturação e abertura, favorecendo que tais intuições se entrecruzassem com as sensibilidades próprias de cada contexto onde a fé cristã era vivida e interpretada, enriquecendo-se sobremaneira. Podiam, deste modo, criar um campo comum de reflexão, diálogo, experiência e oração permanecendo, até os dias de hoje, como inspiração para novas e válidas abordagens. No seu rastro, enfim, é que vislumbramos a oportunidade de melhor avaliar a relação assembleia-Igreja que agora nos ocupa. Passemos, portanto, a ponderar alguns de seus múltiplos aspectos.

A Primeira Carta de Paulo aos Coríntios coloca os elementos fundamentais para a reflexão eclesioeucarística: "O cálice de bênção que abençoamos não é comunhão com o sangue de Cristo? O pão que partimos, não é comunhão com o corpo de Cristo? Já que há um único pão, nós, embora muitos, somos um só corpo, visto que participamos desse único pão" (1Cor 10,16s). Segundo estas palavras, a celebração eucarística[421] é o vínculo que transfere a unidade que há entre o cálice e o pão abençoados com o sangue e o corpo de Cristo àqueles que os recebem. "A energia do dom [de Cristo] e do acolhimento [nosso] formam uma só coisa. Tornamo-nos aquele que acolhemos[422]".

Este seria uma espécie de "primeiro nível" da comunhão realizada pela eucaristia ou através da eucaristia, a depender de como se compreende a ação divina pelos sinais sacramentais. Sua condição de possibilidade reside na aderência imediata dos gestos litúrgicos às palavras do Senhor, evocadas na mesma carta aos coríntios, mais adiante: "Isto é o meu corpo que é para vós; fazei isto em memória de mim. (...) Este cálice é a nova aliança em meu sangue; todas as vezes que dele beberdes, fazei-o em memória de mim" (1Cor 11,24s). A "memória", conforme já acenamos na sessão anterior, não é o simples recurso psicológico para uma "comunhão de intenção", mas "espaço" pneumático, criado na superação do tempo cronológico, para a efetiva união litúrgico-sacramental com o Senhor, validando a salvação que já se deu e antecipando a plenitude que ainda virá[423].

---

partilham da mesma fé. É o conjunto dos fiéis, mas enquanto a sua unidade possui um valor autônomo, independentemente da quantidade dos crentes que a formam: a Igreja" (GUARDINI, R., Lo spirito della liturgia, p. 37).

420. KASPER, W., La liturgia de la Iglesia, p. 319.

421. Os verbos "abençoar", "partir" e "participar" encarregam-se de conferir esta ambiência ritual e celebrativa muito clara ao conteúdo exposto nos versículos citados.

422. CORBON, J., A fonte da liturgia, p. 118.

423. KASPER, W., O sacramento da unidade, p. 79.

Na eucaristia, dando graças sobre o pão e o cálice dentro do contexto memorial, pela interdependência de suas duas mesas – da palavra e da ceia –, cada fiel integrado à *sinaxe* é tomado por Cristo e inserido na circularidade de amor que há entre ele e o Pai[424]. Emerge, então, daí, na vida do indivíduo "eucaristizado", o novo Adão que o Filho encarnou, livre do temor e de tudo que obscurece a vida e a imagem divina no humano:

> É o momento das núpcias do Cordeiro (...); o meu pecado, minha morte, o meu vazio desesperado de amor, este coração impenetrável, esta imagem que deveria irradiar o esplendor da sua face, tudo isso não me pertence mais "a mim": esse possessivo é justamente o contrário da comunhão trinitária. Não, nós somos d'Ele [sic] e Ele é do Pai; viveremos por Ele como Ele vive pelo Pai[425].

Ora, este "primeiro nível" da comunhão é logo abraçado por um outro que, sem perder o liame que os une, abre-se em sentido horizontal. É o nível da comunhão eucarístico-eclesial. Com efeito, Paulo ressalta que neste nível, na vívida consciência do que se celebra (1Cor 11,28) e na unanimidade conferida pelo Espírito (1Cor 12,4), que tudo ordena ao dom maior, a caridade (1Cor 13,13), torna-se possível a harmonia e a integração dos carismas, edificando a assembleia (1Cor 14,1-5). D. Barsotti exprime assim sua compreensão desta doutrina paulina: "O ensinamento de Paulo (...) nos diz que é o culto cristão que funda e edifica a Igreja. A Igreja de Cristo, enquanto corpo de Cristo, exatamente no ato de culto, age em conjunto e é feita, atua e é, de algum modo, criada[426]".

Necessariamente integrados em um corpo assembleal e celebrante – pois, de outro modo, não fariam eucaristia[427] –, os indivíduos "eucaristizados" veem imediatamente transferir-se para a totalidade da comunidade reunida em ação de graças a unidade salvífica com Cristo que experimentam ao tomar parte do único pão e do mesmo cálice. Ou seja: dos sujeitos individuais que, na fé, em virtude do batismo, agregam-se à assembleia e aproximam-se dos dons abençoados para experimentarem a salvação em Cristo, contemporaneamente emerge para o sujeito coletivo-eclesial um dom de comunhão e identificação com o mesmo Cristo, que lhe evidencia como seu corpo.

---

424. "O Pai só tem um Filho. É o 'Filho do seu amor' (Cl 1,13), sobre o qual repousam todas as suas complacências. (...) 'por ele e nele' [pelo Filho e no Filho] (...) o Pai reconhecerá a voz de seu Filho na dos homens, e seu sacrifício, na oferenda apresentada por nossas mãos: tal é a primeira realidade da missa" (DEISS, L., A ceia do Senhor, p. 98).

425. CORBON, J., A fonte da liturgia, p. 118.

426. BARSOTTI, D., Il mistero della chiesa nella liturgia, p. 159.

427. KASPER, W., O sacramento da unidade, p. 101.

Em se tratando de uma passagem que julgamos importante para a prosseguimento destas reflexões, permitimo-nos ainda insistir: a assembleia que, por si mesma, já é sinal privilegiado da irrupção do Deus trinitário e de seu projeto salvífico na história, como reunião dos renascidos em Cristo pelo batismo, vem agora revelada corpo de Cristo, na força da síntese que a eucaristia é capaz de realizar entre o corpo entregue na cruz e o corpo eclesial[428]. Deste lauto e sublime convívio, servido pela generosidade divina, às expensas de seu amor quenótico e pascal, ergue-se um corpo pleno na graça, simultaneamente uno e plural nos dons e carismas pois, na interdependência de seus membros visitados pela força criativa do Espírito, articula-se vitalmente. A eucaristia, portanto, corresponde ao ápice de todo um crescendo comunional e sacramental, que absolutamente repudia qualquer sombra de intimismo pietista[429].

É por isso, sem dúvida, que Paulo recrimina quaisquer atitudes egoístas e individualistas, como as que se observavam nas assembleias dos coríntios: "cada um se apressa a comer a sua própria ceia; e, enquanto um passa fome, o outro fica embriagado" (1Cor 11,21). Tais atitudes desnaturam o ato eucarístico, qual seja, edificar a Igreja de duas maneiras: concretamente, pela comunhão das diferenças no compartilhamento fraterno da única ceia; e espiritualmente, pela sinergia da fé e das esperanças na adesão a Cristo, em participação de seu corpo. "Ou desprezais a Igreja de Deus?" (1Cor 11,22) – fustiga o apóstolo.

Na assembleia se dá, portanto, o acontecimento salvificamente decisivo, que estabelece a Igreja sobre as categorias fundamentais de seu mistério: bênção, comunhão, partilha e participação. É este, com efeito, o encadeamento dos conceitos que Paulo usa para traduzir a teologia eucarística da Igreja, segundo R. Sousa é capaz de individuar na análise do texto paulino:

> Esta afirmação pode ser evidenciada em 1Cor 10,16-17, pelo recurso aos conceitos de bênção (*eulogía*), comunhão (*koinonía*), partilha (do verbo repartir, dito em grego *kláo*) e participação (do verbo participar, em grego *metéko*), já que os coríntios acreditam que a partilha gera comunhão. Por conseguinte, *o pão e o cálice abençoados*, dádivas de Deus na celebração dos mistérios de Cristo na eucaristia, no seu *corpo*, a *comunhão* fraterna dentro

---

428. Agostinho de Hipona é, certamente, aquele que melhor visibiliza esta interpenetração entre Cristo e a Igreja através da eucaristia, ou entre o sacrifício de Cristo (cabeça) e o sacrifício dos fiéis reunidos em assembleia (corpo), enquanto se oferecem ao Pai na adesão a Cristo. Segundo a teologia agostiniana, o mistério eucarístico é o fulcro de onde se colhe a verdadeira e atualizada compreensão da vinda de Cristo na carne, com a consumação da obra pascal e o estabelecimento da realidade eclesial (TILLARD, J. M. R., Carne della Chiesa, carne di Cristo, p. 73-76).

429. FALSINI, R., Celebrare e vivere il mistero eucaristico, p. 71.

da assembleia e de toda a comunidade, a *partilha* do corpo e do sangue de Cristo no memorial, na refeição propriamente dita, com expressão visível na prática da caridade, e a *participação* no único pão, que é também integração no único *corpo de Cristo*, são manifestações que dão relevo ao facto [sic] de que "os muitos" constituem a unidade do corpo de Cristo, *sacramentalmente*, em primeira instância[430].

Embora não possamos afirmar categoricamente a existência de um paralelismo, resulta, pelo menos, interessante perceber que a formulação poética[431] encontrada na abertura da Carta aos Efésios (Ef 1,3-16) traz elementos bastante semelhantes, alguns até idênticos, arranjados de forma análoga. Uma *berakah* – "Bendito seja o Deus e Pai de nosso Senhor Jesus Cristo que nos abençoou com toda a sorte de bênçãos espirituais, nos céus, em Cristo" (Ef 1,3) – segue a saudação inicial aos destinatários da carta. Alguns versículos adiante, esta bênção (*eulogetòs ò Theós*) é associada ao sangue de Cristo que, por graça, derrama sabedoria e inteligência (Ef 1,8), dando a conhecer – "partilhando" e "participando" – o "mistério de sua vontade" (Ef 1,9). A finalidade de tudo, porém, é recapitular todas as coisas em Cristo (Ef 1,10), unindo-as e incorporando-as nele[432], no exato sentido que *metéko* e *koinonía* indicam no texto da Primeira Carta aos Coríntios que analisamos acima. Eis, segundo Paulo, o mistério que a Igreja em assembleia eucarística anuncia.

Ela, "enquanto corpo de Cristo, é a permanência da incorporação de Cristo no tempo e no espaço, na história e no mundo. Os cristãos são, literalmente, o organismo ressuscitado da pessoa de Cristo, em toda a sua realidade concreta[433]". Não há, assim, outro modo de se falar da Igreja a não ser considerando sua "plasticidade assembleal" e seu "compartilhamento crístico". Quer dizer, a simultaneidade palpável de sua forma reunida e sua essência cristificada, como só a celebração

---

430. SOUSA, R. M. G., A Igreja é corpo de Cristo, p. 53. Grifos do autor.

431. A inspiração estética do texto já levou vários intérpretes e estudiosos a considerá-lo a introdução, a abertura ou mesmo parte integrante de um hino litúrgico. Têm triunfado, porém, as teorias que defendem ser o texto tão somente o produto do gênio poético muito aguçado do autor, com possíveis influências de primitivas formas de "credo" (ARNOLD, C. E., Lettera agli efesini, p. 488).

432. ARNOLD, C. E., Lettera agli efesini, p. 501.

433. SOUSA, R. M. G., A Igreja é corpo de Cristo, p. 140. A interioridade e a intimidade com que se dá a presença de Cristo na comunhão dos fiéis estabelece uma realidade indissociável, de um compartilhamento inédito, que bem se poderia entender como o "organismo da pessoa de Cristo" presente, todavia, na história. Os batizados reúnem-se por causa de Cristo, em sua memória; mas Cristo é, também, a meta de sua reunião. Por sua parte, Cristo veio e morreu para reunir os filhos de Deus dispersos (Jo 11,52) – fato que se dará no estabelecimento definitivo do Reino – mas, reunindo a assembleia cristã, inicia e atualiza a valência de tal tarefa. Ora, este encontro Cristo-assembleia, assembleia-Cristo termina por manter em funcionamento o "organismo" do Filho de Deus encarnado para realizar a obra salvífica. Na Igreja, pelas suas assembleias, o Corpo de Cristo segue em funcionamento, em missão, reconstruído pela Páscoa nos cristãos e cristãs.

litúrgica em assembleia é capaz de revelar com a devida ênfase, segundo o paradigma encarnacionista da economia salvífica, estabelecido pelo Pai na plenitude dos tempos. Mais uma vez é preciso dizer: é no rastro da encarnação que se busca o acesso à verdade de Deus e sua salvação. Deus que se faz presente na carne humana não é um capítulo fechado da história salvífica, mas sua estabelecida e perene condição de continuidade[434].

Assim, diversamente do que se propugnou nos séculos da teologia das sumas e tratados, a assembleia celebrante não se reduz à demonstração parcial e exterior de uma realidade mista – algo entre o espiritual e o jurídico –, que se descreve e decompõe em conceitos, mas nunca se manifesta satisfatoriamente. Na linha da teologia neotestamentária registrada acima, a assembleia é a Igreja: sua realidade comunional, pactual, cúltica, ministerial, querigmática, ética, missionária e escatológica evidenciam-se de tal forma e tão integradas na reunião litúrgica dos cristãos, a ponto de explodir as definições eclesiológicas de academia e suas bem-cunhadas distinções e gradações. Tudo se apresenta numa contemporaneidade tão luminosa quanto surpreendente, tão densa quanto dinâmica, tão multifacetada quanto compacta, tão simples quanto plural, a ponto de não deixar dúvida: na celebração, é a Igreja que está acontecendo.

A confirmá-lo, ainda, está o fato de que o Novo Testamento use *ekklesía* para indicar "tanto a assembleia cultual como a comunidade local, como a Igreja de um âmbito geográfico mais vasto, como, enfim, a Igreja idêntica e una de Jesus Cristo[435]". Com absoluta naturalidade, passa-se da "igreja" como indicação das comunidades locais – ainda mais precisamente, suas assembleias (Jerusalém, Antioquia, Corinto etc.) – para a designação da realidade invisível, mistérica e escatológica da Igreja (*Ekklesía toû Theoû*). Lê-se nesta opção semântica uma amadurecida consciência das primeiras gerações cristãs acerca da primazia do aspecto vivencial e relacional do cristianismo como base para suas traduções conceituais, além de uma sólida convicção sobre a mútua interioridade que há entre o universal e o particular na realidade da Igreja[436].

Na assembleia litúrgica move-se, deste modo, uma importante articulação. De um lado, a reunião assembleal estabelece o marco decisivo para que a Igreja se mostre universal enquanto acontece sob as condicionantes espaçotemporais e antropológico-culturais. Afinal, sua realidade celebrativa é sempre ruptura com quais-

---

434. Dirá D. Barsotti: "O ato divino, ato onde Deus revela-se e comunica-se ao mundo, não continua e não se repete: permanece. Em Cristo a revelação tem seu cumprimento último; em Cristo, Deus realmente nos deu tudo" (BARSOTTI, D., Il mistero della Chiesa nella liturgia, p. 19).

435. RATZINGER, J., La Iglesia, p. 29.

436. BIFFI, G., Para amar a Igreja, p. 46.

quer tentativas de apropriação ou compressão do mistério salvífico: "por toda a parte e sempre, é a mesma e única liturgia celeste que todas as Igrejas locais celebram[437]".

De outro lado, a assembleia também é o ponto de contato entre a teologia e a experiência, a narrativa e a história, a reflexão e o ato. Como já afirmado acima, ela não permite que se fale da Igreja como uma abstração ou uma entidade sem rosto, mas uma realidade com tangibilidade. Ela exibe para o mundo o espetáculo paradoxal de um evento que, sempre fragmentário e restrito, pois assim é cada assembleia da comunidade eclesial local, revela-se, porém, portador do todo – a Igreja, ou, mais ainda: a comunhão salvífica universal em Cristo[438].

A Constituição Dogmática *Lumen Gentium* faz direta referência a esta temática, com o mesmo enquadramento eucarístico-assembleal, quando, ainda no capítulo primeiro, tratando do "mistério da Igreja", remonta às raízes trinitárias do acontecimento eclesial e reconhece-o inserido na missão do Filho. A Igreja – universal –, "reino de Cristo já presente em mistério, cresce visivelmente no mundo pelo poder de Deus[439]". As mesmas categorias de "mistério", indicando o agir salvífico divino, e de "visibilidade" ou "representação", encontram-se, novamente, no mesmo parágrafo, quando se diz que "sempre que no altar é celebrado o sacrifício da cruz (...) atua-se a obra de nossa redenção. E juntamente com o sacramento do pão eucarístico é representada e realizada a união dos fiéis, que constituem um só corpo de Cristo[440]". A reunião litúrgica dos cristãos e o *Mysterium Redemptionis*, que estabelece "a" Igreja, são colocados em relação direta, íntima e quase equivalente[441].

---

437. CORBON, J., A fonte da liturgia, p. 91.

438. Abre-se aqui uma janela para o aspecto globalizante e totalizante que cada eucaristia traz em si, revestindo cada uma das assembleias que se reúnem para celebrá-la. Na verdade, o homem e a mulher feitos partícipes destes atos divinos trazem a redenção para o mundo inteiro, em virtude da íntima comunicação de tudo o que existe. Assim descreve esta realidade o teólogo ortodoxo P. Stavrópoulos: "O mundo converte-se em eucaristia, a criação inteira se santifica e renova, pois o homem está santificado e cristificado. O homem se converte, por graça, em Cristo e o mundo em 'casa de Deus'" (STAVRÓPOULOS, P., La Divina Liturgia, p. 18). Uma assembleia é, assim, o mundo redimido, a Igreja realizada, a salvação em andamento até que, finalmente, tudo seja Cristo, para que Deus seja tudo em todos (1Cor 15,28). Outro teólogo oriental, I. Zizioulas, reitera esta conclusão, elaborada de modo diferente, reverso; não do homem para o mundo, mas do mundo pelas mãos do homem: "Esta aceitação do mundo por parte da liturgia indica que realmente o mundo, segundo a visão eucarística da criação, jamais deixou de ser o mundo de Deus; que o pecado e a corrupção não criaram um 'Deus estrangeiro' como aquele de Marcião ou de Harnack; que aquilo que nós somos, que fazemos, tudo o que nos interessa no mundo pode e deve passar através do sacerdote celebrante como anáfora, isto é, como oferta a Deus. Mas, certamente, não para permanecer no modo em que agora se encontra, e sim para se tornar aquilo que é ontologicamente e que o pecado deforma" (ZIZIOULAS, I., A criação como eucaristia, p. 85).

439. LG 3.

440. LG 3.

441. J. Tillard fala de uma verdadeira "osmose" entre eles (TILLARD, J. M. R., Carne della Chiesa, carne di Cristo, p. 215).

Ainda que este dado dê margem a suposições sobre as relações de precedência entre as diversas assembleias e a Igreja universal, as fontes neotestamentárias não autorizam, segundo J. Ratzinger, a pensá-las através de categorias exclusivamente sociológicas. De fato, o questionamento parece razoável: se em cada comunidade reunida manifesta-se a Igreja com maiúscula, esta não seria um produto teorético da adesão que, pouco a pouco, outras comunidades eclesiais foram estabelecendo ao redor de uma "comunidade-mãe", mais exatamente, a Igreja de Jerusalém? A Igreja "una e católica" não seria um somatório de igrejas particulares? O teólogo alemão afirma que antes de existirem comunidades particulares, a Igreja universal existiu em Jerusalém, coincidindo com a comunidade primitiva. No Pentecostes, porém, ela distingue-se para tornar-se a fonte de todas as outras, na medida em que compartilha o Espírito do qual estava plena:

> Ocorreu o contrário, nos diz Lucas: primeiro existiu a Igreja única que fala todas as línguas: a *ecclesia universalis*, que logo gera Igrejas nos lugares mais diversos, as quais são todas e sempre realizações da única Igreja. A prioridade cronológica pertence à Igreja universal, que, não sendo católica, simplesmente não seria Igreja[442].

A assembleia de cada comunidade eclesial configura-se, assim, como legítimo sacramento da Igreja, e não uma célula autodeterminada ou uma agência sucursal, representativa, portadora de uma procuração ou um mandato limitado. Ela é a Igreja enquanto tal, mesmo na incompletude inevitável de sua realização local, pois recebe a "medida cheia" do Espírito, segundo se manifestou em Jerusalém, no Pentecostes. Não há como, sendo Igreja, não ser "síntese real de todos os efeitos pentecostais; isto é, de tudo quanto por obra do Espírito está vitalmente conexo e assimilado a Cristo[443]". Onde está e se reúne, ou a Igreja é sinal eficaz da salvação, com a plenitude dos dons salvíficos legados pelo Senhor, ou não é a Igreja.

Tal fundamento eclesiológico vem expresso densa e significativamente no próprio desenrolar-se da celebração eucarística, sobretudo quando se faz a menção evocativa ao Espírito Santo, o que, já recordado em páginas anteriores, se diz oração de epíclese. Afirma J. Aldazábal:

> Todos recordamos que, assim como a primeira epíclese pede a Deus que, por meio do seu Espírito, transforme o pão e o vinho na nova realidade do Senhor Ressuscitado, seu corpo e seu sangue, assim, na segunda, pede-se

---

442. RATZINGER, J., La Iglesia, p. 40.
443. BIFFI, G., Para amar a Igreja, p. 102.

que este Espírito transforme a comunidade, "os que vão participar do corpo e do sangue de Cristo", para que seja um só corpo e um só espírito, para que seja o corpo de Cristo no qual não haja nenhuma divisão. A comunidade [Igreja] é a finalidade da eucaristia[444].

O Espírito, na epíclese celebrada sobre a assembleia, a "segunda epíclese", torna-se a fonte de atualização daquele dinamismo pneumático-epiclético que já moveu a assembleia para a reunião litúrgica, quando lhe suscitou a fé e enriqueceu-a de dons, carismas e ministérios[445]. Ora, esta atmosfera perenemente pentecostal e epiclética é o lugar onde o mistério eclesial transcorre com máxima liberdade e autenticidade, na medida em que se revela verdadeiramente simbólica, sacramental e teândrica. No Espírito, a Igreja acontece enquanto comunhão humana suscitada e visitada pela graça.

Há, contudo, de se reconhecer que esta é uma consciência que ainda precisa crescer em adesão e convicção entre teólogos, pastores e fiéis. A reforma litúrgica do Concílio Vaticano II reintroduziu, com a evidenciação necessária, as epícleses nas orações eucarísticas e demais rituais sacramentais, insistindo, no caso das anáforas, sobre esta dúplice dimensão da ação do Espírito: sobre os dons e sobre a assembleia reunida[446]. Trata-se de um enorme avanço teológico-litúrgico e pastoral, mas que com fadiga tem sido assimilado. P. De Clerk afirma, contudo, que este é um aspecto fundamental para que a liturgia, de fato, corresponda ao seu papel de "fazer" a Igreja[447]. Sem experimentar a dinâmica do Espírito que, na assembleia, cria um vínculo teologal e objetivo para a comunidade dos fiéis, da mesma forma como assegura a presença de Cristo nas espécies eucarísticas, será difícil superar um certo "privatismo" na pertença à Igreja e sua comunhão, através da absolutização de carismas específicos, linhas de espiritualidade, tendências pastorais e teológicas.

Graças ao Espírito, na assembleia litúrgica, a Igreja apresenta-se efetivamente, sem quaisquer partidarismos ou fissuras ideológicas. É um íntegro e sadio "organismo de graça[448]". Ela mostra-se em sua realidade essencial, naquilo que

---

444. ALDAZÁBAL, J., Aspectos eclesiológicos de la tercera edición del misal romano y de los prenotandos de otros libros litúrgicos, p. 62.

445. TRIACCA, A. M., Presenza e azione dello Spirito Santo nell'assemblea liturgica, p. 101.

446. Comenta-se sobre a influência direta de C. Vagaggini neste particular. Para compensar a ausência de referências ao Espírito e sua ação na liturgia por muitos séculos no Ocidente, ele propõe o desmembramento da única epíclese presente nas anáforas orientais para as duas que conhecemos no Missal Romano atual (CLERCK, P., L'épiclèse et la dynamique de la prière eucharistique, p. 198).

447. CLERCK, P., L'épiclèse et la dynamique de la prière eucharistique, p. 201.

448. TRIACCA, A. M., Presenza e azione dello Spirito Santo nell'assemblea liturgica, p. 96.

realmente interessa à salvação, como, de fato, é chamada a apresentar-se ao mundo também no pós-celebração. Isto significa que "a *lex orandi* não deve se limitar a ser a lei da fé, mas deve constituir também a lei do ser e do agir da Igreja: ou seja, como a Igreja reza estabelece o que a Igreja é[449]".

O uso de uma única celebração eucarística dominical, presidida pelo bispo circundado por seu presbitério e demais ministros, além de todo o povo cristão de determinada localidade, muito prezado na antiguidade cristã e defendido com eloquência por Inácio de Antioquia[450], levava o princípio de correspondência entre Igreja e assembleia ao seu grau máximo de importância e aplicação. Correspondia à "mais completa expressão da missa como ação unitária da comunidade eclesial, mesmo na ordem e diferenciação queridas por Cristo[451]". Sabemos que, por necessidades práticas, este costume não se sustentou por muito tempo, mas seu ideal não abandonou a consciência eclesial. A *Sacrosanctum Concilium* retoma-o com vitalidade:

> Por isso, todos devem dar a maior importância à vida litúrgica que gravita em torno do bispo, sobretudo na igreja catedral: convencidos de que a principal manifestação da Igreja se faz numa participação perfeita e ativa de todo o povo santo de Deus na mesma celebração litúrgica, especialmente na mesma eucaristia, numa única oração, num só altar a que preside o bispo rodeado pelo seu presbitério e seus ministros[452].

Ao menos em algumas circunstâncias do ano litúrgico e da vida eclesial este sinal precisa configurar-se e manifestar-se: Cristo que reúne seu corpo-Igreja, encabeçando-o através do bispo, para o memorial eucarístico de sua páscoa. Salda-se, assim, um *sentire cum ecclesia* que não é uma determinação voluntarista e moralista, mas uma experiência relacional, solidária e celebrativa, e, assim, plenamente humana e cristã. A visibilidade da Igreja, afinal, "aquela em que se manifesta ao mundo sua verdadeira natureza, não está primariamente numa organização mundial, senão na mais perfeita união de todos os homens com seus próximos (no sentido que o Evangelho dá a este termo)[453]", ao redor do único altar, na adesão à mesma palavra, como povo ordenado e ministerial.

---

449. BOSELLI, G., O sentido espiritual da liturgia, p. 99.

450. INÁCIO DE ANTIOQUIA, Carta aos Magnésios, p. 104; INÁCIO DE ANTIOQUIA, Carta aos Filadelfos, p. 110; INÁCIO DE ANTIOQUIA, Carta aos Esmirnenses, p. 112, por exemplo.

451. VAGAGGINI, C., O sentido teológico da liturgia, p. 259.

452. SC 41.

453. BOUYER, L., Liturgia renovada, p. 42.

Nesta assembleia eucarística típica de uma igreja local, sua eficácia sacramental e comunional explicita-se na capacidade de agregar, sob o aspecto visual e "tátil", mas também no âmbito das motivações e significados, as diferenças pessoais e socioculturais ao redor da única confissão de fé, dos mesmos sacramentos e da autoridade apostólica[454]. A *lex orandi* confunde-se de tal sorte com a *lex vivendi* a ponto de desmascarar atitudes pseudoeclesiais, mas relativamente correntes, como as que pretendem edificar a Igreja "com a administração e a legislação, por mui necessárias que sejam. A Igreja se forma ali onde há dois ou três reunidos no nome de Cristo e onde o ministério apostólico os reúne (...) anunciando-lhes o Evangelho e partindo-lhes o pão da vida[455]". Todo o restante – organização, estrutura, instituição, direito etc. – deriva desta verdade fundamental.

Não há dúvida de que uma precisa eclesiologia se suponha e, logo, evidencie-se nesta doutrina conciliar acerca da Igreja-assembleia em sua realização local. Mais uma vez, a "eclesiologia eucarística" emerge na reflexão de fundo das disposições do concílio, reforçando o elo entre a assembleia e a compreensão da Igreja que o grande evento eclesial do século XX resgata. Entretanto, outras categorias, igualmente importantes e fecundas, são também apresentadas. Trata-se das noções de "povo de Deus" e de "nação sacerdotal". Sigamos esta ordem.

"Povo de Deus" é uma grandeza de sabor bíblico, que escorre das veias do judaísmo para o coração da experiência cristã. Por ela, a Igreja reconhece-se como a grande comunhão dos batizados mediante a cruz de Cristo, que no "sangue" e na "água" reconciliou os povos e os unificou em si mesmo, por vínculos que perpassam, mas excedem a natureza humana:

> Cristo estabeleceu este novo pacto, isto é, a nova aliança do seu sangue, formando dos judeus e dos gentios um povo que realizasse a sua própria unidade, não segundo a carne, mas no Espírito, e constituísse o novo povo de Deus. Os que creem em Cristo, renascidos de uma semente não corruptível, mas incorruptível pela palavra do Deus vivo, não da carne, mas da água e do Espírito Santo, constituem uma "raça eleita, um sacerdócio real, uma nação santa, o povo de sua particular propriedade... que outrora não o era, mas agora é povo de Deus"[456].

O concílio declara, desta forma, que no povo da nova aliança concretizam-se as linhas de maior alcance do livre e insondável projeto do Pai: elevar toda a

---

454. LG 14.
455. BOUYER, L., Liturgia renovada, p. 44.
456. LG 9.

humanidade à vida divina por meio da convergência em Cristo, o que se consuma, em via ordinária, no mistério da Igreja. Cabe, pois, ao instrumento eclesial, na força do Espírito, anunciar e instaurar o reino de Deus entre todas as gentes, constituindo, para tanto, assembleias que se conectem e reportem ao único movimento na direção do Cristo[457] – "quando eu for elevado da terra, atrairei todos a mim" (Jo 12,32).

É este o eixo eclesiológico ao redor do qual gira toda a reflexão conciliar[458]: reconhecer-se e propor-se como "povo", cuja vocação é abraçar toda a família humana, no compartilhamento da dignidade batismal e da distinção a participar da ceia eucarística, memorial da nova aliança. Não se trata mais de enfatizar a condição imperecível e infalível de uma instituição triunfalista, acastelada em certezas doutrinais e rígidos estatutos hierárquicos. Mas, sim, sua natureza convivial, fraterna, integradora e misericordiosa. Entre a Igreja e a experiência comunitária reconhece-se uma identificação profunda[459], que incide diretamente sobre a realidade de suas assembleias litúrgicas. Ali, afinal, tudo isto se experimenta de maneira candente e concreta.

Em outras palavras, a centralidade teológico-eclesial do conceito bíblico "povo de Deus" revela um princípio essencial da dinâmica salvífica[460], que leva o concílio a propor linhas de aplicação da dimensão comunitária na disciplina eclesiástica, no iter missionário e pastoral, no discernimento teológico[461], na práxis celebrativa e no posicionamento da Igreja frente ao mundo[462]. A autocompreensão da Igreja e sua manifestação mais importante – a liturgia – voltam a comportar um elemento comunitário determinante, tornando, novamente, a assembleia litúrgica um sinal devidamente reconhecido e valorizado. A própria *Lumen Gentium*, no parágrafo vigésimo sexto, reconhece que nas assembleias locais estão presentes Cristo e a Igreja universal; no parágrafo vigésimo oitavo, adverte que o ministério presbiteral é exercido em Cristo "pastor e cabeça", já

---

457. LG 5.

458. ZANCHI, G., L'assemblea liturgica, p. 69. Chamando-se "povo de Deus", a Igreja do Vaticano II redimensiona seu conceito de Revelação e reassume a palavra de Deus com a veemência que a memória veterotestamentária de "povo" evoca (*Dei Verbum*); apresenta-se prioritariamente como sujeito comunitário e orgânico, ao invés de uma sobreposição de poderes (*Lumen Gentium*); dispõe-se a novos relacionamentos com as sociedades e culturas (*Gaudium et Spes*); além de retomar a índole necessariamente concelebrativa de sua ritualidade e vivência cultual (*Sacrosanctum Concilium*).

459. BOROBIO, D., Los ministerios en la comunidad, p. 99.

460. VAGAGGINI, C., O sentido teológico da liturgia, p. 251.

461. Vale considerar, por exemplo, a declaração sobre o *sensus fidei* do inteiro povo de Deus na recepção e aplicação da palavra salvífica, conforme se encontra no artigo décimo segundo da *Lumen Gentium*.

462. ALMEIDA, A. J., Lumen Gentium, p. 83.

que é sua a missão de congregar a família de Deus, como, de fato, ocorre nas assembleias dos fiéis.

Com um foco ainda mais específico, o concílio aponta para as interações que se estabelecem entre as diversas categorias constitutivas do povo de Deus. Reconhece que a "condição básica, a matéria-prima, o elemento comum, o mais importante, a própria razão de ser do plano divino com relação à criatura humana[463]" é o seu ser membro deste povo. Reside aí o fundamento compartilhado, a grandeza e a novidade trazidas por Cristo, que elevam todos os batizados à mesma dignidade. As interações entre todos os fiéis deixam de ser, pois, unidirecionais, com partida do "vértice da pirâmide[464]", para tornarem-se mais recíprocas. Sem deixar de resguardar as competências e responsabilidades individuais e ministeriais específicas, as novas relações plasmam um só corpo, integrado, equilibrado, dinâmico e flexível.

Dentro desta tessitura teológica e vivencial, a assembleia litúrgica é chamada a exprimir a harmoniosa integração de todos os membros do povo de Deus no exercício de um mesmo culto e na participação equânime da mesma santificação. Quaisquer particularidades carismáticas e ministeriais observadas no interior do arranjo assembleal devem ser expressão da provisão divina com que a comunhão dos fiéis é dotada, sempre para sua edificação, conforme a já lembrada recomendação paulina na Primeira Carta aos Coríntios[465].

Intrínseca à compreensão profunda de "povo de Deus" está a ideia de "nação sacerdotal". É a segunda noção que nos propomos analisar no intuito de identificar traços mais nítidos de uma eclesiologia assembleal conciliar. Mais adiante ela será novamente considerada, no contexto das reflexões sobre a participação e a ministerialidade assembleal. Por ora, contentamo-nos em reconhecê-la e apresentá-la.

Já o livro do Êxodo (19,6) insere, no contexto da paradigmática assembleia do Sinai, este componente sacerdotal e coletivo. Assim como no "primeiro" Israel configurou-se uma porção sacral e separada do resto do povo – o clã sacerdotal –, com a finalidade de amplificar a voz de Deus e oferecer os sacrifícios de renovação da aliança, o conjunto do povo de Deus – a nação israelita – haveria de assumir,

---

463. KLOPPENBURG, B., A eclesiologia do Vaticano II, p. 238.

464. A concepção de Igreja amadurecida desde o início do segundo milênio até o Concílio Vaticano II remontava a um triângulo apoiado sobre um de seus lados, em cujo vértice estava o papa, imediatamente seguido pelos bispos e presbíteros que, por sua vez, apoiavam-se sobre a densa camada de cristãos leigos. A vida religiosa ocupava uma espécie de lugar híbrido entre a hierarquia e a massa dos batizados. As relações estabelecidas neste esquema regiam-se pela acentuada concentração de autoridade nas mãos dos membros da hierarquia, com uma obediência resignada praticada pelos religiosos e leigos.

465. 1Cor 14,12.

perante toda a humanidade, esta mesma função, no âmbito do universal desígnio de salvação[466].

O amadurecimento da economia divina de salvação traz, porém, uma reviravolta conceitual e interpretativa. No Mistério Pascal, Cristo consuma o sacerdócio oferente e reconciliador que exerceu no arco completo de sua trajetória histórica, como verdadeira síntese em superação de suas imagens e parciais realizações veterotestamentárias. Na decisão livre e resoluta de Jesus, Verbo encarnado, fé e obediência ao Pai são levadas às últimas consequências, ratificando uma nova aliança, ainda mais aprofundada, pois plasmada no Espírito e estendida para além da história. É o que se pode reconhecer nesta brevíssima apresentação da cristologia sacerdotal do Novo Testamento: "o Filho, sumo sacerdote, vem ao mundo para cumprir a vontade do Pai e com a ressurreição entra no santuário celeste para realizar, de uma vez por todas, o solene rito da expiação mediante seu sangue[467]".

Ao abraçar a missão de "Servo de YHWH" (Is 42,1-9; 49,1-7; 50,4-11; 52,13–53,12), moldura arquetípica em que se contempla o gesto simultaneamente sacerdotal e sacrifical da cruz[468], o Cristo não isenta Israel de suas responsabilidades. Antes, inaugura o tempo graciosamente favorável em que o novo povo de Deus – a Igreja –, investido do *Pneuma* divino e estendido a todas as nações, dá forma a um verdadeiro "reino de sacerdotes" (Ap 1,6). Neste novo tempo e sob tais circunstâncias, cabe-lhe realizar, por sinais sensíveis e na comunhão com o Sacerdote por excelência, a "santificação dos homens" e prestar a Deus o "culto público e integral[469]".

Toda a assembleia dos batizados já nasce, assim, qualificada para o sacerdócio de Cristo, na medida em que, assumida por ele através dos sacramentos iniciáticos, consequentemente é também encarregada da missão reconciliadora própria do Messias. Sem dúvida, tal múnus é manifesto e atuado quando os cristãos se reúnem em assembleia cultual, na oferta da oblação santa em memória da nova Páscoa. Mas, não somente. A valência deste sacerdócio é algo que transcende a índole exclusivamente religiosa do agir cristão, para impregnar toda a vida do "perfume" de tal unção para o serviço sagrado.

---

466. BAROFFIO, B., Sacerdócio, p. 1030.

467. AMATO, A., Gesù, il Signore, p. 204. Sobre o sentido do "sangue", para não recairmos numa teologia de satisfação expiatória "jurídica", convém conferir o texto de F. Varone: "o 'sangue' é a vida de Jesus mergulhada em todo o absurdo dramático da dimensão humana" (VARONE, F., Esse Deus que dizem amar o sofrimento, p. 148).

468. AMATO, A., Gesù, il Signore, p. 132.

469. SC 7.

Com efeito, há uma dimensão extralitúrgica da identidade ministerial conferida pelo batismo: é o exercício sacerdotal cristão da vida, como imolação quotidiana pelo Evangelho do amor, do perdão e da paz. Trata-se do culto interior, do testemunho perseverante, que não se esquiva dos inconvenientes e sofrimentos exigidos pela coerência da fé, mas os assume com a tenacidade e o zelo próprios do ânimo ministerial. Isto significa que a identificação com Cristo na *sequela* e na entrega de si faz-se participação cúltico-existencial dos batizados no sacerdócio eterno do Filho de Deus, como já compreendera Paulo, nos albores da era cristã, ao refletir sobre a natureza e a vocação do novo povo reunido por Deus: "que ofereçais vossos corpos como sacrifício vivo, santo e agradável a Deus: este é o vosso culto espiritual" (Rm 12,1).

A assembleia que se põe a celebrar a liturgia eucarística não realiza, portanto, um rito desencarnado, sem um lastro prático e testemunhal que se identifique com a vida e a entrega de Jesus. Pelo contrário: seu culto é espiritual porque se dá no Espírito de Cristo, que fez do seu "estar no mundo" um compromisso histórico e libertador[470]. A Igreja, como atualização e extensão deste "estar no mundo", não pode esperar outra coisa da liturgia senão renovar o fôlego espiritual e o ânimo vocacional para levar adiante sua missão.

Eis, então, que tudo o que dissemos sobre a assembleia litúrgica encontra neste ponto um inesperado desfecho. A epifania que a reunião cristã sedia é, na verdade, compromisso salvífico com o mundo, de tal maneira que Deus continua a redimir a história nas assembleias da Igreja. Não se reúnem assembleias para cultivar *in vitro* a Igreja, como uma espécie rara, exótica e deslumbrante, mas irrelevante para aliviar ou sanar as dores mais agudas da existência concreta dos homens e mulheres de todos os tempos. Ao contrário: a meta da ação do Espírito na liturgia em comunidade não é outra que a *anáclese*, quer dizer, a produção no mundo inteiro daqueles mesmos efeitos de amor, comunhão e plenitude que Ele realiza na comunhão trinitária[471].

Portanto, à luz da concepção eclesiológica que procuramos desenvolver, o evento "assembleia litúrgica" é muito mais que a pura demonstração de realidades esotéricas e utópicas, radicadas em ideias religiosas. A ousadia cristã permite-nos afirmar mais: é o próprio acontecimento da comunhão divina que

---

470. TABORDA, F., Sacramentos, p. 174.

471. TRIACCA, A. M., Epiclesi-Paraclesi-Anaclesi, p. 389. No artigo citado, A. Triacca apresenta a divisão didático-teológica que permite perscrutar a ação do Espírito na celebração litúrgica, desde a sua invocação (*epíclese*), ao dinamismo e às interações que cria no interior da assembleia celebrante (*paráclese*), até consumar a obra especificamente pneumática de tudo revestir com a comunhão trinitária (*anáclese*), o que é a própria salvação.

se dirige para a humanidade, disposta a convertê-la em *ekklesía* – comunidade convocada. Algo que a linguagem e o estilo mistagógico do ritual para dedicação de igrejas e altares transmite com sublime inspiração: "participemos destes ritos sagrados com todo o fervor, ouvindo com fé a palavra de Deus, para que a nossa comunidade, renascida na mesma fonte batismal e alimentada na mesa comum, prospere e forme um templo espiritual[472]".

Cada assembleia é, enfim, o *"pleroma*, no sentido que é a Igreja que recebe a plenitude da vida divina e da graça que transborda de Cristo para transformar o cosmo; e é *pleroma* no sentido que ela [a Igreja-assembleia] forma o Cristo total[473]". Reunida para celebrar, ela vai, pois, muito além de um apropriar-se da graça salvífica, fechando-se numa "seita" de homens e mulheres plenificados e excelentes, mas indiferentes quanto aos destinos do mundo. Na verdade, a assembleia, compreendida e vivida em sua máxima luz, presta o serviço eclesial-sacramental por excelência: ser "sinal e instrumento da união íntima com Deus e da unidade de todo o gênero humano[474]".

2.4. Sinal provisório e incompleto, realidade plena e definitiva

O fato de termos concentrado, no item anterior, nossas reflexões de eclesiologia litúrgica ao redor de um eixo eucarístico não significa que tenhamos desaguado todo o percurso feito até aqui na tese de que somente no contexto da celebração da ceia do Senhor é que se autentica a sacramentalidade da assembleia. Seguimos com a convicção de que a assembleia é a realidade litúrgica primária[475], que deve sua significatividade ao próprio desígnio salvífico divino. Efetivamente, nele, a "obra da reunião" desempenha um papel essencial: a vontade do Pai, revelada na consumação do mistério pascal, é reunir tudo em Cristo (Ef 1,9s). Como sinal privilegiado deste dispositivo divino, a assembleia litúrgica possui um valor salvífico intrínseco. Todos os atos celebrativos que acontecem debaixo das suas coordenadas possuem inegáveis qualidades sacramentais, mas não ofuscam, suprimem ou substituem a sacramentalidade fundamental da reunião cristã. Apenas a confirmam e enriquecem.

Seria mais preciso dizer que a eucaristia, por sua natureza específica, pode evidenciar, com mais recursos e a partir de uma perspectiva mais ex-

---
472. PONTIFICAL ROMANO, Ritual para dedicação de igrejas, p. 442".
473. MASSI, P., Il segno dell'assemblea, p. 115.
474. LG 1.
475. CENTRO NACIONAL DE PASTORAL LITÚRGICA, A arte de celebrar, p. 80.

plicitamente pascal, a face integral da assembleia celebrante. Se na eucaristia Cristo sintetiza o sentido, o ato e o efeito de sua entrega, estabelecendo o novo "mistério" através do qual participamos da salvação nele[476], resulta evidente que qualquer abordagem teológico-litúrgica precisa considerar com atenção o tema eucarístico.

A eucaristia é, de fato, o cumprimento da profecia estabelecida sobre a aliança sinaítica[477]. Aquela comunhão com a divindade, apenas entrevista no Sinai, quando os anciãos de Israel comem e bebem na presença sagrada, aponta com energia e precisão para uma comunhão de mesa com Deus que ainda devia acontecer, na maturidade da obra salvífica. Daí que as comunidades reunidas para a liturgia da nova aliança, celebrando os louvores do Cordeiro imolado, testemunhem que a salvação prometida a Israel, em suas solenes assembleias, verdadeiramente aconteceu. No novo "êxodo", que parte do Cenáculo eucarístico, passa pelo Calvário, até atingir o sepulcro escavado na rocha, mas esvaziado em seguida, consuma-se o pacto definitivo, que abre para toda a humanidade os portais de uma efetiva comunhão com Deus. Profundamente enraizada na história de Israel, a eucaristia é, pois, um ponto de convergência de absoluta relevância.

Também a espiritualidade cristã, sobretudo em suas expressões mais espontâneas e populares, atesta como, ao longo dos tempos, o surgimento de formas devocionais centradas na eucaristia é capaz de revelar que a identidade comunitário-religiosa dos fiéis se construiu sobre um alicerce eucarístico, tendo-se sustentado e nutrido assim em momentos particularmente conturbados[478].

A própria eucaristia enquanto experiência religioso-celebrativa, todavia, supõe a realização de assembleias prévias, nas quais, gradativamente, venha inserido o homem e a mulher tocados pela fé e chamados à aliança, no âmago daquele processo que se chama "iniciação à vida cristã"[479]. Em paráfrase da parábola lucana do "bom samaritano" (Lc 10, 29-36), diríamos que, tomados da "beira do caminho" – ou do "não caminho" – onde foram deixados pelos assaltantes da vida, da dignidade e da liberdade, e submetidos aos primeiros cuidados, os candidatos

---

476. TABORDA, F., O memorial da páscoa do Senhor, p. 62.

477. DEISS, L., A ceia do Senhor, p. 51.

478. MARSILI, S., Os sinais do mistério de Cristo, p. 281. Sabemos, todavia, que por um milênio a ênfase dada, na teologia e na piedade dos fiéis, ao mistério eucarístico não foi isenta de contradições e até distorções. Mesmo em cenários tão desfavoráveis, causa admiração que a eucaristia tenha mantido sua prevalência e força atrativa, salvaguardando o patrimônio teológico e espiritual excepcional que haveria de ser resgatado já em nosso tempo.

479. As "etapas" e "tempos" previstos no Ritual para a Iniciação Cristã de Adultos são a sedimentação deste espírito assembleal que acompanha todo o processo catecumenal, e não exclusivamente a celebração dos sacramentos (CNBB, Iniciação à vida cristã, p. 47).

à fé ou catecúmenos são conduzidos pelo viajante compassivo até a hospedaria. Por um tempo não declarado, permanecem ali, sob a devida cura e sob a promessa do retorno daquele surpreendente filantropo. Um misto de provisoriedade, transição e entranhada acolhida constitui tal estalagem arquetípica, quase uterina e gestacional, sugerindo-nos uma progressiva imersão em um novo contexto vital, onde se respira a redenção, "casa" verdadeira do ser humano.

Em tudo isto, interessa-nos, principalmente, a indicação de que há um percurso a ser cumprido, um caminho a ser reencontrado, com a guia segura e misericordiosa daquele que se fez próximo. Ademais, há um tempo de convalescença expectante, de terapia intensiva e assistida, até que a assembleia entre o ferido resgatado, o solícito hospedeiro e o bom samaritano aconteça.

Ora, durante o catecumenato, as breves e frequentes assembleias de exortação, exorcismo e oração parecem, de maneira semelhante, conduzir e curar compassivamente os candidatos, por um intervalo considerável, em etapas, até que na vigília do sábado para o domingo de Páscoa se vivencie, na celebração dos sacramentos de iniciação, o encontro com o Crucificado que retorna da região da morte[480]. Aquele misericordioso viajante, que descera às profundezas de nossa condição mortal, regressa para recompensar "o que tivesse sido gasto a mais", conforme prometeu ao partir (Lc 10,35), e usar o óleo e o vinho de suas provisões (Lc 10,34), confirmando a cura do que estivera quase morto.

Na exultante liturgia pascal, enfim, a assembleia dá graças por sua feliz condição, regenerada de toda enfermidade e abandono, já sigilada com o sinal da ressurreição e livremente admitida ao banquete da vida. Por outro lado, e ao mesmo tempo, a expectativa do retorno do Senhor é redirecionada para novas dimensões, muito mais amplas, definitivas e luminosas[481]. A assembleia eucarística converte-se, então, na nova hospedaria, de onde se canta e espera a nova vinda do Redentor.

Ilustrado este aspecto, vale, porém, ressaltar que a assembleia reunida para a celebração da mesa do Senhor não é, exclusivamente, ponto de chegada para o suceder-se das assembleias preparatórias que integram o processo iniciático cristão. A mesma eucaristia também enseja o surgimento de outras afluências e reuniões que prolonguem o que foi celebrado e reforcem suas implicações vitais, sancionando uma verdadeira *lex vivendi*. É o caso, por exemplo, da liturgia das horas, dos demais sacramentos do setenário, além das bênçãos, das consagrações e dos sacramentais.

---

480. DANIÉLOU, J., Bíblia e liturgia, p. 50.
481. STAVRÓPOULOS, P., La Divina Liturgia, p. 23.

Na liturgia das horas, em particular, realiza-se uma privilegiada extensão do dom eucarístico, na medida em que se reverberam ações, evocações e aclamações propriamente eucarísticas, até mesmo estruturantes de sua ritualidade sacramental. É o caso da "ação de graças", do ato de "abençoar" e da propiciação de um "sacrifício de louvor"[482]. Tais tópicos, tão característicos do culto oferecido junto ao altar, encontram na salmodia, na meditação dos textos bíblicos, na leitura dos clássicos da antiga e recente tradição cristã, no cântico dos louvores evangélicos e no clamor dos fiéis reunidos para a liturgia das horas um eco contínuo.

Não há, pois, como não enxergar entre as duas realidades litúrgicas – celebração da eucaristia e celebração da liturgia das horas – um verdadeiro dispositivo dialogal e alternante, feito de preparação e continuação, de pré-gustação e assimilação, de convite e prolongamento, a girar em torno da centralidade que corresponde ao mistério eucarístico[483]. A própria constituição litúrgica do Concílio Vaticano II reconhece o vínculo particular que existe entre a celebração eucarística e o ofício divino, quando diz que, dentre as maneiras pelas quais é exercido o múnus sacerdotal de Cristo além da eucaristia, a liturgia das horas representa o modo mais alto de exprimir o louvor incessante da Igreja e sua intercessão pela salvação do mundo[484].

Outro ponto de contato entre eucaristia e ofício divino reconhece-se, precisamente, no caráter contínuo, sucessivo e serial deste último – quer dizer, a não interrupção de seu ciclo horário –, que evidencia uma consistente raiz cósmica[485]. Ao evocar a dinâmica universal que envolve todas as coisas, a liturgia das horas, em profunda e significativa conexão com o sacramento eucarístico, revela uma índole salvífico-globalizante. De fato, na eucaristia "se realiza no modo mais perfeito possível antes do novo céu e da nova terra, a modo de primícias e *sub velo* e *in sacramento*"[486], a elevação de todas as realidades sensíveis à consumação gloriosa

---

482. "Dar graças", confessado como ato "justo e necessário" pelo presidente da assembleia eucarística no prefácio é, na verdade, o coração do louvor prestado na recitação ou canto do ofício. Normalmente, esta ação de graças eleva-se "por Cristo ao Pai", segundo o uso litúrgico comum, embora, algumas vezes, hinos e preces da liturgia das horas também se dirijam a Cristo, "Rei dos mártires" e Senhor ressuscitado. "Bendizer" é outro convite frequente na celebração horária, como herança da prática da *berakah* judaica, também presente na liturgia eucarística. Sobretudo pela manhã, no *Benedictus*, proclama-se a bem-aventurança de quem, na fé, reconhece os favores de Deus. O "sacrifício de louvor", identificado à misericórdia, à fidelidade e à constância na oração, é tido, pelo ofício divino, como participação singular no sacrifício de Cristo, rememorado na eucaristia (REYNAL, D., Teologia da liturgia das horas, p. 36-41).

483. IGLH 12.

484. SC 83.

485. CHIARAMELLO, P., Pregare oggi con la liturgia delle ore, p. 298.

486. VAGAGGINI, C., O sentido teológico da liturgia, p. 295.

em Cristo. Já no ofício divino, o próprio tempo é consagrado[487], com tudo o que ele abrange, inclusive a atividade humana[488].

Ora, em profunda comunhão com o ser criado à imagem e semelhança de Deus, nó central do universo e primeiro redimido pela economia salvífica, todo o mundo criado experimenta sua libertação e plenitude quando o "fruto da terra e do trabalho humano", entre as orações e gestos da comunidade reunida para a liturgia eucarística, é oferecido em ação de graças[489]. Da mesma forma, ao consagrar, de manhã, "os primeiros movimentos de nossa alma e de nossa mente[490]" e, no declinar do dia, ao agradecer o que nele temos recebido ou o bem que nele fizemos[491], a liturgia das horas insere no "íntimo dinamismo de conhecimento e amor que vincula desde a eternidade o Pai, o Filho e o Espírito Santo[492]" todas as realidades naturais e humanas.

Esta dúplice e generosa "eucaristia" – tanto do sacramento quanto do louvor agradecido prestado pelo ofício divino – torna-se, assim, celebração do novo início em Cristo, não somente da história humana, mas de toda a criação, embebendo de salvação e plenitude sua ordem natural. Visitada pelo Altíssimo, esta já viu despontar a vitória pascal do Crucificado. Agora, não cessa de clamar por sua pronta libertação (Rm 8,21), sobretudo através das assembleias reunidas para a eucaristia e para a celebração contínua dos louvores sálmicos e evangélicos.

Não seria, porém, honesto ignorar que, ao lado desta perspectiva transcendental e meta-histórica, cada celebração do memorial da cruz prima por uma identificação – que aqui chamamos "mistérica" – com aquele ato, único e irrepetível, da morte-ressurreição do Senhor. De tal modo situado historicamente, este ato estabelece um marco espaçotemporal muito preciso, a ponto de romper com qualquer possibilidade de reduzir-se a uma cosmogonia. Suas coordenadas históricas e geográficas obrigam-nos a respeitar a verdade da encarnação e a eficácia histórico-salvífica do agir divino, considerando aquela realidade rememorada na celebração litúrgica um evento fundador[493]. Não se trata, pois, de um mito, mas de

---

487. IGLH 10.

488. IGLH 11.

489. O mundo se converte em eucaristia, a criação inteira se santifica e se renova, porque o homem está santificado e cristificado. O homem converte-se, por graça, em Cristo e o mundo em "casa de Deus". O mistério eucarístico é a porta através da qual Cristo entra no homem e no mundo (STAVRÓPOULOS, P., La Divina Liturgia, p. 18).

490. IGLH 38.

491. IGLH 39.

492. AUGÉ, M., Liturgia, p. 196.

493. GIRAUDO, C., Admiração eucarística, p. 43.

um acontecimento de revelação e redenção, situável e assimilável também pelas faculdades puramente naturais.

A liturgia das horas também não se perde entre necessidades de cunho mágico, ou no espírito pagão das "vãs repetições" ou do "palavreado excessivo" (Mt 6,7), mas é atualização da oração de Jesus na cruz e de sua oferta para a salvação do mundo[494]. O mecanismo cósmico e cíclico que ela assume não se pretende eficaz por si mesmo, mas na medida em que mantém atual e presente a verdade consumada de nossa salvação.

Por conseguinte, o elemento de "desempate" entre estas duas grandes perspectivas – cósmica e histórica – está no fato de que a reapresentação do sacrifício de Cristo ao longo das gerações, através do rito eucarístico, e a assiduidade orante da celebração do ofício divino, fundam-se sobre a efetividade salvífica já estabelecida no Calvário, de uma vez por todas, mas que, atualizada pela virtude do Espírito de Deus, torna presente tal salvação para a comunidade aqui e agora reunida em memória do Senhor[495].

Quer dizer, no acontecimento único da salvação pela obediência de Cristo, a ordem cósmica também é "batizada", e vem sempre de novo confirmada em tal condição pela liturgia da Igreja[496]. Entre as evoluções do seu ciclo natural e universal ressoam os sons e aclamações do estado criatural redimido, de maneira que a salvação é uma realidade viva, em franco acontecimento, realização e extensão.

Os corpos "eucaristizados" dos fiéis, ou seja, visitados pela eternidade na celebração dos mistérios da fé, são como prismas que filtram e irradiam para o mundo os novos céus e a nova terra, que ainda hão de coincidir com todo o universo[497]. Por isto cantam os salmos e celebram, sem fim, a felicidade de sua condição. É esta, de fato, a "onda" que, emergindo da mesa eucarística, perpassa a assembleia que a rodeia, as extensões universais, os tempos e o fluxo inexorável da liturgia das horas: seu louvor incessante faz uníssono com as melodias cósmicas e naturais, já visitadas pela graça no acontecimento pascal, mas, conosco, expectantes de uma consumação salvífica universal[498].

---

494. AUGÉ, M., Liturgia, p. 198.

495. GIRAUDO, C., Num só corpo, p. 183.

496. CASTELLANO, J., Escatologia, p. 354.

497. CASTELLANO, J., Escatologia, p. 358.

498. Valiosa é a contribuição de J. Ratzinger para esta reflexão ao apresentar, simultaneamente, as determinantes distinções entre cosmos e história em relação ao dom da liberdade e sua aproximação pelo mistério da liturgia. Conclui assim suas ponderações: "os dois círculos [cósmico e histórico], apesar de diferentes, serão sempre o único círculo do ser: a liturgia histórica do cristianismo é e permanecerá – indivisa e pura – cósmica, e só assim ela terá a sua plena grandeza" (RATZINGER, J., Introdução ao espírito da liturgia, p. 25.

Sob tais circunstâncias, a assembleia reunida leva a efeito sua mais alta vocação e o ofício divino realiza em profundidade o intento de ser *laus perennis*. A vida humana, a história salvífica e a expectativa escatológica, entrelaçadas e evocadas pelo seguir-se do tempo na direção de sua meta, são unidas na eucaristia, na liturgia das horas e no coração da comunidade celebrante pelo reconhecimento agradecido de que o Senhor, tendo cravado seu mistério pascal no quadro de nossas categorias existenciais fundamentais, voltará para levá-las à plenitude. O louvor infindável da liturgia, que convoca a assembleia diversas vezes ao longo da jornada, não nos permite esquecer que depositamos nossa esperança em uma realidade que, embora possamos antegozar na celebração, tem sua posse definitiva reservada para o fim[499].

A assembleia litúrgica tem, pois, sua natureza sacramental impregnada de tensão escatológica, bem como todo o conjunto de ações e palavras que traz à luz seus atos celebrativos. Ambos se dirigem, na cadência dos tempos e entre os sinais da nova vinda do Senhor, para a Jerusalém celeste, "mãe" – pois é de lá que tudo o que é salvífico provém – e última meta. Assembleia e celebração são "irrigados pelo grande rio da liturgia que, brotando da plenitude dos tempos, os arrasta para a sua consumação. (...) Surgiu a novidade e nós 'já' estamos nela[500]" – anunciam, enfim. E não se trata de utopia ou evasão psicológica, pois a assembleia é este *tópos* mistérico e sacramental onde o "novo" efetivamente se dá.

Em absoluta conexão com estas conclusões, mas, principalmente, sustentando-as e conferindo-lhes autoridade, encontramos no texto de C. Vagaggini as seguintes palavras: "a assembleia proclama, anuncia, espera e chama (...) a glória futura da cidade bendita, quando Deus será tudo em todos[501]". Podemos, então, dizer que as reuniões cúlticas dos batizados estabelecem, por toda a extensão da terra, em meio às cidades dos homens, verdadeiros focos de irradiação da glória celestial que, já envolvendo de luz e vida as moradas eternas, agora se reflete naquelas "construções" humano-divinas que são as assembleias litúrgicas, já amalgamadas, no Espírito, pela fé e pela caridade, sobre o fundamento sólido do Cristo, pedra angular, para a celebração da salvação.

De fato, para esta "cidade bendita" – a "Nova Jerusalém" (Ap 21,2) – volta-se prontamente o coração dos cristãos reunidos em assembleia na medida em que se exercitando no "estar juntos" por obediência e atração do chamamento divino antecipam o desfecho da obra de redenção-reunião que Deus continua

---

499. BECKHÄUSER, A., O sentido da liturgia das horas, p. 80.

500. CORBON, J., A fonte da liturgia, p. 58.

501. VAGAGGINI, C., O sentido teológico da liturgia, p. 100.

atuando na história. Cada assembleia é um clamor, uma invocação, aquele desejo incontido que se exprime liturgicamente em vista do advento da cidade redimida[502]. Confirma-o a Carta aos Hebreus, referindo-se aos justos que acataram na fé a promessa divina: "Eles aspiram, com efeito, a uma pátria melhor, isto é, a uma pátria celeste. É por isso que Deus não se envergonha de ser chamado o seu Deus. Pois, de fato, preparou-lhes uma cidade" (Hb 11,16).

A urbe escatológica, portanto, é sinal e sede do cumprimento definitivo do esforço salvífico divino, quando, enfim, haverá de reunir todas as "tribos, línguas, povos e nações" (Ap 5,9) numa assembleia plena e perfeita – cidade redimida. Não há outra forma de se dizer salvação neste enquadramento senão como superação da confusão e da divisão que, pecaminosamente, desde as etapas mais remotas, envolveram a história humana.

Salvação é a reversão de Babel (Gn 11,1-9), ou seja, a construção de uma cidade em cujo centro não se erija um monumento à vaidade ou à autossuficiência, mas se reconheça a soberania condescendente de Deus, que quer congregar todos os seus filhos e filhas para o diálogo do amor salvífico. Redenção, enfim, é a restauração da unidade universal, antecipadamente delineada numa comunidade supranacional de crentes que se reúne – a Igreja[503].

A esta altura, sem mais reticências, cabe-nos reconhecer que, no tempo da Igreja, último em relação ao *eschaton*, a imagem excelente e o modelo semifinalizado desta "cidade" é a assembleia litúrgica. Não por outro motivo, o Apocalipse de João, apresentando a dimensão meta-histórica da Boa Notícia, anunciando o advento da Nova Jerusalém, lança mão das categorias, ritos, imagens, gestos e cânticos das assembleias cristãs do primeiro século, de maneira a não perder a identificação das comunidades cristãs às quais se dirige.

Mais ainda: construindo-se literária e teologicamente como a celebração litúrgica de uma grande assembleia que se abre à interpretação da história[504], o Apocalipse convida a Igreja a conscientizar-se de sua "hora" (Ap 1,1-3) e preparar-se

---

502. TILLARD, J. M., Carne della Chiesa, carne di Cristo, p. 198.

503. BENTO XVI, Spe salvi, p. 26.

504. Valemo-nos da já clássica obra de U. Vanni para apresentar a assembleia sob a perspectiva escatológica. De fato, o biblista afirma que "o Apocalipse nasceu em ambiente intensamente litúrgico e de prece, e só poderá ser entendido se nos colocarmos no mesmo ambiente e na mesma disposição interior. O autor no-lo diz expressamente na introdução (Ap 1,1-3)" (VANNI, U., Apocalipse, p. 90). U. Vanni avalia a leitura escatológica do Apocalipse como profundamente dinâmica e versátil, evocando o passado, interpretando o presente e apontando para o que deve acontecer. Diz assim: "o simbolismo com que o autor envolve esses fatos, subtrai-os ao conceito de história isolado, conferindo-lhes uma leitura teológica paradigmática. Tomadas [as formas simbólicas] singularmente, são deslocáveis para frente e para trás; tomadas em conjunto, constituem como que um grande paradigma de compreensões teológicas a serem aplicadas à realidade concreta" (VANNI, U., Apocalipse, p. 23).

para ela (Ap 2-3). "A assembleia litúrgica aparece, assim, como a protagonista ativa de toda a experiência que o livro pretende e consegue provocar[505]", afirma U. Vanni. Sua condição indubitavelmente privilegiada em relação ao projeto divino habilita-a para tal tarefa.

Merece destaque, entretanto, que a opção do escritor sagrado por um sujeito coletivo – a Igreja-assembleia litúrgica – capaz de, acima do vidente, desvelar a revelação celestial é uma exceção no conjunto mais amplo dos apocalipses de tradição ou inspiração judaica. Normalmente, neste gênero, apela-se a uma "figura humana venerável do passado distante, cujo nome é utilizado como pseudônimo[506]", para assegurar distância e guardar uma certa áurea mística, oracular, arcana. No caso do apocalipse joanino, o verdadeiro receptor da mensagem é a assembleia cristã, que já crê e celebra a vitória do Messias, sendo, pois, irrelevante qualquer tentativa de apresentar-lhe uma outra autoridade ou uma figura paradigmática. Suas credenciais seriam sempre muito inferiores e incapazes de suscitar temor e reverência.

Antes, a identificação e a aproximação com o protagonista da experiência apocalíptica neotestamentária é buscada, delineada, inteligentemente desejada. Com efeito, a comunidade celebrante é instada a "ver" o futuro em meio às contradições de seu presente, ou, em termos mais familiares à teologia litúrgica, celebrar a esperança, com os sinais da realidade significada, não obstante estar, ainda, envolvida pela precariedade dos tempos atuais. Reconhecer-se no drama que se desenrola através do texto apocalíptico para colher daí inspiração e exemplo[507] é, neste caso, uma necessidade para o leitor.

Configurado este brevíssimo panorama introdutório, resta-nos mergulhar no vivo da obra apocalíptica joanina para colher mais alguns elementos de fundamentação escatológica para a teologia da assembleia que aqui tentamos esboçar. Não pretendemos, por certo, fazer qualquer resenha dos complexos e variados estudos exegéticos que tomam o livro do Apocalipse em análise, mas, simplesmente, intencionamos seguir o rastro de sua intuição assembleal e litúrgica, para enriquecimento de nossa pesquisa. Para tanto, o renomado biblista Ugo Vanni serve-nos de guia.

Colocando-nos na estonteante presença do Vivente (Ap 1,17s), que impressiona por resplandecer em glória e estar revestido dos atributos simbólicos de sua vitória, o livro logo nos faz ouvir seu Espírito que, dirigindo-se a sete assem-

---

505. VANNI, U., L'Apocalisse: ermeneutica, esegesi, teologia, p. 86.

506. COLLINS, J. J., A imaginação apocalíptica, p. 23.

507. COLLINS, J. J., A imaginação apocalíptica, p. 395.

bleias particulares, dá um corte septiforme à única e perene mensagem de Cristo à Igreja: "conheço as tuas obras", "converte-te" e "quem tem ouvidos, ouça". Em seguida, na releitura simbólica do passado, através do vidente, a Igreja-assembleia é exortada a adquirir uma "forma sapiencial" (Ap 4-11), que será aplicada depois no discernimento dos sinais: o "grande sinal" (Ap 12), o "sinal do mal" (Ap 13) e o sinal da realidade nova (Ap 14-22).

Toda esta construção literária e esta organização de conteúdo quer mostrar que o acontecimento salvífico, estabelecido na entrega dolorosa do Messias, diz respeito à assembleia cristã e deve ser interpretado por ela, enquanto ainda se desenrola o jogo da adesão ou rejeição do projeto de Deus pelo mundo. Só assim, compreendido e assimilado em profundidade, este mesmo projeto pode ser participado pela assembleia, tanto no estado definitivo, quando for totalmente desvelado, quanto em seu "estado de esperança", quer dizer, na situação atual da Igreja.

Em outras palavras: acolher a "revelação de Jesus Cristo" (Ap 1,1) desterra qualquer forma de neutralidade diante do combate entre o bem e o mal que ainda se trava em meio às pulsações do tempo[508]. Não há espaço para passividade ou descompromisso histórico do receptor da mensagem. A con-fusão[509] entre passado, presente e futuro que se percebe no desenvolvimento das visões joaninas indica que o julgamento do mundo está em andamento. O esperado "mundo novo acontece no coração mesmo do antigo[510]".

O caráter escatológico de que se reveste o texto não significa que seu conteúdo se projete, exclusivamente, para o além da história. "Tanto a realidade da ameaça do mal como as promessas de Deus de conservar a sua Igreja são válidas para todos os tempos[511]". Informada dos propósitos divinos em relação ao presente e ao futuro do mundo, à assembleia se impõe uma grave responsabilidade: ser a "mediação sacerdotal entre os homens e Deus[512]".

Igualmente complexos, outros elementos dispostos pelo autor sagrado completam este quadro de definição do perfil policromático que investe a sacramenta-

---

508. VANNI, U., L'Apocalisse, p. 85.

509. Apresentada assim, pretendemos que a palavra ressalte a ideia de "fusão", já que o autor do Apocalipse propõe exatamente uma junção ou interpenetração entre os três tempos – passado, presente, futuro – de modo a estabelecer um "grande" e elástico presente, onde se desenrola o agir salvífico de Deus.

510. CUVILLIER, E., O apocalipse de João, p. 508.

511. MACKENZIE, J. L., Apocalipse, p. 56.

512. VANNI, U., Apocalipse, p. 95. É bem verdade que a natureza deste sacerdócio e as modalidades concretas de seu exercício não são exatamente precisadas pelo autor apocalíptico. Vale, contudo, seguir suas indicações que, com frequência, apontam para um testemunho acompanhado da doação de si, do sacrifício da própria vida como dom absoluto, em resposta ao dom da salvação. Sacerdócio talvez signifique, neste contexto, o mesmo que mártir.

lidade assembleal, concomitantemente escatológico e histórico, futuro e imediato, simbólico e realista. Por exemplo, uma série bem coesa de sinais e referências cúlticas confirma a intuição de que, na obra apocalíptica joanina, a escolha da assembleia litúrgica como interlocutora do Espírito não tem nada de aleatória e improvisada. Antes, deriva de uma viva consciência de sua privilegiada condição sacramental, tão dinâmica e mistérica quanto o que é revelado. A própria assembleia, vale lembrar, é parte integrante deste projeto salvífico em execução. É ela o contexto, a forma e o ambiente onde tudo o que é prometido se dará[513].

Assim sendo, a saudação litúrgica nos primeiríssimos versículos do livro não deixa dúvidas de que é a Igreja que está reunida em sua magna assembleia – a eucaristia dominical – e responde: "a ele pertencem a glória e o domínio pelos séculos dos séculos. Amém" (Ap 1,6). Depois, vem a referência ao "dia do Senhor" (Ap 1,10), termo cristão que substitui o hebraísmo "primeiro dia da semana". U. Vanni vê nesta apropriação cristã do primeiro dia do ciclo semanal, enfaticamente chamado "dia do Senhor", a evidência de um entusiasta espírito pascal que toma conta das primeiras assembleias da Igreja, constituindo-se em um distintivo que se cultiva com orgulho diante das outras expressões religiosas circundantes.

Ou seja, no contexto de sua festa comunitária, no preciso dia que traz à memória a ressurreição do Senhor, entre as vibrações de seu ânimo convicto e orgulhoso da salvação que celebra, a assembleia expõe-se ao juízo comprometedor e regenerador da luz pascal. Entre as aclamações e hinos de sua usança litúrgica, expõe suas fragilidades, mas, também, renova a visão dos sinais de sua invencível esperança. Numa "posição de clareza e força espiritual, [a Igreja--assembleia] interpreta sua hora histórica, de modo a colaborar validamente na luta e na vitória de Cristo[514]".

A visão mística não se detém em momento algum e não dá o menor sinal de querer sucumbir ao marasmo. João, assim, divisa o "Vivente" entre os candelabros e ouve sua voz, com a força de uma potente trombeta (Ap 1,10-18). Daí emergem, especialmente, as ideias de "presença" e "palavra", ou uma "presença-palavra", quer dizer, presença através da palavra e presença para a palavra, tão tonitruante quanto o anúncio trombeteado de um grande acontecimento, conforme as tradições veterotestamentárias determinavam. Não se trata, portanto, de uma presença discreta, suposta, simbólica, imaginária e fria. É uma presença notável e loquaz, digna de admiração, reconhecimento

---

513. TILLARD, J. M., Carne della Chiesa, carne di Cristo, p. 198.

514. VANNI, U., L'Apocalisse, p. 97.

e atenção, de tal maneira que a assembleia se ordene à sua acolhida, escuta e obediência[515].

De fato, também mergulhada no Espírito, como o vidente apocalíptico, a assembleia confessa-se reunida ao redor do Ressuscitado, que lhe dirige uma palavra solene, marcante, inequívoca e segura, adensando, a seguir, sua presença no sacramento. O Vivente, "Primeiro e Último" (Ap 1,17), aquele que esteve morto, mas agora está vivo, é o centro absoluto da reunião cristã, incendiando-a com sua presença dúplice – palavra e sacramento –, que reconforta e, ao mesmo tempo, inquieta, por uma atração ainda maior[516]. Sua Páscoa, que transfigurará definitivamente toda a criação no desfecho de seu peregrinar histórico, já é experimentada pela comunidade reunida no domingo, como efetivo encontro com o Ressuscitado. O caráter explicitamente pascal e dominical é, por isso, constitutivo daquela sacramentalidade assembleal que aqui, teologicamente, investigamos e procuramos interpretar.

É, ainda, digno de nota que, apesar dos acontecimentos e palavras reveladores do Apocalipse apresentarem-se sob a forma de "visões", as coordenadas de lugar (ilha de Patmos) e de tempo (domingo) sejam cuidadosamente anotadas, bem como a referência geográfica de cada uma das Igrejas a quem são dirigidas as sete cartas (Ap 1,9-11). Colhe-se aí algo daquela intencionalidade histórica, de viés atualizador, já mencionada acima, que quer assegurar o diálogo e a proximidade com a realidade concreta das assembleias cristãs reunidas para a celebração litúrgica, independentemente do lugar e do momento em que se reúnem.

Quer dizer: tanto o aspecto vago e indeterminado da redação é evitado, pela indicação de referências mais ou menos precisas, como também aqueles condicionamentos excessivamente particulares, capazes de fixar a mensagem numa gama restrita de destinatários. Afinal, é o Senhor mesmo quem fala na visão para todos a quem quer salvar. A palavra do Ressuscitado à Igreja não poderia diluir-se em elucubrações inaplicáveis à diversidade dos contextos humanos e históricos, nem se encapsular na particularidade de uma única assembleia: ela tem apelo

---

515. Uma vez mais e por itinerários um tanto diversificados evidencia-se, nestas páginas, o ponto de contato entre o fato assembleal e a realidade da palavra de Deus. Mais adiante, na seção estritamente mistagógica deste trabalho, tentaremos recolher todos estes dados para compor um diagnóstico mais orgânico desta relação.

516. "(...) João sente o Cristo presente na assembleia como ressuscitado. Esta característica [da assembleia] penetra-o, convence-o e preenche-o: tudo em Cristo é uma ressurreição que se irradia" (VANNI, U., L'uomo dell'Apocalisse, p. 180). U. Vanni identifica, portanto, que o ponto de partida para o arrebatamento de João – responsável por toda a inspiração do livro do Apocalipse – é a presença extraordinária do Ressuscitado na assembleia.

universal[517]! Deve servir de inspiração e encorajamento a todas as assembleias que se sucederão no curso dos tempos, na mesma esperança da manifestação gloriosa do Senhor e na confecção de um sinal válido deste advento definitivo, através da reunião assídua a ardorosa para a sua memória pascal.

Prosseguindo com nossa abordagem e avançando na leitura do Apocalipse, damo-nos conta de como a redação joanina é dinâmica, ágil, surpreendente e até versátil, mas sem comprometer a unidade da obra. Entremeados na sua sequência narrativo-discursiva, vários e inesperados elementos simbólicos giram livremente, exigindo prolongadas pausas de meditação para que a mensagem de que são portadores seja assimilada. Exprimem simbolismos de raiz veterotestamentária, aritmética, cromática, cósmica, antropológica e zoomórfica. A criatividade do autor parece não ter limite, quem sabe já anunciando ou pregustando o domínio daquele que dirá, em um dos capítulos finais do livro: "Eis que faço novas todas as coisas" (Ap 21,5). O fato que não pode ser negado é que a assembleia vem enredada numa linguagem extremamente rica, fecunda e metafórica, que ousa discursar sobre o indizível, em uma linha composta, que poderíamos chamar sapiencial--profético-apocalíptica[518].

Com efeito, a quantidade impressionante de constantes simbólicas que, em relação entre si, criam possibilidades interpretativas intermináveis, induz a assembleia litúrgica a reconhecer o caráter de ruptura da situação em que se encontra[519], exigindo uma consciência de fé sempre renovada e uma capacidade de reinterpretação permanente. Em outras palavras, há algo de indeterminado e inconcluso no cerne de sua realidade, algo de incontrolável e absolutamente inédito, não obstante se relacione com o credo e com os sinais e códigos linguísticos já conhecidos.

Ao mesmo tempo, um frescor perene, um quê de ineditismo e uma atmosfera de surpresa parecem revestir tudo o que se celebra em assembleia, inclusive aquelas partes e desdobramentos mais presumíveis da ação cultual. Por exemplo, a celebração da palavra de Deus não acontece de forma linear, segundo a ritualidade usual. Eventos de profundo significado místico e teológico, mas de apresentação fantástica e espetacular, imprimem uma nova cadência para os ritos assembleais (Ap 5,1-5; 6,1-12). Há, enfim, um clima de expectativa, que prostra e silencia toda a assembleia apocalíptica (Ap 8,1), preparando-lhe para o esclarecimento de novas facetas da única revelação.

---

517. LATORRE, J., La asamblea litúrgica en la Biblia, p. 16.
518. CUVILLIER, E., O Apocalipse de João, p. 498.
519. MACKENZIE, J. L., Apocalipse, p. 54.

Com menor "pirotecnia", mas igual significado, as assembleias atuais também são convidadas a descobrir as novas possibilidades e interpretações que a palavra de Deus e os mistérios celebrados sempre lhe propiciam, por sua própria natureza simbólico-sacramental. Tudo derivado, sem dúvida, da vitalidade inesgotável que emana do mistério pascal de Cristo, verdadeira fonte, que, tendo feito jorrar a ressurreição, não cessa mais de inundar o mundo com sua surpreendente plenitude[520].

Em profundidade, naquilo que possuem em comum entre si, é neste grande fluxo interpretativo que navegam os símbolos apocalípticos dispostos pelo autor inspirado: apresentar as mais diversas e densas *nuances* do desígnio salvífico divino cumprido em Cristo[521]. Convém insistir, porém, que a viagem pelo mundo teológico-fantástico reproduzido por ele não induz o leitor a qualquer evasão da realidade concreta, marcada profundamente pela crise e pela perseguição[522]. Antes, insere nela algo de maior e mais luminoso, que a comunidade celebrante deve ser capaz de reconhecer e decodificar[523].

Há, contudo, um signo determinante, que se destaca na coreografia dos signos e imagens apocalípticas, abrigando-as, admirando-as e acessando-as: é o sinal-assembleia. A permanência dele em meio a toda esta plêiade simbólica indica uma especial relevância, um protagonismo incontestável. Em alguns momentos, assembleias celestiais de anjos, anciãos, viventes e outros seres místicos desfilam diante dos olhos do vidente (Ap 5,11; 7,9), como que duplicando, no mundo eterno, o sinal da Igreja reunida na terra para a liturgia. Em torno do Vivente e da Igreja-assembleia, dispostos como dois polos interseccionados, rotam e alternam-se os outros sinais[524], provavelmente para que a comunidade reunida se

---

520. CORBON, J., A fonte da liturgia, p. 40.

521. VANNI, U., L'Apocalisse, p. 60. Ressalta o biblista que a teologia simbólica do Apocalipse pode ser expressa em formulações conceituais, de excelente proveito para diversas áreas do saber teológico, como a Cristologia, a Pneumatologia, a Eclesiologia, a Antropologia Teológica e a Teologia Litúrgica, entre outras.

522. COLLINS, J. J., A imaginação apocalíptica, p. 388.

523. O tom geral da obra deve ser considerado, adverte E. Cuvillier. A assembleia eclesial é chamada a perceber, com atenção redobrada, todos os movimentos que se dão ao seu redor e no seu interior, sob pena de sucumbir a uma identificação com a sociedade corrompida que lhe persegue. O autor não cansa de censurar seus destinatários contra qualquer tipo de instalação, acomodação e identificação com os valores da cultura imperial romana. Neste sentido, a abundância de sinais impactantes tem uma finalidade pedagógica e exortativa muito clara (CUVILLIER, E., O Apocalipse de João, p. 505).

524. Nenhum sinal é tão enfático e direto quanto o da mulher parturiente vestida de sol, calçada pela lua e coroada de estrelas, do capítulo doze do Apocalipse. A assembleia é convidada a refletir-se neste quadro: revestida pelos regalos gloriosos da predileção divina, nem por isso é poupada da perseguição e do combate. Deve amadurecer no "deserto" para apresentar o Vencedor sobre o mal, aquele que reunirá da dispersão "toda nação, tribo, língua e povo" (Ap 13,6).

conscientize de sua vocação a ser, na história, sacramento da vitória do Cordeiro e da consumação escatológica de sua soberania pascal.

O tema da identificação entre a Igreja, o destino do mundo e a cidade apocalíptica é, também, bastante explorado pela poética cristã antiga, como bem regista a hinografia litúrgica que atravessa os séculos[525]. A Igreja-assembleia é cantada como a Jerusalém que já desceu do Céu e se reflete nos fiéis reunidos e nos muros e nos átrios que os abrigam para a celebração litúrgica. Na inspiração patrística, notadamente agostiniana, a reunião da comunidade cristã é tida como um alegre e aliviado suspiro que toda a criação dá, enquanto não repousa definitivamente na recapitulação de todas as coisas em Cristo, Senhor e Juiz da história[526].

É próprio, portanto, do acontecimento assembleal um rico e colorido movimento simbólico, além de uma comunicação de apelo poético – inspirado e igualmente inspirador –, que induzam os sentidos e a razão a transcender o alcance imediato de sua mensagem, sem, contudo, negá-lo. O livro do Apocalipse colhe e potencializa com muita competência esta dimensão lúdica, estética e artística que perpassa a reunião litúrgica cristã e que, com sua linguagem aberta, aponta para as realidades vindouras, mas que já estão escondidas e latentes nas realidades atuais.

A propósito, há um jogo muito consciente e inteligente armado nas entrelinhas do texto joanino. Com rapidez e desenvoltura, a assembleia celestial que protagoniza a narrativa visionária do Apocalipse cola-se e descola-se da assembleia concreta e histórica que, ouvindo o relato, é chamada a interpretá-lo em seu "hoje". Ora, somente alguém que conhece a assembleia "por dentro" e vive suas condicionantes seria capaz de uma articulação tão eficiente.

Não nos resta, pois, dúvidas de que a "arquitetura" do apocalipse joanino é fruto de uma experiência assembleal muito bem vivida pelo autor e sua comunidade de fé[527]. Refletida, meditada e contemplada, ao sopro do Espírito e sob suas inspiradas "visões", à luz da realidade enfrentada pela Igreja de então, que demandava um sério discernimento, tudo se torna fonte para uma reflexão densa e perene, prenhe de sabedoria e esperança, que oferece indicações muito oportunas para as assembleias cristãs de todos os tempos[528].

Imbuído de tais propósitos, o livro ainda diz que, após se submeter ao julgamento purificador de Cristo que se dirige às sete igrejas, a assembleia – personificada no vidente – é inserida nas câmaras eternas onde se desvendam os destinos

---

525. MARTMORT, A. G., La asamblea litúrgica, misterio de Cristo, p. 39.
526. MARTMORT, A. G., La asamblea litúrgica, misterio de Cristo, p. 45.
527. VANNI, U., L'Apocalisse, p. 86.
528. MACKENZIE, J. L., Apocalipse, p. 56.

do mundo. É o lugar do "trono" (Ap 4). Depois, com alguma fadiga, ela é, também, admitida à leitura do "livro" que contém o projeto de Deus para a história (Ap 5–8). Neste contexto, os hinos elevados ao "Cordeiro" imolado e vencedor, pelas várias categorias de personagens celestes (Ap 5), as preces dos mártires (Ap 6,9-11) e o incenso compilador das orações oferecido pelos anjos (Ap 8,2-5), são as intervenções da grande assembleia celestial, agora também participada pelo vidente.

É como um clímax: a assembleia tipológica, que se delineia nas páginas sagradas, e a assembleia concreta, que escuta o Apocalipse, identificam-se na única e envolvente adoração litúrgica. Tudo isto de modo que, ao final desta celebração simultaneamente eterna e terrena, será a assembleia de todos os redimidos, de todos os tempos, quem dirá ao Cordeiro, no Espírito: "Vem" (*maranathà*; Ap 22,17). Ao que ele responde: "Sim, venho muito em breve!" (Ap 22,20)

Trata-se do derradeiro diálogo iniciado no Sinai e que, finalmente, ecoa no limiar entre a história e o *eschaton*. Esta é a hora da Igreja[529], este é o lugar da assembleia: na verdade, uma só assembleia na comunhão trans-histórica entre a Igreja peregrina e a Igreja que já está reunida na presença do Senhor[530].

Em suma, graças à sua extraordinária carga sacramental, a assembleia litúrgica atual faz-se ponte entre o "já" (*maran athà*: "o Senhor já veio") e o "ainda não" (*maranathà*: "Vem, Senhor!")[531], entre a espera ansiosa e a feliz consumação. Ou, visto do lado oposto, sua realidade não seria plenamente sacramental se tal imbricação entre tempo e eternidade não fosse reconhecível e assimilável. Em relação a este dado, a virtude do Apocalipse e sua entranhada marca sacramental é a de permitir-nos desvendar a face sacramental integral da assembleia litúrgica, no seu alcance mais audaz e definitivo.

Antes de concluir-se, no entanto, há no livro uma última e sublime visão, que faz vislumbrar aquilo que Deus está para realizar: "um céu novo e uma nova terra (...), a cidade santa, uma Jerusalém nova" (Ap 21,1s), onde "nunca mais haverá morte, nem luto, nem clamor, e nem dor haverá mais" (Ap 21,4). O contexto é o de novas núpcias, portanto, de júbilo, esperança e realização. Assim interpreta U. Vanni esta passagem final:

> A cidade – um conjunto de homens – é santa, é nova; desce do plano de Deus, é perfeita em tudo, é esposa. Pode ousar, portanto, amar a Cristo com

---

529. CAVAGNOLI, G., Il modo di intendere la Chiesa, p. 101.

530. "O chamado 'vem' no v. 17 alude à prática litúrgica de chamar os justos à eucaristia. Aqui encontramos uma antífona como chamado para vir receber a recompensa prometida. (...) Assim, os ouvintes são lembrados de que o chamado para a assembleia litúrgica é imagem do chamado final para a reunião dos santos de Deus (PERKINS, P., Apocalipse, p. 382).

531. RAVASI, G., Vieni, Signore Gesù, p. 192.

aquele amor paritário, típico de duas pessoas casadas. É a perspectiva vertiginosa de nossa renovação. Ele [o autor] indicará que a cidade é o povo de Deus que se tornou universal, além e acima das barreiras que agora o limitam; as portas da cidade-povo serão abertas em todas as direções; seus fundamentos e suas portas serão constituídos igualmente numa visão unitária pelas "doze tribos de Israel" e "pelos doze apóstolos do Cordeiro"[532].

Não nos parece haver melhor meio de encerrar este capítulo senão nos remetendo a esta visão "panorâmica" que o biblista argentino é capaz de fazer sobre a simbologia final do Apocalipse. Com efeito, ele evidencia no texto de inspiração joanina os grandes temas que balizaram nosso modesto percurso: a aliança, a comunhão trinitária e seu desígnio comunional em relação ao mundo, a comunhão eucarístico-eclesial e a profecia escatológica da plena reunião de todas as coisas na "Nova Jerusalém".

A perspectiva matrimonial, ícone tradicional para expressar a aliança entre Deus e Israel, é logo evocada pela imagem da cidade que desce do céu, aprontada como uma noiva para seu esposo (Ap 21,2). U. Vanni vê, nesta referência, a mesma disposição divina de que fazíamos menção no primeiro item deste capítulo: embora frágil, reunindo todas as condições para "não ser", dispersando-se irremediavelmente por vezes seguidas, Israel é sempre de novo reunido por YHWH, que lhe outorga, com a palavra e a lei, a possibilidade de viver verdadeiramente livre e feliz, no amor e na fidelidade.

Fá-lo, a propósito, porque é o Deus-comunhão, assembleia eterna das pessoas divinas, que não se contém em sua circularidade de amor: derrama-se na criação e pela salvação sobre o mundo, inserindo continuamente seu dinamismo reunidor pelas idades e caminhos do mundo. Na assembleia litúrgica, a memória desta verdade espelha-se e propõe-se, como um chamado perene.

Uma vez respondido, tal chamado congrega um povo, a Igreja, que na celebração, na missão e no serviço nada mais faz do que ampliar o diâmetro das "ondas" circulares que se abrem ao redor de si no "mar" onde navega, abraçando todas as gentes. A eucaristia será sempre o "porto" da partida e da chegada pois ali, em assembleia, a Igreja acontece como fato salvífico[533], "teandricamente" disposto no coração da história para ser sinal e instrumento da comunhão divina, através da comunhão de toda a humanidade.

Por fim, esta perspectiva há de consumar-se no advento do novo céu e da nova terra, que implementará a cidade-sede – Nova Jerusalém – da aliança

---

532. VANNI, U., Apocalipse, p. 185.
533. CAVAGNOLI, G., Il modo di intendere la Chiesa, p. 102.

viva e inquebrável com Deus, na convergência de tudo o que foi criado pelo seu amor para o festim das núpcias eternas. Então, o plano salvífico-recapitulador que, com fadiga, manteve-se pelos tempos e revelou-se em Cristo, encontrará repouso. E a assembleia que o anunciou e antecipou-lhe o acontecimento terá sua sacramentalidade vista na mais absoluta transparência. Nem será mais sacramento. Será, simplesmente, a coincidência – reunião – entre o desígnio de Deus e sua plena atuação.

Capítulo 3 | Perspectivas teológico-pastorais para uma renovada expressão e experiência do sinal-assembleia: ensaio de mistagogia assembleal

3.1. A palavra de Deus e a tessitura do sinal-assembleia: aspectos teológico-espirituais

De um modo geral, a consciência eclesial vigente reconhece o desgaste que o modelo de transmissão da fé construído no último milênio – e ainda, em larga escala, predominante na vida das comunidades cristãs – vem sofrendo, em camadas cada vez mais profundas. As aceleradas mudanças conjunturais que se deram, sobretudo nas últimas décadas, relegaram-no a uma peça destoante e superada no âmbito da cultura contemporânea. E não se trata, simplesmente, de uma questão metodológica. Há uma *ratio* sistemática a respeito dos sacramentos e da vida cristã que perdeu aderência na inteligência atual da fé, exigindo que se articule, novamente, uma noção teológico-sacramental, com sua respectiva aplicação litúrgico-pastoral, em uma síntese mais fecunda e significativa[534].

Em que pesem os cinquenta anos corridos desde o apelo feito no Concílio Vaticano II por uma liturgia que fosse, mais expressivamente, anúncio e experiência comunitária da salvação, embebendo toda a vida eclesial de renovação evangélica e compromisso com o serviço da humanidade, a observação dos fatos diz-nos que muitas comunidades cristãs ainda reproduzem, ao menos nas gran-

---

534. GRILLO, A., Mistagogia e prospettiva teologica, p. 238.

des linhas, os mesmos esquemas e conteúdos do passado[535]. Educar na fé, inserir no mistério salvífico e alimentar a experiência cristã continuam sendo realizados de maneira muito pobre e fragmentada, desconhecendo as maiores questões e os grandes desafios contemporâneos colocados à Igreja[536].

O cenário, de fato, é este: mesmo em sociedades histórica e culturalmente muito identificadas com o cristianismo – e, agora, cada vez mais secularizadas e pluriculturais –, o processo de transmissão da fé entre as gerações encontra sérias dificuldades para se desenvolver ante a massiva e insistente propaganda do *modus* relativista e individualista da nova cartilha dos "valores". Aqueles cristãos que, talvez até batizados, ainda precisam completar sua iniciação à fé, são praticamente doutrinados quanto ao afastamento da religião e de sua prática dominical-assembleal, provocando sufocamento, envelhecimento e redução ao mínimo de comunidades cristãs muito antigas.

Se é verdade que tão rápida e drástica ruptura não se explique por uma única causa, também é verdade que, no que compete à Igreja, a fragilidade do mecanismo pedagógico-evangelizador em uso contribua significativamente para tais resultados. Não se consegue que a adesão ao Evangelho, a identificação com Cristo pelos sacramentos e a inserção numa comunidade fraterna apresentem-se como uma alternativa convincente e atraente frente os males do tempo, a exemplo do que já ocorreu nas origens do cristianismo ou até em outros momentos de crise[537]. É que o itinerário de anúncio e amadurecimento da fé praticado atualmente não atinge os efeitos desejados, pouco contribuindo para a renovação das comunidades massificadas e rotineiras herdadas da tardo-cristandade[538].

Mesmo renovada nos livros e nos rituais, a sagrada liturgia parece, em muitas realidades eclesiais, ainda incapaz de comunicar-se em profundidade com as assembleias que se reúnem para ao culto, oferecendo só em parte ou sob camadas espessas da religiosidade emocional contemporânea[539] o alimento que deveria nutrir a vida nova dos fiéis cristãos. Sem a suficiente iniciação aos códigos, aos dinamismos e à espiritualidade de seus ritos e preces, a celebração assembleal

---

535. CNBB, Iniciação à vida cristã, p. 26.

536. DA 287. Esta é, por certo, uma das heranças mais infelizes que a cristandade legou à Igreja contemporânea. Conforme já tivemos a oportunidade de pontuar, a diluição do processo iniciático à vida cristã, para atender às demandas de uma "religião imperial", criou uma cultura de superficialidade, formalismos e descompromisso com a opção de fé. Envolvida, porém, por uma ordem social que se declarava e pretendia cristã, tal cultura não parecia tão danosa quanto, de fato, é.

537. NENTWIG, R., Iniciação à comunidade cristã, p. 14.

538. CNBB, Iniciação à vida cristã, n. 19.

539. LACROIX, M., O culto da emoção, p. 41.

reduz-se, para muitos batizados, a um enigma frio e opaco, dentro do qual não é possível mover-se com liberdade e sentido[540]. Não raro, buscam-se expedientes catárticos, lúdicos e sensoriais alternativos para torná-la suportável, com um saldo preocupante de esvaziamento teológico e espiritual da celebração cristã[541].

Para explicar tamanha incongruência entre o que se pretende com a transmissão da fé e o que, efetivamente, se alcança, talvez devamos recorrer, além das análises históricas, a explicações de cunho mais psicológico – embora aqui isto se dê de forma muito incipiente ou quase experimental. Absorvidos pelo desafio de buscar uma identidade mais transparentemente evangélica, missionária e evangelizadora, tendo em vista as questões colocadas pela cultura atual, talvez não tenhamos ainda avaliado suficientemente como algumas forças e tensões presentes no nosso psiquismo podem manter, a longo prazo, uma situação inalterada.

Precisaríamos, por exemplo, investigar como a sensação de segurança que os conceitos bem dissecados, distintos e ordenados, característicos do modelo catequético precedente e capazes de respostas satisfatórias até tempos relativamente recentes, mantêm a capacidade de fascinar, conquistar e tranquilizar. Bem vivas na memória de algumas gerações, estas impressões ainda conseguem convencer das qualidades do esquema usado nos últimos séculos, quando se colhiam bons frutos. Somada a isto, uma natural tendência à inércia de muitas pessoas, grupos e instituições termina por justificar-se e apoiar-se nesta esperança derivada das coisas já comprovadas, prontas e estabelecidas[542].

Em tempos de excessivas mudanças, desorientação e perplexidade, a acomodação a "uma evangelização de pouco ardor e sem novos métodos e expressões", com "ênfase no ritualismo (...), descuidando outras tarefas pastorais[543]", pode, a muitos, parecer não um problema, mas a escolha mais protegida e menos desgastante. Outra tendência que não pode ser desprezada é a de uma busca intencional e militante por uma simplificação quase ingênua da problemática contemporânea, que leva a uma idealização do passado, bem como de aberta oposição às tentativas de resposta que se aviaram nas últimas décadas, de maneira muito particular no campo da liturgia[544].

De todos os lados, no entanto, manifestam-se inegáveis sinais, índices, alertas, apelos e constatações que, tocando desde os fiéis mais alheios ao dis-

---

540. DRISCOLL, J., Cosa accade nella messa, p. 12.

541. SILVA, J. A., A reforma 'eucarística' do Concílio Vaticano II vista dentro do contexto histórico geral da liturgia, p. 21.

542. BAUMAN, Z., Modernidade líquida, p. 221.

543. DA 100.

544. GIRARDI, L.; GRILLO, A., Introduzione a Sacrosanctum Concilium, p. 23.

cernimento científico-teológico, até os pastores, mestres e estudiosos, apontam para um verdadeiro colapso da pedagogia e da comunicação aplicadas à apresentação das verdades da fé e à transmissão da experiência cristã[545]. O "edifício" tão bem construído com os blocos conceituais da doutrina dos catecismos, a argamassa lógico-aristotélica engrossada na Escolástica e os fundamentos institucionais tão estáveis quanto estáticos da "sociedade perfeita" eclesial, demonstra-se, agora, excessivamente compartimentado e abafado para abrigar os filhos da cultura orgânica, dinâmica e intuitiva que se plasmou no rastro da modernidade[546]. A experiência religiosa atual, quase sequestrada por um "emotivismo" alucinado, tende a reduzir a fé a uma sensação indecifrável, indomável, propriedade exclusiva do indivíduo que, para além de qualquer determinação e conceito, deseja somente cantar, gritar ou exprimir, no modo mais personalista possível, seus transportes sensoriais.

Antecipando-se a este agravamento das consequências culturais, antropológicas e psicológicas da modernidade, o Concílio Vaticano II lança as bases para que uma intensa reformulação aconteça na liturgia, na catequese e na espiritualidade em esfera católica. Resgata, pois, das mais antigas e veneráveis reservas da memória eclesial – aquelas relativas aos primeiros cinco séculos, quando a prática evangelizadora apostólico-patrística teve seu auge –, a mistagogia, como um caminho inspirador, apto a respostas e soluções que conjugam experiência, encontro, celebração, adesão e compromisso. Tudo, enfim, de que se ressente a pedagogia atual da fé.

Quer dizer: com uma sensibilidade genuinamente cristã, que remonta às origens do acontecimento eclesial, mas ao mesmo tempo tão atual em suas intuições e possibilidades, sendo capaz de dialogar com as solicitações da cultura contemporânea[547], a mistagogia assume a função de ser um dos eixos que põe em movimento a nova dinâmica teológica e pastoral assumida pelo Concílio Vaticano II. Apresenta-se como uma pedagogia da fé que leva em consideração a pessoa, sua aptidão à experiência, sua rica pluralidade de dimensões e inter-relações[548], até o ponto de "transmitir a 'forma' da vida cristã, permitindo o contato com suas raízes[549]".

---

545. BOSELLI, G., O sentido espiritual da liturgia, p. 184.

546. COSTA, R. F., Mistagogia hoje, p. 37.

547. GIRAUDO, C., Admiração eucarística, p. 176.

548. COSTA, R. F., Mistagogia hoje, p. 49.

549. LAITI, G., Dialettiche del simbolismo liturgico, p. 52. Não é mera transmissão de informações, senão do suporte à criação interior de uma atitude cristã, a partir de conceitos, mas, sobretudo, da interpretação e experiência de sua mensagem na vida concreta.

Curioso é que o concílio não utilize expressamente nenhuma vez o termo "mistagogia", embora proponha a refundação do catecumenato para a iniciação cristã de adultos e dê uma configuração pedagógico-espiritual a toda a reforma litúrgica que encomenda na constituição *Sacrosanctum Concilium*[550]. O que se colherá do Vaticano II em diante, entretanto, é a busca cada vez mais explícita e intensa por uma metodologia que transforme toda a experiência cristã de encontro com o "saber" e o "celebrar" da fé em verdadeira mistagogia[551] – inserção integral e existencial no mistério salvífico de Cristo, por ele e com ele. A mistagogia, neste novo contexto, chega a ser aquilatada como um legítimo carisma eclesial[552], isto é, mais do que um recurso de ocasião: um perene qualificativo da vida da Igreja, justamente orientado para o serviço do anúncio, da transmissão e da educação da fé.

Apesar de não seguirmos, nas páginas adiante, uma apreciação mais sistematizada do tema, dados a natureza e o objeto específico deste trabalho, quisemos situar nossa reflexão diante de uma questão tão decisiva, para que não se percam em abstrações estéreis os esforços até aqui envidados. A mistagogia, com efeito, apresenta-se como uma valiosa chave que destranca portas e janelas há muito fechadas, para que entrem os novos ares e descortinem-se os horizontes de um cristianismo vibrante, atraente e significativo, capaz de falar aos homens e mulheres em busca de Deus neste pedaço da história. Às assembleias celebrantes em específico, a mistagogia apresenta-se historicamente credenciada para suscitar um denso e verdadeiro "espírito litúrgico", que inspirando em profundidade a celebração entre os fiéis, atue todas as possibilidades encerradas no acontecimento mistério e salvífico de cada reunião cultual cristã.

Procuraremos, então, não perder de vista aqueles aspectos que, mesmo indiretamente, traduzam algo do estilo, da forma e dos conceitos mistagógicos mais relevantes como, de certa maneira, já ensaiamos em outras passagens desta pesquisa. Estamos convencidos que, desta maneira, lançamos pontes mais significativas e promissoras entre o trabalho de discernimento teológico que aqui apresentamos e o empenho que, no âmbito pastoral, catequético e espiritual, é assumido pelas pessoas e comunidades de fé.

Assim sendo, o primeiro tópico que propomos – agora, com assumida sensibilidade mistagógica –, em ativa conexão com a reflexão de caráter teoló-

---

550. O Movimento Litúrgico, que dá suporte teológico a todo o trabalho de reflexão litúrgica conciliar, descobre, com a ajuda de O. Casel e sua investigação sobre o *mysterium*, além de R. Guardini e sua conceituação de "pregação mistagógica", esta intuição tão genuinamente cristã, naturalíssima na catequese e na vida litúrgica dos primeiros séculos da Igreja (MURONI, P. A., La mistagogia ritrovata, p. 75).

551. TRIDU, F., Il metodo mistagogico p. 157.

552. COSTA, R. F., Mistagogia hoje, p. 81.

gico-pastoral conduzida até aqui, diz respeito às relações mais profundas que a assembleia litúrgica e a palavra de Deus estabelecem entre si. Temos em vista a comunhão íntima que há entre ambas, à luz do "mistério-fonte" que gera e alimenta o fato cristão: o mistério revelador e salvífico de Deus em Jesus Cristo. Queremos, afinal, identificar e explicitar algumas das entrelinhas teológico-espirituais que se inscrevem sob o dado já reconhecido e sempre recorrente neste trabalho: a palavra de Deus é aquela instância que suscita, forma, permeia e qualifica a assembleia litúrgica cristã.

Afirma-se, a propósito deste tema, que "a comunidade precede as Escrituras"[553]. Com efeito, a comunicação divina, eterna em sua essência, formulação e ação, a certa altura transborda do diálogo intratrinitário para dirigir-se à humanidade, fazendo-se, assim, indefectivelmente presente no mundo[554]. É o que se diz "história da salvação": "a revelação de Deus e do seu relacionamento com os homens"[555]. Na verdade mais crua de sua condição, no bojo de suas interações mais constitutivas e no núcleo pulsante de sua capacidade cognoscitiva e expressiva, o ser humano é visitado por Deus, que lhe faz uma proposta de diálogo e parceria.

Daí que a convivência, os códigos simbólicos e linguísticos, o mundo dos afetos, das interpretações, das descobertas, das elaborações e das criações, tudo, enfim, que constitui o universo humano dos fatos, possibilidades e significados apresente-se agora como "espaço" onde a palavra de Deus pode ressoar, de modo que o mundo, já entregue à humanidade no acontecimento criador, se torne, novamente, lugar de um encontro que integra e plenifica[556]. A partir da chegada da palavra divina sabe-se com clareza que há uma outra dimensão da realidade que não seja somente o "concreto" e o "abstrato", ou o "empírico" e o "ideal", ou, ainda, o "natural" e o "sobrenatural", mas o "transcendente", quer dizer, o nível do sentido pleno, da luz absoluta, da verdade definitiva que permeia todas as coisas[557]. Para tal direção a palavra de Deus aponta, sem deixar, porém, de assumir os demais sentidos e informar sobre eles.

---

553. BOSELLI, G., O sentido espiritual da liturgia, p. 58.

554. BARSOTTI, D., Il mistero cristiano e la parola di Dio, p. 218. Consideramos, com efeito, o grande encadeamento criação-redenção, sem qualificar ou distinguir demasiadamente cada um dos momentos. Interessa-nos acentuar, neste momento, a iniciativa divina de comunicação-salvação.

555. PISTOIA, A., História da salvação, p. 548.

556. KASPER, W., La liturgia de la Iglesia, p. 140.

557. É esta, de fato, a dimensão aberta pelo "rito": não obstante realize gestos classificáveis pela fenomenologia mais ordinária, ele entrevê e prospecta uma realidade que não pode ser capturada por nada que é ordinário ou mesquinho (GRILLO, A.; VALENZIANO, C., L'uomo della liturgia, p. 91).

Ora, este mesmo Deus que, pela palavra dirigida à humanidade, eleva o instinto cognoscitivo, comunicativo e socializante de sua única criatura capaz de liberdade e amor, também delibera, como consequência de sua iniciativa dialogal, transformar as comunidades humanas, com as reuniões cultuais que lhes são decorrentes, em lugar e sinal eficaz da salvação. Deus mesmo, na primeira aliança, forma uma comunidade-povo – o povo eleito – e convoca suas assembleias. Na economia neotestamentária, "a dimensão comunitária determina o sentido da vida dos seguidores de Jesus[558]", até o ponto de ele confiar às assembleias de seus discípulos os sinais mais eloquentes do Reino que veio inaugurar: a eucaristia (o "serviço" do louvor) e o lava-pés (o "serviço" do amor).

Na comunidade que se reúne celebrativamente, de fato, Deus pode insistir neste intercâmbio comunicativo complexo, mas necessário, com o ser criado para a comunhão. Pode desenvolver todas as variantes e consequências que sua palavra encerra, sem desrespeitar os ritmos e processos exigidos pela natureza limitada de seu interlocutor. Pode, enfim, conquistar, com toques de beleza e ternura, a liberdade de uma resposta profunda e autêntica da criatura buscada com amor. Com base em tudo o que o desenrolar-se da história da salvação anuncia e faz enxergar, é, pois, difícil não concluir que comunidade e palavra de Deus desenvolvem trajetórias afins e extraordinariamente concordantes, até o ponto de uma falar na outra e pela outra!

Considerando, então, a assertiva que nos lançou nestes arrazoados – "a comunidade precede as Escrituras" –, somos levados a admitir que, antes de se deixar limitar em conceitos, interpretar por um raciocínio lógico ou, até, sedimentar-se num texto narrativo, sálmico ou profético, a palavra divina entranha-se numa relação viva, comprometedora e imprevisível com o parceiro escolhido e seu feixe de relações essenciais: a comunidade[559]. Ambas – palavra e comunidade – perscrutam-se mutuamente, interpenetram-se, compartilham o dinamismo que essencialmente trazem em si mesmas, com a ajuda indispensável da reunião comunitária para o culto.

Assim, o sublime processo de construção que já é cada encontro humano passa a contar com a possibilidade de ser também transfigurado pela palavra de Deus, que o envolve numa espiral cultual, eucológica e doxológica[560], de alcance ilimitado. Aquilo que a assembleia litúrgica irá evidenciar e realizar com clareza e profundidade na celebração ritual começa, de algum modo, a ser verdade na

---

558. PANAZZOLO, J., Igreja, p. 29.
559. PANAZZOLO, J., Igreja, p. 27.
560. GRILLO, A.; VALENZIANO, C., L'uomo della liturgia, p. 89.

vivência familiar, comunitária, fraterna e solidária. A palavra de Deus, celebrada no acontecimento-síntese de todas estas realidades – a assembleia – gera novas possibilidades de encontro e relacionamento, sempre permeados de amor e transcendência, até que a comunicação e a comunhão passem a atingir, na liturgia, seu escopo mais alto: a glorificação de Deus e a plena realização – santificação – do ser humano[561].

Ao mesmo tempo, porém, a palavra de Deus se deixa, de algum jeito, transformar. Adequa-se, pacientemente, aos estágios e ritmos do crescimento humano e comunitário, falando "muitas vezes e de modos diversos" (Hb 1,1), ao longo dos tempos, dirigindo-se aos membros do povo de Israel, até que, "nestes dias, que são os últimos" (Hb 1,2), no Verbo eterno enviado ao mundo, explica a todos os homens os "segredos de Deus[562]". Como a própria história salvífica testemunha, tanta paciência não diminui ou se esgota antes que toda a comunidade humana amadureça para reconhecer e confessar a obra salvífica de Deus[563]. Neste longo decurso pedagógico e redentor, entretanto, a palavra divina se reinventa e atualiza, sem perder uma sequer das notas de sua autenticidade de sempre[564]. Antes – é mais correto dizer –, permite que se perceba, progressivamente e com profundidade cada vez maior, sua verdade mais completa[565].

Não há, segundo esta ótica, nenhuma sobreposição, manipulação ou inserção artificial da iniciativa divina em relação à comunidade-assembleia: a palavra de Deus, embora tenha sido gerada eternamente no silêncio amoroso do Pai, e pronunciada pelo sopro de seu amor[566], não se dá aos homens "de alto a baixo", como um bloco compacto e finalizado de indicações. Em humilde e dinâmico esvaziamento – *kenosis* –, ela acerca-se da criatura humana disposta à convivência, ao compartilhamento e ao serviço, em franca parceria e verdadeiro diálogo. Eis o quanto se dá no "mistério da encarnação", que a liturgia também toma por base[567].

---

561. Embora já muito citado na literatura teológica atual, julgamos oportuno repetir ainda aqui o silogismo de Irineu de Lião: "Porque a glória de Deus é o homem vivo, e a vida do homem é a visão de Deus" (IRINEU DE LIÃO, Contra as heresias, p. 129). A glória de Deus e a vida do homem dividem, de algum modo, o mesmo espaço: a relação.

562. DV 4.

563. BOSELLI, G., O sentido espiritual da liturgia, p. 58.

564. DEISS, L., A palavra de Deus celebrada, p. 34. L. Deiss adverte, com poesia, sobre a mutabilidade imutável da palavra divina que, sem perder nada de seu valor criador e salvífico, é capaz de insinuar-se, sussurrar seus renovados encantos e atrair-nos com delicada, mas vigorosa insistência, ao desígnio de Deus.

565. BENTO XVI, *Verbum Domini*, n. 17.

566. SPIDLÍK, T., Nós na Trindade, p. 45.

567. CORBON, J., A fonte da liturgia, p. 31.

Apresentadas e estabelecidas estas condições – Deus que se faz homem, no esvaziamento de si, para o anúncio do Reino –, e experimentadas e acolhidas estas possibilidades – na fé e no culto –, o interlocutor humano e sua comunidade sentem, enfim, a necessidade de que uma redação tudo exprima, conserve e transmita, de modo a não se perderem fatos e dados tão preciosos e extraordinários. Surgem então, no seio desta comunidade, e a partir da fé professada e celebrada pelos que a compõem, as Escrituras.

Nesta conjunção teológico-dialógica, a assembleia litúrgica é o momento e o lugar privilegiados em que a palavra de Deus e a comunidade reconhecem-se, envolvem-se e compartilham suas capacidades e demandas, suas exigências e proposições, suas promessas e dons. É certo que, de alguma maneira, a fé individual já seja uma resposta à palavra de Deus, que se insinua e aproxima antes mesmo da comunidade e sua reunião celebrativa no coração daqueles que creem[568]. Mas, tal resposta – sempre válida e necessária – precisa amadurecer, fortalecer-se e confirmar-se. É na assembleia litúrgica que a palavra de Deus encontra novamente a adequada atmosfera onde acontecer com autenticidade e em nível alto, elevando consigo os que a escutam. Afinal, justamente, da experiência comunitário-celebrativa da salvação formou-se a Escritura que é lida e comentada na assembleia litúrgica como efetiva "palavra de Deus". Daí que não existam, de fato, "as Escrituras e, ao lado, a tradição, mas as Escrituras na tradição[569]".

Portanto, na história da salvação, conforme também já pudemos exprimi-lo em diversos momentos deste percurso investigativo, a aproximação entre a palavra de Deus e a comunidade – primeiro Israel, depois a Igreja – é sempre acontecimento fecundo, promissor, libertador, capaz de tecer relações novas, esclarecer sobre a verdade, apontar caminhos, corrigir desvios e cultivar a memória de fatos e mensagens da mais alta relevância. Tudo porque "palavra" e "assembleia" interagem da maneira mais íntima e direta que se possa imaginar, consoante com toda a disposição da economia salvífica. Vejamos, agora, como e por quê.

Em primeiro lugar, a palavra dirigida por Deus é sempre "con-vocadora". Em seu núcleo de significado, em seu intuito comunicativo ou em suas qualidades expressivas, está sempre o desejo amoroso e redentor de Deus que, como já dito, não se contém em si mesmo: circula entre as pessoas divinas e lança-se na direção

---

568. AUGÉ, M., Espiritualidade litúrgica, p. 111.

569. BOSELLI, G., O sentido espiritual da liturgia, p. 59. Mencionando uma norma ainda vigente no exercício do culto sinagogal, o autor lembra que não se toma o rolo da lei da arca para a leitura se não estão presentes, ao menos, dez homens adultos compondo uma assembleia. Entre as suas conclusões, ele indica que está aí uma demonstração de que não basta existir um livro da lei se não há ouvidos que o escutem. Não há relação direta e imediata entre a Escritura e o indivíduo. A assembleia-comunidade será sempre o feliz portador da palavra de Deus.

do mundo. Tal desejo, por sua vez, em máxima liberdade, não se identifica com outro objeto e não se dobra a outra finalidade que não seja trazer de volta o ser humano afastado, reinserir a criatura amada no centro do delicado e feliz equilíbrio com que deliberou interligar todas as coisas. O agir salvífico de Deus insiste em tal propósito até fazer a humanidade participar eternamente da comunhão trinitária. Porém, ao dar-se conta de que o homem não está onde foi amorosamente colocado, o Criador põe-se a chamar: "Onde estás?" (Gn 3,9). É o primeiro grito de convocação! É o eco mais antigo e original do intuito redentor divino, que emerge tão logo se constata que o ser humano dispersou-se!

Além destas razões de base, inscritas no seu próprio ser, YHWH convoca porque sua palavra é, também, continuamente criadora. E onde o universo da comunhão e da harmonia foi destruído, faz-se necessário recriá-lo: "Se Deus continua a cada instante a criar o universo visível e invisível, continua também a criar a cada instante o universo da comunidade que crê"[570]. Então, "fazer" a comunidade e suas assembleias, através da palavra, é, de algum modo, concluir sempre de novo a obra criada, que, não por acaso, tem seu ápice no sétimo dia, o sábado, dia do descanso (Gn 2,3), da convivência gratuita e da celebração comunitária. O "repouso da palavra" que tudo criou e continua criando é a comunidade reunida[571]. A convocação decorre, pois, da capacidade permanentemente criadora da palavra: ela está, em cada assembleia litúrgica, convocando a comunidade humana à vida e à liberdade, incessantemente repetindo a obra dos sete dias, obra agora ampliada e renovada pelo surgimento do oitavo dia.

Nesta assembleia convocada – comunidade que crê e celebra –, recria-se, em especial, o próprio ser humano, na medida em que este somente pode revelar e completar em si o que é na comunhão com Deus e com os outros, simultaneamente[572]. E esta comunhão não é um estado ritual passageiro, um transe sensível ou uma informação da consciência, mas é o próprio Cristo em comunhão com quem celebra. Ao ser convocado à assembleia, isto é, à sua reconstrução na palavra que se fez carne – Cristo –, o ser humano é investido pelo Espírito, que é quem recria efetivamente. No ato celebrativo, esta obra batismal e crismal é expressa, ritualizada e atualizada através do gesto da epíclese, num grau tão intenso que,

---

570. DEISS, L., A palavra de Deus celebrada, p. 33.

571. Com outras palavras e fazendo menção a outra referência bíblica, a Exortação *Verbum Domini* faz uma constatação afim: "Assim a Igreja apresenta-se como o âmbito onde podemos, por graça, experimentar o que diz o Prólogo de João: a todos os que o receberam, deu-lhes o poder de se tornarem filhos de Deus" (BENTO XVI, *Verbum Domini*, n. 51). O repouso, a assembleia e a condição de "filhos" apontam para a mesma realidade redimida, da plena comunhão e comunicação redentora criadas pela palavra de Deus anunciada e celebrada.

572. ZIZIOULAS, I., A criação como eucaristia, p. 89.

atravessando o sujeito celebrante e através dele, eleva, antecipadamente, o mundo presente à categoria redimida de "nova criação"[573].

Vale, porém, dizer que não se restringe à epíclese o acontecimento pneumático da celebração assembleal, em relação à palavra de Deus. Ao contrário, em tudo se faz presente a força vivificante e recriadora do "sopro" divino – o *Pneuma* –, que na "pré-convocação", inclusive, já atua de maneira determinante. Com suas *motiones* arranca o fiel da inércia individualista, de sua atividade menos ou mais inconsciente – desumanizante, em certo sentido –, ou até mesmo de seu empenho evangelizador e testemunhal, para reuni-lo à Igreja na escuta das Escrituras e na celebração dos mistérios divinos[574].

A convocação realizada pela palavra de Deus é, deste modo, um acontecimento que toca as fibras mais interiores e mais profundas do homem e da mulher de fé, envolvendo-os inteiramente. A escuta que o Espírito cria na assembleia é, portanto, totalizante: abrange o antes, o durante e o período pós-celebrativo. Em outro sentido, a escuta despertada pelo *Pneuma* é aquela da conformação irrestrita – espiritual – com o que se diz, e da adesão concreta e ilimitada ao que se propõe, sob as garantias que somente o Espírito, com o vigor incriado que se irradia dele, pode estabelecer.

Ora, uma vez convocada e reunida, a assembleia passa à "e-vocação", mediante a mesma palavra de Deus, das maravilhas que ele realizou na história, em vista da salvação da humanidade[575]. O culto assembleal assume a função de uma imensa e nobre tela, onde a palavra de Deus vai delineando o quadro monumental e magistral das intervenções divinas em favor de Israel e, agora, também da Igreja. Um ícone – palavra de Deus em cores e formas, segundo a tradição cristã[576] – surge das pinceladas seguras, mas delicadas, com as quais o Todo-poderoso, que já tingira o povo da aliança com as cores de seu bem-querer redentor, agora recobre de salvação toda a comunidade reunida que se associa, na fé, à história desta mesma e única salvação. Cada assembleia reunida é um suporte reservado e preparado, para que se escreva um ícone verdadeiro: a face do Deus criador e salvador, que se imprime através da sua palavra evocadora[577].

---

573. ZIZIOULAS, I., A criação como eucaristia, p. 94.

574. TRIACCA, A. M., La celebrazione liturgica epifania dello Spirito Santo, p. 37.

575. TRIACCA, A. M., Bíblia e liturgia, p. 138.

576. PASTRO, C., A arte no cristianismo, p. 233.

577. Há, com efeito, dois eventos particulares que definem a arte judaico-cristã e dos quais nos valemos para promover esta aproximação entre o discurso teológico que encadeamos e a metáfora com o ícone, especialmente aquele da tradição cristã antiga, depois cultivada pela Igreja oriental: os eventos da revelação de Deus e da encarnação. As imagens sagradas, especialmente aquelas mais embebidas da Escritura

A proclamação da palavra de Deus na assembleia possui, dessa maneira, um caráter multifacetado, artístico e dinâmico, que assume predominantemente o estilo narrativo e descritivo das *magnalia Dei*, mas, outras vezes, também se demora em enunciados legislativos, exortações proféticas ou em crônica dos fatos históricos e políticos. Em tudo, porém, percebem-se doses generosas de entusiasmo religioso, felicidade com a própria condição de povo escolhido ou de testemunha dos feitos messiânicos e apostólicos, beirando, inclusive, certa ufania.

No "ícone" que a relação palavra-comunidade vai produzindo, os tons são vibrantes, as cores são bem conjugadas, o dourado do fundo – sinal da luz divina que se levanta no horizonte da humanidade – é vivo, rico, reluzente, acentuando a ideia de que nada se poupou ou se poupa quando se trata da nossa redenção[578]. Da parte de Deus, o melhor é oferecido, selando com um verniz preciosíssimo a identidade do povo a quem se dirige o Senhor do universo. Não há, enfim, como este povo calar ou apenas sussurrar a verdade de sua escolha, do seu chamado e do dom de Deus nos feitos redentores.

Em outras palavras, o anúncio-evocação da palavra de Deus nunca será a crônica fria, impessoal e monótona de fatos neutros do passado, mas a proclamação jubilosa de tudo o que a "mão de Deus" realizou em favor de seu povo[579]. Aquela famosa descrição da assembleia reunida sob Esdras e Neemias, tão logo se consumou o regresso do exílio babilônio, acentua com insistência a temperatura emocional criada com a leitura da lei (Ne 8,6.9). As recomendações disciplinares de Paulo aos coríntios também fazem concluir que a proclamação da palavra de Deus nas assembleias dominicais de Corinto causasse um certo enlevo nos sentidos e na consciência dos presentes (1Cor 14,36-40), e não somente por alguma detectada tendência à histeria coletiva. Havia algo de muito saudável e virtuoso na relação que os cristãos coríntios tinham com a palavra de Deus, a ponto de merecer uma menção elogiosa de Paulo (1Cor 1,4-7).

A que referimos é, por conseguinte, uma proclamação enfática, entusiasta, reconhecida, que na própria enumeração dos feitos, gestos e desdobramentos

---

e da liturgia que da subjetividade dos artistas, correspondem àquilo que a assembleia vê acontecer em si durante a celebração: a palavra de Deus plasma em sua materialidade um tanto disforme e caótica a obra salvífica divina. Assim como o ícone traduz a palavra das Escrituras segundo suas capacidades artísticas, a assembleia o faz segundo suas capacidades cultuais e relacionais (FIRENZE, M. R., L'icona: manuale di iconografia bizantina, p. 11).

578. FORTE, B., Belezza splendore del vero, p. 63.

579. As Escrituras testemunham sobejamente como o encontro com a "lei" na assembleia e, mais tarde, com o Evangelho, é frequentemente acompanhado de júbilo, a produzir consolação entre os que escutam. Não se espera que o anúncio desapaixonado e meramente protocolar produza tais efeitos (DEISS, L., A palavra de Deus celebrada, p. 177).

salvadores já canta a grandeza de quem os fez. Será sempre uma solene evocação, mesmo se realizada numa liturgia despojada e familiar, com uma assembleia pouco numerosa e desprovida de muitos recursos.

O tom solene e vibrante da rememoração dos *gesta Dei* na assembleia litúrgica também é testemunhado pela própria semântica hebraica que, para nosso "ler em público", aplica o verbo *qarà*. Este, por sua vez, segundo estudiosos, acentua a finalidade última da ação: a escuta, quer dizer, a recepção clara e distinta da mensagem, por parte dos ouvintes, para uma consciente adesão[580]. Nas Sagradas Escrituras, o contexto[581] costuma fazer, ainda, com que este verbo assuma mais claramente o sentido de "gritar em voz alta", ou mesmo "gritar diante de uma assembleia", muito semelhante ao que dizemos, em idiomas neolatinos como o nosso, *clamar e proclamar*, respectivamente[582]. Segundo as raízes culturais, semânticas e bíblico-teológicas, portanto, a decodificação das Escrituras em sons, diante de uma assembleia, durante o serviço litúrgico, é, além de festiva, ordenada à compreensão e à adesão ou, em última análise, ao reconhecimento público, oficial, celebrativo e existencial de tudo quanto Deus fez por aquele povo em reunião.

Consequentemente, seu efeito não pode ser outro que uma atualização da pertença dos ouvintes ao povo da aliança, bem como atualização dos prodígios e sinais de Deus já realizados no passado, mas, agora, presentes, em seu significado salvífico, na vida da comunidade que se reúne. A palavra de Deus, com efeito, é portadora desta memória identitária e qualificativa, que rompe com a verborragia inócua e despersonalizadora do cotidiano, para elevar a assembleia ao encontro com a única palavra – o Verbo – que dá sentido a tudo, pois tudo fez e tudo redimiu.

Não se trata, pois, de uma coletânea de fatos aleatórios, de recortes jornalísticos de cunho informativo, nem de "verdades" religiosas ou um elenco moralista de muitas coisas a serem feitas: trata-se do desvelar-se histórico do amor salvífico de Deus, que integra e salva[583]. A memória que se faz é a de uma presença, de um evento, de um dia, todos portadores de salvação:

---

580. Há, inclusive, locuções mais completas com este sentido: "suscitar o ouvido" (Is 50,4), "falar ou clamar ao ouvido" (Gn 20,8; Ex 11,2 e Jr 2,2, por exemplo) e "ler ao ouvido de alguém ou do povo" (Ex 24,7; 2Rs 23,2; Jr 29,29) (KAHMANN, J., Ouvido, p. 1085).

581. Mais uma vez, a assembleia de Neemias merece menção, por se tratar do exemplo mais significativo do que apresentamos: Ne 8,3.

582. GIRAUDO, C., Ascolta, Israele! Ascoltaci, Signore!, p. 56.

583. LAMBIASI, F., Celebrazione liturgica e vita nuova nello Spirito, p. 164.

Não há uma mensagem abstrata e atemporal; ela [a palavra de Deus] refere-se sempre a uma efetiva situação. O homem pode rezar a Deus da mesma maneira em todos os lugares, mas Deus não fala ao homem da mesma maneira, em todos os tempos. O hebraísmo afirma que o tempo é extremamente importante. Por quanto evasivo possa ser, ele é rico de sementes de eternidade[584].

Pode-se dizer, enfim, que a evocação realizada pela palavra de Deus na assembleia não é mais do que a extensão do chamamento divino – que já reconhecemos na "convocação" –, a ressoar, agora, no meio de um povo reunido, sempre mais consciente de quem é – raça eleita, sacerdócio real, nação santa e povo de particular propriedade (1Pd 2,9) –, que se inteirando de novo de sua história com Deus, pode prosseguir nas sendas da comunhão e da fidelidade à aliança. Trazer à consciência da assembleia a verdade histórica e salvífica de sua relação com Deus produz, sem dúvida nenhuma, efeitos vitalizantes, curativos e reintegradores[585], como só a apreensão e aceitação da própria história pode fazer com alguém.

Usemos uma imagem bíblica: se a convocação poderia ser identificada com aquele primeiro grito profético sobre os ossos secos que, na visão de Ezequiel, faz com que esses ossos se aproximem uns dos outros – reúnam-se –, de modo a formar a estrutura esquelética, logo revestida de tendões, carne e pele (Ez 37,7s), a evocação poderia ser reconhecida naquela segunda alocução profética, que insufla a vida novamente naqueles corpos reconstituídos, mas ainda adormecidos, inconscientes, inertes (Ez 37,8). Uma é a ação de juntar – convocação. Outra, a ação de restituir a vida, resgatar um povo reduzido ao esquecimento em um vale de obscuridade e morte – evocação. É-lhe devolvida a identidade, que se apoia sobre a memória do passado e o desejo do futuro. Por isso, são agora capazes de lutar: são um exército (Ez 37,10).

Talvez pudéssemos explorar ainda mais esta imagem acentuando que, em se tratando de ossos, quer dizer, fragmentos disjuntos, rígidos e impermeáveis de

---

584. GOUZES, A., *La notte luminosa*, p. 38.

585. A ação "curativa" da evocação bíblico-litúrgica é mensurada pela capacidade de provocar o louvor da assembleia; ao invés do lamento e da murmuração, o povo, rememorado da constância e presteza com que a mão de Deus agiu, prorrompe em canto, aclamação e exultação: "Deus constituiu primeiramente Israel e depois a Igreja, seu povo, pelo louvor. De fato, à palavra que, como lei, constitui o povo santo, segue a palavra do povo que acolhe e responde à vontade significada na palavra divina. E a resposta do povo é o reconhecimento da soberania divina. (...) O povo de Israel desviou-se do caminho reto e não entrou na paz. Parece que o novo povo, que a palavra de Deus continua a convocar, quase suscitando-o do nada, siga a mesma sorte do primeiro. A sua palavra a Deus é louvor e canto, mas também humilde confissão de pecado, súplica de perdão" (BARSOTTI, D., *Il mistero della Chiesa nella liturgia*, p. 24).

pessoas que já existiram na comunhão de um corpo social e religioso, mas que, sucumbindo à morte, desintegraram-se completamente, temos, naquele vale tenebroso descrito pela visão de Ezequiel, uma demonstração plástica da antítese de projeto de Deus. Este é vida, e vida em comunhão[586]. A palavra de Deus na boca do profeta recupera não somente as identidades individuais, isoladas e sepultadas naqueles resíduos ósseos dispostos ao longo do vale[587], mas as insere novamente na comunidade, devolvendo-lhes as feições, os braços, os lábios, enfim, corpos aptos à comunicação, à relação, ao amor, à comunhão.

Depois, devolve-lhes o sopro, o respiro, a vida, com o anúncio das disposições de Deus sobre o passado e o futuro daquela gente rediviva. É quanto, de fato, o profeta vislumbra para Israel[588] e quanto se reconhece hoje em cada assembleia informada, de novo, pela palavra da Escritura. A proclamação do desígnio de Deus em Cristo sobre os fiéis reunidos é a atualização da lufada vitalizadora que levanta e põe em marcha o exército dos que foram arrancados das garras da morte.

Não se detém aqui, no entanto, o fluxo das consequências e desdobramentos salvíficos que a palavra de Deus libera no coração da assembleia cultual: a evocação das *mirabilia Dei* investe a comunidade litúrgica reunida de uma tal consciência acerca de sua identidade e de suas possibilidades que, ato contínuo, avança-se na direção de uma ousada "in-vocação", quer dizer, uma resposta que é, ao mesmo tempo, súplica, apelo, desejo, aspiração, ânsia, clamor. Com efeito, a evocação que a palavra de Deus realiza na comunhão litúrgica dos fiéis não é uma espécie de mecanismo apaziguador da consciência, capaz de reter a assembleia num estado de nostalgia orgulhosa, ou de autocontemplação vaidosa e estéril, menos ainda de saudosismo e melancolia. Antes, a evocação tem um efeito eminentemente "pro-vocador", instando aquela comunidade-em-escuta a corresponder, com disposições renovadas, ao chamado original que a constituiu, na esteira das grandes obras de Deus ao longo da história:

> Através do Espírito Santo, que age na celebração, vêm evocadas as *mirabilia Dei*. Estas fazem-se presentes em e com seu aspecto salvífico, para o bem dos presentes e dos ausentes. A ação do Espírito Santo provoca, em quem

---

586. Há, por que não dizer, uma função "sacramental" desempenhada pela vida "biológica" no relato profético. O alento vital, vivificador em sentido natural é, na verdade, suporte para o segundo alento, mais eficaz, carismático, que suscita a vida "universal", em suas expressões mais elevadas – comunitárias, inclusive (ZURRO, E., Comentários ao livro de Ezequiel, p. 2106).

587. Sinal de uma "fissura", um talho que divide e sepulta (ZURRO, E., Comentários ao livro de Ezequiel, p. 2106).

588. BRIGHT, J., História de Israel, p. 407.

toma parte da celebração, uma projeção contínua no sentido de mudar a própria mentalidade para conformá-la à mentalidade de Cristo[589].

O mesmo Espírito que suscita e cumpre com eficácia a evocação dos feitos salvadores de Deus, informando a comunidade celebrante sobre sua pertença à história de salvação, e que, além disso, provoca nos que se agregam em assembleia uma tensão em vista da conversão e da união plena ao Cristo é, formalmente, invocado, a fim de que a palavra de Deus se cumpra sem reservas naquela comunhão celebrativa[590]. Encomenda-se, assim, ao *Pneuma* a transcrição das Escrituras em caracteres espirituais e existenciais naquela comunidade específica, para que ela seja, no tempo e no espaço que ocupa, a presença da Igreja de Deus, sacramento excelente das realidades salvíficas, ou, ainda mais, o gérmen e o acontecimento antecipado do plano divino sobre o mundo.

A palavra de Deus acolhida e celebrada pela assembleia reveste-se, então, de uma força avessa a qualquer tipo de acomodação, redução ou fragmentação, tanto do compromisso com a aliança, naturalmente lembrado durante a "evocação", quanto do desejo da inserção definitiva na assembleia dos justos e redimidos. Podemos, assim, reconhecer que o movimento de provocação-invocação se faz presente com tanta intensidade e verdade na celebração comunitária, que tudo ali ou já se revestiu ou se dispõe a ser revestido pelo Verbo de Deus, num processo invocativo e epiclético que só cresce à medida que se avança da escuta da palavra para o rito sacramental. É como se o caráter provocador da palavra divina se tornasse tão patente e pulsante que, agora, ele precisa "materializar-se" num gesto e num sinal invocativo dentro do *continuum* celebrativo: a epíclese[591].

Em referência a este desenvolvimento epiclético da liturgia, dirá A. Triacca que "a celebração é portadora e 'presentificadora' de Cristo, porque é epifania do Espírito[592]". Para ser "Cristo", ungida e redimida como indicam as Escrituras que foram proclamadas, a assembleia agora suplica, invoca. Seu clamor é, pois, que Cristo se faça presente, através do derramamento do seu Espírito. Ou, para dizê-lo mais incisivamente, mas na perspectiva do dom que é feito: o *Pneuma*, que

---

589. TRIACCA, A. M., La celebrazione liturgica, p. 38.

590. Y. Congar, tratando do Espírito Santo e a oração de súplica, faz menção a uma teoria psicológico-teológica que distingue, exatamente, três momentos encadeados que conduzem à súplica, neste caso, do Espírito e seus dons "cristificantes": a necessidade, o desejo e a súplica. A consciência da própria carência e insuficiência torna-se desejo, direcionamento de si a um outro que, se não puder corresponder à minha necessidade, ao menos compartilhe comigo seu próprio desejo, libertando-me da solidão e do egoísmo. A súplica é reconhecimento do outro e seu desejo, em experiência de amor (CONGAR, Y., Ele é Senhor e dá a vida, p. 160).

591. CASTELLANO, J., Liturgia e vida espiritual, p. 199.

592. CONGAR, Y., Ele é Senhor e dá a vida, p. 160.

age quando se abrem as Escrituras para a celebração comunitária e é invocado a partir desta escuta, não tem outra missão senão gerar Cristo no seio da assembleia que clama; moldar, enfim, a fisionomia do Filho nos filhos. É também isto que a ritualidade sacramental da Igreja, com sua experiência tátil, sensorial, simbólica e gestual acaba exprimindo: Deus toca-nos, atualizando as epícleses já ocorridas da encarnação e da Páscoa-Pentecostes, para assinalar em nós o ser e a vitória de Cristo, reconfigurando-nos[593].

Daí que, como Maria na Anunciação, a Igreja reunida em assembleia veja--se lugar de um acontecimento extraordinário: o "encontro de duas buscas, de duas sedes, lugar de impregnação de dois mundos, o da graça e o da carne[594]". Assim como a Virgem "realiza em si a índole eclesial[595]", a Igreja, acontecendo na assembleia litúrgica, reflete, em certa medida, o "princípio mariano", a saber: a harmoniosa coincidência entre a boa-notícia anunciada e a aceitação obediente da fé, que se faz invocação para uma descida generosa e fecunda do *Pneuma*. Os ritos constitutivos da liturgia da palavra, com efeito, acentuam este aspecto, na medida em que reproduzem o diálogo todo permeado de beleza e docilidade da Virgem com o mensageiro (Lc 1,28-38), a concluir-se com uma adesão de fé – o *fiat* – na recitação do "símbolo" apostólico ou niceno-constantinopolitano.

Agostinho reconhece esta identidade entre a Virgem Maria e a Igreja nestes mesmos termos, com muito mais beleza, inspiração e mérito, no entanto. Para ele, Maria, a Virgem que acolhe a palavra de Deus, é sinal da Igreja, que precisa acolher "virginalmente" a Escritura, anunciada na sua liturgia. Virgindade significa, por certo, integridade, docilidade, disponibilidade, tudo, enfim, que represente "espaço" onde o Espírito possa descer para atuar sua obra de geração do Cristo. Diz Agostinho: "A virgindade que Cristo pensava abrigar no coração da sua Igreja antecipou-a no corpo de Maria...[596]". E ainda: "A Igreja, como Maria, goza de perene integridade virginal e de fecundidade incorruptível. Aquele que Maria mereceu trazer no seio, conservou-o a Igreja no espírito[597]". Resta-nos, porém, reconhecer que, a rigor, o que se cumpriu em Maria de maneira excelente, e que se cumpre na Igreja liturgicamente, corresponde, para a comunhão dos fiéis, ao sinal e à meta escatológica. É seu desejo, seu suspiro e sua invocação comunitária mais decisiva, portanto. Cada celebra-

---

593. LAMBIASI, F., Celebrazione liturgica e vita nuova nello Spirito, p. 168.
594. CORBON, J., A fonte da liturgia, p. 30.
595. BIFFI, G., Para amar a Igreja, p. 102.
596. AGOSTINHO DE HIPONA, Sermão 188, p. 886.
597. AGOSTINHO DE HIPONA, Sermão 195, p. 889.

ção será sempre invocação desta verdade esperada, através dos sinais, dos sons e do silêncio da liturgia.

Outra imagem para adentrarmos o mistério do espaço e da natureza epiclética que a proclamação da palavra de Deus faz eclodir na celebração assembleal nos é dada pela própria veneração prestada ao livro das Escrituras prevista pela ritualidade litúrgica. A reverência, o beijo, o sinal da cruz traçado com o livro ou sobre o livro e sobre a fronte, os lábios e o peito de quem o lê indicam, segundo a linguagem própria do culto, um reconhecimento, uma disposição e uma invocação das virtudes e verdades salvíficas que a Escritura encerra[598]. Rastros, *flashes* e gestos decorrentes da invocação densa e plena que é toda a celebração da palavra e será, em seguida, o rito sacramental.

G. Boselli atenta, ainda, para outro sinal: a palavra de Deus, colocada à frente da assembleia, sobre o altar, através do sinal do livro dos Evangelhos, apresenta-se, visualmente, como a outra "metade" do povo de Deus ali reunido. Metade, sem dúvida, ansiada desde que a aliança se tornou o horizonte da vida e da felicidade do povo escolhido[599]. Não há aliança, salvação e povo sem que a palavra de Deus ocupe o centro da vida da comunidade dos filhos de Israel. Não há Igreja sem que a palavra de Deus, o Verbo encarnado, reúna seu corpo comunitário em comunhão, em torno a si.

Daquele sinal – o Evangelho entronizado no altar –, portanto, ressoam tanto a convocação, como a evocação, quanto a invocação, sobre as quais temos discorrido neste item. Vejamos: convocação no sentido que, sendo a assembleia reunida obra da palavra de Deus, esta mesma palavra ocupa o "primeiro" lugar e a "presidência" da assembleia. A linguagem simbólica, neste particular, é muito simples e direta: o livro, sobre aquele que é o centro das atenções do lugar de culto – altar –, a merecer reverência, beijo e incensação, demonstra sua importância e primazia. Tão logo tenham início as saudações e alocuções da celebração, a palavra de Deus passa a desprender, pela voz do ministro que dirige a comunidade e pelos leitores, seu conteúdo revelador e salvífico.

No mesmo gesto de depor o evangeliário sobre o altar, dá-se, simultaneamente, a evocação, no sentido que o próprio livro das Escrituras, representado por sua parte mais decisiva – o Evangelho –, é, de alguma forma, o sinal concreto do "memorial" que se desenrolará na sequência da liturgia da palavra. Neste aspecto, aproximamo-nos muito da tradição judaica, que trata o livro dos "escritos" e da "lei", desde que era rolo, com veneração e cerimônia, apresentando-o e de-

---

598. ALDAZÁBAL, J., Gestos e símbolos, p. 151.
599. BOSELLI, G., O sentido espiritual da liturgia, p. 64.

senrolando-o solenemente durante o rito sinagogal[600]. Muito embora saiba que a palavra de Deus não coincida imediata e materialmente com o texto escrito, transcendendo-o, exigindo atualização, a comunidade reunida tem noção da importância das Escrituras, por reconhecer que nelas está sedimentada sua experiência original e fundante de sua fé[601].

Olhando para aquele conjunto "altar-livro", disposto de modo a "presidir" a reunião e mostrar-se como sinal de sua memória salvífica, o povo-assembleia clama para que, de novo, Deus o conduza e salve, cumprindo o que prometera. É a invocação. Não por acaso, o altar é o lugar do culto, da adoração, da súplica e da renovação da aliança. O evangeliário representa, neste lugar específico, uma sentida, insistente e consciente invocação de cumprimento, a fim de que o povo reunido ao redor do altar seja conformado pela palavra que lhe é anunciada: Cristo[602]. Quando levamos em conta, ainda, que o livro ocupa, no primeiro momento da celebração, o mesmo lugar onde se depositará o pão e o vinho para a liturgia sacramental eucarística, torna-se ainda mais forte e loquaz esta combinação de sinais[603].

Todas as observações aqui levantadas conduzem-nos, enfim, à certeza de que a liturgia da palavra precisa ser vivida em toda a sua integridade formal-ritual e essencial-mistagógica, para que nossas assembleias realmente se situem na perspectiva de tão precioso dom. À homilia, sobretudo, representando todo o serviço específico do presidente da assembleia, cabe exercer a função de "eixo, o ponto de encontro que manifeste, claramente, a todos os crentes, esta íntima unidade da celebração[604]", quer pela capacidade de sistematizar, quer pela habilidade de evidenciar espírito da celebração, a partir da palavra anunciada.

De fato, a tarefa da homilia não é estranha ao que temos advertido. Antes, deveríamos dizer que a homilia está como que entranhada na trama estabelecida entre a assembleia e a palavra de Deus, bem sintetizada por L. Santana:

> Uma vez convocada, a reunião litúrgica passa a exercer duas atividades fundamentais: "evocar" (anamnese), mediante a palavra de Deus, as maravilhas operadas por Deus ao longo da história da salvação; em seguida, deve "invocar" (epíclese) a presença do Espírito Santo a fim de que a epopeia histórico-salvífica evocada seja atualizada no "hoje" da comunidade crente

---

600. GIRAUDO, C., Ascolta, Israele! Ascoltaci, Signore!, p. 63.

601. BISCONTIN, C., Pregar a palavra, p. 26.

602. ALDAZÁBAL, J., Gestos e símbolos, p. 271.

603. Temos, deste modo, a palavra de Deus assumindo na liturgia uma "dimensão sacramental como todos os sinais da liturgia, em paridade de força e dignidade" (GOUZES, A., La notte luminosa, p. 53).

604. ALDAZÁBAL, J., Da palavra ao sacramento, p. 66.

e celebrante, transmutando-se, então, em matéria-prima para o louvor e a glória de Deus: doxologia. Em outros termos, tendo sido convocada por Deus, a Igreja recebe uma dupla missão: "fazer o memorial" do fato salvífico e invocar o Espírito, agente responsável pela perene atualização da salvação operada por Deus, através de sua palavra. O escopo desse processo é a glorificação de Deus (a doxologia de nossas orações eucarísticas expressa de forma eloquente essa dinâmica)[605].

O mesmo autor dirá, na sequência de seu texto, que a homilia é aquela instância onde todo o circuito pneumático – convocação, evocação e invocação – se revela, com vantagem. Ela é a "ocasião privilegiada para que o mistério de Cristo sempre seja reproposto no 'hoje' da comunidade cristã[606]", convocada para a assembleia, renovada na memória dos feitos salvadores e desejosa de que tudo se cumpra, "hoje", em sua realidade específica. Em outras palavras: a homilia evidencia o porquê da convocação divina; ressalta e enfatiza a memória evocativa das ações de Deus na história; e cria aquele desejo no coração da assembleia que logo se converte em invocação do Espírito para que, nela, a salvação, de fato, seja verdade.

A tarefa de presidir a assembleia e pregar na sua celebração precisa, pois, ser assumida com a consciência real do significado mistérico e pastoral que se joga em sua boa ou má execução. Uma comunidade pode dar-se conta ou não do mistério que sedia, em relação à circunstância histórica que lhe envolve, a depender do uso mais ou menos adequado do ministério da presidência e da homilia feito em sua celebração litúrgica. Pode assumir com maior ou menor engajamento suas responsabilidades testemunhais e missionárias de acordo com a capacidade que a comunicação homilética atingiu de desvelamento das provocações de Deus presentes no texto bíblico proclamado.

Põe-se, portanto, nas mãos do presidente da assembleia a missão de, como instrumento do Espírito, "mediar o 'aqui e agora' dos textos que provêm do passado, permitindo de tal modo a eles se tornarem significativos para os destinatários em sua situação concreta[607]". Tudo, porém, num tom e sob uma atmosfera que se caracterizem pela temperatura familiar, afetiva, cordial e materna, a ponto de "cativar a gente comum com ensinamentos tão elevados e exigentes[608]".

Um ministro capaz de equilibrar dimensões e demandas tão particulares e híbridas é, sem dúvida, alguém que está imbuído do espírito e da sede de sua

---

605. SANTANA, L. F. R., A homilia à luz da Evangelii Gaudium, p. 124.
606. SANTANA, L. F. R., A homilia à luz da Evangelii Gaudium, p. 127.
607. BISCONTIN, C., Pregar a palavra, p. 20.
608. EG 141.

própria comunidade. Alguém que só se põe à frente dos demais porque ouviu, no meio do grande chamado dirigido ao seu povo, uma convocação ainda mais específica, comprometedora e sedutora. É alguém que desenvolveu, por uma escuta insistente e paciente, a capacidade de fazer memória da passagem de Deus pelo mundo do pecado e pela sua própria história e, por isso, pode guiar e orientar no trabalho comunitário de evocar os feitos salvíficos. Alguém, enfim, que se coloca em atitude permanente de invocação, para que suas particularidades, dons e habilidades sejam "lugar" de uma ação atual do Espírito de Deus, para o bem de toda a assembleia.

Tudo porque, entre a palavra de Deus e a assembleia articula-se, sob a mediação dos ritos, sinais e ministérios da liturgia, um acontecimento da mais elevada relevância, que merece ser cada vez mais decodificado, explicitado e contemplado para que, efetivamente, provoque todo o bem que lhe está ao alcance. Leve-se em consideração a profunda lacuna que se criou, em muitos ambientes eclesiais, entre a transmissão e a experiência da fé, como mencionávamos no início. Uma aproximação teológica, com sensibilidade mistagógica nos parece a melhor abordagem que se possa procurar, tendo em vista todas as dimensões envolvidas e as necessidades colocadas. Esperamos que, com as páginas aqui concluídas, tenhamos oferecido alguma contribuição para que as assembleias litúrgicas vivenciem, com mais convicção e fervor, o relacionamento íntimo e necessário com a palavra de Deus que a própria natureza das duas realidades requer.

3.2. Participação e ministerialidade em articulação com o ser da comunidade celebrante

Por diversas vezes, ao longo destas páginas, temos repetido que na assembleia litúrgica joga-se algo de determinante para a fé, que nos liga intimamente ao conceito e à execução do projeto salvífico divino. A sacramentalidade da reunião cristã reluz exatamente nesta dúplice capacidade – forjada pela palavra de Deus e pelo fluir do Espírito na comunhão dos fiéis – de sinalizar a salvação e comunicar sua força envolvente e transformadora.

Tentamos não perder de vista, no entanto, que os primeiros ecos deste enunciado sacramental advêm já da "antiga economia", quando uma ideia dominava toda a autocompreensão de Israel: seu ser povo de Deus está intimamente ligado à missão de servir e prestar culto a este mesmo Deus[609]. Não é possível pensar a eleição e a obra de reunião efetuadas por YHWH em relação aos filhos de

---

609. CONGAR, Y. M. J., La Iglesia, pueblo sacerdotal, p. 5.

Abraão sem que uma imediata consequência se apresente, aplicada à inteira nação israelita: "ouve e cuida de pôr em prática o que será bom para ti e te multiplicará muito, conforme te disse *Iahweh* Deus de teus pais, ao entregar-te uma terra onde mana leite e mel" (Dt 6,3)[610].

"Ouvir" e "pôr em prática" complementam-se e fecundam-se mutuamente na resposta que Israel deve dar ao seu Senhor. Como "povo de Deus", toca-lhe ser "sinal eficaz" da salvação recebida na medida em que acolhe (ouve) e obedece (põe em prática) fielmente às instruções que YHWH lhe dirige. Omitindo-se um destes imperativos, o "código genético" do compromisso com Deus é atingido, fatalmente adulterado, e Israel deixa de manifestar transparentemente o dom que recebeu.

A própria natureza da palavra divina – *dabar*[611] – que, afinal, é a grande responsável por constituir a comunidade israelita, inscreve no ânimo coletivo deste "povo da escuta" uma essencial e responsiva operosidade. Ao chamar e fazer Israel, com autoridade divina e eficácia comprovada pelos sinais que acompanham a libertação do Egito, a palavra dita por YWHW impõe à relação algo mais profundo que a simples troca de declarações. Ela é acontecimento criador e redentor, capaz de estabelecer uma realidade nova, a ponto de exigir dos destinatários uma reação que, de fato, envolva "ação", "serviço", "obra", "ato". Contra a entranhada tendência humana a uma inérciaególatra, narcisista e dominadora, herança do mal originário, que inevitavelmente provoca caos e dispersão, a palavra de Deus suscita um esforço conjunto de "desinstalação reconciliadora", de "reconstrução", de "junção", que sempre supõe uma ativa e renovada participação humana[612].

Ao mesmo tempo, e a partir do íntimo de cada membro do povo da aliança, através do chamado à fé, o Espírito é quem "gera, alimenta e conduz o povo eleito", na "missão de fazer com que este povo experimente e testemunhe as entranhas maternas de Deus[613]". A escuta da palavra de Deus vem, deste modo, investida de

---

610. Todas as vezes que Israel pretendeu arrogar-se um *status* privilegiado em relação aos demais povos, sem assumir humildemente as condições e responsabilidades inerentes à escolha divina, mereceu severa repreensão dos profetas de Deus, colhendo maus frutos através dos reveses de sua história.

611. Explica-nos D. Barsotti: "No pensamento semítico, Deus é aquele que realiza, aquele que faz: cumpre as promessas, cumpre o que anuncia na história do povo, e cria, antes ainda, todo o universo. Em tudo o que acontece está o cumprimento de uma vontade divinamente eficaz. Em todas as coisas, em toda a história do mundo israelita, se reconhece a ação secreta de Deus". Sua palavra, deste modo, não pode ser entendida como a declaração de uma intenção ou uma possibilidade: é já a realidade designada (BARSOTTI, D., Il mistero cristiano e la parola di Dio, p. 46).

612. D. Barsotti faz notar como nas Escrituras, antes de qualquer ação divina de salvação em relação ao mundo e à humanidade, vem sempre apresentado o estado de decadência e ruína que se instala no criado em geral e, depois da vocação de Abraão, em Israel quando se evita ou descuida da escuta de Deus. "Toda intervenção divina é, por isso, como uma nova criação, que do "nada" recupera as coisas à vida" (BARSOTTI, D., Il mistero cristiano e la parola di Dio, p. 62).

613. SANTANA, L. F. R., Liturgia no Espírito, p. 46.

uma força prodigiosa, que garante a eficácia do que é anunciado na assembleia e acolhido em fé. Em tais circunstâncias, o *Pneuma* plasma e une uma inteira comunidade de Israel na delicada experiência de saber-se amada gratuitamente, objeto de uma compaixão infinita, numa relação que se alimenta da memória das grandes obras de Deus no passado, mas também se atualiza em tudo o que "hoje" se apresenta como cuidado, zelo, proteção e condução divina ao existir individual e coletivo dos israelitas. O Espírito é, enfim, a força permanentemente animadora e vivificante, que penetrando, desde as raízes, a experiência de fé de Abraão e seus filhos, bem como dirigindo a marcha histórico-salvífica da inteira comunidade de Israel, comunica os sentimentos, projetos, sonhos e ideais de Deus para a nação de sua eleição e adoção[614].

Assim, reunir-se como povo, à voz da convocação de Deus e sob a irradiação amorosa do Espírito, comporta, além do reconhecimento e da celebração da bondade divina, pôr em prática suas indicações, colaborando com a concretização do intento redentor. Significa entrar no circuito vivo entre o "ser" povo de Deus e o "agir" como tal, ouvir e responder, sinalizar e servir, estar na presença divina e partir em caminho, não como momentos diferentes, fracionados, estanques e subsequentes, mas situações concomitantes ou, no máximo, reflexas ao pronunciamento de YWHW e seu mover-se na direção do povo escolhido[615].

Efetivamente, a sacramentalidade da assembleia cristã – real objeto de nossa reflexão – como, de resto, toda a teoria sacramental, supõe que o ponto de partida e o cerne de sua identidade e irradiação simbólico-salvífica sejam uma livre e autêntica deliberação divina. É de Deus a iniciativa que aciona toda a circulação da força salvífica entre seu ser-em-misericórdia[616] e a história, através de mediações humanas, dos acontecimentos históricos e dos sinais sacramentais. Qualquer outro impulso inicial seria insuficiente, tendo em vista os resultados desejados: nada menos que o resgate da criatura humana de sua condição decaída e dispersa.

Há, porém, de se lembrar – como temos procurado fazer nestas páginas – que a própria sacramentalidade, tomada em sua acepção mais fundamental, no bojo do projeto salvífico divino, só é admissível porque Deus dispõe-se a atuar e comunicar-se com o mundo criado e seu expoente livre e consciente: o ser huma-

---

614. SANTANA, L. F. R., Liturgia no Espírito, p. 40.

615. Estes dispositivos binominais e reflexos são bem típicos da matriz estilística veterotestamentária, conforme pudemos também perceber na abordagem sobre a aliança como "forma" da aliança. Ali, falávamos do "ouvir" e "fazer justiça", "obedecer" e "celebrar". No fundo, todos se encontram na mesma perspectiva ético-existencial que atravessa a compreensão bíblica da experiência religiosa (LIBÂNIO, J. B., Teologia da revelação, p. 320).

616. KASPER, W., A misericórdia, p. 114.

no. Usa, para tanto, a linguagem e os instrumentais correspondentes às estruturas cognoscitivas do seu interlocutor, permitindo-lhe responder com razoabilidade e autonomia. Para salvar, opta por ativar e estimular as nossas capacidades, indicando que a parceria e a participação criatural são os dormentes por onde decide fazer correr seus impulsos, palavras e gestos salvadores. O gesto tão humano do "reunir-se", por exemplo, é estimulado e elevado ao grau de ícone sacramental de suas próprias intenções divinas sobre o mundo.

Assim, o agir da única criatura animada pela *ruah* de Deus, na qualidade de resposta ao apelo de seu Criador-Redentor, é parte integrante e indispensável deste quadro dinâmico onde se dá a explicitação sacramental da experiência salvífica[617]. Devidamente compreendida e posicionada, a ação humana não representa concorrência ou qualquer tipo de ameaça à iniciativa de Deus. Antes, constitui o eco responsorial que o interlocutor criado emite em liberdade. A participação humana, livremente submetida às condições da aliança com Deus, estabelece a humanidade numa posição-chave em relação a todo o mecanismo econômico-salvífico: a posição de instrumento mais significativo e vetor mais apropriado para o atuar do projeto divino sobre a história atingida pelo pecado e suas consequências[618].

Considerados, mesmo que com brevidade, estes aspectos teológicos e antropológicos, somos levados a reafirmar a compreensão de que ser povo do Deus bíblico, num estado simplesmente passivo-demonstrativo, sem ação e comprometimento efetivo da parte humana, representaria algo absolutamente estranho à realidade da aliança. O mesmo se dirá, em outro extremo, sobre o aderir ao pacto divino, mas, em seguida, assumir uma ação obstinada e intransigente, em deliberado desacordo com o panorama geral da intervenção salvífica de Deus. Isto significaria, decerto, a negação da vocação de Israel. Ou, para sermos ainda mais precisos: ambas as situações concorreriam para o cancelamento prático deste relacionamento[619].

A aliança exige, justamente, um estreito compromisso entre o absorver a identidade de povo de Deus – no sentido de "acolher um dom", "ouvir" a palavra que lhe faz ser quem é – e o assumir determinadas condições – "pôr em prática" o que esta palavra indica –, cujos desdobramentos nada mais são que atitudes de piedade e justiça, segundo aquela lógica misericordiosa revelada nas interven-

---

617. BOROBIO, D., Sacramentos y sacramentalidades en la posmodernidad, p. 72.

618. É o que nos demonstra a humanidade de Jesus, totalmente entregue ao cumprimento da vontade do Pai (SCHILLEBEECKX, E., Cristo, sacramento do encontro com Deus, p. 23). No Nazareno, o ser humano inicia um caminho de cooperação com Deus tão estreito e sadio que retifica e potencializa, finalmente, os descaminhos da desconfiança e da autossuficiência gerados no pecado.

619. BARSOTTI, D., Il mistero cristiano e la parola di Dio, p. 53.

ções divinas de salvação e no testemunho dos profetas[620]. Com efeito, é assim que se configura o imediato contraponto à fidelidade absoluta de YHWH. De outro modo, o fio de ligação entre as partes seria rompido, e a livre-circulação entre promessa e bênção, dom e acolhida, desejo e realização, chamamento e vida redimida seria, igualmente, represada[621].

Vale esclarecer, ainda, que ao realizar suas tarefas de parceiro da aliança, o povo da promessa não é instado a fechar-se num ativismo desmemoriado, estéril e interesseiro. Ele não está pagando pelo que recebeu, nem acumulando valores para pretender colocar-se na "balança" do pacto em posição menos desigual. Se não houver a consciência de que seu "fazer" nada mais é do que a expressão livre e alta da nova condição redimida em que foi alçado, na esfera daquela amorosa determinação de Deus em doar-se ao povo de sua eleição, cria-se uma relação marcada por atitudes defensivas, arranhada por cobranças e cálculos, que facilmente degenera-se em formalismo e legalismo[622]. A prática da lei, neste caso, torna-se uma plataforma reivindicatória ou uma espécie de divisa monetária para a obtenção de favores divinos.

Uma ação que não se radique na liberdade e no amor, como resposta ao amor já recebido, não é digna de um povo alçado à condição de parceiro de aliança. Representa uma péssima alternativa existencial para uma nação liberada de suas mais terríveis experiências de tutela e forçada servidão[623]. Seria, em última análise, a substituição do tirano e a troca das condições da dominação, mas não verdadeira libertação.

Chegamos ao ponto que há de orientar as aplicações pastorais em âmbito participativo e ministerial que a noção de assembleia litúrgica desenvolvida até aqui supõe. Com efeito, tudo o que já dissemos em referência ao agir do povo escolhido, como natural desenvolvimento de seu ser criado, chamado e salvo,

---

620. KASPER, W., A misericórdia, p. 74.

621. BRIGHT, J., História de Israel, p. 196.

622. Em linhas gerais, é este o problema enfrentado pela teologia paulina. Um judaísmo otimista, que se constituiu orgulhosamente sobre a prática da lei, contente com suas obras, à revelia de Deus, mas em face dele, é sacudido por Paulo com a doutrina da justificação pela fé. Lutero, à época da Reforma Protestante, projetou esta discussão para o coração da cristandade, arrastando com ela um verdadeiro cisma. Hoje, porém, compreende-se tudo a partir de posições mais ponderadas, capazes de entender que a fé nunca é pura passividade, mas implica também certa atividade por parte do homem e da mulher (MIRANDA, M. F., A salvação de Jesus Cristo, p. 109-123).

623. Parece-nos justo lembrar aqui do aspecto religioso da libertação do Êxodo, já mencionado no primeiro capítulo deste trabalho. Ao lado da finalidade político-social, que cria um novo *status* público e relacional entre Israel e as demais nações, a saída do Egito tem um objetivo religioso e celebrativo: oferecer um sacrifício ao Senhor e fazer uma festa em sua honra (Ex 5,1-3). A liberdade adquirida no Êxodo possui uma componente simultaneamente cúltica e afetiva irrenunciável, que estabelece um verdadeiro paradigma para o comportamento de Israel diante de YHWH.

na perspectiva da aliança com Deus, pode ser caracterizado com o adjetivo "sacerdotal"[624]. Isto porque não estamos falando de um contrato puramente utilitarista, firmado sobre uma lógica pragmática e segundo relações meramente horizontais. Mas tratamos de um pacto autenticamente religioso – porque re-liga com Deus –, estabelecido sobre condicionantes inéditas, com um alcance meta-histórico e plenamente realizador que, de acordo com a semântica teológica, podemos classificar de "salvífico".

De fato, o grau de envolvimento com a divindade, a natureza da missão assumida e as premissas sobre as quais se ajustam os termos da aliança sugerem, com larga margem de certeza, um compromisso sagrado, em linha explicitamente sacerdotal, segundo uma concepção ritual-existencial muito amadurecida. Em outra formulação, de maior enraizamento histórico-salvífico, talvez pudéssemos dizer: por pura graça, tendo conhecido e experimentado o favor de YHWH, e assumido com ele uma aliança que empenha o "sangue" (Ex 24,8), quer dizer, a própria existência, cabe agora a Israel, em meio às nações, celebrar, proclamar e amplificar os feitos do seu Senhor, encarnando em si, coletivamente, aquilo que a tradição dos cultos antigos delega à figura do sacerdote:

> Nas religiões antigas, os sacerdotes são os ministros do culto, guardiães das tradições sagradas, porta-vozes da divindade em sua qualidade de adivinhos. Em Israel, apesar da evolução social e do desenvolvimento dogmático que se nota ao longo das épocas, o sacerdócio exerce sempre dois ministérios fundamentais: o serviço do culto e o serviço da palavra[625].

Efetivamente, sacerdote é aquele que, ao mesmo tempo, pertence a Deus e pertence à tribo, ao seu povo e à humanidade. Tanto traduz para os ouvidos da divindade a linguagem adorante dos seres terrenos quanto transmite a mensagem celestial para a comunidade peregrina dos fiéis. Sua pessoa, assumida por Deus – "separada" do mundo profano com suas forças caóticas[626] –, torna-se ponte, sinal,

---

624. Voltamos aqui, para um desenvolvimento mais linear e aplicado, à reflexão sobre o caráter sacerdotal do inteiro povo de Deus e suas assembleias litúrgicas. Introduzimos o assunto ao tratar do paradigma litúrgico estabelecido no Concílio Vaticano II, na primeira parte deste texto, e retomamo-lo ao final do item eclesiológico do capítulo segundo, quando abordamos o mistério da Igreja manifesto na assembleia litúrgica. Nossa intenção, além da tentativa de manter-nos fiéis à metodologia orgânica e interativa entre as partes deste trabalho, é a de recolher o conteúdo já sugerido, apontando para uma aplicação mistagógica e pastoral de seus enunciados teológicos.

625. AUGUSTIN, G., Sacerdócio, p. 926.

626. TABORDA, F., A Igreja e seus ministros, p. 34. O autor não se furta de advertir que, no caso de Israel, a tradição mosaica já se encarrega de romper com uma reprodução automática deste esquema na medida em que identifica as intervenções divinas no mundo com a história e é capaz de criticar o culto eticamente vazio. Há, contudo, elementos desta visão clássica que permanecem, até que o acontecimento Jesus a implode.

instrumento e transparência das realidades definitivas para a raça inconstante e recalcitrante dos filhos e filhas da terra. O sacrifício e o oráculo são como duas flechas, de direções opostas, que lhe atravessam verticalmente: num sentido, de baixo para cima, como clamor, gratidão e reverência dos homens e mulheres a caminho; e, por outro, do alto para baixo, como anúncio, palavra, apelo e revelação da suprema sabedoria e bondade de Deus.

É este o perfil de Israel, de acordo com o drama bíblico. Em aderindo ao pacto do Sinai, ele pertence a YHWH com um grau de comprometimento sem paralelos e segundo todas as formalidades exigidas em um contrato bem firmado, mas sagrado. "Separado" dentre os povos, tomado das ondas tumultuosas da história humana, que estavam prestes a engoli-lo, Israel é regenerado pelo seu libertador e nela reinserido, agora como portador de uma categoria identitária absolutamente inédita: "propriedade peculiar de Deus", "reino de sacerdotes" e "nação santa"[627]. Por missão, cabe-lhe servir a Deus sem desviar-se nem para a direita, nem para a esquerda (Dt 5,32), sob pena de desaparecer da boa terra que lhe foi dada (Dt 11,17).

Sua pertença a Deus é, deste modo, íntima, integral e definitiva, como a pertença de um sacerdote à divindade a que serve[628]. Diríamos ontológica, isto é, plena, essencial e irrevogável, mas a partir de uma nova e real ontogênese. Quer dizer: historicamente, há na relação entre YHWH e os filhos de Abraão um reinício, uma profunda reconfiguração – algo equivalente a uma consagração para o serviço sagrado –, que estabelece uma nova articulação de dependência e parceria, por absoluta condescendência divina e uma resoluta aquiescência da parte humana. Na instauração do pacto do Sinai, Israel torna-se algo novo para Deus, que também assume novo lugar – central – no horizonte existencial deste povo[629].

Não se trata, por certo, de uma relação simples e facilmente encontrável no universo das sociedades humanas e suas organizações comunitárias[630]. Antes, corresponde a algo realmente inédito, dosado de complexidade, admiração e estupor, como poucas realidades humanas além da autêntica experiência religiosa são capazes de evocar. Neste caso, o estremecimento causado pelo *tremendum et fascinans* molda uma identidade particular, que se equilibra sobre um *ethos* muito preciso. Israel apresenta-se como povo santo e sacerdotal: tão condicionado pela

---

627. SANTANA, L. F. R., Liturgia no Espírito, p. 46.

628. A partir de um "novo nascimento", representado pela "iniciação" ao conhecimento e domínio das forças sagradas ou "criação espiritual" (ELIADE, M., O sagrado e o profano, p. 161).

629. ROSSO, S., Un popolo di sacerdoti, p. 103.

630. BOUYER, L., El rito y el hombre, p. 109-111.

revelação do nome e da obra de seu Deus, e tão impregnado de obrigações "sacras", que "sua existência e a sua história serão, antes de tudo, um ato de culto[631]".

Não lhe basta, como os demais povos antigos, fazer girar ao redor de sua religião toda a vida social, cultural e política. Também não é suficiente que sua pirâmide societária seja encimada por um grupo especializado na gramática cultual – a casta sacerdotal. Entre os israelitas, tal casta, identificada com uma das doze tribos, será, tão somente, encarregada de visibilizar e manter viva a consciência sacerdotal, oficiando o culto público nacional. A distinção e a missão sacerdotal pertencem, porém, a toda a assembleia dos descendentes de Abraão, Isaac e Jacó. É o inteiro povo de Israel quem recebe o mandato de celebrar, de geração em geração, o memorial da libertação (Ex 13,24), assim como é tarefa comum de todo israelita manifestar, por uma vida justa e por um sentimento religioso sincero, a natureza santa de seu libertador[632].

O Novo Testamento mantém a noção compartilhada da identidade e da função sacerdotal em relação a todo o povo de Deus, partindo, porém, de um novo centro teológico: Cristo. Investido de todas as prerrogativas celestes e humanamente confirmado por uma obediência a toda prova, ele assume o "lugar" donde emana a condição sacerdotal dos fiéis batizados, seus membros vivos na Igreja, seu corpo.

Eis que, assim, vem estabelecido um paradigma inédito: na comunhão íntima e vital com Cristo, através dos laços criados pelo Espírito Santo, configura-se uma nova, atuante e definitiva "comunidade sacerdotal", cuja dignidade e ofício nada mais são que expressão e continuidade do seu "ser" e "agir" messiânicos[633]. Naquela relação entre "cabeça" e "corpo", tão bem evocada pelo Apóstolo para ilustrar o vínculo entre Cristo e sua Igreja (1Cor 12,12-27; Ef 4,15s, entre outros), explica-se também a natureza deste qualificativo sacerdotal da comunidade eclesial: é dirigido por Cristo, é unificado em Cristo, e é mantido pela comunhão com Cristo.

Com efeito, a consciência cristã entende que todo o sacerdócio da antiga aliança, tanto o que fora exercido pelos quadros do templo, para a visibilização do culto, quanto aquele mais vasto do povo de Deus, para o serviço e proclamação do nome divino entre as nações, convergem para Cristo, o ungido por excelência, em caráter pleno e irrepetível. Não que alguma espécie de linhagem sacerdotal ou qualquer tipo de inserção no serviço do templo tenham investido

---

631. ROSSO, S., Un popolo di sacerdoti, p. 105.
632. BOROBIO, D., Los ministerios en la comunidad, p. 135.
633. CASTELLANO, J., Liturgia e vida espiritual, p. 243.

Jesus de tal autoridade. Leigo, ele permaneceu em relativa distância de todo o mecanismo cúltico e ministerial oficial de seu tempo, cultivando uma relação simples, espontânea e direta com o Pai[634]. Em verdade, confirma-o no múnus salvífico-sacerdotal sua condição de profeta escatológico, responsável por instaurar a reunião universal na Jerusalém definitiva para um culto sumamente santo, que só pode ser oferecido com a substituição do templo atual por aquele que ele mesmo habita: seu corpo[635].

Sobre estas estruturas cristológicas e escatológicas equilibra-se, pois, o sacerdócio agora vigente: Cristo crucificado e exaltado age pelas mediações cúlticas e ministeriais de seu corpo, a Igreja, sem perder de vista as referências histórico-salvíficas do antigo Israel, mas na perspectiva da Nova Jerusalém. Realizando o que a profecia bíblica adverte em relação ao culto hebraico, tornando-o mais autêntico, o Filho insere todos homens e mulheres que o aceitam pela fé e pelo batismo no "hoje" de uma "relação filial com o Pai, na comunhão de uma nova convocação santa[636]", que se manifesta em assembleias de feitio universal, cuja adoração se faz "em espírito e verdade" (Jo 4,23) e cujo sacerdócio se exerce mais na misericórdia de que no sacrifício (Os 6,6; Mt 9,13). O desfecho de tudo, enfim, não será outro que uma "realeza de sacerdotes" (Ap 5,10), a participar da vitória do Cordeiro-sacerdote, que é quem preside a solene assembleia do louvor dos redimidos, para todo o sempre.

No quarto evangelho (Jo 17,9.17-19) e na Carta aos Hebreus (Hb 9,11-28) colhem-se, por certo, as melhores elaborações desta síntese cristológico-sacerdotal na aurora do cristianismo[637]. Será, no entanto, um trecho da Primeira Carta de Pedro aquele que mais evidencia o vínculo entre a Igreja e o sacerdócio eminente de Cristo (1Pd 2,4-10). Apesar de sua menor articulação textual interna e do suporte teológico um tanto incompleto de suas afirmações[638], encontra-se nesta

---

634. TABORDA, F., A Igreja e seus ministros, p. 37.

635. LOHFINK, G., Jesus de Nazaré, p. 326.

636. MARTÍN, J. L., No espírito e na verdade, p. 33.

637. O capítulo dezessete de João pressupõe uma concepção sacerdotal do "sim" de Jesus na medida em que evoca a entrega do "servo de YHWH" por aqueles que o Pai lhe deu. Com efeito, os sacerdotes do Antigo Testamento reconciliam o povo com Deus por meio de sacrifícios de expiação. O "servo" assume esta tarefa, mas outorga uma novidade absoluta aos cânones cultuais: entrega sua própria vida. A Carta aos Hebreus lê a entrega de vida e morte de Cristo como o sacrifício insuperável, porque pleno e perfeito. Ele é, portanto, o sacerdote definitivo, que reinicia, sobre novos pressupostos, a história da comunhão da humanidade com Deus (MALNATI, E., I ministeri nella Chiesa, p. 46-51; VARONE, F., Esse Deus que dizem amar o sofrimento, p. 146-153).

638. VAGAGGINI, C., O sentido teológico da liturgia, p. 148. O teólogo adverte sobre a estreiteza do conceito de sacerdócio aplicado aqui. É, somente, a "oferta de vítimas" o termo de determinação do sacerdócio.

passagem da Carta de Pedro um testemunho assaz claro sobre a consciência que as primeiras gerações cristãs tinham da índole sacerdotal de suas assembleias litúrgicas e, em estreita conexão com elas, de sua inteira vida. Diz o texto:

> Chegai-vos a ele, a pedra viva, rejeitada, é verdade, pelos homens, mas diante de Deus eleita e preciosa. Do mesmo modo, também vós, como pedras vivas, prestai-vos à construção de um edifício espiritual, para um sacerdócio santo, a fim de oferecerdes sacrifícios espirituais agradáveis a Deus por Jesus Cristo (...) Mas vós sois uma raça eleita, um sacerdócio real, uma nação santa, o povo de sua particular propriedade, a fim de que proclameis as excelências daquele que vos chamou das trevas para sua luz maravilhosa, vós que outrora não éreis povo, mas agora sois povo de Deus, que não tínheis alcançado misericórdia, mas agora alcançastes misericórdia[639].

A lógica perseguida pelo autor sagrado é bem simples: aqueles que acolheram o anúncio do Evangelho e foram, pelo batismo, "mortos e ressuscitados" com Cristo, para constituírem uma assembleia santa – a Igreja –, são os encarregados de perpetuar os efeitos da redenção na história, através de um culto espiritual[640]. Não se trata, decerto, de oferecer rituais mais ou menos elaborados, continuadores dos sacrifícios antigos, que se justifiquem em si mesmos ou segundo a mentalidade religiosa tradicional. Trata-se, antes, da assimilação de uma atitude sacerdotal vital e comunitária. Será esta atitude manifestamente martirial – quer dizer, de testemunho veraz e radical –, suscitada pela "obediência à verdade" (1Pd 1,22), que, no culto assembleal, virá celebrada em estreita conexão com a memória da vida, morte e ressurreição do Senhor, conjugando a realidade litúrgico-ritual com a existencial.

Antes, porém, de alcançar estas e outras preciosas conclusões, J. Castellano insiste sobre duas referências um tanto disparatadas quanto à origem bíblico-teológica, mas harmonizadas no texto em análise: a evocação do livro do Êxodo (Ex 19,5s), quando o autor neotestamentário faz menção a "sacerdócio real", "nação santa" e "povo de sua particular propriedade"; e o contexto batismal da Primeira Carta de Pedro, advindo da pregação apostólica[641]. Este dado indicaria que a Igreja apostólica se sente muito à vontade para "apropriar-se" das promessas e títulos

---

Outros textos trabalham aspectos mais amplos ligados ao ofício sacerdotal, como a função mediadora ou o caráter simbólico da pessoa e dos gestos sacerdotais.
639. 1Pd 2,5-6.9-10.
640. MALNATI, E., I ministeri nella Chiesa, p. 26.
641. CASTELLANO, J., Liturgia e vida espiritual, p. 244.

do antigo Israel, reinterpretando-os segundo sua experiência pascal e sua própria ótica sacerdotal[642].

Não há, podemos dizer, um intervalo vazio entre o paradigma sacerdotal hebraico e a assunção de uma identidade sacerdotal cristã. A ruptura e a retomada são quase automáticas, na fusão que o significado do mistério pascal de Cristo legou à Igreja. Para a consciência cristã, o salto deu-se assim: "de um não povo, Deus constituiu um povo com as prerrogativas do povo da antiga aliança[643]", mormente o sacerdócio comum da inteira comunidade.

A assembleia litúrgica dos cristãos será, portanto, a reunião da extensa família sacerdotal, estabelecida pelo batismo em todos os povos, línguas e culturas, que, reunindo-se para fazer a memória de Cristo, reconhecerá sua comunhão e sua ação entrelaçadas àquilo que escolheu e fez o Filho de Deus. Todo o exercício cotidiano de testemunhar o Evangelho, desde o serviço generoso aos mais pobres até o amor aos inimigos e perseguidores, decorre da celebração do mistério de Cristo, assim como se ordena igualmente para ele. É esta, afinal, a conexão estabelecida entre o ser-agir sacerdotal do inteiro povo de Deus e a oferta eucarística do Senhor, continuada pela Igreja na liturgia: conjuga analogia, derivação, participação e aplicação entre as duas ações[644]. Em certo sentido, elas se equivalem, evocam, alternam-se e complementam-se.

Esta reflexão inicial pareceu-nos necessária porque assim temos ocasião de colocar, com mais solidez, o princípio que estamos para apresentar. De fato, nesta seção pretendemos articular o "ser" da comunidade celebrante com duas de suas características mais importantes: a participação de todos os batizados ao que celebram e a ministerialidade assembleal. Entendemos que o sacerdócio comum dos fiéis é a instância constitutiva da realidade comunitário-celebrativa da Igreja que define, situa e inter-relaciona adequadamente estes dois elementos evocados. O "ser" sacerdotal de cada fiel, em relação direta e necessária com o sacerdócio compartilhado pela inteira assembleia, determina a natureza de sua participação, bem como habilita qualquer inserção ministerial que, eventualmente, a reunião litúrgica requeira dele. É diante desta perspectiva que nos situamos.

Cabe-nos, entretanto, assumir tal desafio expositivo e analítico munidos de sensibilidade mistagógica, visto que tentamos traduzir para a vivência e a espiritualidade cristãs o produto do discernimento teológico. Os Santos Padres são, em tal matéria, inspiração inevitável. Além da habilidade magisterial no que tange à

---

642. SANTANA, L. F., Liturgia no Espírito, p. 49.

643. TABORDA, F., A Igreja e seus ministros, p. 59.

644. VAGAGGINI, C., O sentido teológico da liturgia, p. 151.

mistagogia, a naturalidade com que apreciam o tema indica que possuíam uma consciência muito amadurecida da identidade sacerdotal da inteira assembleia eclesial, bem como suas expressões litúrgicas participativas e ministeriais. É o que encontramos, por exemplo, na Tradição de Hipólito de Roma, em trecho da oração para a ordenação do novo bispo:

> Pai, que conheceis os corações, dai a este vosso servo, por vós escolhido para o episcopado, a graça de apascentar o vosso rebanho santo, de exercer de modo irrepreensível diante de vós o sumo sacerdócio, servindo-vos noite e dia, de tornar continuamente propício o vosso rosto e de oferecer os dons da vossa Igreja santa. Concedei-lhe, pela força do Espírito do sumo sacerdócio, o poder de perdoar os pecados segundo o vosso mandato, de distribuir os ministérios conforme o vosso desígnio e de absolver de todo o vínculo segundo o poder que destes aos apóstolos[645].

Nas entrelinhas desta súplica consecratória integram-se serenamente a noção de um serviço ministerial sacerdotal específico, no grau próprio do bispo, chamado a pastorear uma porção do "rebanho santo", e a convicção daquela virtude sacerdotal que pervade toda a Igreja. Reunida em assembleia, é ela, de fato, quem "possui" os dons a serem oferecidos pelas mãos de seu epíscopo-presidente. A ordenação sacramental, que confere as graças e capacidades para o serviço apostólico, não desconhece ou sobrepõe-se à dignidade sacerdotal da inteira comunidade, mas, antes, encarrega o que foi ordenado de tutelar e gerir a graça confiada a todos os seus irmãos, para crescimento da Igreja[646]. Conforme diz o texto, cabe ao bispo "distribuir os ministérios", não os reter ou anexá-los exclusivamente a si.

Mais adiante, na mesma Tradição Apostólica, Hipólito confirma esta percepção distributiva dos ministérios na comunhão do único sacerdócio de todo o povo de Deus quando transcreve, na sua célebre prece eucarística[647], as orações de

---

645. HIPÓLITO DE ROMA, Tradição Apostólica, p. 229.

646. F. Taborda evoca o sentido de "economia" usado, especialmente, pelos Padres gregos para qualificar o ministério episcopal: "ser uma imitação do amor, condescendência, sabedoria e misericórdia de Deus. Não se trata de exceções à regra, mas de interpretar as regras de acordo com seu escopo, a construção da 'casa de Deus', a Igreja, de tal modo que a 'economia' pode se tornar parte da própria regra" (TABORDA, F., A Igreja e seus ministros, p. 214).

647. Fazer menção da Tradição Apostólica de Hipólito de Roma não significa, simplesmente, reportar-se a uma das fontes antigas da espiritualidade e da teologia cristã. Com a reforma litúrgica, a anáfora contida na Tradição Apostólica foi recuperada para o uso comum da Igreja latina (Oração Eucarística II), oferecendo-lhe, além deste vínculo com as comunidades antigas, valores como sua "formulação anamnética perfeita, sintética e exaustiva" e sua "consciência de uma Igreja toda ministerial, na qual a celebração litúrgica é o resultado de uma agregação de serviços diversos entre o povo inteiro" (TRAPANI, V., Memoriale di salvezza, p. 82-83).

epíclese: "Nós vos pedimos que envieis o vosso Espírito sobre a oblação da santa Igreja. Reunindo na unidade todos aqueles que participam nos vossos santos mistérios, dai-lhes a graça de serem repletos do Espírito Santo[648]".

Atenhamo-nos ao texto: a "oblação" é da Igreja que, sempre mais reunida pelo Espírito e repleta de sua presença, participa com adesão crescente dos santos mistérios. Sobre a oblação e sobre os que estão reunidos é invocado o Espírito, de modo que tanto as oferendas colocadas sobre o altar como a Igreja-assembleia se identifiquem como "lugares" da "descida" do mesmo Espírito. Durante a celebração eucarística temos, então, um corpo coeso, íntegro e oferente que, assim como o pão e o vinho, também se presta a ser tomado pelo Espírito e feito eucaristia. Isto até o ponto de, sempre mais unido e novamente "pneumatizado", por força desta insistente epíclese, "participar" de maneira plena – sacerdotal – ao que celebra.

Não é difícil perceber que a lógica destas invocações não é linear ou consequencial. Enlaçam-se, na verdade, enunciados e fatores que se confirmam, esclarecem e reforçam, retornando com frequência e circulando entre si mesmos: "Igreja" e "unidade", "oblação" e "santos mistérios", "reunir" e "participar", "enviar o Espírito" e "ser repletos do Espírito". A comunidade celebrante é, pois, sede de uma tão intensa, efervescente e envolvente atividade cúltico-sacerdotal que acabamos impedidos de pensar qualquer tipo de integração de um batizado à reunião cristã que não seja participativa e ministerial. Há um dinamismo teológico-mistérico tão poderoso acontecendo dentro dela que não é possível manter-se totalmente neutro e indiferente. Verdadeiras ondas de frequência e intensidade mística contínua como que submergem a assembleia na realidade absolutamente excepcional – salvífica – que se cria durante a ação litúrgica.

Embora já tenhamos tocado nos aspectos que determinam os rumos de nossa abordagem, ainda não exaurimos a capacidade teológica e mistagógica da Tradição Apostólica de Hipólito em relação aos temas que nos ocupam: a participação e a ministerialidade, articulados com o "ser" sacerdotal da comunidade litúrgica. A mais transparente demonstração de consciência sobre o caráter sacerdotal da inteira assembleia, bem como do exercício de tal sacerdócio durante a celebração litúrgica, acontece quando, na mesma anáfora, Hipólito põe nos lábios do presidente da assembleia eucarística a seguinte invocação: "Por isso, lembrando-nos da sua morte e da sua ressurreição, nós vos oferecemos este pão e este cálice e vos damos graças, porque nos julgastes dignos de estar de pé diante de vós e de vos servir como sacerdotes[649]".

---

648. HIPÓLITO DE ROMA, Tradição Apostólica, p. 230.
649. HIPÓLITO DE ROMA, Tradição Apostólica, p. 230.

"Nós vos oferecemos" e "vos damos graças" por "vos servir como sacerdotes": reza, pois, a inteira assembleia, voltada para o altar, enquanto faz memorial da Páscoa e oferece a si mesma juntamente com o ministro ordenado[650]. De fato, é assim: a assembleia diz, por quem a preside, seu mistério, seu ministério e sua missão. Seu mistério porque, reunida, de pé, na única oração, revela que é o povo "levantado" pela ressurreição do Senhor: sobre suas diferenças, fraquezas e incompatibilidades mortais triunfa a do amor vivificante de Deus. Seu ministério porque "lembrar-se", "oferecer" e "dar graças" é o serviço mais urgente e necessário que a assembleia pode prestar ao mundo que se esquece de Deus, mergulhado, como ainda está, no pecado-dispersão. E sua missão porque colocando-se em presença divina, no ofício sacerdotal que lhe corresponde, sinaliza à humanidade o desígnio salvífico de Deus para ela. Ao mesmo tempo, eleva ao Pai o mundo inteiro, mesmo aquelas parcelas que ainda não aderiram à assembleia, mas que o farão graças à força da palavra de Deus, o agir do Espírito e o testemunho perseverante dos fiéis reunidos.

Na prece eucarística que estamos analisando, portanto, o presidente da assembleia não faz qualquer espécie de concessão retórica ou assume uma concepção aproximativa de sacerdócio. Já advertimos que a Tradição Apostólica encerra uma dinâmica veloz e candente demais para se perder em figuras vazias. Aquele que faz as vezes do Cristo-cabeça – o ministro ordenado – aplica a designação "sacerdotes" para o conjunto da comunhão dos fiéis a que preside, identificando, com inspirada segurança, a função sacerdotal com o "oferecer", "dar graças", "estar de pé" diante do altar e "servir", tudo referido à primeira pessoa do plural – o "nós" eclesial[651].

Dois destes verbos merecem especial atenção, visto que, na anáfora de Hipólito, pela maneira como estão dispostos, compondo uma espécie de quiasmo que entrelaça todo o texto[652], atraem para si todo o significado da ação que se cumpre na liturgia. Os verbos são *adstare* e *ministrare* – "estar diante de" e "servir" –, em relação direta com o Pai, o destinatário do culto, que é evocado pelos pronomes *te* e *tibi* no centro do quiasmo. "Diz-se que a liturgia é estar na presença de Deus, mas não de modo estático; antes, de modo ativo e dinâmico, como mostra o verbo *ministrare*[653]". Da Tradição Apostólica, a assembleia litúrgica emerge como o povo

---

650. SC 48.
651. VALENZIANO, C., Liturgia e antropologia, p. 218.
652. TRAPPANI, V., Memoriale di salvezza, p. 82.
653. TRAPPANI, V., Memoriale di salvezza, p. 83.

de sacerdotes, em presença de Deus, no ato mesmo de servi-lo, em oferecimento e ação de graças.

Mais uma vez, portanto, diz-nos a anáfora que o povo sacerdotal, reunido em assembleia, nunca está inerte, nem alheio ou apartado daquilo que celebra. Apenas congregado, já realiza uma "obra" sacerdotal. Ao menos no nível do significado, não há conjugação possível entre o "fato" assembleia e o "acidente" apatia. O próprio movimento de convergência para a comunidade litúrgica, suscitado pela palavra de Deus e atuado – desde a atração do coração de cada fiel até a comunhão profunda da assembleia – pelo Espírito, já acena que algo de altíssima relevância salvífica toca a todos que se deixam envolver. Atraído por Cristo (Jo 12,32), um povo se ergue, encaminha-se para um mesmo lugar, entra na presença sagrada e serve, numa sinergia de capacidades, dons e funções, ao mistério de vida, morte e ressurreição que o salvou[654].

Formar assembleia e, assim, "estar diante de" Deus, em compartilhamento da mesma vocação e dos dons recebidos, para celebrar o *mysterium salutis*, é, pois, o cerne daquilo que se pode chamar participação litúrgica[655]. Tudo o que se fará – rito e preces – no desenvolvimento da celebração, decorre deste estado participativo fundamental criado pela reunião assembleal. O desafio pastoral da participação litúrgica, tão bem colocado pelo Movimento Litúrgico na aurora do século XX, diz muito mais respeito à evidenciação celebrativa desta verdade do que sua instauração, por força de metodologias e recursos estranhos à natureza da liturgia[656]. De fato, a abordagem requerida pelo mistério da assembleia supõe "um esforço, muitas vezes violento e sempre renovado, por manter-se no plano da fé[657]" – alerta A. Martmort.

Trata-se, sem dúvida, de acolher o dom da assembleia de maneira livre, consciente, responsável, sem tornar a liturgia ocasião para fazer outras coisas, iludindo-se, com isto, de participar[658].

---

654. G. Boselli chama a atenção para o fato de que a liturgia tenha conservado esta noção de "movimento" constituinte da assembleia quando indica que o presidente da assembleia eucarística deve entrar na igreja. Não lhe cabe ocupar o presbitério antes de todos e acolher os que chegam. Ele também é membro desta assembleia que se forma pelo gesto muito significativo do deslocamento, do caminho, da convergência para o mesmo lugar (BOSELLI, G., O sentido espiritual da liturgia, p. 102).

655. VALENZIANO, C., Liturgia e antropologia, p. 220.

656. O testemunho de um dos agentes do Movimento Litúrgico, B. Botte, já evocado nestas páginas em outras circunstâncias, ressalta que "impedir as pessoas de se aborrecerem ou fugirem não era a finalidade suprema do movimento" (BOTTE, B., O movimento litúrgico, p. 23). Completa: "A revalorização da liturgia não era uma questão de tática pastoral, mas de verdade teológica" (BOTTE, B., O movimento litúrgico, p. 36).

657. PADRÓS, J. G., La asamblea litúrgica en la obra de Aimé Georges Martimort, p. 209.

658. GRILLO, A.; VALENZIANO, C., L'uomo della liturgia, p. 66.

Afastada a via do ativismo, o povo sacerdotal precisa saber e exprimir sua condição participativa, e não somente pela eficaz exposição de temas catequéticos ou pela aquisição de uma esmerada formação teológica – recursos imprescindíveis, por certo, em seu tempo e lugar –, mas por uma adesão à celebração litúrgica que corresponda à dignidade e às capacidades que lhe foram conferidas pela iniciação à vida cristã[659]. A própria liturgia precisa ser a medida da participação, e não mero campo de ensaios aplicativos ou experimentos metodológicos alternativos. Há uma "arte" do celebrar – *ars celebrandi* –, que corresponde não somente àquilo que os ministros encarregados de presidir e seus auxiliares diretos realizam, mas a todo o povo de Deus reunido.

Esta "arte da celebração é a melhor condição para a participação ativa[660]". Quanto mais a "partitura" da liturgia for conhecida e assumida[661], mais bela será a canção que a assembleia, regida pelo presidente, irá entoar. Quanto mais a comunhão dos fiéis for envolvida na construção da celebração, como um acontecimento que se dá "nela" e não "para ela", mais a presente obra litúrgica se aproximará da "obra-prima" que é a liturgia celeste.

Dizia-se ainda que, integrado a esta condição participativa original do povo de Deus, há um *ministrare*, isto é, um ofício sacerdotal a ser exercido, ante a presença sagrada, pelo conjunto da assembleia. Corresponde ao serviço da reunião, da ação de graças, da proclamação das *mirabilia Dei*, da santificação e da mediação cúltica que, conforme já registramos, não se limita ao cumprimento de formalidades religiosas vazias de conteúdo vital. Tal obra consiste, antes, numa tarefa sobremaneira exigente e comprometedora, sobre a qual se joga a verdade do relacionamento com Deus[662]. É um "oferecimento do sacrifício", gesto que também caracteriza e define, em geral, o sacerdócio[663]. No caso da assembleia sacerdotal, faz-se o oferecimento do sacrifício comum da Igreja, quer dizer, o compartilhamento que esta, em cada um de seus membros e como "corpo", realiza com Cristo em sua entrega pascal.

---

659. Torna-se necessário buscar um equilíbrio entre as perspectivas antropológica e teológica na questão da participação litúrgica. A participação não pode ser considerada somente uma habilidade humana diante do que se celebra – a apreensão racional de conteúdos, simbologias, interpretações, por exemplo –, assim como não pode ser tida por imersão automática e imediata num ambiente de ativação da identidade cristã já assumida no batismo. As duas dimensões precisam se ajustar e complementar mutuamente, para que acentuações indevidas não desnaturem a reta compreensão de participação litúrgica (GRILLO, A., Partecipazione attiva e 'questione liturgica' nel rapporto tra riforma della liturgia e iniziazione mediante la liturgia, p. 261).

660. BENTO XVI, Sacramentum caritatis, p. 60.

661. CENTRO NACIONAL DE PASTORAL LITÚRGICA, A arte de celebrar, p. 21.

662. VAGAGGINI, C., O sentido teológico da liturgia, p. 149.

663. PALOMBELLA, M., Actuosa participatio, p. 152.

Neste sentido, considerando que "sacrifício" denota, em profundidade, colocar à disposição de Deus a vida, e admitindo que culto perfeito é o que se celebra na retidão das intenções e na verdade das atitudes, chega-se à conclusão de que o ministério a ser exercido pela assembleia sacerdotal é o da entrega total e autêntica, através do exercício coerente da fé, da comunhão realizada na comunidade eclesial e da voluntária disposição das habilidades, dons e carismas com que o Senhor dotou a Igreja em seus membros, para o serviço de Deus e de todos. O sacerdócio da inteira comunidade vem, então, manifesto e atuado, em seus desdobramentos sacramentais e rituais, por uma efetiva comunhão, uma intensa participação assembleal[664] e uma sadia e consciente colaboração, efetivada por dons, serviços e ministérios, à máxima e abrangente ministerialidade assembleal: "revelar ao mundo, com fidelidade, (...) o mistério de Cristo, até que no fim dos tempos ele se manifeste na plenitude de sua luz[665]".

A este ponto vale dizer que, sem dúvida, a ministerialidade fundamental da Igreja transcende o âmbito da liturgia, manifestando-se nas circunstâncias mais diversas do itinerário existencial da comunidade cristã. Quer dizer, o povo sacerdotal serve ao seu Deus na liturgia, mas não exclusivamente. Conforme já acentuamos acima, há um serviço a ser cumprido nas situações mais ordinárias da vida, ou mesmo em circunstâncias excepcionais fora do contexto litúrgico e a partir dele. Mas, na celebração dos mistérios da fé, o *ministrare* encomendado à Igreja reveste-se de uma identidade toda particular[666]. Ele é imediatamente fecundado por aquilo que se celebra, de maneira que o mistério da salvação em Cristo, com sua unidade, verdade e beleza, assuma, pela graça anunciada e recebida nos sinais sacramentais, todas as expressões que o serviço eclesial precisa assumir[667].

Ora, a partir deste "chão" simbólico – o "chão do Cenáculo", onde Jesus, na celebração da última ceia, colocou-se para lavar os pés, em sinal de humildade e serviço, e imagem do lugar onde a Igreja, com Cristo, é chamada a postar-se para o serviço do mundo – torna-se possível contemplar e discernir todas as modalidades com que a ministerialidade eclesial se reveste, aqui destacados, especialmente, os ministérios exercidos na celebração litúrgica, nosso campo investigativo.

Esplendor e exuberância do Espírito, esta diversidade ministerial não contradiz a noção do único sacerdócio compartilhado pela assembleia cristã. Mais adequado é dizer que a reforça e manifesta em riqueza de possibilidades. Que

---

664. MALNATI, E., I ministeri nella Chiesa, p. 216.

665. LG 8.

666. VAGAGGINI, C., O sentido teológico da liturgia, p. 151.

667. CORBON, J., A fonte da liturgia, p. 191.

algum membro da assembleia assuma o encargo de presidir, em nome de Cristo-cabeça, ou que alguns outros membros assumam tarefas diversas, para enriquecimento de toda a ação litúrgica – a proclamação dos textos da Escritura, o empenho pela música e pelo canto ou a assistência ao altar, por exemplo –, não invalida uma forte compreensão unitária do agir sacerdotal que compete à inteira comunidade[668]. A liturgia é capaz de tornar visível esta dialética que integra, no movimento celebrativo, o individual e o comunitário, sem prejuízo para a vivência de nenhuma das duas dimensões.

Cipriano de Cartago mantém-se nesta mesma linha da integração sacerdotal de todos os batizados durante a ação litúrgica, ao iniciar um argumento de sua exposição sobre a oração dominical com a seguinte exortação: "quando nos reunimos como irmãos e celebramos o sacrifício divino com o sacerdote de Deus, devemos proceder com respeito e ordem[669]". A celebração do "sacrifício divino" se dá, segundo o bispo de Cartago, nesta interpenetração entre o ministério do "sacerdote de Deus" e o serviço dos "irmãos reunidos". Não que ambos se confundam, desnaturem suas competências ou formem uma espécie de massa humana ocasional; na verdade, alinham-se – "com respeito e ordem" – na mesma e única finalidade, que é congregar a Igreja em Cristo para o louvor do Pai, no Espírito[670].

A ministerialidade com que o povo sacerdotal é investido não é, portanto, anarquia ou apropriação pessoal das funções e serviços, como se estes pudessem ser exercidos arbitrariamente, de maneira personalista ou sectária. Não é, ainda, a distribuição aleatória das tarefas celebrativas, para entreter, de forma ativista, um número maior de pessoas, libertando-as do tédio e da passividade. É, antes, a delegação de responsabilidades com inteligência espiritual e sensibilidade celebrativa, de modo que, ao serem exercidas zelosa e competentemente, realcem a

---

668. LAMERI, A., Ruoli laicali nel Benedizionale, p. 294.

669. CIPRIANO, A oração dominical, p. 278.

670. Não podemos nos omitir quanto às tensões que, historicamente, se instalaram no cerne desta relação entre o sacerdócio ministerial, reservado ao clero, e o sacerdócio dos fiéis, nem sempre valorizado como parte integrante do exercício do culto cristão. De nossa parte, parece-nos suficiente indicar a linha seguida pelos documentos do Concílio Vaticano II, sem descer a muitas filigranas ou às constatações sobre eventuais dificuldades ainda vigentes na vivência de relação tão fundamental para a própria comunhão eclesial. O parágrafo décimo da *Lumen Gentium* fala em "modos diversos de participação no único sacerdócio de Cristo". Um destes modos corresponde, sem dúvida, ao tornar visível a "cabeça do corpo", isto é, seu princípio santificador e orientador: Cristo. Outro modo corresponde ao integrar o corpo vivo de Cristo, essencialmente associado à sua ação cultual na Igreja para glorificar o Pai. É o caso da ampla assembleia dos fiéis. A vocação-missão do ministro ordenado é, portanto, o exercício do pastoreio do Senhor na união, organização e presidência do povo sacerdotal, enquanto o sacerdócio de todos os fiéis é o cultivo da união com o corpo eclesial e do testemunho da vida cristã. Não há motivos para concorrência ou estranhamentos mútuos: sem substituírem-se, mas, ao contrário, complementando-se (PO 2), eles exprimem a face sacerdotal de Cristo em seu povo, na riqueza e integração de suas diferenças.

ministerialidade maior e muito mais complexa da inteira assembleia. A má gestão da atividade ministerial no interior da reunião litúrgica cobre de sombras e atravessa de distorções a compreensão que a comunidade celebrante terá de si mesma.

A constituição *Sacrosanctum Concilium*, em tom disciplinar e exortativo, não deixa dúvidas quanto a este conteúdo: "Nas celebrações litúrgicas, seja quem for, ministro ou fiel, exercendo o seu ofício, faça tudo e somente aquilo que pela natureza da coisa ou pelas normas litúrgicas lhe compete[671]". A ministerialidade é sinal eloquente da pujança criativa do Espírito na comunhão da Igreja, mas qualquer descompasso na compreensão e na vivência da organicidade que devem produzir os diversos ministérios já significa uma deformação do sinal eclesial. Cada ministério litúrgico, sem abrir mão de suas especificidades – de *per si* enriquecedoras ao todo – é chamado à integração dinâmica que se dá na convivência celebrativa e no diálogo espiritualmente qualificado que a assembleia é capaz de criar[672].

Ora, é sobre este paradigma que se ergue a noção de participação e de ministerialidade na assembleia litúrgica que pretendemos aqui apresentar. O sacerdócio do inteiro povo de Deus habilita cada membro da assembleia, mediante o caráter batismal e crismal, para que faça, como parte do corpo e nunca fora de tal comunhão, a oferta de si mesmo, unido ao único sacrifício do Gólgota, "participando assim do sacrifício e do sacerdócio de Cristo, cabeça da humanidade[673]". Tão logo congregado aos seus irmãos, compondo assembleia, já pisa um "campo participativo" absolutamente original, sobre o qual se manter neutro ou alheio não deixa de ser incongruente. Pode até acontecer que sua consciência não acompanhe o fato estabelecido pela realidade litúrgica que o envolve, mas que a participação já se dá, em algum nível, é algo que a teologia da assembleia o garante.

No que se refere à ministerialidade, acrescente-se ainda que ser parte de uma comunidade sacerdotal insere o batizado num vivo compartilhamento de serviços e tarefas, radicado na própria identidade da comunidade cristã. O "circuito" é, portanto, ainda mais energizado. A essencial ministerialidade da Igreja precisa dos diversos ministérios que, devidamente integrados, espelham e atuam hoje o ministério pleno, perfeito e completo de Cristo: "Ele, num sentido próprio, faz da assembleia um povo real, sacerdotal e profético; um povo chamado a traduzir na sua diversidade a novidade integradora de conformar-se ao Filho no [mesmo] Espírito[674]".

---

671. SC 28.

672. BOROBIO, D., Los ministerios en la comunidad, p. 97.

673. PALOMBELLA, M., Actuosa participatio, p. 153.

674. MILITELLO, C., Presenza ed azione dello Spirito Santo nell'assemblea celebrante, p. 140.

Para concluir, resta-nos dizer que a via para superar os problemas pastorais e de expressividade do sinal litúrgico que se interpolaram entre o sentido e a prática da participação e da ministerialidade no interior das assembleias reais é, ao nosso parecer, uma só: a celebração. Quanto mais a comunidade litúrgica mergulhar na gramática celebrativa e na narrativa místico-simbólica que atravessa cada ação cultual da Igreja, mais claras serão suas ideias, mais sólida sua consciência identitária e mais naturais os desdobramentos participativos e ministeriais no interior de suas reuniões. A liturgia possui uma capacidade ímpar para engendrar, entre os fiéis que se acercam de sua fonte, a configuração justa e equilibrada de suas categorias e recursos.

A partir do momento que se colocar em ação aquilo que a reforma do Concílio Vaticano II estabeleceu como um dos fundamentos da vida litúrgica da Igreja, a saber, a centralidade do ato celebrativo, haverá de se entender que a dificuldade em traduzir o aspecto invisível, quer dizer, o significado, nas liturgias que realizamos, não é dos ritos, gestos e palavras da celebração. É nossa e das assembleias que, assim, constituímos[675]. Se tomados adequadamente, na sua originalidade simbólica e com o espírito de fé que nos abrem à sua interpretação, estes elementos celebrativos serão capazes de nos conduzir para o interior de uma realidade particular que se chama "celebração". Ali, participar e servir não serão os complementos a um estado neutro de quem se faz, apenas, presente a uma assembleia litúrgica. Serão, em conjunto, a forma única e legítima de viver aquilo que a celebração assembleal é em profundidade.

3.3. A reunião cristã a serviço da paz em perspectiva ecumênica, missionária e solidária: interpelações de um mundo desintegrado

> A humanidade vive, neste momento, uma viragem histórica, que podemos constatar nos progressos que se verificam em vários campos. São louváveis os sucessos que contribuem para o bem-estar das pessoas, por exemplo, no âmbito da educação e da comunicação. Todavia, não podemos esquecer que a maior parte dos homens e mulheres do nosso tempo vive o seu dia precariamente, com funestas consequências. Aumentam algumas doenças. O medo e o desespero apoderam-se do coração de inúmeras pessoas, mesmo nos chamados países ricos. A alegria de viver frequentemente se desvanece; crescem a falta de respeito e a violência, a desigualdade social torna-se cada vez mais patente. É preciso lutar para

---

675. CENTRO NACIONAL DE PASTORAL LITÚRGICA, A arte de celebrar, p. 25.

viver, e muitas vezes, viver com pouca dignidade. Esta mudança de época foi causada pelos enormes saltos qualitativos, quantitativos, velozes e acumulados que se verificam no progresso científico, nas inovações tecnológicas e nas suas rápidas aplicações em diversos âmbitos da natureza e da vida. Estamos na era do conhecimento e da informação, fonte de novas formas de um poder muitas vezes anônimo[676].

O diagnóstico acima, apresentado apenas em suas batidas iniciais e mais genéricas, é, além de muito recente, parte de um documento do magistério eclesial. Com a assinatura do Papa Francisco, homem de visão serena e realista, aceito quase universalmente por suas atitudes e pronunciamentos de qualidades humanas inquestionáveis, tais palavras exprimem uma leitura da realidade digna de nota, e não somente por questões de fé ou obediência religiosa. Com rara franqueza e equilíbrio, elas traduzem muito das inquietações que, de maneira geral, sacodem as consciências mais atentas e sensíveis[677].

E nem seria necessária muita investigação ou elaboração para se chegar às conclusões que o papa apresenta, sinteticamente, no parágrafo acima. Há um paradoxo pulsante no mundo atual, que se manifesta sem pudor: aumentam as conquistas nas áreas técnica, tecnológica, comunicativa e médica, mas, longe de diminuírem ou desaparecerem, as distâncias entre os seres humanos e a carência de recursos para diminuir a dor, a pobreza e a infelicidade de populações inteiras crescem[678]. As transações do mercado financeiro alcançam lucros de cifras astronômicas, mesmo sobre as economias desprotegidas dos países mais pobres, mas as necessidades fundamentais de boa parte dos seres humanos vivos, que custam somas muito menos expressivas, são negligenciadas. Neste cenário, a paz, obra da justiça e do amor, como declara o Concílio Vaticano II[679], aparece como mera utopia, que enfeita discursos, mas não encontra meios objetivos de realização.

No universo das relações humanas, "o individualismo pós-moderno e globalizado favorece um estilo de vida que debilita o desenvolvimento e a estabilidade

---

676. EG 52.

677. É também verdade que sobretudo o capítulo de onde extraímos a citação recebeu críticas na ocasião de sua publicação. Alguns jornalistas e estudiosos de economia acusaram o documento de manter uma visão obsoleta e ingênua da realidade, de corte socialista e comunista, principalmente pela denúncia que faz do domínio absoluto do mercado sobre as pessoas (AMADO, J. P., Evangelii Gaudium, p. 28).

678. O sociólogo polonês Z. Bauman adverte, inclusive, para um total esfriamento da própria contestação a este estado de coisas, com o desaparecimento do engajamento ou do compromisso, com as questões públicas, pois elas poriam em risco a liberdade absoluta "adorada" pela cultura contemporânea (BAUMAN, Z., Modernidade líquida, p. 49)

679. GS 78.

dos vínculos entre as pessoas e distorce os vínculos familiares[680]". Fala-se, inclusive, de um "ideal" emocional absolutamente individual: a felicidade se experimentaria através de sensações personalizadas, intransferíveis, tão provisórias quanto diversificadas[681]. Apregoa-se que os vínculos interpessoais e as responsabilidades sociais impedem o livre fluir dessas emoções. Devem, por isso, ser evitados ou, pelo menos, relativizados. A família e a comunidade local, quer dizer, o círculo mais restrito de pessoas que nutrem uma convivência estável e profunda, lugar essencial para o desenvolvimento da vida humana, cedem espaço a um vazio afetivo, só supostamente preenchido pelas relações instantâneas, sem envolvimento significativo, buscadas através dos meios virtuais de comunicação.

Posicionando-se diante de tamanha complexidade, as palavras do Papa Francisco fazem parte de um capítulo intitulado "Na crise do compromisso comunitário". Provavelmente, é a unidade mais importante de todo o documento pontifício, que se empenha em fazer discernimento, com os fiéis cristãos, sobre que aspectos desta realidade apresentada são os apelos mais urgentes para a renovação das instituições eclesiais e o incremento das tarefas da evangelização[682]. De fato, o Papa Francisco reconhece que muitos destes dinamismos excludentes e desagregadores em ação na sociedade hodierna têm condicionado o próprio espírito eclesial, retardando ou enfraquecendo a mobilização evangelizadora dos cristãos. Recuperar a alegria, o ardor, a autenticidade cristã, os relacionamentos fraternos e, enfim, a comunidade, passam a ser, para a Igreja, necessidade urgente, com implicações imediatas em sua tarefa missionária e solidária.

À liturgia encomenda-se, neste contexto, o empenho de comunicar, com sua capacidade evangelizadora intrínseca[683], a verdade do Evangelho. Será a homilia[684], mas também toda a realidade celebrativa que a abrange, o ponto de contato entre a Igreja atenta e solidária, que celebra a salvação em Cristo, e a situação desintegrada e desequilibrada que o mundo experimenta. Como âmbito especializado para se celebrar o diálogo entre Deus e o homem[685], a liturgia mantém a história da salvação atual e acessível à humanidade ainda tão dispersa e infeliz.

Já reconhecemos, em outros momentos deste trabalho, que tal estado de desarmonia e desencontro nada mais é que a consequência "sistêmica" do pecado,

---

680. EG 67.
681. LACROIX, M., O culto da emoção, p. 38.
682. AMADO, J. P., Evangelii Gaudium, p. 31.
683. ARCAS, J. J. F., La Iglesia evangeliza por medio de la liturgia, p. 368.
684. EG 135.
685. SANTANA, L. F. R., A homilia à luz da Evangelii Gaudium, p. 126.

que atravessa o plano de Deus com uma visão egoísta de autorrealização e lança a humanidade no vazio de Deus, de comunhão e de paz. Dizemos "sistêmica" porque esta ruptura pecaminosa infiltra-se em todo tipo de relação humana, constituindo uma verdadeira rede. A liturgia, como acontecimento radicalmente coletivo, de máximo alcance salvífico, possui uma importância ímpar no processo de reordenamento das prioridades e valores humanos, em vista da redenção. Ela constitui uma rede oposta, a comunidade em assembleia, que liga cada indivíduo e cada núcleo de fiéis reunidos para a celebração dos mistérios cristãos à Igreja una, santa, católica e apostólica, comunhão dos que aderem ao projeto divino da salvação[686].

Se, como afirma o Papa Francisco, a "crise do compromisso comunitário" é uma das "ondas" mais determinantes da ameaça cultural que nos ronda, a assembleia litúrgica, especificamente, ao conjugar teologia e fenomenologia comunitária num evento multirrelacional e em permanente construção, merece ser, novamente, considerada, discernida e assumida pelos cristãos. Assumida, porém, não como o compromisso rotineiro, opaco e pouco convicto com que ainda nos deparamos, facilmente, em muitos lugares de reunião litúrgica. Antes, a assembleia precisa ser tomada como o acontecimento primordial da vida e da profissão da fé cristã[687], capaz de realizar historicamente a natureza específica da Igreja: ser sacramento da comunhão salvífica.

A reunião cultual, com efeito, da maneira como foi reapresentada pelo Movimento Litúrgico e pelo Concílio Vaticano II, é muito mais que o sinal demonstrativo da condição comunitária da Igreja. Não se resume, simplesmente, a ser "vitrine" onde a comunidade eclesial se exibe para um mundo curioso e não cristão, despertando, quiçá, um interesse superficial, apenas informativo. Ela é a oportunidade celebrativa de estabelecer e aperfeiçoar suas relações horizontais e verticais, antecipando um mundo renovado pelo Evangelho e pela ação do Espírito, até o ponto de contagiar o mundo com sua índole comunional. É ela o *locus* de uma renovada síntese da diversidade do corpo de Cristo e rememoração permanente de sua vocação à comunhão e à missão em comunidade, iniciando, na humanidade, a concretização de relações novas, que se ordenam às tarefas humanas mais legítimas e comuns. O artigo trinta e três da *Lumen Gentium* evoca esta realidade, ao tratar da missão dos leigos na Igreja:

---

686. BARSOTTI, D., Il mistero della Chiesa nella liturgia, p. 164.

687. Sem exagero, é esta a função que a assembleia dominical assumiu no cristianismo dos tempos "áureos", quer dizer, nos primeiríssimos séculos. A reunião no primeiro dia da semana, sem que outra coisa fosse mais "cristã" que o estar juntos, em fraternidade e ação de graças, no domingo, garantiu identidade e afirmação ao que era considerado, simplesmente, uma ramificação do judaísmo. A ressurreição, coração da fé cristã, tem este imediato desdobramento: dá início a um tempo novo, cujo coração é o domingo, a reunião e a eucaristia (CARDOSO, I. M. A., Domingo, p. 69).

> Os leigos, congregados no povo de Deus e constituídos no único corpo de Cristo sob uma só cabeça, quaisquer que sejam, são chamados, como membros vivos, a contribuir com todas as suas forças, recebidas da bondade do Criador e da graça do Redentor, para o incremento da Igreja e sua santificação perene. (...) Pesa ainda sobre todos os leigos o encargo glorioso de trabalhar para que o plano divino da salvação atinja cada vez mais todos os homens, em quaisquer tempos e lugares[688].

Ao que a Constituição *Gaudium et Spes* complementa:

> Promover a unidade é, efetivamente, algo que se harmoniza com a missão essencial da Igreja, pois ela é, "em Cristo, como que o sacramento ou sinal e o instrumento da íntima união com Deus e da unidade do gênero humano. Ela própria manifesta assim ao mundo que a verdadeira união social externa flui da união dos espíritos e corações, daquela fé e caridade em que indissoluvelmente se funda, no Espírito Santo, a sua própria unidade. Porque a energia que a Igreja pode insuflar à sociedade atual consiste nessa fé e caridade efetivamente vivida e não em qualquer domínio externo atuado com meios puramente humanos[689].

Em matéria explicitamente litúrgica, precisamos recorrer à *Sacrosanctum Concilium* que, referindo-se à participação dos fiéis, não deixa de apontar a missão que daí decorre:

> Por isso, a Igreja procura, solícita e cuidadosa, que os cristãos não assistam a este mistério de fé como estranhos ou espectadores mudos, mas participem da ação sagrada, consciente, piedosa e ativamente (...), que dia após dia, por meio de Cristo mediador, progridam na união com Deus e entre si, para que finalmente Deus seja tudo em todos[690].

Fala-se de fé e caridade que fundam a unidade da Igreja, de modo que o concurso humano esteja em harmoniosa dependência do agir divino, como acolhida e adesão. Estas são realidades vividas muito concretamente na participação da liturgia, a celebração comunitária dos mistérios salvíficos. Em que outro momento, de fato, a iniciativa de Deus, desdobrada historicamente em palavras e gestos misericordiosos, criando comunhão entre os seres humanos, é tão acentuada, proclamada, professada, rememorada e invocada como na liturgia? Em que outra circunstância

---

688. LG 33.
689. GS 42.
690. SC 48.

a aproximação entre a fé e a caridade, sustentando a comunhão da Igreja, vem tão evidenciada como na celebração eucarística, quando a assembleia litúrgica realiza a Igreja ao redor do ato supremo da caridade de Cristo[691]? Responde-nos A. Martmort:

> Ela [a celebração eucarística] é sinal eficaz da realidade ao mesmo tempo divina e humana da Igreja: indivíduos diferentes, separados e opondo-se por toda sorte de germes de divisão (...) mas lavados no banho redentor e transportados para o reino que foi inaugurado pela ressurreição do Senhor[692].

É, portanto, a assembleia litúrgica a encarnação, a atuação e a síntese da resposta que a Igreja pode oferecer à dispersão entristecedora, causa da violência e das desigualdades sempre maiores que acometem o mundo atual, como o Papa Francisco bem o descreve. Ela representa a resposta "personalizada" da Igreja, ou uma proposta "testemunhal", quer dizer, algo que eclode de sua dinâmica mais interna e fontal. Ao mundo desintegrado e ferido, a Igreja não oferece, descomprometidamente, uma receita muito bem-elaborada, mas da qual desconhece os efeitos, os custos e os riscos. Ela não se restringe a emanar, do cume de suas cátedras ou da proteção de seus gabinetes administrativos, a descrição de uma solução infalível, mas não experimentada. Oferece a si mesma, em sua realização assembleal e cúltica, isto é, sem omitir sua busca, às vezes dramática e arrastada, por conversão e coerência.

Na lógica da *Evangelii Gaudium* há, pois, que se voltar ao coração do Evangelho e às experiências mais genuínas que ele provocou na humanidade para que a cultura e a sociedade contemporâneas enxerguem, na Igreja, o êxito humano que a fé é capaz de comunicar[693]. Não é, portanto, sem autocrítica e atitude de conversão que a comunidade celebrante se apresenta para o serviço do mundo. Mas, consciente do mistério de que é portadora, apesar das incoerências em que ainda incorre, e empenhando-se por corresponder sempre melhor ao seu ideal bíblico, teológico e escatológico, a Igreja pode exercer a função sacramental que lhe cabe: anunciar e realizar, como primícias, em suas assembleias, a comunhão do gênero humano.

Em perspectiva semelhante, o Apocalipse joanino apresenta uma metáfora bastante inspiradora, relacionando "Babilônia" e "Jerusalém" com duas formas di-

---

691. SOUSA, R. M. G., A Igreja é corpo de Cristo, p. 54. A interpenetração de sinais – único pão e único corpo comunitário – faz da eucaristia, segundo o autor, momento da mais alta unidade, "orgânica" no seu dizer, marcando decisivamente a comunidade reunida.

692. MARTMORT, A. G., A Igreja em oração, p. 213.

693. PASSOS, J. D., Os grandes temas do pontificado do Papa Francisco, p. 24.

ferentes de se realizar a convivência com Deus e entre os homens. Babilônia, lugar do exílio e imagem do Império Romano opressor, é a cidade dissoluta e corrompida, que adota a dispersão, a dominação e a violência como mola propulsora de sua implantação e crescimento. Ainda mais: encontra nos expedientes desagregadores causa de grande excitação, a ponto de viver perenemente um êxtase torpe, uma consciência alterada e um estado bestial de injustiça e indiferença (Ap 17,6). Babilônia, no Apocalipse, representa o mundo assenhorado por um instinto predador e uma ambição desmesurados, comparáveis ao apetite de um monstro terrível (Ap 13,1-3). Nenhum limite filosófico, ético, político, legal ou religioso é capaz de deter sua voracidade, criando, em consequência, sulcos e barreiras divisórias e desvios na estrada que deveria conduzir para a justiça e a paz.

O aspecto mais ameaçador de Babilônia é, contudo, seu poder de sedução. Desde reis até os mais simples habitantes da terra, muitos terminam por se deixar envolver pelos "encantos" da cidade perversa (Ap 17,1). Optam, deste modo, pelos critérios mesquinhos e dissimulados que regem a vida babilônica, portadores de certo prazer instantâneo, mas intencionalmente silentes quanto à verdade de que conduzem a tudo e a todos para a ruína completa. Atitude tão covarde e corrompida (Ap 21,8), isto é, de deliberado compartilhamento com a iniquidade de Babilônia, é dita "abominável" pelo texto grego original[694], pois indica adesão ao "sistema terrestre" implantado pelo mal "insidioso e fascinante que é o consumismo da cidade secular (Babilônia)[695]".

O livro do Apocalipse, por sua parte, insta os cristãos a não se deixarem seduzir, conquistar e, assim, conduzir para a destruição. "João de Patmos não cessa de censurar a seus ouvintes uma 'instalação' na sociedade da época[696]". Os fiéis são encorajados a resistir e mostrar aos outros homens e mulheres um caminho que conduz à nova cidade: Jerusalém. Ou, mais precisamente, em suas assembleias litúrgicas, cultivar a esperança pela manifestação plena do verdadeiro Israel, a cidade escatológica de Deus. Esta, graças ao empenho dos cristãos pela unidade eclesial e no testemunho evangélico-comunitário, já se faz presente no mundo, sob forma de sinal, como "sociedade de contraste"[697].

Ora, a "cidade de Deus", construída ao redor do Cordeiro (Ap 22,3), reúne os que têm o nome do Senhor escrito na fronte, um sinal que indica resistência a

---

694. VANNI, U., L'Apocalisse, p. 273.

695. VANNI, U., L'Apocalisse, p. 179.

696. CUVILLIER, E., O Apocalipse de João, p. 505.

697. LOHFINK, G., A Igreja que Jesus queria, p. 105.

dobrar-se ante os ídolos de Babilônia, mesmo arriscando a própria vida[698]. Ela é a cidade real, habitada por aqueles que prestam culto ao grande e verdadeiro rei e participam de seu sacerdócio régio (Ap 20,5), porque, no combate, conservam-se justos e fiéis. Celebram, agora, como convidados – "convocados" –, a assembleia-banquete das núpcias do Cordeiro (Ap 19,9), realizando antecipadamente o que as profecias antigas diziam sobre Jerusalém e o seu templo[699].

U. Vanni acentua que, das imagens cheias de cores e movimento do Apocalipse, Jerusalém emerge como uma realidade simbólica unitária, mas capaz de concentrar aspectos diversos, e até certo ponto divergentes: é a cidade pisoteada pelos inimigos, onde o mal inevitavelmente coexiste com a santidade do lugar; é a cidade perfeita, estabelecida do alto esmagando as insídias do mal, de modo que nenhuma negatividade é mais suportada em seu meio; é, também, a "noiva" que se transforma em "esposa", seguindo a metáfora bíblica tradicional que fala de amor matrimonial entre Deus e seu povo; e é, enfim, a comunidade urbana na qual se vive o calor das relações humanas, sob o signo comum da fé e da perseverança, mesmo entre perseguições[700]. Jerusalém representa, deste modo, a própria Igreja em sua complexidade humana e teológica, com tudo de Céu, mas, também, com tudo de cidade terrena que ainda possui.

Na linha do que estamos desenvolvendo aqui, não é difícil identificar Babilônia com a metrópole terrena e paradoxal que habitamos, interligada por todos os meios modernos de comunicação, informação e controle, mas, ao mesmo tempo, assolada de toda sorte de divisão, dispersão e injustiça. Nesta cidade, toda diferença parece causa de afastamento e estranhamento: ali "convivem variadas formas culturais, mas exercem muitas vezes práticas de segregação e violência[701]". Em suas periferias – não somente geográficas, mas também existenciais – a prevalência de um contexto desumano, marcado por conflitos e carência, torna sempre mais improvável a vida em comunhão.

Não obstante, e até contraditoriamente, há algo de muito sedutor e atraente no estilo de vida que se difunde a partir de Babilônia. Sob forma de mundanismo[702], quer dizer, uma mentalidade e uma atitude de acomodação leviana e dissimulada, às vezes até religiosamente justificada, tudo é penetra-

---

698. É a "ética do martírio" que atravessa todo o livro, herdada dos apocalipses judaicos, mas aqui reforçada pelo exemplo de Jesus e pela garantia de fé da ressurreição (COLLINS, J. J., A imaginação apocalíptica, p. 392).

699. TENA, P., La palabra Ekklesía, p. 234.

700. VANNI, U., L'Apocalisse, p. 385.

701. EG 74.

702. EG 93.

do e envolvido pelos critérios falsificados da cidade idolátrica. Por vezes, um otimismo ingênuo, não raro ébrio pelas promessas babilônicas, leva a crer que bastam alguns ajustes pontuais para que tudo se torne favorável para todos. Mas a verdade é que um "monstro" insaciável cuida que não seja efetivamente humano o *modus vivendi* da cidade terrena: o monstro do individualismo. Em meio ao entorpecimento generalizado, instilado por eficientes meios de persuasão e conquista, impõe-se este mundo ferido pelo "individualismo que divide os seres humanos e põe-nos uns contra os outros visando ao próprio bem-estar[703]". Babilônia é, enfim, uma cidade em permanente disputa, sem paz, que não cessa de causar feridas, dor e distância entre seus habitantes, apesar das tentativas que faz de aparentar alegria e ânimo festivo.

Em contrapartida, Jerusalém é a assembleia-Igreja. Não porque esta se comporte exatamente como a anti-Babilônia, justa, harmônica e ideal, mas porque sua construção permanente, sobre os princípios adequados, evoca e aproxima a realidade celeste como nenhum outro aparato humano, histórico e social. É o que diz, com competência e autoridade, o biblista U. Vanni:

> Para além da ilusão de uma plenitude já atingida, mas superando o que poderia ser uma utopia no estado puro e constituiria uma evasão nebulosa e onírica, o conteúdo simbólico de Jerusalém, compreendido e aplicado, faz menção a uma situação social real, avançando na direção de uma situação melhor, igualmente real, preparada pelo empenho de todo dia[704].

A assembleia cristã é, deste modo, a célula viva que atrai, acolhe e distribui para a o mundo presente os princípios e inspirações que sustentam a convivência na Jerusalém celeste. Por ela, enxerta-se na humanidade exilada em Babilônia a novidade redimida da cidade divina, de modo a reconfigurar tudo o que ainda não é paz, salvação e reconciliação na cidade dos homens. É por isso que, em perspectiva missionária, ecumênica e solidária, a assembleia revela-se portadora de uma contribuição ímpar, que merece ser desenvolvida e efetivada pela comunidade eclesial, a serviço da salvação do mundo.

Para usar uma imagem que também comparece na *Evangelii Gaudium*, o "deserto", poderíamos dizer que os cristãos que se reúnem para a celebração dos mistérios da fé indicam, no meio do deserto humano e espiritual em que tem se transformado este mundo, o caminho para a terra da promessa – Jerusalém –

---

703. EG 99.

704. VANNI, U., L'Apocalisse, p. 389.

"mantendo assim viva a esperança"[705]. Ou, então, diríamos que, no chão duro desta terra de aridez e dispersão que a humanidade habita, uma fonte insiste em jorrar, enchendo "cântaros" com os quais se dá de beber aos outros: é a liturgia no coração da comunidade reunida.

Temos, portanto, que a tarefa da assembleia dos cristãos em relação ao mundo desertificado pelo egoísmo e pelo pecado é dessedentar, em doses sempre mais generosas de água viva, os seus moradores, na sede de comunhão-salvação que os consome. Com os cântaros cheios, segundo a medida abundante do Espírito, acorrer aos cativos de Babilônia e compartilhar daquilo que se bebe na Sião renovada.

Atingido este estágio de compreensão e assimilação da tarefa que compete à assembleia, façamos algumas ponderações mais concretas, começando por resgatar algo que emerge da consciência límpida e exemplar da Patrística: o elo entre a celebração assembleal e a experiência da paz e da reconciliação.

> Procurai reunir-vos com mais frequência para celebrar a ação de graças e o louvor de Deus. Quando vos reunis com frequência abatem-se as forças de satanás, e o seu poder destruidor é aniquilado pela concórdia da vossa fé. Nada há mais precioso do que a paz, que desarma todo inimigo celeste ou terrestre[706].

Segundo a sensibilidade teológica e pastoral de Inácio de Antioquia, verdadeiro místico da unidade eclesial[707], a assembleia litúrgica desempenha um papel insubstituível nos "últimos tempos", os tempos da Igreja: manifestar e fortalecer a comunhão dos que permanecem fiéis a Cristo, na adesão à mesma fé, ao único batismo e à mesa eucarística, em plena afinidade com o bispo, sucessor dos apóstolos.

A unidade coral, cordial e consensual dos batizados reunidos para a celebração do mistério que os envolve e vitaliza é, assim, muito mais que mero aparato utilitário para o exercício do culto, conforme já pudemos afirmar mais de uma vez. Para a teologia litúrgica e para a eclesiologia, ela exprime, sedia e disponibiliza, na condição de sinal, aquela comunhão íntima da Trindade revelada e doada ao mundo no Filho feito homem. Cada assembleia litúrgica, ao reunir-se ao redor de Cristo, como que concretiza a realidade fundante da obra salvífica que,

---

705. EG 86.

706. INÁCIO DE ANTIOQUIA, "Carta aos Efésios", p. 102.

707. Ele mesmo se define como "homem que deseja conservar a unidade" (INÁCIO DE ANTIOQUIA, "Carta aos Filadelfos", p. 111).

atualmente, na idade do testemunho e da missão, e em compasso de expectativa escatológica, manifesta-se no acontecer histórico da Igreja[708].

O congregar-se em assembleia, segundo as razões da fé, representa, portanto, já em si mesmo, uma excepcional assimilação da *opus redemptionis*, ao mesmo tempo em que oferece ao Espírito o âmbito privilegiado para sua ação constante e sempre eficaz sobre as realidades históricas. Isto significa que aquele núcleo assembleal, para o qual convergem os que se deixam atrair pelo Pai (Jo 6,44), faz-se o "lugar" por excelência[709] onde, conforme nos recordava Inácio, a profecia da paz encontra um sólido princípio de realização.

Ali, a promessa divina de "novos céus e da nova terra" (Ap 21,1) toca o nosso mundo decadente e convulsionado, para transformá-lo, na medida em que nos transforma, no princípio histórico das realidades que haverão de transcender a própria história. Ali, o estado da paz e da concórdia, estabelecido no vão que se abriu com a queda do "muro da separação" (Ef 2,14), encontra as coordenadas mais adequadas para, finalmente, prosperar. Ali, a embaixada da reconciliação (2Cor 5,18-21) alcança pleno êxito, pois seu ministério de perdão e misericórdia curativa se exerce abundantemente. Ali, toda a desagregação semeada pelo pecado, inclusive nas relações originalmente estabelecidas entre todas as criaturas (Rm 8,20-22), é remediada por aquele em quem o Pai há de tudo recapitular (Ef 1,10).

Tal processo de abolição das inimizades, seja entre Deus e o ser humano, seja entre nações, estratos sociais e indivíduos, e até entre as diversas classes e espécies dos seres criados é, segundo a teologia paulina, o grande êxito do acontecimento pascal[710]. Significa o estabelecimento da paz como dom divino, conquistado para nós no amor feito sacrifício (Cl 1,20). Obviamente, Paulo reconhece aqui uma estrondosa ruptura com aquela tranquilidade egoísta e indiferente que a cultura helenista era, então, capaz de chamar "paz"[711].

Ao contrário, a paz do projeto salvífico do Pai aponta para o *pleroma*, quer dizer, o Cristo que tudo abrange com seu mistério de vida, morte e ressurreição.

---

708. A Igreja que, afinal, "acontece" em e a partir de cada celebração litúrgica, é o ícone da comunhão trinitária, mas também o princípio do cumprimento de seu desígnio salvífico: reunião de todos os filhos de Deus dispersos (GRESHAKE, G., El Dios uno y Trino, p. 447).

709. TRIACCA, A. M., Presenza e azione dello Spirito Santo nell'assemblea liturgica, p. 80. A epifania do Espírito na realidade assembleal não nega, mas transcende as coordenadas espaçotemporais para realizar, sacramentalmente, a salvação.

710. PORTER, S. E., Pace, riconciliazione, p. 1123. É interessante notar como esta ideia de reconciliação e relações pacificadas está presente no vocabulário usual do apóstolo que, com muita frequência, dirige a palavra "paz", quase sempre unida a outras ("graça" e "misericórdia", principalmente), em suas saudações ou despedidas. A liturgia toma de Paulo estas mesmas fórmulas de saudação para envolver a assembleia desta atmosfera salvífica em celebração.

711. BENTO XVI, A infância de Jesus, p. 68.

O *pleroma* é a totalidade da lei no amor, que liberta e estabelece novas relações verticais e horizontais, conduzindo os tempos à sua máxima realização naquele que existe antes de todas as coisas e haverá de harmonizá-las definitivamente no final, começando-o pela Igreja. Isto será a plenitude do ser, quando, fazendo-se tudo em todos (1Cor 15,28), Deus mesmo, em seu Cristo, celebrará o festim da perfeita comunhão[712].

À assembleia litúrgica foram confiados a experiência, o anúncio, o cultivo e a dispensação desta realidade redimida – o *pleroma* –, realidade totalmente pacificada, porque transfigurada e toda abarcada pela Páscoa de Cristo[713]. De fato, como expressão máxima da Igreja, a assembleia assume o papel efetivo de "primícias" deste novo paradigma apaziguado e "pleromatizado", cujo alcance há de ser, na consumação da história, todo o universo.

Como consequência do que temos afirmado, impõe-se para a assembleia cristã um princípio fundamental e irrenunciável: a reconciliação e a paz devem ser as notas que a tudo abarcam e definem no acontecimento celebrativo comunitário. Embora sua condição ainda seja a de uma realidade em processo de crescimento e aperfeiçoamento, apresenta-se à assembleia a necessidade de um esforço intenso e constante para que a comunicação, as relações e os frutos de sua reunião litúrgica sejam coerentes com o intento que a gerou e mantém.

Ora, no que tange ao desafio da comunicação na liturgia, precisamos partir de uma constatação: a assembleia pós-pascal é, necessariamente, lugar de comunicação da paz. O quarto Evangelho apresenta a cena do Ressuscitado que, na tarde do domingo, apresenta-se à perturbada e temerosa reunião dos apóstolos dizendo: "A paz esteja convosco" (Jo 20,19). Trata-se, sem dúvida, de uma efetiva e paradigmática comunicação de paz no interior de uma assembleia, a transcender toda a verborragia oca e a volatilidade dos augúrios puramente cerimoniais que costumam comparecer em muitas liturgias concretas. A paz que é pronunciada pelo Ressuscitado à assembleia apostólica não é um desejo piedoso ou uma boa intenção: vem imediatamente encarnada e interpretada. Aquele gesto de mostrar as mãos e o lado feridos (Jo 20,20) indica que esta paz tem um conteúdo muito concreto, uma condição de verificação na vida, que é o amor traduzido na entrega efetiva de si mesmo.

---

712. LIM, D. S., Pienezza, p. 1177.

713. TENA, P., La palabra ekklesía, p. 244. Diz o autor: "A comunidade cristã reunida, enfim, que recebe a graça através da celebração eucarística, é o *sacramentum* do pleroma de Cristo. Ela dá corpo, sacramentalmente, à ideia de São Paulo: a Igreja é zona de expansão da vida divina, passando por Cristo. Cada ekklesía-assembleia eucarística é a extensão sacramental de onde se desprendem a força pleromática contida na eucaristia enquanto memorial e promessa".

A interpretação vem a seguir, enriquecida com um sopro vitalizador: "recebei o Espírito Santo. A quem perdoardes os pecados, ficarão perdoados; a quem os mantiverdes, ficarão retidos" (Jo 20,23). Deste modo, aquilo que a primeira assembleia cristã experimenta, no ocaso do domingo de Páscoa, permanece como a "alma" de tudo o que realizaria, depois, na variedade das comunidades reunidas pela extensão da terra. Dos lábios do próprio Vivente, a assembleia cristã recebe a comunicação da paz como, simultaneamente, um dom e uma tarefa[714]. Trata-se de atuar a reconciliação, na qualidade de agentes capacitados e procuradores legitimados, tocando realidades muito imediatas, próximas, comunitárias, sem perder de vista, porém, o sentido maior da ação: a reunião da grande assembleia dos últimos tempos.

As assembleias cristãs são, desta maneira, instadas a estabelecer uma comunicação celebrativa verdadeiramente pacificadora, que sem renunciar à verdade e sem esmorecer na audácia, em nome de um fácil irenismo, apontem para a urgente tarefa da reconciliação e atraiam para o banquete da misericórdia os que se sentem excluídos e indignos. É preciso admitir, no entanto, que não são raras as ocasiões em que, cedendo à tentação do farisaísmo, vive-se uma experiência de assembleia que comunica muito mais interditos e condenações que, propriamente, reconciliação[715].

Em campo homilético, por exemplo, os presidentes da assembleia, ou aqueles a quem foi incumbido o ministério da pregação, podem resvalar num discurso moralista, condenatório, ameaçador, intimidador[716], muitas vezes sob o pretexto de um aguerrido apelo à conversão. No entanto, parece condizer melhor com a praxe de Jesus de Nazaré, com o conteúdo do Evangelho e com a natureza pacificadora da liturgia uma "linguagem positiva[717]", que procure atrair para o bem, ressaltando suas infinitas capacidades e superiores características. Uma linguagem, enfim, que faça arder de entusiasmo e desejo o coração, ao invés de inculcar-lhe medo, angústia e afastamento. Não significa, porém, ignorar o mal, como se bastasse desconhecer ou ocultar sua força destruidora para livrar-se do estrago que causa. Trata-se, antes, de encorajar o bem, atrair por sua beleza e superioridade, evocá-lo com arte, ternura e coragem.

Sob tal inspiração, a homilia é momento de "encarnar" e "interpretar" a paz do Ressuscitado, apontando para os sinais da ação salvífica de Deus na história

---

714. FLANAGAN, N. M., João, p. 138.

715. GARCÍA-BARÓ, M., Sobre los supuestos de una liturgia que se abra al futuro del mundo, p. 581.

716. EG 142.

717. EG 159.

ou, até mesmo, os sinais de sua ausência, mas sem resvalar no pessimismo estéril. A reflexão litúrgica da palavra de Deus tem, antes, a tarefa de desvendar e apresentar os sinais da reviravolta pascal, principalmente entre os temas e situações mais desafiadores destes tempos da Igreja, incitando-lhe à fé.

Tal consciência tem um impacto direto sobre todo o conjunto da comunicação litúrgica, incidindo, inclusive, sobre a atitude fundamental da assembleia que se dispõe à celebração. Na medida em que sinaliza reconciliação e assume um estilo mais leve, otimista e dialogal, a assembleia educa-se para atitudes celebrativas mais concordes à sua vocação para o anúncio da paz[718]. Configura-se, deste modo, em uma verdadeira célula da Jerusalém celeste, na medida em que não fecha, nem tranca, mas abre as portas da cidade universal, cantando a certeza da vitória do Cordeiro[719].

Além da comunicação, também as relações entre as diferentes categorias de fiéis no interior da única assembleia necessitam de uma serena, mas sincera avaliação. Se a assembleia pretende assumir esta abrangente atitude pacificadora, coerente com sua vocação, não pode deixar de considerar alguns focos de tensão que se estabeleceram historicamente no coração de suas reuniões. Entre o presbitério e a nave, por exemplo, no desequilíbrio que se estabeleceu entre o ministério ordenado e a ampla maioria da assembleia, composta dos membros do povo sacerdotal, situa-se uma questão ainda não resolvida, que pode perturbar a boa paz da assembleia.

Em muitos casos, ela acentua-se porque se apoia sobre uma noção equivocada de participação dos batizados aos mistérios celebrados. É a questão a que fazíamos menção acima, em um dos itens anteriores. Há confusão entre participar e executar funções[720]. Já dissemos que não existe, absolutamente, nenhuma conexão necessária entre fazer coisas e participar ativa e conscientemente da ação sagrada, como quer o concílio. Mas, de uma noção ativista de participação, perdura uma certa percepção de que o ministro ordenado monopoliza a celebração, relegando o conjunto dos fiéis à assistência passiva ou, no máximo, à realização de algumas intervenções controladas.

Em outro polo, fruto de concepções teológicas que tenderam a considerar os sacramentos autonomamente, pouco dependentes do grande sacramento eclesial, mas, sim, de poderes delegados deste sacramento amplo a uma determinada

---

718. GOUZES, A., La notte luminosa, p. 24.

719. VANNI, U., L'Apocalisse, p. 301.

720. É interessante a apreciação que C. Militello faz da questão (MILITELLO, C., La presenza e l'azione dello Spirito Santo nell'assemblea liturgica, p. 154).

categoria de fiéis, configurada pelo sacramento da ordem[721], estabeleceu-se uma visão clericalista do culto, que sequestra para o presbitério toda a responsabilidade celebrativa. Foi o que, a seu tempo, o Movimento Litúrgico identificou na liturgia pré-conciliar: formal e ritualmente, ela se havia cristalizado numa ação puramente clerical, de modo que a grande maioria dos batizados estabelecesse uma relação indireta com os mistérios da fé. Daí a necessidade de se favorecer a participação dos fiéis, passando por uma reforma que devolvesse a celebração litúrgica para todo o corpo eclesial[722].

A paz que se celebra na liturgia cristã não passa, por certo, sobre nenhuma das duas polarizações. Não pode ser supressão anárquica de ministérios ou serviços específicos, mas não pode significar, também, o reerguimento dos muros já abatidos pela ação salvífica de Cristo. Há de se buscar, portanto, o natural equilíbrio das assembleias antigas, quando era patrimônio comum uma noção de amplo "ministério assembleal[723]" do inteiro povo sacerdotal.

Nestas condições sadias e legítimas, a assembleia realmente "se forma", reunindo um povo que saiba viver relações "pneumatizadas", porque celebradas em toda a sua valência litúrgica e espiritual, sem qualquer concorrência, mas na complementaridade do único "Corpo de Cristo". Eis, aí, o enraizamento da articulação serena e fecunda dos ministérios, conforme sugere a *Sacrosanctum Concilium*[724], sem sobreposições ou indisposições que denotem disputa por protagonismos. O grande protagonista da ação celebrativa é Cristo, em seu corpo total – cabeça e membros –, pelo Espírito, a realizar harmonia e paz dentro da Igreja, mas em vista de todo o universo. Sem que se avance para uma articulação pacificada entre todas as categorias de fiéis a reunião cristã ainda será percebida a partir de suas tensões e contradições, não de sua sacramentalidade pacífica e reunidora[725].

Uma última consideração acerca dos desafios internos que a assembleia precisa enfrentar para se dispor adequadamente ao serviço da comunhão e da paz

---

721. CONGAR, Y., La Iglesia, pueblo sacerdotal, p. 35-37

722. GRILLO, A., Comunità dal rito, p. 192.

723. MILITELLO, C., La presenza e l'azione dello Spirito Santo nell'assemblea liturgica, p. 155.

724. SC 29.

725. Pensemos, por exemplo, nas questões de grande visibilidade que são o acesso das mulheres a ministérios litúrgicos instituídos ou ordenados e a questão da comunhão eucarística de pessoas que vivem uma segunda união matrimonial. São, sem dúvida, questões de natureza bem diversa, muito complexas em suas particularidades, mas que têm em comum o fato de ocuparem muito espaço na mídia e no imaginário corrente. Enquanto não administrarmos com maior clareza, humildade e espírito evangélico tais questões, que exprimem algo da sensibilidade contemporânea, emitindo sinais mais efetivos de acolhida cristã – o que não significa uma cessão irrefletida às pressões da opinião pública e da imprensa – continuaremos esvaziando de força comunicativa e de convencimento a comunhão que celebramos em assembleia.

no contexto mais amplo, quer dizer, o mundo inteiro, aponta, exatamente, para o compromisso da vida: o testemunho cristão. Este não é fruto de nenhum estado agressivo ou revoltado, como um apelo a lançar-se em novas cruzadas contra o adversário ou concorrente. Não decorre, ainda, da agitação interior ou de alguma consciência de culpa, mas, simplesmente, da adesão a um fluxo de graça e salvação que, brotando do coração da assembleia, distende-se pela superfície da terra[726].

A visão de Ezequiel bem ilustra este movimento vitalizador que, inundando o templo, ganha as ruas da cidade, os campos etc. (Ez 47,1-12). Tudo o que é banhado e atravessado pelas águas manadas do lugar sagrado, floresce e pulula de vida. Do mesmo modo, a liturgia deve ser sempre capaz de criar nos membros da assembleia um estado tal de participação e envolvimento no mistério da comunhão divina, que os leve à ressignificação da vida, das esperanças, da dor, dos valores e até dos vícios e pecados que, transformados, transbordam, vivificam e curam, no único fluxo do Espírito, que renova a face da terra (Sl 104,30).

Trata-se, portanto, de zelar para que a liturgia não se transforme em uma experiência estanque, de fôlego curto, que não é capaz de criar nada a não ser um intervalo apaziguador no conjunto mais amplo de todas as experiências e relações que constitui a vida humana. De fato, à assembleia que experimentou a paz em seu significado mais profundo, não cabe, depois, assistir indiferente os frutos danosos da ausência de paz e de reconciliação no mundo. Uma adequada compreensão da dimensão paraclética da liturgia desautoriza-o peremptoriamente.

A *paráclese*, de fato, corresponde ao fruto da ação do Espírito no culto, mas, agora, absorvida pelos membros da assembleia, de modo que, relacionando, integrando e sintetizando tudo o que foi celebrado na liturgia com suas vidas, sejam assim constituídos em sãs e verazes testemunhas da salvação[727]. Com efeito, após o desfecho dos ritos e da reunião assembleal, tais indivíduos tocarão novamente o mesmo solo duro e hostil de Babilônia. Terão, porém, o ânimo repleto das inspirações, forças, luzes e dinamismos reconciliadores da nova Jerusalém, visto que lá estiveram, na comunhão dos mistérios celebrados.

Insistimos uma vez mais sobre a necessidade de não se entender a *paráclese* como um acontecimento de consolação, harmonia e satisfação voltado exclusivamente para dentro, para a interioridade saciada de cada membro da assembleia, criando uma zona de deleite e fruição espiritual absolutamente privada. Isto seria a própria implosão da assembleia, sua autonegação, a sabotagem de seu dinamismo mais fundamental. Ao contrário, a *paráclese* é a atuação da força terapêutica do

---

726. DEISS, L., A palavra de Deus celebrada, p. 183.
727. TRIACCA, A. M., Pneumatologia, epicletologia, o paracletologia?, p. 387.

Espírito[728], que reconstrói o indivíduo, bem como toda a comunidade com que se reuniu celebrativamente, para o estabelecimento das relações íntegras e plenas que fazem parte do desígnio salvífico de Deus quanto ao ser humano e toda a criação[729].

É a partir deste estado de graça e consciência, reintegrado na assembleia reunida, que cada cristão, novamente misturado entre os demais homens e mulheres para viver as exigências cotidianas de sua concreta existência, pode denunciar os ardis diabólicos da separação e da injustiça, oferecer as razões para as mudanças necessárias ou, ainda, testemunhar uma esperança perseverante, capaz de resistir e persistir no amor e no bem. Não se nega, com isto, que a plena realização da comunhão celebrada na assembleia se dará, somente, na escatologia, como ressalta I. Zizioulas: "por mais que penetre na história jamais se transformará em história[730]". A *paráclese*, no entanto, é a ação do Espírito que não permite cessar no espírito humano o "gosto" das realidades celestes, criando uma disposição permanente para o clamor e a cooperação de seu advento.

Daí que a celebração litúrgica faça a Igreja autêntica missionária da comunhão, a ponto de sentir-se desafiada a "descobrir e transmitir a 'mística' de viver juntos[731]", misturar-se, encontrar-se, dar o braço, "participar nesta maré um pouco caótica que pode transformar-se em uma verdadeira experiência de fraternidade, caravana solidária, peregrinação sagrada[732]". Ao contrário de fechar a assembleia na experiência do gueto, do clube dos iguais ou da "sociedade perfeita" – autônoma, autossuficiente e autocentrada –, a liturgia ecoa doce e insistentemente na consciência da Igreja a máxima paulina: "Ai de mim se eu não anunciar o Evangelho" (1Cor 9,16). Evangelho que, como já mencionamos, é a boa notícia do início da reunião do povo santo de Deus. Sobre este perfil de Igreja tomado de encantamento e ardor evangelizador, diz I. Mazzarolo:

> É a Igreja que se deixa conduzir pelo Espírito Santo, a exemplo de Antioquia, que entendeu ser necessário liberar dois missionários ao mundo pagão: "Separai para mim Barnabé e Saulo, para a obra à qual os destinei (...) e depois de terem orado, impuseram as mãos e os despediram" (At 13,12-13). É nessa missão e simbiose com o Espírito que os "evangelizadores contraem o 'cheiro da ovelha'"[733].

---

728. LAMBIASI, F., Celebrazione liturgica e vita nuova nello Spirito, p. 172.

729. ZIZIOULAS, I., A criação como eucaristia, p. 94.

730. ZIZIOULAS, I., A criação como eucaristia, p. 94.

731. EG 87.

732. EG 87.

733. MAZZAROLO, I., Fundamentos bíblicos da Evangelii Gaudium, p. 67,

A assembleia encarna o apelo missionário – "Igreja em saída" – na medida em que não se contenta em realizar a "Igreja litúrgica" ou apenas a "Igreja em celebração", como uma realidade-fim. O culto comunitário concorre para a construção da Igreja em sua acepção mais ampla e complexa, cuja missão urge sempre mais, de modo a não permitir que, para a liturgia, se faça qualquer pausa no espírito e na preocupação missionária. Celebrando, a Igreja é também missionária[734], da mesma forma que continua servidora e mestra. Em concretizando uma dimensão de sua natureza, não deixa, de fato, de corresponder às outras. Antes, no caso específico da dimensão litúrgica, atrai as outras para o seu ágape celebrado.

A assembleia de Antioquia que, na liturgia, não se faz surda aos apelos do Espírito quando este pede a disposição de Barnabé e Saulo para a obra missionária (At 13,2), será sempre paradigma para a reta e plena celebração do mistério cristão, sem fechar-se às necessidades da universalidade eclesial. Uma comunidade celebrante que assumisse uma via diferente, retendo em si mesma toda a riqueza espiritual, ministerial e litúrgica ali suscitada, terminaria por asfixiar-se ou afogar-se num "ensimesmamento" que nada tem a ver com o ato supremo da doação de Cristo, reapresentado na liturgia. Deixaria de ser sinal, uma vez que sua atitude autocentrada e narcisista lançaria sombras espessas sobre a verdade das palavras, dos gestos litúrgicos e até do ato reunidor que a constituem. Tudo não passaria de uma apropriação invertida, hipócrita e até cínica do dinamismo fundamental da salvação. A reunião "morreria" na assembleia, ao invés de, iniciando-se nela, fermentar, até atingir o mundo inteiro e a eternidade.

Em termos práticos, a missionariedade da assembleia litúrgica se manifesta através de um compromisso efetivo com o anúncio do Evangelho, através da partilha dos meios econômicos e de pessoal, mas, também, através da cultivada sensibilidade para com a diversidade humana a quem se dirige o Evangelho, quer dizer, as particularidades culturais, as diferenças na experiência do sagrado e as distinções simbólico-linguísticas que correspondem a cada língua, cultura, povo ou nação. O esforço pela inculturação litúrgica, como "adaptação às diversas assembleias, a introdução de alguma pedagogia segundo as idades, a sensibilização ao problema dos sinais e da linguagem dos livros litúrgicos e o

---

734. "A eucaristia existe para celebrar e realizar o grandioso memorial do projeto de Deus: transformar a humanidade para fazê-la entrar, desde já, no mundo da ressurreição. (...) À luz da eucaristia, toda a vida da Igreja, comunidade, povo de Deus, é vista como um caminhar progressivo no mistério do Deus amor, caminho de comunhão e ressurreição. É como um longo dia de festa na expectativa da festa na qual, em júbilo total, os olhares de amor se cruzarão eternamente. A dimensão da Igreja, povo de Deus, com toda a sua expressão teológica e eclesial, poderia evoluir para um solipsismo encantador e estático caso não se complementasse no compromisso e no empenho missionário" (PANAZZOLO, J., Igreja, p. 100).

desejo de uma maior criatividade[735]" não deveria, enfim, ser ignorado pelas assembleias celebrantes, sob pena de encerrá-la em um cenário tão monocromático quanto irreal. A sensibilidade à diversidade humana e cultural abrange, sem dúvida, alguns dos anseios da própria comunidade que se reúne, nunca plenamente homogênea, além de comprometê-la com a comunhão e a missão universal da Igreja[736].

Por outro lado, é um equívoco, pensar que o horizonte missionário que se abre diante da assembleia cristã abranja, somente, questões de fronteira, de envio *ad gentes* ou de empenho pela inculturação da liturgia. São todas preocupações muito legítimas e de extrema importância, como acenamos acima, mas há um outro aspecto que merece ser considerado. Ao contrário do que se possa esperar, é possível dizer que as primeiras interpelações missionárias não estão muito distantes do núcleo assembleal reunido. Elas adentram o lugar da celebração, juntamente com as pessoas que atendem à convocação para a assembleia.

Todo o anonimato, o vazio de comunicação e relações, a ausência de sociabilidade, a fragilidade dos vínculos, a indiferença, a intolerância e o desrespeito, enfim, todos os fatores e consequências da conjuntura dispersadora que se arranjou na realidade mais ampla em que vivemos, não se furtam em manifestar-se também nas reuniões litúrgicas atuais, com força considerável. Não é raro que as assembleias do povo de Deus apresentem-se marcadas por atitudes individualistas e anticomunitárias, quando não pela aberta cisão e ruptura entre os seus membros[737].

A tarefa missionária da assembleia, entendida, em termos diretos, como reunião em Cristo de toda dispersão humana, inclui a promoção de meios para a superação dos impulsos excessivamente personalistas e subjetivistas que ainda atravessam a própria assembleia, em seus integrantes, ameaçando sua própria valência como sinal. A opção por monições, cantos, comentários e reflexões homiléticas que ressaltem o aspecto comunitário, sem negligenciar ou, menos ainda, renunciar à consideração do eu, mas equilibrando-a na perspectiva de um ato eclesial como é a liturgia[738], pode ajudar na superação do ideário moderno-individualista que penetra nossas assembleias. Há que se levar, sempre de novo, com

---

735. CASTELLANO, J., Liturgia e vida espiritual, p. 318.

736. Limitamo-nos a fazer menção da temática por entendermos que qualquer abordagem muito restrita, como seria aqui, terminaria por simplificar ou até banalizar assunto tão importante e complexo. A obra "Cultura, fe, sacramento", de D. Borobio, parece-nos adequada para uma aproximação bem documentada, sistematizada e segura do tema da inculturação litúrgica.

737. EG 98.

738. AUGÉ, M., Espiritualidade litúrgica, p. 111.

ardor missionário, o Evangelho da salvação-em-comunidade ao homem e à mulher destas circunstâncias históricas, mesmo que eles já se agrupem às assembleias do povo de Deus[739].

Uma segunda interpelação que se coloca diante da reunião litúrgica dos cristãos diz respeito à causa ecumênica. Se a assembleia é sacramento do desígnio divino de salvação, vivido como comunhão, em Cristo, de todas as pessoas e realidades, não há como desconhecer a tarefa grave e urgente da união dos cristãos. A assembleia eclesial, que se propõe como sinal e instrumento da reconciliação e da união dos seres humanos[740], não pode assumir com tranquilidade um tal título e uma tal responsabilidade sabendo que, na invocação do mesmo Senhor, há assembleias que se dividem, ao invés de se aproximarem.

Sem dúvida, trata-se de uma questão complexa e delicada. É certo que para nós, católicos, a assembleia eucarística é o "meio e o ponto culminante[741]" de tudo o que cremos e fazemos como Igreja. Sem uma comunhão autêntica ao redor de pressupostos conceituais e doutrinais comuns, qualquer tentativa de congregar na mesma "ceia" cristãos de correntes diferentes seria uma arriscada encenação de unidade[742]. Por outro lado, diz W. Kasper, é um "erro concentrar tudo nela[743]". A comunhão assembleal que se pretende entre os cristãos não pode ficar esperando que todas as questões teológicas avancem ao estágio desejado para que, somente então, efetivemos o mistério da assembleia como superação da dispersão entre aqueles que receberam o batismo no mesmo nome. Há inúmeras iniciativas que se podem adiantar:

---

739. Há algo de efetivamente missionário nas demandas e fragilidades que as próprias assembleias concretas atuais apresentam, contrastando com a verdade e o mistério da assembleia litúrgica cristã. Evitando generalizações excessivas, idealizações utópicas em relação à "qualidade" da assembleia e mesmo juízos apressados e temerários acerca do grau de envolvimento e disposição para celebrar o mistério pascal na comunhão dos irmãos, somos obrigados a reconhecer que existem lacunas na "primeira evangelização" que repercutem diretamente na experiência litúrgica comunitária. A liturgia não é, evidentemente, o melhor lugar para suprir essas carências, mas não resta dúvida que a assembleia, na medida em que toma consciência dessas necessidades, pode administrá-las e encaminhar soluções adequadas. De fato, "as ações litúrgicas não podem ser celebrações de uma elite religiosa, onde o povo simples sente-se estrangeiro" (BOGAZ, A. S.; SIGNORINI, I., A celebração litúrgica e seus dramas, p. 142). A consciência missionária da assembleia ajudará a ajustar suas próprias atitudes.

740. LG 1.

741. KASPER, W., O sacramento da unidade, p. 60.

742. MARTÍNEZ, J. M. H., La liturgia renovada, culmen y fuente de la comunión entre las iglesias, p. 611. Diz o autor: "O culto comum deve ser honesto. Não deve confundir participantes e observadores, dando a entender que a unidade plena e visível já está conseguida".

743. KASPER, W., O sacramento da unidade, p. 60.

deveríamos esgotar todas as possibilidades de serviços ecumênicos sob a forma da palavra de Deus e das vésperas, da paz e da meditação, da juventude, celebrações como as de Taizé, ofícios da manhã e da noite, celebrações do advento, celebrações de ágape, serviços divinos de recordação do batismo, ascensões ecumênicas e muitas coisas[744].

Além disso, o esforço pela santidade de vida, quer dizer, pela integridade da existência cristã, em tudo de busca, conversão e cultivo que significa, apresenta-se como recurso indispensável quando se pensa em reconciliação entre os cristãos. Sem a superação dos entraves que uma atitude orgulhosa e irrefletida em suas próprias posições interpõe entre os que confessam a fé no Deus único e a salvação em seu Filho, pouco se avançará no diálogo e na conquista de uma efetiva unidade. A assembleia cristã tem, portanto, um motivo a mais para viver com coerência aquilo que celebra: será tanto mais "assembleia" – reunindo ainda mais irmãos no batismo e sinalizando com maior eficácia a congregação de todos os homens e mulheres – quanto mais assumir tudo o que sua convocação prospecta em termos de conversão e santidade[745].

B. Forte dirá que este "ecumenismo de santidade e invocação[746]" é a verdadeira natureza do ecumenismo, dado que a unidade vem "do alto". É atributo de Deus, que se espelha e doa nas assembleias litúrgicas. Os cálculos e estratégias humanas para que se efetive a desejada comunhão de culto e vida devem, pois, estar sujeitos a este princípio fundamental. Na súplica pela unidade, no compartilhamento de intenções de oração, no interesse pela riqueza litúrgica de outras correntes cristãs, a assembleia pode avançar significativamente na criação deste "ambiente" espiritual favorável à integração.

De outro lado, na apreciação das assembleias que já se realizam fora da comunhão eclesial católica, deve prevalecer a superação da lógica do "tudo ou nada". Considerando a "hierarquia das verdades", conforme já estabelece o Concílio Vaticano II e recorda o Papa Francisco, é possível pensar em "graus de comunhão"[747], conforme também apontou a doutrina conciliar, entre nossas reuniões litúrgicas e as reuniões cultuais de outras comunidades eclesiais ou grupos cristãos. Há elementos substanciais que já nos são comuns, como a centralidade da palavra de Deus, a invocação e a adoração da Santíssima Trindade, entre outros, dando-nos a oportunidade de admitir uma certa unidade possível ou já rea-

---

744. KASPER, W., O sacramento da unidade, p. 61.

745. CASTELLANO, J., Liturgia e vida espiritual, p. 240.

746. FORTE, B., A Igreja, ícone da Trindade, p. 73.

747. EG 244-246.

lizada. Algo como uma "fagulha" daquele grande "incêndio" que deve ser o sinal da comunhão realizada plenamente na assembleia litúrgica cristã. O mistério da reunião que a comunidade celebrante encarna exige que cada gesto e expressão de proximidade e identidade seja valorizado em suas máximas possibilidades, abrindo caminhos para outros passos e movimentos.

Resta-nos, enfim, mencionar o desafio solidário que se apresenta à assembleia litúrgica, disposto como um índice altamente significativo de sua autoconsciência mistérica. Efetivamente, a assembleia é fruto da ação misericordiosa da comunidade trinitária, que não se contendo diante da dor humana provocada pela dispersão do pecado, convoca, tece e preenche as assembleias da aliança.

Os Santos Padres assumem, também neste quesito, uma autoridade moral e teológica inquestionável. Além da pregação quanto às obrigações da assembleia em relação à justiça e à caridade, alguns, que eram bispos, chegaram a fechar as portas do templo a autoridades – não se esquivando nem a autoridade máxima do império – que concorreram ou omitiram-se em situações de graves injustiças[748]. Demonstram, com este gesto, que a assembleia não pode conviver com a convicção ou a atitude deliberada de quem faz da indiferença ao sofrimento alheio um estilo de vida.

A assembleia litúrgica tem no serviço aos irmãos e à mesa uma de suas referências mais fundamentais. Afinal, assim se celebrou o último encontro do Mestre com a comunidade apostólica antes dos acontecimentos pascais: em clima de "lava-pés". O Evangelho segundo Lucas chega a transformar a imagem da mesa fraterna, toda rodeada de serviço, acolhida e partilha, em verdadeiro recurso literário[749]. Um ícone, enfim, da Igreja que, em suas reuniões, atualiza-se na vocação à comunhão como superação de toda a desintegração humana causada pelo pecado.

A celebração assembleal se conclui, de fato, com uma despedida. Tal elemento ritual deve ser melhor integrado na práxis cristã como uma espécie de transição para um outro estágio celebrativo, ao invés de uma interrupção brusca e inapelável da comunhão com Cristo. Não se trata de, terminada a ação litúrgica, mergulhar numa agenda sem qualquer efeito cultual, litúrgico. A despedida é, antes, um "estímulo a começar uma outra celebração na qual seja empenhada toda a vida[750]".

Como assembleia, mistério vivo da comunhão entre Deus e a humanidade, sinal máximo da Igreja, sacramento de Cristo e do Reino, fazer-se solidária, presente e agente de transformações que levem a uma experiência maior de justiça e

---

748. CASTELLANO, J., Liturgia e vida espiritual, p. 422.

749. SMITH, D. E., Del simposio a la Eucaristía, p. 411.

750. BRANDOLINI, L., Partecipazione alla spiritualità cristiana e impegno nel mondo, p. 222.

comunhão, também no que tange ao acesso dos bens indispensáveis à vida, corresponde a desdobrar em atitudes existenciais e compromisso aquilo que celebra com tanta propriedade na liturgia. Fará tudo, entretanto, com a consciência de que age segundo critérios diferentes. Não é no ativismo e na obstinação pela eficácia dos resultados que deve repousar, mas na coerência com seu princípio fundamental: a primazia da ação de Deus[751]. Esta, aliás, é a contribuição irrenunciável que tem a oferecer. Seu mistério de convocação, de lugar sacramental onde tem início a redenção, de comunhão das diferenças e superação de toda a inimizade pela aliança com Deus exprime-se, antes de mais nada, na atitude positivamente receptiva.

Sua solidariedade, portanto, há de exprimir-se muito mais como uma "forma de colocar-se" que como um ímpeto transformador, desafia a violência das disparidades criadas e mantidas por força dos interesses egoístas mais agressivos e impositivos que há no ser humano. A assembleia solidária será, na verdade, mistagogia do amor gratuito, sereno e forte que estabelece laços firmes e realizadores de comunhão e de paz.

---

751. BOSELLI, G., O sentido espiritual da liturgia, p. 203.

Conclusão

O percurso que ora findamos deixa um saldo elevado de possibilidades interpretativas, novas acomodações entre conceitos e indicações pastorais, que tentaremos, nas páginas que seguem, recolher, organizar e elaborar, à guisa de conclusão. Tratando de um tema tão fecundo, objeto da investigação de uma ampla gama de óticas científicas – desde aquelas que se subscrevem entre as chamadas ciências do homem e da sociedade, até as múltiplas abordagens teológicas –, não poderíamos esperar nada diferente. De fato, a assembleia litúrgica pode parecer, a princípio, um objeto entre outros, com uma delimitação muito clara de interesses e argumentos a serem perscrutados. Porém, tão logo se avança na aproximação de sua realidade e seu significado, muitas *nuances*, implicações e perspectivas temáticas se abrem, até o ponto de descobrirmos no índice "assembleia" um verdadeiro eixo transversal, que revela e associa princípios importantes, de diferentes campos do saber.

É o que se extrai, por exemplo, da relação entre sociabilidade e experiência religiosa, que as humanidades podem descrever e investigar tomando a reunião cultual como fenômeno antropológico-cultural simplesmente. Ressaltarão a fenomenologia do fato religioso comunitário, os códigos comunicativos empregados no culto e a relevância social do acontecimento celebrativo. Em esfera teológica cristã, entretanto, a mesma relação será lida no contexto da Revelação divina e da comunicação de uma proposta salvífica em chave de comunhão. A sociabilidade, quer dizer, aquela predisposição humana ao encontro e ao relacionamento, em que a liberdade e o amor podem dar largas às suas capacidades mais essenciais, seria, precisamente, um dos marcos mais importantes da identificação entre Deus e a humanidade. Constitui-se, por isso, num poderoso meio para que ele comunique seu projeto salvífico de vida-em-comunhão e o homem responda, deixando-se atrair para a assembleia que se reúne sob a invocação do nome divino.

Nossa pesquisa teológico-sistemática, contudo, conduziu-nos a níveis ainda mais profundos de assimilação e interpretação. Gostaríamos de apresentá-los através de sete chaves que, projetando-se do conceito sacramental de assembleia, sob um enquadramento histórico-salvífico, pudemos reconhecer. Cada uma destas chaves deixa, por sua vez, pistas indicativas para a aplicação do conteúdo aqui apresentado ao contexto ritual-celebrativo das assembleias, ou no âmbito da formação das comunidades e seus ministros ou, ainda, no campo da intervenção pastoral, por meio dos agentes qualificados. Lancemo-nos, pois, a esta derradeira, delicada e, ao nosso aviso, necessária e urgente tarefa.

Primeiramente, cabe-nos dizer que a assembleia litúrgica, na qualidade de denso sacramento das realidades eternas, apresenta-se como o mais verdadeiro e completo sinal do projeto que Deus, ao criar e redimir, tem para a humanidade e o cosmos. Não é, com efeito, um cenário de fragmentação, expansão irreconciliável, dispersão caótica ou mera sobreposição de seres e realidades naturais, sem qualquer conexão a interligá-los, que Deus tem diante de si quando se desdobra Criador e Redentor. Ao contrário, ele tem um projeto de integração comunional, que replique, em alguma medida, na história, seu próprio ser-em-comunhão trinitário.

Em tudo o que se fez pela mão de Deus, há, pois, uma espécie de programação essencial ou finalidade implícita, que desperta e arregimenta os dinamismos internos, vitais e sociais para a convergência, o encontro e a agregação. Tal mecanismo descobre sua síntese mais alta, ou, até mesmo, sua efetiva construção na reunião dos homens e mulheres que se deixaram atrair para a celebração da comunhão entre si e com Deus. A assembleia litúrgica apresenta-se, assim, como um microcosmo, que não somente descreve, mas também realiza o que Deus intenciona com a criação tão plural e interdependente que plasmou. Ela desponta como a manifestação do próprio plano divino a ser conhecido, desejado, perseguido e desenvolvido pelos que fazemos parte de tudo o que existe. Ela reúne, dispõe e desenvolve as coordenadas mais importantes do intento amoroso de Deus em relação à "engenharia" natural e humana que se articula na obra criadora.

Inclusive, conforme se pontuou a certa altura do itinerário que percorremos, a assembleia figura como ideal e forma a partir dos quais Deus aviou a sequência de gestos e palavras que, acolhidos pelo interlocutor humano, estabeleceu a história da salvação. Na comunidade reunida para celebrar a aliança, o projeto de Deus adquire identidade, concretude e expressividade. Pela força criadora que a palavra de Deus e o Espírito encerram e comunicam, ele se faz narrativa, experiência, dado atual e concreto.

Tomar consciência desta verdade empenha a Igreja no esforço de tornar patente e mais conhecido o próprio mistério da assembleia litúrgica para que, assim, seus membros vivam-na com maior ardor e responsabilidade. Tendo em vista que é o projeto de Deus que vem contado, desenvolvido e vivido cada vez que o movimento da convergência assembleal se repete, faz-se necessário conhecer e experimentar a assembleia para, então, se acolher, com a devida atenção e reverência, o querer de Deus sobre o mundo e a história.

A primeira chave conclusiva alerta-nos, portanto, para o fato de que informar sobre a assembleia litúrgica, seu valor e seu significado extravasa o campo específico da liturgia, da reflexão sobre os sacramentos ou da teologia do culto. Remete ao horizonte mais vasto e fundamental da *Theologia*, compreendida como o discernimento de toda a verdade divina e sua comunicação ao homem, na forma de um projeto salvífico. Educar sobre a reunião cristã será, pois, tarefa que toca a todos os que, na Igreja, têm o encargo do magistério, do ensino, da catequese ou do testemunho ordinário da fé. Dito em outras palavras: é serviço que cabe a todos, no grau, competência e âmbito próprio de cada um.

Uma inadequada apreciação teológica e pastoral talvez tenha relegado tal função aos liturgistas ou encarregados da catequese celebrativa, especificamente, como se estivéssemos diante de um tema estanque e quase restrito à configuração prática dos ritos cristãos. Ao percebermos, porém, que na assembleia litúrgica jogam-se questões tão amplas e centrais, saímos convencidos de que temos nesta realidade algo de compartilhado interesse e responsabilidade, embora poucos ainda o suponham, reconheçam ou valorizem.

A segunda chave conclusiva que se nos abre descreve a assembleia cristã como um chamado, na linha da proposição de um pacto. Ora, se corresponde ao desígnio divino para a humanidade e todo o universo que a abriga, a reunião litúrgica desdobra-se imediatamente em um chamado vibrante e insistente, emanado do coração amoroso e criativo de Deus e voltado na direção dos ouvidos capazes e sensíveis da criatura humana. Há, inclusive, entre aquilo que se poderia dizer "etapas" do movimento de agregação assembleal, um evento dito "convocação", que desperta, em meio ao silêncio do deserto criado pela dispersão pecaminosa ou entre a balbúrdia dos conflitos e desavenças da cidade terrena, uma atração comunional, sob o luminoso horizonte da salvação.

A assembleia não só sedia um chamado, como é, em seu fato convergente, integrador das diversidades, pacificador das disputas e harmonizador das dissonâncias um convite divino para o mundo presente. De fato, reunindo-se, o povo de Deus insere na frequência comunicativa e intelectiva da humanidade um dado atraente e desejável, porque corresponde aos anelos mais profundos de seu ser criatural. Com simultâneas suavidade e convicção, bem como profundidade e tangibilidade, a reunião litúrgica cristã faz ver e ouvir a proposta divina de aliança e salvação.

Não resta dúvida, no entanto, de que somente quando sobre as assembleias cristãs não mais pairarem quaisquer névoas de intolerância, acepção de pessoas e separação, este chamado será tão claro e resplendente como se propõe a ser. As assembleias são convocadas, antes de mais nada, a encontrarem caminhos, dentro da comunhão eclesial e no sério discernimento teológico-pastoral, para as questões que se colocam, principalmente, em contexto moral e, mais especificamente, matrimonial. As chamadas "segundas núpcias", mais comuns entre casais que participam de nossas assembleias do que gostaríamos de admitir, merecem uma atenção toda especial, uma vez que se dão em situações complexas demais para que simplifiquemos tudo em interditos para a comunhão sacramental. O prejuízo que tal atitude tem trazido à capacidade convocadora da assembleia é facilmente verificável, além de bastante significativo.

Caminhos de acompanhamento pastoral e espiritual, com superação de uma valorização desproporcional do ato isolado da comunhão nas espécies eucarísticas, enquanto se desconhece a intensa comunhão que já se experimenta na celebração comunitária como um todo, precisam ser aprofundados e amadurecidos. A assembleia cristã não será suficientemente convidativa e atraente enquanto as suspeitas de incompreensão, intransigência, rigorismo e exclusão não forem dissipadas com iniciativas pastorais e catequéticas mais efetivas, acompanhadas de gestos mais acolhedores e fraternos por parte daqueles que compõem as comunidades celebrantes.

A teologia da assembleia litúrgica tem, portanto, uma valiosíssima contribuição para oferecer a todo o trabalho que se tem desenvolvido em linha exegética, sistemática, moral e disciplinar com o objetivo de dar respostas mais completas e eficazes aos questionamentos nesta área. Verdadeiros dramas pessoais e familiares colocam-se sob este foco e a assembleia cristã, imbuída do chamado de Deus à comunhão e à plenitude em Cristo, não pode ficar alheia ou indiferente, se quiser ser autêntica.

Outras perspectivas que se colocam em relação à assembleia litúrgica entendida como chamado de Deus referem-se a algumas questões já abordadas em nossa pesquisa, a saber, a participação ativa dos fiéis, a difusa e harmônica ministerialidade e a importância que a palavra de Deus deve assumir na celebração comunitária. Além da própria consideração que já mereceram no corpo do texto, nas chaves que seguem eles serão novamente evocados, de modo que aqui nos contentamos em mencioná-los apenas.

Passando ao terceiro núcleo conclusivo que nos ocorre tratar, seguindo a mesma linha sacramental dos tópicos anteriores, tomamos a assembleia como a própria memória da salvação. Na comunidade reunida para a celebração dos mistérios da fé, ganha corpo um verdadeiro memorial da passagem de Deus pela história humana, capaz de recolher, sintetizar e reapresentar todos os sinais reveladores de gesto tão elevado da misericórdia divina. Na assembleia, efetivamente, um povo regenerado, libertado e elevado à condição de parceiro da aliança se reúne na presença de seu Deus e Senhor, atualizando-se em tais prerrogativas.

Há, inclusive, a possibilidade de se restaurar a adesão ao pacto após o reconhecimento humilde e sincero das leviandades e infidelidades cometidas em relação às condições estabelecidas pela palavra de Deus para o sucesso pleno das intervenções salvíficas. Ser memória da história de resgate e redenção que lhe foi oferecida faz da assembleia a instância onde a resposta às proposições de Deus adquire pleno sentido e máxima eficácia. De fato, na reunião cultual, a consciência do povo de Deus não somente se deleita com as recordações mais ou menos épicas de seu percurso na marcha dos tempos em direção da terra da promessa, como se põe novamente diante dos fatos salvadores, empenhando-se por corresponder às indicações que eles comportam.

A memória que a assembleia encarna é, consequentemente, verdadeiro recomeço, de onde se parte, sempre de novo, na direção da salvação que se deu no passado, permanece no presente e se promete, em toda a sua plenitude, para o futuro. A proclamação da palavra de Deus e a ação de graças que se faz sobre os sinais sacramentais no interior da celebração comunitária adquirem, neste sentido, uma identidade decisivamente peculiar: são sinalizações eficazes, que se reforçam ainda mais por se darem no contexto de um ato igualmente sacramental, que as abrange. Elas não se enquadram entre as repetições cíclicas e mágicas, fechadas no horizonte da sucessão implacável e imutável dos tempos, mas são verdadeiras janelas abertas para que o eterno se insira na história, arrastando-a para o clímax salvífico que se anuncia com o *eschaton*.

Na assembleia, a palavra é anúncio do "hoje" que, preparado pela paciência divina nas diversas estações do devir histórico, já projeta seus raios de dia novo e sem fim sobre aquela porção de eleitos. A ritualidade litúrgica, com seus gestos e outros sinais, é a antecipação dos feitos e das realidades reservadas para a Nova Jerusalém, mas já dispostos ao desfrute e ao consumo dos que foram tomados pela vida nova da fé e do batismo. A assembleia litúrgica, assim, assume, a pleno título, aquela condição de memória do agir salvífico, ensejando, de quantos nela se agregam, uma adesão atualizada ao pacto da aliança.

Reconhecidas estas indicações e avaliadas em seu real significado, espera-se das assembleias reunidas para a celebração da fé uma acolhida atenta e frutuosa da palavra de Deus, que, em seguida, desdobre-se em verdadeira eucaristia, com sinais que comuniquem a todos, da forma mais densa que possam, a realidade da salvação. Entre a liturgia da palavra e a liturgia sacramental deveria ser cultivado, por conseguinte, um verdadeiro equilíbrio, seja pela prévia preparação, seja pelo esmero na realização de ambas, de modo que a inteira assembleia tome consciência de seu ser "memória".

Sabemos, contudo, que esta é uma realidade ainda distante de boa parte das comunidades que se reúnem para o dia do Senhor, celebrando a liturgia. Por diversas razões, a partilha da palavra de Deus que se faz no culto litúrgico resulta muito aquém da realidade misteriosa e sacramental que aqueles cristãos reunidos representam. Todo esforço para que tanto a comunicação da palavra divina contida nas Escrituras como sua atualização pela homilia façam-se com a clareza e profundidade será sempre muito recomendado. Só assim a Igreja em celebração se constituirá, efetiva e conscientemente, em viva recordação e testemunha veraz da ação de Deus na história.

A preocupação manifesta com certa insistência pelo magistério eclesial recente para que a celebração litúrgica, mormente a celebração da palavra de Deus, seja cada vez mais desenvolvida, enlaçando a formação de comunidades de escuta, capazes de silêncio e diálogo com o Senhor, e a formação de ministros conscientes e qualificados, apoia-se nesta convicção. Ao nutrir-se da palavra de Deus e dos sacramentos, o povo de Deus encontra forças e razões para exercer no mundo aquele culto vital que lhe é encomendado no batismo. A assembleia será, pois, o ponto de referência essencial para que todos os fiéis se insiram devidamente com o largo e caudaloso fluxo de história e salvação que atravessa a cronologia terrena, em vista do anúncio e da implementação do Reino de Deus e sua justiça.

A quarta chave interpretativa que procura recolher as percepções e descobertas suscitadas pelo percurso que fizemos apresenta a assembleia litúrgica como efetivo acontecimento de salvação. De fato, ela não é um ente de razão, uma abstração ou uma idealização, a gravitar, descolada, entre as órbitas de um conceito soteriológico e de um dado experimental. É uma realidade muito concreta que, por sua vez, espalha ao redor e movimenta dentro de si uma plêiade de significados teológico-espirituais particularmente rica e dinâmica, com alcance meta-histórico.

Em que pesem a repetitividade e a insistência de nossas proposições, devemos dizer ainda mais uma vez: a assembleia é evento de Revelação e Salvação, que sinaliza e comunica realidades decisivas. Não pode, por isso, dar-se em condições indefinidamente precárias, inapropriadas e incompletas, muito embora esta seja sua condição em relação ao supremo ideal que se coloca diante dela. Quando nos referimos à necessidade de superar a precariedade e o improviso apontamos, especificamente, para a qualidade da comunhão, da participação e do serviço que o acontecer da assembleia precisa garantir para não se desnaturar. Em sua manifestação histórica, um acontecimento de tão grande monta simbólica e teológica não deveria ser, jamais, formado e conduzido sob a tutela do desmazelo, do simplismo, do pragmatismo ou da acomodação. E não se trata, em absoluto, de maior ou menor acesso a recursos materiais, acadêmicos e artísticos. Trata-se de autenticidade, fidelidade e responsabilidade. Trata-se, enfim, de fé.

Como acontecimento salvífico, que amplia os horizontes humanos e terrenos, libertando-os da mediocridade instalada com o pecado, a assembleia é chamada a desenvolver todas as suas capacidades participativas e ministeriais, sem esquecer a dimensão estética e mística. Muito a propósito, a motivação principal do Movimento Litúrgico, que inspirou e sustentou as reflexões que depois se deram no Concílio Vaticano II, recolocando a assembleia no lugar que a mais autêntica tradição cristã sempre lhe reservou, passa exatamente pela flexão e conjugação de todos os aspectos e possibilidades celebrativas, em vista da plena participação do povo de Deus à sagrada liturgia.

Para "acontecer" segundo seus pressupostos mais fundamentais, a assembleia demanda um povo consciente, educado e disposto à participação, quer dizer, ao agir celebrativo, que não se reduz à realização dos gestos, movimentos e cantos previstos. Participar ativamente é assumir a atitude celebrativa, a *mens* cultual, a espiritualidade da oferta de si e a linguagem do belo e do Espírito, impregnando-se da natureza e da beleza que perpassam a oração cristã.

Os recursos simbólicos, expressivos, iconográficos, musicais, gestuais – enfim, participativos –, funcionam aí, nessa atmosfera efetivamente litúrgica, mistérica e sacramental. Nada, em relação ao culto, alcança eficácia se acontece de maneira apressada, isolada e fragmentada. A participação supõe uma ambientação espiritual e uma tal inserção dos sujeitos no ato litúrgico a ponto de criar um rico e intenso compartilhamento estético, lúdico e ritual que, por sua vez, requer uma ministerialidade desenvolvida e integrada. O enlaçamento harmônico destas diversas dimensões revela a assembleia como o acontecimento excelso e complexo que é real e concreto sim, porém capaz de evocar e associar as principais realidades teológicas e espirituais em jogo no fato celebrativo.

Assim, a manifestação da variedade ministerial que o Espírito plasma e suscita na Igreja não é algo irrelevante, acessório ou secundário para a liturgia: revela o que, de fato, se dá no acontecimento "assembleia". Se esta representa, realmente, a Igreja em ato, o corpo de Cristo em sua verdade e integridade, todo empenho na formação dos ministérios para o serviço da liturgia significará muito mais que o cultivo de luxos e frivolidades cerimoniais. Será colaborar no próprio processo de construção da Igreja e sua comunhão na diversidade! A teologia da assembleia litúrgica revela que, sem o desenvolvimento destas expressões essenciais da natureza assembleal, derivadas da índole sacerdotal da inteira comunidade cristã, vive-se a comunhão para a celebração – e, consequentemente, a comunhão eclesial – de maneira pobre, opaca e acanhada. Nada há de desimportante ou excessivo na preocupação com o cultivo da complementaridade vocacional-ministerial no acontecimento da reunião cristã.

Sobre a participação, cremos que nossa maior contribuição está em repetir, com os argumentos reavivados pela pesquisa realizada, que ela exige um intenso, paciente e constante processo de reconfiguração da consciência celebrativa do povo de Deus. Traria benefícios imensos a todo o conjunto dos fiéis reunidos para os atos litúrgicos uma compreensão profunda sobre a natureza da assembleia litúrgica, sua dignidade e seu ministério compartilhado. Saber-se parte de um acontecimento tão decisivo e significativo, que se caracteriza, exatamente, pela natureza comunitária, faz cada cristão projetar sobre a inteira assembleia e sobre sua inserção nela uma luz nova e radiosa.

Como consequência, ao assumir os códigos linguísticos e rituais que tecem a reunião de um corpo vivo tocado pela fé, cada batizado une-se ao estado participativo mais autêntico e eficaz, da maneira mais natural e convicta que se possa esperar. Ao invés de recursos apelativos, exóticos, infantilizadores ou manipuladores, quase todos aparentados com o ativismo compulsivo e ruidoso que caracteriza a cultura contemporânea, a Igreja se sentirá chamada a cuidar do silêncio, do desenvolvimento da capacidade de intelecção espiritual, do gosto por compartilhar a palavra de Deus e sua escuta orante, da habilidade em fazer, através dos gestos e da eucologia litúrgica, verdadeira expansão do mundo interior humano, com as emoções, esperanças e capacidades que o constituem. Eis o que permite e significa o "acontecimento" assembleal.

Avançando rumo à nossa quinta chave conclusiva, constatamos que a assembleia litúrgica é verdadeira profecia das realidades já transfiguradas pela atuação do querer salvífico de Deus. Falávamos de algo semelhante a isto quando tratamos da assembleia como sinal excelente do projeto divino de salvação. Agora, tentaremos evidenciar o aspecto já realizado deste projeto, que também se faz presente na realidade celebrativa comunitária.

É próprio do sacramento ser um antegozo da verdade sinalizada. O anúncio que celebra e atualiza não é, apenas, projeção genérica de um fato salvífico, mas é sua mesma apresentação e experiência. A escala, a duração e a intensidade é que variam em relação ao que virá. Na essência, o sacramento é antecipação profética da intervenção de Deus em vista da salvação definitiva de todo o criado. O futuro feliz e consumado é, pois, proclamado, pregustado e esperado no instrumento sacramental e através dele.

Na assembleia litúrgica, a profecia da comunhão repousante e perfeitamente integradora com a Trindade se dá sob o paradigma descrito logo acima. Em sua fenomenologia, a reunião para a celebração agrega pessoas das mais variadas idades, culturas, índoles, capacidades, colocações sociais, graus de envolvimento eclesial, compreensão doutrinal e maturidade espiritual. Ajunta, enfim, toda a coleção das diferenças e particularidades humanas que se tenham aberto, de algum modo e sob algum grau, à novidade da convocação cristã. Em outro nível, a liturgia também reúne a diversidade dos elementos e recursos naturais, ao apresentar os frutos da terra e do trabalho para a ação transformadora de Deus. Também quando se comunica através de uma simbologia cósmica, abarcante e aberta, capaz de envolver a variedade e ecoar a voz de toda a criação, a celebração cristã integra, ao redor do núcleo dos fiéis reunidos, todo o universo.

A assembleia litúrgica profetiza, destarte, um mundo reconciliado e integrado, adiantando no tempo o desfecho de todas as coisas que se dará no advento de Cristo. A reunião cristã profetiza o encontro das incompatibilidades, impermeabilidades e divergências, antecipando no espaço de um templo, ao redor do único altar, o evento decisivo que só terá lugar no amadurecimento do percurso existencial que seguimos. A comunidade celebrante profetiza a harmonia e a saciedade que se há de festejar entre todos os que fomos chamados ao ser e à vida pela palavra eficaz de Deus, naquela circunstância em que ele mesmo, o Senhor, for tudo em todos.

A autenticidade desta profecia demanda que as assembleias demonstrem, por todos os meios, a capacidade de ajuntar, fazer dialogar e partilhar tudo o que ainda se mostra disperso e em oposição, seja no âmbito das relações entre pessoas, grupos, sexos e até espécies. No tempo em que se dá e no espaço em que acontece, a comunidade cristã reunida é chamada a ser *kairós*, que anuncia realizando a conciliação universal – a redenção de todo o criado.

A assembleia litúrgica pode ser, inclusive, um ótimo princípio para a reconstrução de uma sadia convivência com o ambiente e as outras formas de vida na "casa comum" que é o planeta. Com a ousadia e a liberdade tão características do espírito profético, há de buscar que a experiência do culto comunitário exprima, além do ajuntamento das dissoluções relacionais, morais, políticas ou religiosas, também a superação da ruptura com a comunhão original entre a humanidade e o mundo que ela habita, sob o olhar amoroso de seu único Criador e Senhor. É esta, inclusive, uma das causas mais prementes e mobilizadoras do cenário atual, capaz de juntar forças das mais diversificadas proveniências. A teologia e a experiência da assembleia estão, pois, indiscutivelmente chamadas a ser mais um canal para a atração de forças e interesses nesta direção.

Tal realidade de encontro e comunhão, entretanto, não se fará sem o concurso do Espírito, "mão" de Deus ainda a tocar toda a criação. Com efeito, todo o protagonismo desta operação de aproximação, convocação e unificação do mundo ao projeto salvífico pertence ao Deus-Trindade. Tendo já realizado a criação e a redenção, toca-lhe atuar, no Espírito, para que tudo se faça novo, segundo seu desígnio misericordioso. Com este foco, portanto, apresentamos a sexta chave de conclusão para este trabalho investigativo: a assembleia é invocação da condição renovada para a qual Deus chama e conduz a Igreja, a humanidade e o universo.

Ao falar de "invocação" não queremos apenas dizer que a assembleia faz a invocação epiclética que comparece sempre na liturgia cristã, em seus textos eucológicos. Ela é invocação, uma vez que "atrai" o favor de Deus, sua condescendência amorosa e vivificadora. Ela é, por sua natureza, uma realidade "pneumatoklética", isto é, está existencialmente configurada à invocação do Espírito. É certo que, também, seu clamor e sua disposição receptiva criem as condições favoráveis para uma "descida" generosa do Espírito, mas, pelo fato de estar reunida, a assembleia já se faz "lugar" de uma profunda identificação com o "ser", o "querer" e o "agir" de Deus, de modo a torná-lo presente na história. É exatamente sobre isso que insistimos quando falamos de assembleia litúrgica como "sacramento".

Ademais, a vocação esponsal da Igreja, tão ressaltada pelo modo pactual com que o próprio Deus plasmou a história da salvação, faz da assembleia esta invocação constante de comunhão com o "amado", de tal maneira que, reunida a comunidade-Igreja para a renovação da aliança, clama-se de per si a consumação destas núpcias. Não será demais dizer que a Igreja se reúna justamente para, no Espírito, clamar: "vem, Senhor". Na metalinguagem da fé e da esperança, reunir-se é invocar.

Tal condição epiclética original insta a assembleia a uma verdadeira espiritualidade, quer dizer, a uma experiência que reserva ao Espírito o papel de agente litúrgico primordial, princípio animador que denuncia e potencializa a ação sacerdotal de Cristo naquela comunidade reunida e em celebração. É certo que tal espiritualidade não se reduza a uma piedade emotiva, que nasça ou se sustente, tão somente, do estupor diante da lógica extraordinária da fé, da ânsia pelo maravilhoso ou por uma demonstração acrobática da potência divina. Sem fechar-se a nenhuma dimensão ou possibilidade expressiva da graça, mas atualizando os caminhos já abertos pelo advento da salvação na história, a espiritualidade cria espaços nos membros da assembleia e na comunhão dos fiéis para que, de fato, as ações divinas aconteçam, manifestando-se em conversão, crescimento no amor, discernimento dos espíritos e capacidade de um testemunho veraz do encontro com Deus e sua salvação.

Encarnando a invocação epiclética da liturgia, a assembleia é, enfim, chamada a compreender-se sinal e lugar de encontro com Deus, assumindo, inclusive, a tarefa de ser instância de verificação para os fenômenos supostamente despertados pela ação do *Pneuma* na vida de quem o invoca. Tal como indicava São Paulo aos coríntios, a edificação da Igreja, quer dizer, o crescimento de sua capacidade santificadora e proclamadora da salvação em Cristo deverá ser o critério para a apreciação de qualquer dom ou carisma que se pretenda radicado em Deus e sua ação no mundo.

A última chave conclusiva que nos ocorre apresentar aponta para a assembleia litúrgica como ação de graças. Povo reunido para o louvor daquele que o chamou das trevas para sua luz maravilhosa (1Pd 2,9), a comunidade celebrante reconhece-se exatamente nesta atitude agradecida. Nada há em sua história e identidade que não seja dom da infinita misericórdia de Deus. Nada haverá em sua reunião, deste modo, que não seja para o engrandecimento e reconhecimento do nome divino. Reunir-se será sempre, para a Igreja, anúncio, celebração e cântico da sua imensa gratidão ao Deus e Senhor que, abrindo caminhos de vida e salvação, conduziu seu povo à salvação.

A identificação que historicamente se deu entre eucaristia e assembleia, a ponto de ambas se chamarem, a certa altura, com o mesmo título – *synaxis* –, encontra, no dado apenas apresentado, um significado mais profundo que a simples coincidência histórica no uso das palavras possa oferecer. Em mútua dependência e no compartilhamento de seus recursos mais característicos, eucaristia e assembleia unem-se para o mesmo gesto de louvor, de maneira que tanto em uma como na outra, um único eco permaneça vibrando: *Deo gratias*. Ora como louvor compartilhado numa assembleia de irmãos, ora como sinal sacramental partilhado entre todos, a ação de graças será aquela constante que funde a mútua interioridade que une dinamicamente a reunião celebrativa e o sacramento eucarístico, de maneira que uma se integre essencialmente à outra, e não apenas se sobreponham.

Em suma, a assembleia litúrgica se reúne precisamente para a ação de graças sobre a história salvífica, que tem na eucaristia sua expressão mais alta. Tal verdade, inclusive, se prolonga e permanece, de maneira que tudo o que se celebra em comunidade – os demais sacramentos, a liturgia das horas ou até os atos mais espontâneos da reta piedade cristã – é gratidão e é graça. É, portanto, eucaristia.

Tudo isto é muito salutar e inspirador, uma vez que ajuda a Igreja a não transformar sua experiência eucarística em "coisa" ou "meio". A eucaristia será sempre práxis, *actio* que envolve todo o corpo eclesial ao redor da palavra de Deus e dos sinais que ele elegeu para entrar em comunhão conosco. A eucaristia, finalmente, salva a assembleia de uma concepção autônoma de comunhão, uma vez que lhe revela que esta realidade é dom permanentemente recebido do alto, em humilde adoração e sincera gratidão. Nunca será, somente, produto da soma dos indivíduos em sua boa vontade e iluminada consciência de fé.

Já a assembleia, por sua vez, salva o sacramento eucarístico de uma compreensão excessivamente material, que a reduz a um objeto de devoção e de culto, mas destacado do movimento que estabelece e atualiza a Igreja. O pão eucarístico completamente destacado do contexto assembleal deixaria de significar, para o crente, verdadeiro sacramento de sua salvação, para se tornar, quem sabe, objeto de privada devoção e piedade subjetiva. Não é esta, por certo, a vocação do cristão, nem o sentido da vida eucarística da Igreja.

Se optamos por sete chaves conclusivas foi, justamente, para que a ideia de "chave" mantivesse aberta a reflexão que, com responsabilidade e consciência, procuramos realizar. Essas chaves não trancam nada; antes, revelam que há muitas outras portas que podem ser encontradas e escancaradas para que sobre o sinal-assembleia brilhem a luz do discernimento teológico, além do conhecimento e da experiência eclesial. Nosso desejo é que estas contribuições, não obstante marcadas por limites e restrições variadas, despertem renovado interesse pela assembleia litúrgica, "lugar" teológico de intensa e constante experiência salvífica.

Referências bibliográficas

AGOSTINHO DE HIPONA. A cidade de Deus. In: CORDEIRO, J. L. (Org.). *Antologia litúrgica*. Textos litúrgicos, patrísticos e canónicos do primeiro milénio. Fátima: Secretariado Nacional de Liturgia, 2003, p. 802-807.

AGOSTINHO DE HIPONA. Carta 55. In: CORDEIRO, J. L. (Org.). *Antologia litúrgica*. Textos litúrgicos, patrísticos e canónicos do primeiro milénio. Fátima: Secretariado Nacional de Liturgia, 2003, p. 822-829.

AGOSTINHO DE HIPONA. Comentários aos Salmos: Salmo 85. In: CORDEIRO, J. L. (Org.). *Antologia litúrgica*. Textos litúrgicos, patrísticos e canónicos do primeiro milénio. Fátima: Secretariado Nacional de Liturgia, 2003, p. 765.

AGOSTINHO DE HIPONA. Sermão 227. In: CORDEIRO, J. L. (Org.). *Antologia litúrgica*. Textos litúrgicos, patrísticos e canónicos do primeiro milénio. Fátima: Secretariado Nacional de Liturgia, 2003, p. 918-920.

AGOSTINHO DE HIPONA. Sermão 250. In: CORDEIRO, J. L. (Org.). *Antologia litúrgica*. Textos litúrgicos, patrísticos e canónicos do primeiro milénio. Fátima: Secretariado Nacional de Liturgia, 2003, p. 939.

AGOSTINHO DE HIPONA. Sermão 268. In: CORDEIRO, J. L. (Org.). *Antologia litúrgica*. Textos litúrgicos, patrísticos e canónicos do primeiro milénio. Fátima: Secretariado Nacional de Liturgia, 2003, p. 952.

AGOSTINHO DE HIPONA. Sermão 352. In: CORDEIRO, J. L. (Org.). *Antologia litúrgica*. Textos litúrgicos, patrísticos e canónicos do primeiro milénio. Fátima: Secretariado Nacional de Liturgia, 2003, p. 963-964.

AGOSTINHO DE HIPONA. Tratados sobre o Evangelho de João. In: CORDEIRO, J. L. (Org.). *Antologia litúrgica*. Textos litúrgicos, patrísticos e canónicos do primeiro milénio. Fátima: Secretariado Nacional de Liturgia, 2003, p. 792.

ALDAZÁBAL, J. *A Eucaristia*. Petrópolis: Vozes, 2002.

ALDAZÁBAL, J. Aspectos eclesiológicos de la tercera edición del misal romano y de los prenotandos de otros libros litúrgicos. In: ASOCIACIÓN ESPAÑOLA DE PROFESORES DE LITURGIA. *La liturgia*: epifanía de la Iglesia. Barcelona: Centre de Pastoral Litúrgica, 2010, p. 53-73.

ALDAZÁBAL, J. *Gestos e símbolos*. São Paulo: Loyola, 2005.

ALDAZÁBAL, J. Ícone. In: ALDAZÁBAL, J. *Dicionário elementar de liturgia*. Prior Velho: Paulinas, 2007, p. 137.

ALDAZÁBAL, J. *Instrução geral sobre a liturgia das horas:* comentários de J. Aldazábal. São Paulo: Paulinas, 2010.

ALDAZÁBAL, J. (Org.). Presidir la asamblea: un ministerio fundamental. *Dossiers,* n. 69, p. 94-100, 1996.

ALDAZÁBAL, J. *Servidores da palavra.* In: ALDAZÁBAL, J.; ROCA, J. (Orgs.). A arte da homilia. Prior Velho: Paulinas, 2006, p. 25-28.

ALMEIDA, A. J. *Lumen Gentium:* a transição necessária. São Paulo: Paulus, 2005.

AMADO, J. P. *Evangelii Gaudium:* alguns aspectos para sua leitura. In: AMADO, J. P.; FERNANDES, L. A. (Orgs.). *Evangelii Gaudium* em questão: aspectos bíblicos, teológicos e pastorais. Rio de Janeiro: PUC-Rio – São Paulo: Paulinas, 2014, p. 27-32.

AMATO, A. *Gesù, il Signore:* saggio di cristologia. Bologna: EDB, 1999.

AMBRÓSIO DE MILÃO. Apologia de David. In: CORDEIRO, J. L. (Org.). *Antologia litúrgica.* Textos litúrgicos, patrísticos e canónicos do primeiro milénio. Fátima: Secretariado Nacional de Liturgia, 2003, p. 517.

AMBRÓSIO DE MILÃO. Comentários aos Salmos: Salmo 38. In: *Antologia litúrgica.* Textos litúrgicos, patrísticos e canónicos do primeiro milénio. Fátima: Secretariado Nacional de Liturgia, 2003, p. 543.

AMBRÓSIO DE MILÃO. Sobre a penitência. In: CORDEIRO, J. L. (Org.). *Antologia litúrgica.* Textos litúrgicos, patrísticos e canónicos do primeiro milénio. Fátima: Secretariado Nacional de Liturgia, 2003, p. 539-541.

AUGÉ, M. *Domingo:* festa primordial dos cristãos. São Paulo: Ave Maria, 2000.

AUGÉ, M. *Espiritualidade litúrgica:* Oferecei vossos corpos em sacrifício vivo, santo e agradável a Deus. São Paulo: Ave-Maria, 2002

AUGÉ, M. "L'assemblea celebrante: dall'Institutio Generalis Missalis Romani (1969) all'Instruzione Universae Ecclesiae (2011)". In: MEDEIROS, D. (Org.). *Sacrificium et canticum laudis:* parola, eucaristia, liturgia delle ore, vita della chiesa. Città del Vaticano: LEV, 2015, p. 259-269.

AUGÉ, M. *Liturgia:* historia, celebración, teologia e espiritualidad. Barcelona: Centre de Pastoral Liturgica, 1995.

BAROFFIO, B. *Sacerdócio.* In: SARTORE, D.; TRIACCA, A. M. (Orgs.). Dicionário de liturgia. São Paulo: Paulus, 1992, p. 1029-1044.

BARNETT, P. W. Apostolo. In: HAWTHORNE, G. F.; MARTIN, R. P.; REID, D. G. (Orgs.). *Dizionario di Paolo e delle sue lettere.* Cinisello Balsamo: San Paolo, 1999, p. 109-118.

BARSOTTI, D. *Il mistero cristiano e la parola di Dio.* Cinisello Balsamo: San Paolo, 2009.

BARSOTTI, D. *Il mistero della Chiesa nella liturgia.* Cinisello Balsamo: San Paolo, 2007.

BASURKO, X.; GOENAGA, J. A. A vida litúrgica sacramental da Igreja em sua evolução histórica. In: BOROBIO, D. (Org.). *A celebração na Igreja:* liturgia e sacramentologia fundamental. São Paulo: Loyola, 1990, v. I, p. 38-125.

BAUMAN, Z. *Modernidade líquida.* Rio de Janeiro: Zahar, 2001.

BECKHÄUSER, A. *Concílio Vaticano II:* a liturgia 25 anos depois. Petrópolis: Vozes, 1989.

BECKHÄUSER, A. *O sentido da liturgia das horas.* Petrópolis: Vozes, 1995.

BECKHÄUSER, A. *Sacrosanctum Concilium:* texto e comentário. São Paulo: Paulinas, 2012.

BENTO DE NÚRCIA. Regra dos monges. In: CORDEIRO, J. L. (Org.). *Antologia litúrgica.* Textos litúrgicos, patrísticos e canónicos do primeiro milénio. Fátima: Secretariado Nacional de Liturgia, 2003, p. 1211-1218.

BENTO XVI. *Os Padres da Igreja:* de Clemente de Roma a Santo Agostinho. São Paulo: Pensamento, 2010.

BENTO XVI. *Sacramentum Caritatis:* exortação apostólica pós-sinodal sobre a eucaristia, fonte e ápice da vida e da missão da Igreja. São Paulo: Paulinas, 2010.

BENTO XVI. *Spe Salvi:* carta encíclica sobre a esperança cristã. São Paulo: Loyola, 2007.

BENTO XVI. *Verbum Domini:* exortação apostólica pós-sinodal sobre a palavra de Deus na vida e na missão da Igreja. São Paulo: Paulinas, 2010.

BERTAZZI, L. Una preziosa opportunità. In: GRILLO, A.; RONCONI, M. (Orgs.). *La riforma della liturgia:* introduzione a Sacrosanctum Concilium. Milano: San Paolo, 2009, p. 7-12.

BIFFI, G. *Para amar a Igreja.* Belo Horizonte: Centro de Cultura e Formação Cristã da Arquidiocese de Belém do Pará – O Lutador, 2009.

BISCONTIN, C. *Pregar a palavra:* a ciência e a arte da pregação. Brasília: CNBB, 2015.

BOADT, L., Ezequiel. In: BROWN, R. E. – FITZMEYER, J. A.; MURPHY, R. E. (orgs.). *Novo comentário bíblico São Jerônimo: Antigo Testamento.* São Paulo – Santo André: Paulus – Academia Cristã, 2007, p. 634-652.

BORG, M. J.; CROSSAN, J. D. *A última semana:* um relato detalhado dos dias finais de Jesus. Rio de Janeiro: Nova Fronteira, 2007.

BOROBIO, D. *A dimensão estética da liturgia:* arte sagrada e espaços para a celebração. São Paulo: Paulus, 2010.

BOROBIO, D. *Cultura, fe, sacramento.* Barcelona: Centre de Pastoral Litúrgica, 2002.

BOROBIO, D. *Los ministerios en la comunidad.* Barcelona: Centre de Pastoral Litúrgica, 1999.

BOROBIO, D. Sacramentos y sacramentalidades en la posmodernidad. In: ASSOCIACIÓN ESPAÑOLA DE PROFESORES DE LITURGIA. La sacramentalidad de la liturgia. Barcelona: Centre de Pastoral Litúrgica, 2010, p. 65-107.

BOSELLI, G. *O sentido espiritual da liturgia.* Brasília: CNBB, 2014.

BOTTE, B. *O Movimento Litúrgico:* testemunho e recordações. São Paulo: Paulinas, 1978.

BOUYER, L. *El rito y el hombre: sacralidad natural y liturgia.* Barcelona: Estela, 1967.

BOUYER, L. Liturgia renovada: comentario espiritual-doctrinal a la constitución del Concilio Vaticano II sobre la sagrada liturgia. In: Cuadernos Phase 214 (2013), p. 9-73.

BOWERS, W. Missione. In: HAWTHORNE, G. F.; MARTIN, R. P.; REID, D. G. (Orgs.) *Dizionario di Paolo e delle sue lettere.* Cinisello Balsamo: San Paolo, 1999, p. 1014-1035.

BRANDOLINI, L. Partecipazione alla spiritualità cristiana e impegno nel mondo. In: CENTRO DI AZIONE LITURGICA (Org.). Celebrare per avere parte al mistero di Cristo: la partecipazione alla liturgia. Roma: CLV – Edizioni Liturgiche, 2009, p. 213-223.

BRIGHT, J. *História de Israel*. São Paulo: Paulus, 2003.

BROWN, R. E. *A comunidade do discípulo amado*. São Paulo: Paulus, 1999.

BRUEGGEMANN, W. *Teologia do antigo testamento*: testemunho, disputa e defesa. São Paulo – Santo André: Paulus – Academia Cristã, 2014.

CAMPATELLI, M. *O Batismo*: cada dia às fontes da vida nova. Bauru: Edusc, 2008.

CAMPBELL, W. Giudaizzanti. In: HAWTHORNE, G. F.; MARTIN, R. P.; REID, D. G. (Orgs.). *Dizionario di Paolo e delle sue lettere*. Cinisello Balsamo: San Paolo, 1999, p. 767-773.

CARDOSO, I. M. A. *Domingo, dia da ressurreição*: uma abordagem a partir da literatura cristã anterior a Constantino. Lisboa: Paulus, 2012.

CASTELLANO, J. *Liturgia e vida espiritual*: teologia, celebração, experiência. São Paulo: Paulinas, 2008.

CAVAGNOLI, G. *Il dibattito conciliare su* Sacrosanctum Concilium, In: GRILLO, A.; RONCONI, M. (Orgs.). La riforma della liturgia. Introduzione a *Sacrosanctum Concilium*. Milano: San Paolo, 2009, p. 61-77.

CAVAGNOLI, G. *Il modo di intendere la Chiesa*. In: CAVAGNOLI, G. (Org.). L'assemblea liturgica. Padova: Messaggero, 2005, p. 71-104.

CENTRO NACIONAL DE PASTORAL LITÚRGICA. *A arte de celebrar*: guia pastoral. Brasília: CNBB, 2015.

CHIARAMELLO, P. Pregare oggi con la liturgia delle ore. In: MEDEIROS, D. (Org.). *Sacrificium et canticum laudis*: parola, eucaristia, liturgia delle ore, vita della Chiesa. Città del Vaticano: LEV, 2015, p. 297-306.

CIPRIANO. Os apóstatas. In: CORDEIRO, J. L. (Org.). *Antologia litúrgica*. Textos litúrgicos, patrísticos e canónicos do primeiro milénio. Fátima: Secretariado Nacional de Liturgia, 2003, p. 273-277.

CLEMENTE DE ALEXANDRIA. Stromata VII. In: CORDEIRO, J. L. (Org.). *Antologia litúrgica*. Textos litúrgicos, patrísticos e canónicos do primeiro milénio. Fátima: Secretariado Nacional de Liturgia, 2003, p. 178-179.

CLEMENTE ROMANO. Carta aos Coríntios. In: CORDEIRO, J. L. (Org.). *Antologia litúrgica*. Textos litúrgicos, patrísticos e canónicos do primeiro milénio. Fátima: Secretariado Nacional de Liturgia, 2003, p. 84-92.

CLERCK, P. L'épiclèse et la dynamique de la prière eucharistique. In: MEDEIROS, D. (Org.). *Sacrificium et canticum laudis*: parola, eucaristia, liturgia delle ore, vita della Chiesa. Città del Vaticano: LEV, 2015, p. 191-202.

CLIFFORD, R. J. Êxodo. In: BROWN, R. E.; FITZMYER, J. A.; MURPHY, R. E. (Orgs.). *Novo comentário bíblico São Jerônimo*: Antigo Testamento. São Paulo: Academia Cristã – Paulus, 2007, p. 129-159.

CNBB. *Iniciação à vida cristã*: um processo de inspiração catecumenal. Brasília: CNBB, 2009. (Doc. 97).

CNBB. *Por um novo impulso à vida litúrgica*: instrumento de trabalho. São Paulo: Paulinas, 1988.

COLLINS, J. J. *A imaginação apocalíptica:* uma introdução à literatura apocalíptica judaica. São Paulo: Paulus, 2010.

COMBET-GALLAND, C. O evangelho segundo Marcos. In: MARGUERAT, D. (Org.). *Novo Testamento:* história, escritura e teologia. São Paulo: Loyola, 2009, p. 45-80.

CONCÍLIO VATICANO II. Constituição dogmática *Dei Verbum* sobre a revelação divina. In: COSTA, L. (Org.). *Documentos do Concílio Ecumênico Vaticano II.* São Paulo: Paulus, 2001, p. 347-367.

CONCÍLIO VATICANO II. Constituição dogmática *Lumen Gentium* sobre a Igreja. In: COSTA, L. (Org.). *Documentos do Concílio Ecumênico Vaticano II.* São Paulo: Paulus, 2001, p. 101-197.

CONCÍLIO VATICANO II. Constituição pastoral *Gaudium et Spes* sobre a Igreja no mundo de hoje. In: COSTA, L. (Org.). *Documentos do Concílio Ecumênico Vaticano II.* São Paulo: Paulus, 2001, p. 539-661.

CONCÍLIO VATICANO II. Constituição *Sacrosanctum Concilium* sobre a Sagrada Liturgia. In: COSTA, L. (Org.). *Documentos do Concílio Ecumênico Vaticano II.* São Paulo: Paulus, 2001, p. 33-86.

CONCÍLIO VATICANO II. Declaração *Nostra Aetate* sobre as relações da Igreja com as religiões não cristãs". In: COSTA, L. (Org.). *Documentos do Concílio Ecumênico Vaticano II.* São Paulo: Paulus, 2001, p. 339-346.

CONCÍLIO VATICANO II. Decreto *Ad Gentes* sobre a atividade missionária da Igreja. In: COSTA, L. (Org.). *Documentos do Concílio Ecumênico Vaticano II.* São Paulo: Paulus, 2001, p. 431-489.

CONCÍLIO VATICANO II. Decreto *Apostolicam Actuositatem* sobre o apostolado dos leigos. In: COSTA, L. (Org.). *Documentos do Concílio Ecumênico Vaticano II.* São Paulo: Paulus, 2001, p. 369-409.

CONCÍLIO VATICANO II. Decreto *Christus Dominus* sobre o múnus pastoral dos bispos na Igreja. In: COSTA, L. (Org.). *Documentos do Concílio Ecumênico Vaticano II.* São Paulo: Paulus, 2001, p. 241-276.

CONCÍLIO VATICANO II. Decreto *Presbyterorum Ordinis* sobre o ministério e a vida dos presbíteros. In: COSTA, L. (Org.). *Documentos do Concílio Ecumênico Vaticano II.* São Paulo: Paulus, 2001, p. 491-538.

CONGAR, Y. M. J. *Ele é Senhor e dá a vida.* São Paulo: Paulinas, 2005.

CONGAR, Y. M. J. *La Iglesia, pueblo sacerdotal.* In: Phase 147 (2004), p. 3-68.

CONGAR, Y. M. J. *Revelação e experiência do Espírito.* São Paulo: Paulinas, 2009.

CONGREGAÇÃO PARA O CULTO DIVINO E A DISCIPLINA DOS SACRAMENTOS, *Diretório sobre a piedade popular e liturgia:* princípios e orientações. São Paulo: Paulinas, 2003.

CONSELHO EPISCOPAL LATINO-AMERICANO. *Documento de Aparecida:* texto conclusivo da V conferência geral do episcopado latino-americano e do Caribe. São Paulo: Paulus – Paulinas, 2007.

CORBON, J. *A fonte da liturgia.* Lisboa: Paulinas, 1999.

COSTA, R. F. *A mistagogia em Cirilo de Jerusalém.* São Paulo: Paulus, 2015.

COSTA, R. F. *Mistagogia hoje:* o resgate da experiência mistagógica dos primeiros séculos da Igreja para a evangelização e catequese atuais. São Paulo: Paulus, 2014.

CRAGHAN, J. F. *Êxodo.* In: BERGANT, D.; KARRIS, R. J. (Orgs.). Comentário bíblico. São Paulo: Loyola, 1999, v. I, p. 91-120.

CUVA, A. Per un'attualizzante partecipazione dei fedeli alla luce della *Sacrosanctum Concilium.* In: MONTAN, A.; SODI, M. (Orgs.). *Actuosa participatio:* conoscere, comprendere e vivere la liturgia. Città del Vaticano: LEV, 2002, p. 179-192.

CUVILLIER, E. *O apocalipse de João.* In: MARGUERAT, D. (Org.). Novo Testamento: história, escritura e teologia. São Paulo: Loyola, 2009, p. 493-514.

CUVILLIER, E. *O evangelho segundo Mateus.* In: MARGUERAT, D. (Org.). Novo testamento: história, escritura e teologia. São Paulo: Loyola, 2009, p. 81-106.

DAL COVOLO, E. *Io credo in Dio Padre...* La prospettiva trinitaria, fondamento della preghiera cristiana. In: MEDEIROS, D. (Org.), *Sacrificium et canticum laudis:* parola, eucaristia, liturgia delle ore, vita della chiesa. Città del Vaticano: LEV, 2015, p. 287-296.

DALMAU, B. *El momento litúrgico actual.* In: *Dossiers CPL* 117 (2010).

DANIÉLOU, J. *Bíblia e liturgia:* a teologia bíblica dos sacramentos e das festas nos Padres da Igreja. São Paulo: Paulinas, 2013.

DE ZAN, R. *Os múltiplos tesouros da única palavra:* introdução ao lecionário e à leitura litúrgica da Bíblia. Petrópolis: Vozes, 2015.

DE ZAN, R. Tutta l'assemblea disse: Amen' e lodarono il Signore (Ne 5,13). Qahal-Ekklesia: alcune note di riflessione filologica. In: CAVAGNOLI, G. (Org.). *L'assemblea liturgica.* Padova: Messaggero – Abbazia di Santa Giustina, 2005, p. 59-70.

DEISS, L. *A ceia do Senhor:* eucaristia dos cristãos. São Paulo: Paulinas, 1985.

DEISS, L. *A palavra de Deus celebrada:* teologia da celebração da palavra de Deus. Petrópolis: Vozes, 1996.

DRISCOLL, J. *Cosa accade nella messa.* Bologna: EDB, 2006.

DROBNER, H. R. *Manual de patrologia.* Petrópolis: Vozes, 2008.

DIDAQUÉ. Instrução do Senhor aos gentios. In: CORDEIRO, J. L. (Org.). *Antologia litúrgica.* Textos litúrgicos, patrísticos e canónicos do primeiro milénio. Fátima: Secretariado Nacional de Liturgia, 2003, p. 93-99.

EFRÉM, DIÁCONO. Sermão para o ofício noturno da ressurreição do Senhor. In: CORDEIRO, J. L. (Org.). *Antologia litúrgica.* Textos litúrgicos, patrísticos e canónicos do primeiro milénio. Fátima: Secretariado Nacional de Liturgia, 2003, p. 397.

ELIADE, M. *O sagrado e o profano:* a essência das religiões. São Paulo: WMF Martins Fontes, 2010.

FALSINI, R. *Celebrare e vivere il mistero eucarístico.* Bologna: EDB, 2009.

FERNANDEZ, P. Um culto em espírito e verdade. In: BOROBIO, D. (Org.). *A celebração na Igreja:* liturgia e sacramentologia fundamental. São Paulo: Loyola, 1990, v. I, p. 252-267.

FERRARIS, F. *Dalla parte dell'assemblea:* come educare i fedeli alla liturgia. Milano: Paoline, 2010.

FLANAGAN, N. M. João. In: BERGANT, D.; KARRIS, R. J. (Orgs.). *Comentário bíblico*. São Paulo: Loyola, 1999, v. III, p. 109-141.

FLORES, J. J. *Introdução à teologia litúrgica*. São Paulo: Paulinas, 2006.

FONTBONA, J. *Ministerio de comunión*. Barcelona: Centre de Pastoral Liturgica, 1999.

FORTE, B. *A Igreja, ícone da Trindade*. São Paulo: Loyola, 1987.

FORTE, B. Belezza splendore del vero: la rivelazione della bellezza che salva. In: VALENTINO, N. (Org.). *Cristianesimo e bellezza*: tra Oriente e Occidente. Milano: Paoline, 2002, p. 53-71.

FRANCISCO. *Evangelii Gaudium:* exortação apostólica sobre o anúncio do Evangelho no mundo atual. São Paulo: Paulus – Loyola, 2013.

FRANQUESA, A. Las aclamaciones de la comunidad. Amén. Aleluya. Hosanna. Deo Gratias. In: *Dossiers* 65 (1995), p. 10-87.

FUENTE, E. B. Panorama de la eclesiología actual. In: ASOCIACIÓN ESPAÑOLA DE PROFESORES DE LITURGIA, *La liturgia*: epifanía de la Iglesia. Barcelona: Centre de Pastoral Litúrgica, 2010, p. 19-51.

GANOCZY, A. Sacramento In: EICHER, P. (Org.) *Dicionário de conceitos fundamentais de teologia*. São Paulo: Paulus, 1993, p. 801-805.

GARCÍA-BARÓ, M. Sobre los supuestos de una liturgia que se abra al futuro del mundo. In: **Phase** 330 (2015), p. 573-586.

GELINEAU, J. *O amanhã da liturgia*: ensaio sobre a evolução das assembleias cristãs. São Paulo: Paulinas, 1977.

GELINEAU, J. O mistério da assembleia. In: GELINEAU, J. (Org.). *Em vossas assembleias:* sentido e prática da celebração litúrgica. São Paulo: Paulinas, 1973, p. 45-55.

GETTY, M. A. 1 Coríntios. In: BERGANT, D.; KARRIS, R. J. (Orgs.). *Comentário bíblico*. São Paulo: Loyola, 1999, v. III, p. 193-219.

GIRAUDO, C. *Admiração eucarística*: para uma mistagogia da missa à luz da Encíclica Ecclesia de Eucharistia. São Paulo: Loyola, 2008.

GIRAUDO, C. *Ascolta, Israele! Ascoltaci, Signore!* Teologia e spiritualità della liturgia della Parola. Città del Vaticano: Libreria Editrice Vaticana, 2008.

GIRAUDO, C. *Num só corpo*: tratado mistagógico sobre a eucaristia. São Paulo: Loyola, 2014.

GIBLET, J.; GRELOT, P. Aliança. In: LÉON-DUFOUR, X. et al. (Orgs.). *Vocabulário de teologia bíblica*. Petrópolis: Vozes, 1972, p. 26-33.

GIRARDI, L.; GRILLO, A. Introduzione a *Sacrosanctum Concilium*. In: NOCETI, S.; REPOLE, R. (Orgs.). *Commentario ai documenti del Vaticano II*: Sacrosanctum Concilium e Inter Mirifica. Bologna: EDB, 2014, p. 15-80.

GOMES, C. F., *Antologia dos Santos Padres*: páginas seletas dos antigos escritores eclesiásticos. São Paulo: Paulinas, 1979.

GOUZES, A. *La notte luminosa*: iniziazione al mistero della pasqua. Magnano: Qiqajon, 2015.

GRESHAKE, G. *El Dios uno y Trino*: una teología de la Trinidad. Barcelona: Herder, 2001.

255

GRIBOMONT, J. Escritura (Sagrada). In: DI BERARDINO, A. (Org.). *Dicionário patrístico e de antiguidades cristãs*. Petrópolis: Vozes, 2002, p. 495-497.

GRILLO, A. A partire da Sacrosanctum Concilium. In: GRILLO, A.; RONCONI, M. *La riforma della liturgia*: introduzione *a Sacrosanctum Concilium*. Milano: Periodici San Paolo, 2009, p. 80-95.

GRILLO, A. Comunità dal rito: i pressuposti teorici e culturalli de una teologia dell'assemblea celebrante". In: CAVAGNOLI, G. (Org.). *L'assemblea liturgica*. Padova: Messaggero – Abbazia di Santa Giustina, 2005, p. 175-214.

GRILLO, A. L'ars celebrandi e la partecipazione attiva dell'assemblea. In: CENTRO DI AZIONE LITURGICA (Org.). *Celebrare per avere parte al mistero di Cristo*: la partecipazione alla liturgia. Roma: Centro Liturgico Vincenziano – Edizioni Liturgiche, 2009, p. 103-113.

GRILLO, A. La liturgia cristiana dal Movimento Liturgico ai giorni nostri. In: GRILLO, A.; VALENZIANO, C. *L'uomo della liturgia*. Assisi: Cittadella, 2007, p. 11-72.

GRILLO, A. Liturgia: exercício do sacerdócio de Cristo, cabeça e membros, na *Sacrosanctum Concilium* e nos demais documentos do Concílio Vaticano II". In: CNBB, *Liturgia*: exercício do sacerdócio de Jesus Cristo, cabeça e membros. Brasília: Edições CNBB, 2014, p. 8-25.

GRILLO, A. Mistagogia e prospettiva teologica. Recezione della "provocazione mistagogica" e ripensamento iniziatico della "Prima Comunione". In: GIRARDI, L. (Org.). *La mistagogia*: attualità di una antica risorsa. Roma: Centro Liturgico Vincenziano - Edizioni Liturgiche, 2014, p. 237-258.

GRILLO, A. Partecipazione attiva e "questione litúrgica" nel rapporto tra riforma della liturgia e iniziazione mediante la liturgia. In: MONTAN, A.; SODI, M. *Actuosa participatio*: conoscere, comprendere e vivere la liturgia. Città del Vaticano: LEV, 2002, p. 257-272.

GRILLO, A. Verso Sacrosanctum Concilium. In: GRILLO, A.; RONCONI, M. (Orgs.). *La riforma della liturgia*. Introduzione a *Sacrosanctum Concilium*. Milano: San Paolo, 2009, p. 43-59.

GROSSI, V. Sacerdócio dos fieis. In: DI BERARDINO, A. (Org.). *Dicionário patrístico e de antiguidades cristãs*. Petrópolis: Vozes, 2002, p. 1239-1241.

GUARDINI, R. *Lo spirito della liturgia*. Brescia: Morcelliana, 2007.

GY, P. M. História da liturgia no Ocidente até o Concílio de Trento. In: MARTMORT, A. G. (Org.). *A Igreja em oração*: introdução à liturgia. Petrópolis: Vozes, 1988, v. I, p. 61-75.

HAFEMANN, S. Lettere ai Corinzi. In: HAWTHORNE, G. F.; MARTIN, R. P.; REID, D. G. (Orgs.). *Dizionario di Paolo e delle sue lettere*. Cinisello Balsamo: San Paolo, 1999, p. 298-324.

HAMMAN, A. G. *A vida cotidiana dos primeiros cristãos (95-157)*. São Paulo: Paulus, 1997.

HARRINGTON, D. J. Mateus. In: BERGANT, D.; KARRIS, R. J. (Orgs.). *Comentário bíblico*. São Paulo: Loyola, 1999, v. III, p. 11-44.

HEINZ-MOHR, G. Fogo. In: HEINZ-MOHR, G. *Dicionário dos símbolos*: imagens e sinais da arte cristã. São Paulo: Paulus, 1994, p. 163-166.

HILÁRIO DE POITIERS. Sobre a Santíssima Trindade. In: GOMES, C. F. (Org.). *Antologia dos Santos Padres*. Páginas seletas dos antigos escritores eclesiásticos. São Paulo: Paulinas, 1979, p. 213-219.

HIPÓLITO DE ROMA. Tradição Apostólica. In: CORDEIRO, J. L. (Org.). *Antologia litúrgica*. Textos litúrgicos, patrísticos e canónicos do primeiro milénio. Fátima: Secretariado Nacional de Liturgia, 2003, p. 228-241.

HOPING, H. A constituição *Sacrosanctum Concilium*. In: AMARAL, M. S.; HACKMANN, G. L. B. (Orgs.). *As constituições do Vaticano II*: ontem e hoje. Brasília: Edições CNBB, 2015, p. 99-139.

HOTZ, R. *Los sacramentos en nuevas perspectivas:* la riqueza sacramental de Oriente y Occidente. Salamanca: Sigueme, 1986.

INÁCIO DE ANTIOQUIA. Cartas: Inácio aos Efésios. In: CORDEIRO, J. L. (Org.). *Antologia litúrgica*. Textos litúrgicos, patrísticos e canónicos do primeiro milénio. Fátima: Secretariado Nacional de Liturgia, 2003, p. 101-103.

INÁCIO DE ANTIOQUIA. Cartas: Inácio aos Filadelfos. In: CORDEIRO, J. L. (Org.). *Antologia litúrgica*. Textos litúrgicos, patrísticos e canónicos do primeiro milénio. Fátima: Secretariado Nacional de Liturgia, 2003, p. 110-111.

JEREMIAS, J. *Teologia del Nuovo Testamento:* la predicazione di Gesù. Brescia: Paideia, 1972, v. I.

JOÃO CRISÓSTOMO. Catequese IV: aos neófitos. In: CORDEIRO, J. L. (Org.). *Antologia litúrgica*. Textos litúrgicos, patrísticos e canónicos do primeiro milénio. Fátima: Secretariado Nacional de Liturgia, 2003, p. 600-602.

JOÃO CRISÓSTOMO. Catequese VI: censura aos que abandonam a sinaxe e exortação aos neófitos. In: CORDEIRO, J. L. (Org.). *Antologia litúrgica*. Textos litúrgicos, patrísticos e canónicos do primeiro milénio. Fátima: Secretariado Nacional de Liturgia, 2003, p. 603-604.

JOÃO CRISÓSTOMO. Homilias sobre a Primeira Carta aos Coríntios: homilia 27. In: CORDEIRO, J. L. (Org.). *Antologia litúrgica*. Textos litúrgicos, patrísticos e canónicos do primeiro milénio. Fátima: Secretariado Nacional de Liturgia, 2003, p. 629.

JOÃO CRISÓSTOMO. Homilias sobre São Mateus: homilia 32. In: CORDEIRO, J. L. (Org.). *Antologia litúrgica*. Textos litúrgicos, patrísticos e canónicos do primeiro milénio. Fátima: Secretariado Nacional de Liturgia, 2003, p. 625-626.

JOÃO PAULO II, *Carta apostólica* Vicesimus quintus annus *no XXV aniversário da constituição conciliar* Sacrosanctum Concilium *sobre a sagrada liturgia*. Disponível em: <https://w2.vatican.va/content/john-paul-ii/it/apost_letters/1988/documents/hf_jp-ii_apl_19881204_vicesimus-quintus-annus.htm>. Acesso em: 11 nov. 2015.

JOÃO XXIII, Discurso na abertura solene do concílio. In: COSTA, L. (Org.). *Documentos do Concílio Ecumênico Vaticano II*. São Paulo: Paulus, 2001, p. 21-32.

JUNGMANN, J. A. *Missarum sollemnia:* origens, liturgia, história e teologia da missa romana. São Paulo: Paulus, 2009.

JUSTINO, Apologia I. In: CORDEIRO, J. L. (Org.). *Antologia litúrgica*. Textos litúrgicos, patrísticos e canónicos do primeiro milénio. Fátima: Secretariado Nacional de Liturgia, 2003, p. 137-141.

KAHMANN, J. Ouvido. In: BORN, A. V. D., *Dicionário enciclopédico da Bíblia*. Petrópolis: Vozes, 1987, p. 1085-1086.

KASPER, W. *A misericórdia*: condição fundamental do Evangelho e chave da vida cristã. São Paulo: Loyola, 2015.

KASPER, W. *La liturgia de la Iglesia*. Maliaño: Sal Terrae, 2015.

KASPER, W. *O sacramento da unidade*: eucaristia e Igreja. São Paulo: Loyola, 2006.

KASPER, W.; SCHILSON, A. *Cristologia*: abordagens contemporâneas. São Paulo: Loyola, 1990.

KLOPPENBURG, B. *A eclesiologia do Vaticano II*. Petrópolis: Vozes, 1971.

KURTZ, W. S. Atos dos Apóstolos. In: BERGANT, D.; KARRIS, R. J. (Orgs.). *Comentário bíblico*. São Paulo: Loyola, 1999, v. III, p. 143-174.

LACROIX, M. *O culto da emoção*. Rio de Janeiro: José Olympio, 2006.

LADARIA, L. F. *O Deus vivo e verdadeiro*: o mistério da Trindade. São Paulo: Loyola, 2005.

LAMBIASI, F. Celebrazione liturgica e vita nuova nello Spirito. In: CENTRO DI AZIONE LITURGICA (Org.). *Per opera dello Spirito Santo:* lo Spirito Santo nella liturgia. Roma: Centro Liturgico Vincenziano – Edzioni Liturgiche, 1999, p. 161-174.

LAMERI, A. Ruoli laicali nel Benedizionale. In: MONTAN, A.; SODI, M. (Orgs.). *Actuosa participatio*: conoscere, comprendere e vivere la liturgia. Città del Vaticano: LEV, 2002, p. 289-303.

LAITI, G. Dialettiche del simbolismo liturgico: un viaggio nelle mistagogie dei secoli IV-V. In: GIRARDI, L. (Org.). *La mistagogia:* attualità di una antica risorsa. Roma: Centro Liturgico Vincenziano – Edizioni Liturgiche, 2014, p. 37-51.

LATORRE, J. La asamblea liturgica en la Biblia. In: *Phase* 54 (1994), p. 3-20.

LÉON-DUFOUR, X. Nuvem. In: LÉON-DUFOUR, X. et. al. (Orgs.). *Vocabulário de teologia bíblica*. Petrópolis: Vozes, 1972, p. 661-664.

L'HEREUX, C. E. Números. In: BROWN, R. E.; FITZMYER, J. A.; MURPHY, R. E. (Eds.). *Novo comentário bíblico São Jerônimo*: Antigo Testamento, p. 197-221.

LIBÂNIO, J. B. *Igreja contemporânea*: encontro com a modernidade. São Paulo: Loyola, 2000.

LIBÂNIO, J. B. *Teologia da revelação a partir da modernidade*. São Paulo: Loyola, 1992.

LODI, E. Ministério. In: SARTORE, D.; TRIACCA (Orgs.). A. M. *Dicionário de Liturgia*. São Paulo: Paulus, 1992, p. 736-749.

LOHFINK, G. *A Igreja que Jesus queria:* dimensão comunitária da fé cristã. Santo André: Academia Cristã – Paulus, 2011.

LOHFINK, G. *Jesus de Nazaré:* o que ele queria? Quem ele era? Petrópolis: Vozes, 2015.

MACKENZIE, J. L., Amor. In: MACKENZIE, J. L. *Dicionário Bíblico*. São Paulo: Paulus, 1983, p. 34-38.

MACKENZIE, J. L., Apocalipse. In: MACKENZIE, J. L. *Dicionário Bíblico*. São Paulo: Paulus, 1983, p. 53-57.

MACKENZIE, J. L., Espírito. In: MACKENZIE, J. L. *Dicionário Bíblico*. São Paulo: Paulus, 1983, p. 303-308.

MACKENZIE, J. L., Sinagoga. In: MACKENZIE, J. L. *Dicionário Bíblico*. São Paulo: Paulus, 1983, p. 882-884.

MAERTENS, T. *Reúne o meu povo:* a assembleia cristã da teologia bíblica à pastoral do século XX. São Paulo: Paulinas, 1977.

MAERTENS, T. *La asamblea Cristiana.* In: Phase 22 (1991), p. 13-39.

MALNATI, E. *I ministeri nella Chiesa.* Milano: Paoline, 2008.

MARINI, P. Primum, celebrare. In: GRILLO, A.; RONCONI, M. (Orgs.). *La riforma della liturgia:* introduzione a *Sacrosanctum Concilium.* Milano: San Paolo, 2009, p. 35-41.

MARSILI, S. Das origens da liturgia cristã às caracterizações rituais. In: MARSILI, S. et. al. *Panorama histórico geral da liturgia.* São Paulo: Paulinas, 1986, p. 9-142.

MARSILI, S. *Sinais do mistério de Cristo:* teologia litúrgica dos sacramentos, espiritualidade e ano litúrgico. São Paulo: Paulinas, 2009.

MARTÍN, J. L. *La asamblea litúrgica de Israel al Cristianismo.* In: *Phase* 54 (1994), p. 21-40.

MARTÍN, J. L. *No espírito e na verdade:* introdução teológica à liturgia. Petrópolis: Vozes, 1996.

MARTÍN, J. L. *No espírito e na verdade*: introdução antropológica à liturgia. Petrópolis: Vozes, 1997.

MARTIMORT, A. (Org.). *A Igreja em oração:* introdução à liturgia. Petrópolis: Vozes, 1988, v. I.

MARTIMORT, A. La asamblea litúrgica. In: *Phase* 107 (2000), p. 5-26.

MARTIMORT, A. La asamblea liturgica, misterio de Cristo. In: *Phase* 107 (2000), p. 27-50.

MARTIMORT, A. Precisiones sobre la asamblea. In: *Phase* 107 (2000), p. 51-77.

MASSI, P., Il segno dell'assemblea. In: *Rivista Liturgica 1* (1965), p. 86-119.

MAZZAROLO, I. Fundamentos bíblicos da *Evangelii Gaudium.* In: AMADO, J. P. ; FERNANDES, L. A. (Orgs.). *Evangelii Gaudium em questão:* aspectos bíblicos, teológicos e pastorais. São Paulo: Paulinas – Rio de Janeiro: PUC-Rio, 2014, p. 63-74.

MELO, J. R. A participação dos fiéis na celebração eucarística ao longo da história. In: *Perspectiva Teológica 32* (2000), p. 187-220.

MILITELLO. L'assemblea liturgica gerarchicamente ordinata: soggetto celebrante. In: CAVAGNOLI, G. (Org.). *L'assemblea liturgica.* Padova: Messaggero – Abbazia di Santa Giustina, 2005, p. 105-123.

MILITELLO. Presenza ed azione dello Spirito Santo nell'assemblea liturgica: all'origine della ministerialità. In: CENTRO DI AZIONE LITURGICA (Org.). *Per opera dello Spirito Santo*: Lo Spirito Santo nella liturgia. Roma: Centro Liturgico Vincenziano – Edizioni Liturgiche, 1999, p. 137-160.

MIRANDA, M. F. *A salvação de Jesus Cristo*: a doutrina da graça. São Paulo: Loyola, 2004.

MOINGT, J. *Deus que vem ao encontro do homem*: da aparição ao nascimento de Deus. São Paulo: Loyola, 2010, v. II.

MOTTE, R.; LACAN, M. Moisés. In: LÉON-DOUFOUR, X. et al. (Orgs). *Vocabulário de teologia bíblica.* Petrópolis: Vozes, 1972, p. 608-610.

MÜLLER, G. L. (Org.). Joseph Ratzinger: opera omnia. *Teologia della liturgia*: la fondazione sacramentale dell'esistenza cristiana. Città del Vaticano: LEV, 2010, v. XI.

NARVAJA, J. L. El cuerpo de miséria transformado en un cuerpo glorioso semejante ao de Cristo: acerca de la Eucaristía en Hilario. In: *Cadernos Patrísticos 1* (2006), p. 71-100.

NENTWIG, R. *Iniciação à comunidade cristã*: a relação entre a comunidade evangelizadora e o catecumenato de adultos. São Paulo: Paulinas, 2013.

NEUNHEUSER, B. As reformas litúrgicas do século IV ao Vaticano II. In: MARSILI, S. et. al. *Panorama histórico geral da liturgia*. São Paulo: Paulinas, 1986, p. 249-281.

NEUNHEUSER, B. História da liturgia. In: SARTORE, D.; TRIACCA, A. M. (Orgs.). *Dicionário de Liturgia*. São Paulo: Paulus, 1992, p. 522-544.

NEUNHEUSER, B. Memorial. In: SARTORE, D.; TRIACCA, A. M. (Orgs.). *Dicionário de liturgia*. São Paulo: Paulus, 1992, p. 723-736.

NOCENT, A. História dos livros litúrgicos romanos. In: MARSILI, S. et al. *Panorama histórico geral da liturgia*. São Paulo: Paulinas, 1986, p. 161-202.

NOCKE, F. J. Doutrina específica dos sacramentos". In: SCHNEIDER, T. (Org.). *Manual de dogmática*. Petrópolis: Vozes, 2001, v. II, p. 205-338.

O'BRIEN, P. T. Chiesa. In: HAWTHORNE, G. F.; MARTIN, R. P.; REID, D. G. (Orgs.). *Dizionario di Paolo e delle sue lettere*. Cinisello Balsamo: San Paolo, 1999, p. 213-226.

OÑATIBIA, I. El proyecto litúrgico del Concilio Vaticano II. In: *Cuadernos Phase 214* (2013), p. 75-101.

OÑATIBIA, I. La eclesiologia en la *Sacrosanctum Concilium*. In: *Phase 22* (1991), p. 41-53.

PADRÓS, J. G. *La asamblea litúrgica en la obra de Aimé Georges Martimort*. Barcelona: Centre de Pastoral Litúrgica, 2001.

PALOMBELLA, M. *Actuosa participatio:* indagine circa la sua comprensione ecclesiale. Roma: LAS, 2002.

PANAZZOLO, J. *Igreja*: comunhão, participação, missão. São Paulo: Paulus, 2010.

PARISSE, L. *A liturgia e a Igreja*. Petrópolis: Vozes, 1968.

PASTRO, C. *A arte no cristianismo*: fundamentos, linguagem, espaço. São Paulo: Paulus, 2010.

PAULO VI. Homilia na conclusão solene do Concílio Vaticano II. In: COSTA, L. (Org.). *Documentos do Concílio Ecumênico Vaticano II*. São Paulo: Paulus, 2001, p. 663-673.

PELLEGRINO, M. Padres e liturgia. In: SARTORE, D.; TRIACCA, A. M. (Orgs.). *Dicionário de liturgia*. São Paulo: Paulus, 1992, p. 880-885.

PÉREZ, A. C. La relación de la constitución sobre la sagrada liturgia con las otras constituciones conciliares. In: *Phase 317* (2013), p. 495-500.

PIÉ-NINOT, S. *Introdução à eclesiologia*. São Paulo: Loyola, 1998.

PINHEIRO, L. A. Signum unitatis: um aspecto essencial da doutrina eucarística de Santo Agostinho. In: *Cadernos Patrísticos 1* (2006), p. 111-132.

PIO X. Motu proprio *Tra le sollecitudini* sobre a Música Sacra, 1903. In: AAVV. *Documentos sobre a música litúrgica*. São Paulo: Paulus, 2005, p. 13-22.

PIO XII. *Carta encíclica* Mediator Dei *sobre a Liturgia, 1947.* Disponível em: <http://www.vatican.va/holy_father/pius_xii/encyclicals/documents/hf_p-xii_enc_20111947_mediator-dei_po.html>. Acesso: em 13 out. 2015.

PISTOIA, A. História da salvação. In: SARTORE, D.; TRIACCA, A. M. (Orgs.). *Dicionário de liturgia.* São Paulo: Paulus, 1992, p. 544-555.

PLÍNIO, O MOÇO. Cartas a Trajano: carta 96. In: CORDEIRO, J. L. (Org.). *Antologia litúrgica.* Textos litúrgicos, patrísticos e canónicos do primeiro milénio. Fátima: Secretariado Nacional de Liturgia, 2003, p. 115-116.

PONTIFÍCIA COMISSÃO BÍBLICA. *A interpretação da Bíblia na Igreja.* São Paulo: Paulinas, 1994.

PORTER, S. E. Pace, riconciliazione. In: HAWTHORNE, G. F.; MARTIN, R. P. ;REID, D. G. (Orgs.). *Dizionario di Paolo e delle sue lettere.* Cinisello Balsamo: San Paolo, 1999, p. 1121-1130.

RAHNER, K. *Curso fundamental da fé*: introdução ao conceito de cristianismo. São Paulo: Paulus, 1989.

RAHNER, K. El misterio de la Iglesia particular. In: *Phase 22* (1991), p. 5-12.

RATZINGER, J. *A infância de Jesus.* São Paulo: Planeta, 2012.

RATZINGER, J. *Introdução ao cristianismo*: preleções sobre o Símbolo Apostólico com um novo ensaio introdutório. São Paulo: Loyola, 2005.

RATZINGER, J. *Introdução ao espírito da liturgia.* Prior Velho: Paulinas, 2001.

RATZINGER, J. *Jesus de Nazaré*: da entrada em Jerusalém até a ressurreição. São Paulo: Planeta, 2011.

RATZINGER, J. *La Iglesia*: una comunidad siempre en camino. Madrid: San Pablo, 2005.

RAVASI, G. *Vieni, Signore Gesù*: un invito alla speranza nel libro dell'Apocalisse. Cinisello Balsamo: San Paolo, 1990.

RIGAUX, B.; GRELOT, P. Revelação. In: LÉON-DUFOUR, X. et al. (Orgs.). *Vocabulário de teologia bíblica.* Petrópolis: Vozes, 1972, p. 899-908.

ROCCHETTA, C. *Os sacramentos da fé*: ensaio de teologia bíblica sobre os sacramentos como "maravilhas da salvação" no tempo da Igreja. São Paulo: Paulinas, 1991.

RORDORF, W. Domingo. In: DI BERARDINO, A. (Org.). *Dicionário patrístico e de antiguidades cristãs.* Petrópolis: Vozes, 2002, p. 424-426.

ROSSO, S. *Un popolo di sacerdoti*: introduzione alla liturgia. Leumann: Elledici, 2007.

RUBIO, A. G. *Unidade na pluralidade*: o ser humano à luz da fé e da reflexão cristãs. São Paulo: Paulus, 2001.

RUGGIERI, G. Cosa fu il Concilio e cosa può diventare. In: GRILLO, A.; RONCONI, M. (Orgs.). *La riforma della liturgia.* Introduzione a *Sacrosanctum Concilium.* Milano: San Paolo, 2009, p. 13-27.

SANTANA, L. F. R. A homilia à luz da *Evangelii Gaudium.* In: AMADO, J. P.; FERNANDES, L. A. (Orgs.). *Evangelii Gaudium em questão*: aspectos bíblicos, teológicos e pastorais. Rio de Janeiro: PUC-Rio – São Paulo: Paulinas, 2014, p. 117-131.

SANTANA, L. F. R. *Liturgia no Espírito*: o culto cristão como experiência do Espírito Santo na fé e na vida. Rio de Janeiro: PUC-Rio – São Paulo: Reflexão, 2015.

SCHILLEBEECKX, E. *Cristo, sacramento do nosso encontro com Deus*. Estudo teológico sobre a salvação mediante os sacramentos. Petrópolis: Vozes, 1968.

SCHILLEBEECKX, E. *Jesus, a história de um vivente*. São Paulo: Paulus, 2008.

SCHMEMANN, A. *L'Eucarestia*: sacramento del regno. Magnano: Qiqajon, 2005.

SCHMIDT, T. E. Disciplina. In: HAWTHORNE, G. F.; MARTIN, R. P.; REID, D. G. (Orgs.). *Dizionario di Paolo e delle sue lettere*. Cinisello Balsamo: San Paolo, 1999, p. 468-474.

SEGALLA, G. *Teologia biblica del Nuovo Testamento*. Leumann: Elledici, 2006.

SERAPIÃO DE THEMUIS. Eucológio. In: CORDEIRO, J. L. (Org.). *Antologia litúrgica*. Textos litúrgicos, patrísticos e canónicos do primeiro milénio. Fátima: Secretariado Nacional de Liturgia, 2003, p. 371-379.

SILVA, J. A. A reforma "eucarística" do Concílio Vaticano II vista dentro do contexto histórico geral da liturgia. In: CNBB. *A eucaristia na vida da Igreja*. São Paulo: Paulus, 2005, p. 9-24.

SILVA, J. A. *O Movimento Litúrgico no Brasil*: estudo histórico. Petrópolis: Vozes, 1983.

SMITH, D. E. *Del simposio a la Eucaristía*: el banquete en el mundo cristiano antiguo. Villatuerta: Editorial Verbo Divino, 2009.

SOLANO, F. M. A. Los altiora principia de la *Sacrosanctum Concilium*. In: *Phase 317* (2013), p. 483-493.

SORCI, P. La partecipazione: istanza fondamentale del rinnovamento liturgico. In: CENTRO DI AZIONE LITURGICA (Org.). *Celebrare per avere parte al mistero di Cristo*: La partecipazione alla liturgia. Roma: Centro Liturgico Vincenziano – Edizioni Liturgiche, 2009, p. 65-82.

SOUSA, R. M. G. *A Igreja é corpo de Cristo*: para um estudo de eclesiologia paulina. Lisboa: Paulus, 2014.

SPIDLÍK, T. *Nós na Trindade*: breve ensaio sobre a Trindade. São Paulo: Paulinas, 2004.

STAVRÓPOULOS, P. La Divina Liturgia: el sacramento por excelencia. In: *Culmen et fons* 12 (2010), p. 15-26.

STEFANI, P. La via simbolica della bellezza: dalla Bibbia all'arte e dall'arte alla Bibbia. In: VALENTINI, N. (Org.). *Cristianesimo e bellezza*: tra Oriente e Occidente. Milano: Paoline, 2002, p. 20-52.

TABORDA, F. *A Igreja e seus ministros*: uma teologia do ministério ordenado. São Paulo: Paulus, 2011.

TABORDA, F. *O memorial da páscoa do Senhor*: ensaios litúrgico-teológicos sobre a eucaristia. São Paulo: Loyola, 2009.

TABORDA, F. *Sacramentos, práxis e festa*: para uma teologia latino-americana dos sacramentos. Petrópolis: Vozes, 1987.

TENA, P. Iglesia-asamblea: una nueva aportación teológica. In: *Phase 54* (1994), p. 53-74.

TENA, P. *La palabra ekklesía*: estúdio histórico-teológico. Barcelona: Centre de Pastoral Litúrgica, 2014.

TEPE, V. *Pequeno rebanho, grande sinal*: Igreja hoje. São Paulo: Paulus, 2000.

TERTULIANO. Apologético. In: CORDEIRO, J. L. (Org.). *Antologia litúrgica*. Textos litúrgicos, patrísticos e canónicos do primeiro milénio. Fátima: Secretariado Nacional de Liturgia, 2003, p. 186-192.

TERTULIANO. A oração. In: CORDEIRO, J. L. (Org.) *Antologia litúrgica*. Textos litúrgicos, patrísticos e canónicos do primeiro milénio. Fátima: Secretariado Nacional de Liturgia, 2003, p. 201-204.

TERTULIANO. A Penitência". In: CORDEIRO, J. L. (Org.). *Antologia litúrgica*. Textos litúrgicos, patrísticos e canónicos do primeiro milénio. Fátima: Secretariado Nacional de Liturgia, 2003, p. 208-211.

TILLARD, J. *Carne della Chiesa, carne di Cristo*. Magnano: Qiqajon, 2006.

TORRE, L. Homilia. In: SARTORE, D.; TRIACCA, A. M. (Orgs.). *Dicionário de liturgia*. São Paulo: Paulus, 1992, p. 555-571.

TRAPANI, V. *Memoriale di salvezza*: l'anamnesi eucaristica nelle anafore d'Oriente e d'Occidente. Città del Vaticano: LEV, 2006.

TRAPÈ, A. Agostinho de Hipona. In: DI BERARDINO, A. (Org.). *Dicionário patrístico e de antiguidades cristãs*. Petrópolis: Vozes, 2002, p. 54-59.

TRIACCA, A. M. Epiclesi-Paraclesi-Anaclesi: tre modalità dell'azione dello Spirito Santo nella storia. In: MAQUEDA, A. L. (Org.). *Lo Spirito Santo nella liturgia e nella vita della Chiesa*. Città del Vaticano: Libreria Editrice Vaticana, 2011, p. 389-402.

TRIACCA, A. M. Espírito Santo. In: SARTORE, D.; TRIACCA, A. M. (Orgs.). *Dicionário de liturgia*. São Paulo: Paulus, 1992, p. 359-370.

TRIACCA, A. M. La celebrazione liturgica epifania dello Spirito Santo. In: MAQUEDA, A. L. (Org.). *Lo Spirito Santo nella liturgia e nella vita della Chiesa*. Città del Vaticano: Libreria Editrice Vaticana, 2011, p. 23-46.

TRIACCA, A. M. Partecipazione: quale aggettivo meglio la qualifica in ambito liturgico? In: MONTAN, A.; SODI, M. (Orgs.). *Actuosa participatio: conoscere, comprendere e vivere la liturgia*. Città del Vaticano: LEV, 2002, p. 573-585.

TRIACCA, A. M. Pneumatologia, epicletologia o paracletologia? Contributo alla comprensione della presenza e azione dello Spirito Santo da alcune prospettive della teologia liturgica. In: MAQUEDA, A. L. (Org.). *Lo Spirito Santo nella liturgia e nella vita della Chiesa*. Città del Vaticano: Libreria Editrice Vaticana, 2011, p. 345-387.

TRIACCA, A. M. Presenza ed azione dello Spirito Santo nell'assemblea liturgica. In: MAQUEDA, A. L. (Org.). *Lo Spirito Santo nella liturgia e nella vita della Chiesa*. Città del Vaticano: Libreria Editrice Vaticana, 2011, p. 73-103.

TRIDU, F. Il metodo mistagogico: il battesimo dei bambini. In: GIRARDI, L. (Org.). *La mistagogia*: attualità di una antiga risorsa. Roma: Centro Liturgico Vincenziano - Edizioni Liturgiche, 2014, p. 139-171.

VAGAGGINI, C. *O sentido teológico da liturgia*. São Paulo: Loyola, 2009.

VALENZIANO, C. *Liturgia e antropologia*. Bologna: EDB, 1998.

VANNI, U. *Apocalipse*: uma assembleia litúrgica interpreta a história. São Paulo: Paulinas, 1984.

VANNI, U. *L'Apocalisse*: ermeneutica, esegesi, teologia. Bologna: EDB, 1988.

VANNI, U. *L'uomo dell'Apocalisse*. Roma: Apostolato della Preghiera, 2008.

VARONE, F. *Esse Deus que dizem amar o sofrimento*. Aparecida: Santuário, 2001.

VILLAR, J. R. A constituição dogmática *Lumen Gentinum*. In: AMARAL, M. S.; HACKMANN, G. L. B. (Orgs.). *As constituições do Vaticano II*: ontem e hoje. Brasília: CNBB, 2015, p.141-199.

VIVIANO, P. A. GÊNESIS. In: BERGANT, D.; KARRIS, R. J. (Orgs.). *Comentário Bíblico*. São Paulo: Loyola, 1999, v. I, p. 55-89.

VOLK, H. *A liturgia renovada*: fundamentos teológicos. Petrópolis: Vozes, 1968.

WIEDENHOFER, S. Eclesiologia. In: SCHNEIDER, T. (Org.). *Manual de dogmática*. Petrópolis: Vozes, 2001, v. II, p. 50-142.

ZANCHI, G. L'assemblea liturgica: tipologie e topografie. In: BUSANI, G. et al. *Assemblea santa*: forme, presenza, presidenza. Magnano: Qiqajon, 2009, p. 55-73.

ZANCHI, G. Luoghi della liturgia e senso umano dello spazio. In: CENTRO DI AZIONE LITURGICA (Org.). *Celebrare per avere parte al mistero di Cristo*: La partecipazione alla liturgia. Roma: Centro Liturgico Vincenziano – Edizioni Liturgiche, 2009, p. 115-131.

ZENÃO DE VERONA. Tratados: tratado 15. In: CORDEIRO, J. L. (Org.). *Antologia litúrgica*. Textos litúrgicos, patrísticos e canónicos do primeiro milénio. Fátima: Secretariado Nacional de Liturgia, 2003. p. 383-384.

ZIZIOULAS, I. *A criação como eucaristia*: proposta teológica para o problema da ecologia. São Paulo: Mundo e Missão, 2001.

Série Teologia PUC-Rio

- *Rute: uma heroína e mulher forte*
Alessandra Serra Viegas
- *Por uma teologia ficcional: a reescritura bíblica de José Saramago*
Marcio Cappelli Aló Lopes
- *O Novo Êxodo de Isaías em Romanos – Estudo exegético e teológico*
Samuel Brandão de Oliveira
- *A escatologia do amor – A esperança na compreensão trinitária de Deus em Jürgen Moltmann*
Rogério Guimarães de A. Cunha
- *O valor antropológico da Direção Espiritual*
Cristiano Holtz Peixoto
- *Mística Cristã e Literatura Fantástica em C. S. Lewis*
Marcio Simão de Vasconcellos
- *A cristologia existencial de Karl Rahner e de Teresa de Calcutá – Dois místicos do século sem Deus*
Douglas Alves Fontes
- *O sacramento-assembleia – Teologia mistagógica da comunidade celebrante*
Gustavo Correa Cola

LEIA TAMBÉM:

Dicionário de Teologia Fundamental

Esse *Dicionário* tem por base o binômio revelação-fé. Em torno deste eixo giram os 223 verbetes que o compõem. A estrutura do *Dicionário* foi pensada de modo a propor, a quem o desejar, um estudo sistemático de todos os temas da Teologia Fundamental: os princípios básicos e suas implicações.

Em sua concepção inicial, essa obra procurou definir, antes de tudo, as grandes linhas do *Dicionário* e, em seguida, determinar os verbetes a serem tratados, levando em conta uma série de critérios.

Mesmo tendo sido composto há algumas décadas, permanece muitíssimo atual, justamente pela forma abrangente utilizada em sua organização. Sendo um dicionário, não contém tratados teológicos sistemáticos, mas cada temática é apresentada com uma grande abrangência. Além disso, ao final de cada verbete há indicações bibliográficas para aprofundamento.

Ministério sacerdotal: a responsabilidade ética na arte de servir

Por Roberto Noriega, OSA

O que é dever do padre em seu trabalho ministerial? Justamente por não ser uma profissão, a prática do ministério presbiteral é constantemente envolta por dilemas acerca das responsabilidades dos padres. Isso os leva a posturas extremas: se muitas vezes se anulam como pessoas, vivendo exclusivamente para o ministério, outras vezes burocratizam o trabalho, colocando-se numa postura demasiadamente hierárquica que os afasta das pessoas.

"Uma das preocupações da Igreja tem sido sempre a preparação de seus presbíteros, consciente que disso dependem muitos aspectos da transmissão e vivência da fé de seus fiéis. Essa dimensão formativa adquiriu aspectos bem particulares. No mundo de hoje, mais do que nunca, existe a necessidade de ministros qualificados e competentes", indica o autor Roberto Noriega, OSA, já na apresentação do livro.

Esta é a ideia de base dessa obra que aponta, em primeiro lugar, a peculiaridade da vocação ao ministério ordenado que, observada a partir da Escritura e da Patrística, adquire conteúdos teológicos dos quais derivam atitudes éticas fundamentais. Uma vez colocados os alicerces, na segunda parte se iluminam várias dimensões da vida e ministério do presbítero.

Para tanto, são tratados em perspectiva deontológica alguns aspectos de sua tríplice missão: o governo, que gera relações pastorais que exigem atenção e cuidado a partir do ponto de vista do uso do poder e da autoridade, a administração dos bens econômicos e o cuidado dos mais pobres, e a integridade afetivo-sexual; o ensino, que se centra na Palavra de Deus, aplicada comunitariamente pelos meios de comunicação e difusão e pessoalmente no acompanhamento; e a santificação, por meio dos sacramentos no âmbito celebrativo, privilegiando a atenção aos enfermos.

A orientação final sugere a elaboração de um código ético próprio como instrumento válido para a reflexão e o crescimento moral. Desse modo se aperfeiçoa a inquietude puramente espiritual nesta "arte de servir" aos demais, na Igreja e para o mundo.

O autor

Roberto Noriega, OSA, é doutor em Teologia, especialidade em Moral, pelo Instituto Superior de Ciências Morais (Universidade Pontifícia de Comillas), e mestre em Bioética. É professor nos centros agostinianos Etav (Estudo Teológico Agostiniano de Valladolid) e CTSA (Centro Teológico San Agustín), onde tem lecionado Ética e Deontologia Sacerdotal. Em conjunto com sua atuação acadêmica traz sua experiência no campo formativo, no qual esteve durante doze anos, e o trabalho pastoral paroquial em Portugal, Brasil e atualmente na Espanha.

CULTURAL
Administração
Antropologia
Biografias
Comunicação
Dinâmicas e Jogos
Ecologia e Meio Ambiente
Educação e Pedagogia
Filosofia
História
Letras e Literatura
Obras de referência
Política
Psicologia
Saúde e Nutrição
Serviço Social e Trabalho
Sociologia

CATEQUÉTICO PASTORAL
Catequese
Geral
Crisma
Primeira Eucaristia

Pastoral
Geral
Sacramental
Familiar
Social
Ensino Religioso Escolar

TEOLÓGICO ESPIRITUAL
Biografias
Devocionários
Espiritualidade e Mística
Espiritualidade Mariana
Franciscanismo
Autoconhecimento
Liturgia
Obras de referência
Sagrada Escritura e Livros Apócrifos

Teologia
Bíblica
Histórica
Prática
Sistemática

REVISTAS
Concilium
Estudos Bíblicos
Grande Sinal
REB (Revista Eclesiástica Brasileira)

VOZES NOBILIS
Uma linha editorial especial, com importantes autores, alto valor agregado e qualidade superior.

PRODUTOS SAZONAIS
Folhinha do Sagrado Coração de Jesus
Calendário de mesa do Sagrado Coração de Jesus
Agenda do Sagrado Coração de Jesus
Almanaque Santo Antônio
Agendinha
Diário Vozes
Meditações para o dia a dia
Encontro diário com Deus
Guia Litúrgico

VOZES DE BOLSO
Obras clássicas de Ciências Humanas em formato de bolso.

CADASTRE-SE
www.vozes.com.br

EDITORA VOZES LTDA.
Rua Frei Luís, 100 – Centro – Cep 25689-900 – Petrópolis, RJ
Tel.: (24) 2233-9000 – Fax: (24) 2231-4676 – E-mail: vendas@vozes.com.br

UNIDADES NO BRASIL: Belo Horizonte, MG – Brasília, DF – Campinas, SP – Cuiabá, MT
Curitiba, PR – Fortaleza, CE – Goiânia, GO – Juiz de Fora, MG
Manaus, AM – Petrópolis, RJ – Porto Alegre, RS – Recife, PE – Rio de Janeiro, RJ
Salvador, BA – São Paulo, SP